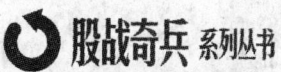 股战奇兵 系列丛书

价值洼地藏宝图

刘大军 编著

把握跌出来的机会……

 股市近百位实战老股民推荐的快速选股必读之作
数十年征战股海的经验告诉你身体力行的"低买高卖"和"大赚小赔"技巧
我们告诉您的不是理论,而是实战经验和教训。本书就是专门为您而写的!

经济管理出版社
ECONOMY & MANAGEMENT PUBLISHING HOUSE

图书在版编目(CIP)数据

价值洼地藏宝图/刘大军编著．—北京：经济管理出版社，2011.3
ISBN 978－7－5096－1295－8

Ⅰ.①价… Ⅱ.①刘… Ⅲ.①股票－证券投资－基本知识 Ⅳ.①F830.91

中国版本图书馆CIP数据核字(2011)第028997号

出版发行：经济管理出版社
北京市海淀区北蜂窝8号中雅大厦11层
电话：(010)51915602　　邮编：100038
印刷：北京晨旭印刷厂　　　经销：新华书店

| 组稿编辑：王　琼 | 责任编辑：王　琼 |
| 责任印制：黄　铄 | 责任校对：超　凡 |

720mm×1000mm/16　　23.25印张　　430千字
2011年3月第1版　　　2011年3月第1次印刷
定价：39.00元
书号：ISBN 978－7－5096－1295－8

·版权所有　翻印必究·

凡购本社图书，如有印装错误，由本社读者服务部负责调换。联系地址：北京阜外月坛北小街2号
电话：(010)68022974　　邮编：100836

序

跌出来的机会

怎样才能成为成功的股市投资者？这是每个投资者都关心的问题，也是最需要解决的问题。

能够把握股市规律的投资者就能成功。

股市的规律是：涨不上去就会下跌，跌不下去就会上涨。

这就是说，机会是跌出来的。2010年12月，本书作者逐一查看了A股市场全部股票的K线图，发现有很多股票已经跌至历史低位，给人以"跌不下去"的感觉。作者相信，投资者在2011年春节过后——这大致是本书面世的时间，买入这些股票中最具有投资价值的品种，机会远远大于风险。

多家专业机构发布的分析报告指出：2010年底，金融板块——包括银行股、券商股、保险股的估值水平与沪综指1600点的水平相当。

金融股是沪深股市权重最大的板块，其中的银行股更是业绩优良、成长性好的优质品种。如果这一板块止跌，沪深股市就将迎来阶段性历史底部，跌不下去的股市就会涨起来。

作者认为，2011年沪深股市上涨的可能性大于下跌的可能性。原因在于国内经济向好；以美国为代表的发达国家经济也会逐步走出金融危机的阴影；上市公司业绩优良；沪深股市已经跌至底部区域。

作者乐观地认为，2010年7月2日沪综指2319.74点，有可能是不会再度出现的历史底部，牛市在2011年将出现。

当然，由于存在不可预见的不确定性，股市存在阶段性下跌的可能。但作者坚信，即使出现这样的情况，投资者买入以银行股为代表的蓝筹股后虽暂时会被套，但不久的将来就会发现套在颈上的原来是一条极粗重的纯金项链。

真金不怕火炼。当底部出现的时候，成功的投资者需要燃烧的激情。

机会属于有准备的人。在牛市出现以前，成功的投资者会启动牛市思维。

基于上述认识，本书作者将《价值洼地藏宝图》奉献给读者。作者从沪深股市的2000多只股票中筛选出已经跌至历史低位的股票,剔除ST类和创业板后,将它们按上市公司所属行业分类,共47个板块,613只股票,以K线图和文字评析结合的形式汇集成书,供读者在2011年选股时参考。

　　本书作者与书中内容涉及的有关上市公司及个人没有任何经济利益关系,也不能对读者的投资行为负责,这是相关法律的规定,请读者明察。

　　本书在写作过程中得到经济管理出版社第五编辑部主任郝光明先生的指导和帮助,本书责任编辑王琼老师对文字进行了精准的订正,并提出建设性意见,谨表谢忱。

刘大军

2011年1月16日

目 录

一、金融行业 …………………… 1
   1. 深发展 A …………………… 1
   2. 宏源证券 …………………… 1
   3. 陕国投 A …………………… 2
   4. 东北证券 …………………… 3
   5. 国元证券 …………………… 3
   6. 长江证券 …………………… 4
   7. 宁波银行 …………………… 4
   8. 山西证券 …………………… 5
   9. 浦发银行 …………………… 5
   10. 华夏银行 ………………… 6
   11. 民生银行 ………………… 6
   12. 中信证券 ………………… 7
   13. 招商银行 ………………… 7
   14. 国金证券 ………………… 8
   15. 西南证券 ………………… 8
   16. 安信信托 ………………… 9
   17. 海通证券 ………………… 9
   18. 招商证券 ………………… 10
   19. 南京银行 ………………… 10
   20. 太平洋 …………………… 11
   21. 兴业银行 ………………… 11
   22. 北京银行 ………………… 12
   23. 农业银行 ………………… 12
   24. 交通银行 ………………… 13
   25. 兴业证券 ………………… 13
   26. 工商银行 ………………… 14

   27. 中国太保 ………………… 14
   28. 中国人寿 ………………… 15
   29. 华泰证券 ………………… 15
   30. 光大证券 ………………… 16
   31. 建设银行 ………………… 16
   32. 中国银行 ………………… 17
   33. 中信银行 ………………… 17

二、钢铁行业 …………………… 18
   1. 河北钢铁 …………………… 18
   2. 韶钢松山 …………………… 18
   3. 新兴铸管 …………………… 19
   4. 太钢不锈 …………………… 19
   5. 鞍钢股份 …………………… 20
   6. 华菱钢铁 …………………… 20
   7. 成霖股份 …………………… 21
   8. 三钢闽光 …………………… 21
   9. 久立特材 …………………… 22
   10. 大金重工 ………………… 22
   11. 武钢股份 ………………… 23
   12. 济南钢铁 ………………… 23
   13. 莱钢股份 ………………… 24
   14. 杭钢股份 ………………… 24
   15. 凌钢股份 ………………… 25
   16. 南钢股份 ………………… 25
   17. 酒钢宏兴 ………………… 26
   18. 放大特钢 ………………… 26
   19. 安阳钢铁 ………………… 27

20. 八一钢铁 …………… 27	5. 一汽轿车 …………… 45
21. 新钢股份 …………… 28	6. 一汽夏利 …………… 46
22. 马钢股份 …………… 28	7. 亚太股份 …………… 46
23. 柳钢股份 …………… 29	8. 金固股份 …………… 47
24. 重庆钢铁 …………… 29	9. 东风汽车 …………… 47
三、家具行业 …………… 30	10. 上海汽车 …………… 48
1. 大亚科技 …………… 30	11. 东安动力 …………… 48
2. 宜华木业 …………… 30	12. 风神股份 …………… 49
四、石油行业 …………… 31	13. 迪马股份 …………… 49
1. 国创高新 …………… 31	14. 申华控股 …………… 50
2. 中国石油 …………… 31	15. 交运股份 …………… 50
五、公路桥梁 …………… 33	七、交通运输 …………… 51
1. 粤高速A …………… 33	1. 盐田港 ……………… 51
2. 湖南投资 …………… 33	2. 深圳机场 …………… 51
3. 海南高速 …………… 34	3. 北海港 ……………… 52
4. 现代投资 …………… 35	4. 厦门港务 …………… 52
5. 华北高速 …………… 35	5. 海峡股份 …………… 53
6. 皖通高速 …………… 36	6. 富临运业 …………… 53
7. 中原高速 …………… 36	7. 天汽模 ……………… 54
8. 福建高速 …………… 37	8. 上海机场 …………… 54
9. 楚天高速 …………… 37	9. 日照港 ……………… 55
10. 重庆路桥 …………… 38	10. 上港集团 …………… 55
11. 赣粤高速 …………… 38	11. 长航油运 …………… 56
12. 山东高速 …………… 39	12. 东方航空 …………… 57
13. 宁沪高速 …………… 39	13. 锦州港 ……………… 57
14. 深高速 ……………… 40	14. 营口港 ……………… 58
15. 四川成渝 …………… 40	15. 北巴传媒 …………… 58
16. 龙江交通 …………… 41	16. 海越股份 …………… 59
17. 吉林高速 …………… 41	17. 中远航运 …………… 59
六、汽车类 ……………… 43	18. 大众交通 …………… 60
1. 海马股份 …………… 43	19. 锦江投资 …………… 60
2. 黔轮胎A …………… 43	20. 强生控股 …………… 61
3. 长安汽车 …………… 44	21. 亚通股份 …………… 61
4. 漳州发展 …………… 45	22. 天津港 ……………… 62

目 录

23. 中储股份 …………… 62
24. 宁波海运 …………… 63
25. 申通地铁 …………… 63
26. 中海海盛 …………… 64
27. 厦门空港 …………… 64
28. 唐山港 ……………… 65
29. 大秦铁路 …………… 66
30. 连云港 ……………… 66
31. 宁波港 ……………… 67
32. 广深铁路 …………… 67
33. 力帆股份 …………… 68
34. 招商轮船 …………… 68
35. 大连港 ……………… 69
36. 中国远洋 …………… 69

八、酒店旅游 …………… 71
 1. 新都酒店 …………… 71
 2. 华侨城A …………… 71
 3. 华天酒店 …………… 72
 4. 黄山旅游 …………… 72
 5. 中青旅 ……………… 73
 6. 九龙山 ……………… 74

九、房地产 ……………… 75
 1. 万科A ……………… 75
 2. 世纪星源 …………… 76
 3. 深振业A …………… 76
 4. 深物业A …………… 77
 5. 沙河股份 …………… 77
 6. 招商地产 …………… 78
 7. 深深房A …………… 78
 8. 中粮地产 …………… 79
 9. 华联控股 …………… 79
 10. 深鸿基 …………… 80
 11. 深长城 …………… 80
 12. 中航地产 ………… 81

13. 泛海建设 …………… 81
14. 金融街 ……………… 82
15. 绿景地产 …………… 82
16. 银基发展 …………… 83
17. 渝开发 ……………… 83
18. 荣安地产 …………… 84
19. 万泽股份 …………… 84
20. 广宇发展 …………… 85
21. 中天城投 …………… 85
22. 莱茵置业 …………… 86
23. 海德股份 …………… 86
24. 阳光股份 …………… 87
25. 绵世股份 …………… 87
26. 亿城股份 …………… 88
27. 顺发恒业 …………… 88
28. 万方地产 …………… 89
29. 名流置业 …………… 89
30. 荣丰控股 …………… 90
31. 阳光城 ……………… 90
32. 苏宁环球 …………… 91
33. 中国武夷 …………… 91
34. 嘉凯城 ……………… 92
35. 天保基建 …………… 92
36. 世荣兆业 …………… 93
37. 广宇集团 …………… 93
38. 荣盛发展 …………… 94
39. 合肥城建 …………… 94
40. 世联地产 …………… 95
41. 中国国贸 …………… 95
42. 保利地产 …………… 96
43. 浙江广厦 …………… 96
44. 大龙地产 …………… 97
45. 香江控股 …………… 97
46. 卧龙地产 …………… 98

价值洼地藏宝图

47. 格力地产 …………… 98
48. 新湖中宝 …………… 99
49. 华业地产 …………… 99
50. 万通地产 …………… 100
51. 北京城建 …………… 100
52. 天房发展 …………… 101
53. 华发股份 …………… 101
54. 首开股份 …………… 102
55. 金地集团 …………… 102
56. 东华实业 …………… 103
57. 空港股份 …………… 103
58. 栖霞建设 …………… 104
59. 金丰投资 …………… 104
60. 丰华股份 …………… 105
61. 嘉宝集团 …………… 105
62. 新黄浦 ……………… 106
63. 浦东金桥 …………… 106
64. 万业企业 …………… 107
65. 信达地产 …………… 108
66. 陆家嘴 ……………… 108
67. 天地源 ……………… 109
68. 中华企业 …………… 109
69. 凤凰股份 …………… 110
70. 上海新梅 …………… 110
71. 华远地产 …………… 111
72. 上实发展 …………… 111
73. 正和股份 …………… 112
74. 运盛实业 …………… 112
75. 北辰实业 …………… 113
76. 天业股份 …………… 113

十、商业百货 …………… 114
1. 民生投资 …………… 114
2. 开元控股 …………… 114
3. 苏宁电器 …………… 115

4. 广百股份 …………… 116
5. 新华都 ……………… 116
6. 友阿股份 …………… 117
7. 人人乐 ……………… 117
8. 嘉事堂 ……………… 118
9. 宁波联合 …………… 119
10. 美都控股 …………… 119
11. 大厦股份 …………… 120
12. 新世界 ……………… 120
13. 百联股份 …………… 121
14. 豫园商城 …………… 122
15. 京投银泰 …………… 122
16. 欧亚集团 …………… 123
17. 南宁百货 …………… 123
18. 益民集团 …………… 124
19. 成商集团 …………… 124
20. 香溢融通 …………… 125
21. 长百集团 …………… 125
22. 银座股份 …………… 126
23. 百大集团 …………… 126

十一、物资外贸 ………… 127
1. 怡亚通 ……………… 127
2. 浙江东方 …………… 128
3. 建发股份 …………… 128
4. 东方创业 …………… 129
5. 中大股份 …………… 129
6. 厦门国贸 …………… 130
7. 上海物贸 …………… 130

十二、食品行业 ………… 131
1. 广弘控股 …………… 131
2. 承德露露 …………… 132
3. 云南盐化 …………… 132
4. 天邦股份 …………… 133
5. 高金食品 …………… 133

目 录

6. 天宝股份 …………… 134
7. 保龄宝 ……………… 134
8. 海大集团 …………… 135
9. 得利斯 ……………… 135
10. 黑牛食品 …………… 136
11. 佳隆股份 …………… 136
12. 涪陵榨菜 …………… 137
13. 金字火腿 …………… 137
14. 莲花味精 …………… 138
15. 华资实业 …………… 138
16. 维维股份 …………… 139

十三、纺织行业 ………… 140
1. 常山股份 …………… 140
2. 鲁泰A ……………… 140
3. 新野纺织 …………… 141
4. 梦洁家纺 …………… 141
5. 江苏旷达 …………… 142
6. 江苏阳光 …………… 142
7. 申达股份 …………… 143
8. 新华锦 ……………… 143

十四、电力行业 ………… 145
1. 深圳能源 …………… 145
2. 深南电A …………… 146
3. 穗恒运A …………… 146
4. 粤电力A …………… 147
5. 皖能电力 …………… 147
6. 建投能源 …………… 148
7. 韶能股份 …………… 148
8. 宝新能源 …………… 149
9. 漳泽电力 …………… 149
10. 吉电股份 …………… 150
11. 赣能股份 …………… 150
12. 凯迪电力 …………… 151
13. 华能国际 …………… 152

14. 华电国际 …………… 152
15. 桂冠电力 …………… 153
16. 西昌电力 …………… 153
17. 申能股份 …………… 154
18. 华电能源 …………… 154
19. 国电电力 …………… 155
20. 哈投股份 …………… 155
21. 国投电力 …………… 156
22. 长江电力 …………… 156
23. 大唐发电 …………… 157

十五、农林牧渔 ………… 158
1. 正虹科技 …………… 158
2. 大北农 ……………… 158
3. 雏鹰农牧 …………… 159
4. 大康牧业 …………… 160
5. 开创国际 …………… 160
6. 大江股份 …………… 161

十六、传媒娱乐 ………… 162
1. 华闻传媒 …………… 162
2. 奥飞动漫 …………… 162
3. 歌华有线 …………… 163
4. 中视传媒 …………… 164
5. 时代出版 …………… 164
6. 新华传媒 …………… 165
7. 广电网络 …………… 165
8. 博瑞传播 …………… 166
9. 中南传媒 …………… 167
10. 出版传媒 …………… 167

十七、化工行业 ………… 169
1. 川化股份 …………… 169
2. 渝三峡A …………… 169
3. 天茂集团 …………… 170
4. 远兴能源 …………… 171
5. 双环科技 …………… 171

6. 新和成 …………… 172
7. 鑫富药业 …………… 172
8. 德美化工 …………… 173
9. 江山化工 …………… 173
10. 黑猫股份 …………… 174
11. 中泰化学 …………… 174
12. 红宝丽 …………… 175
13. 联合化工 …………… 175
14. 江南化工 …………… 176
15. 利尔化学 …………… 176
16. 华昌化工 …………… 177
17. 乐通股份 …………… 177
18. 神剑股份 …………… 178
19. 双箭股份 …………… 179
20. 天原集团 …………… 179
21. 天齐锂业 …………… 180
22. 金正大 …………… 181
23. 宝莫股份 …………… 181
24. 辉丰股份 …………… 182
25. 天利高新 …………… 182
26. 云维股份 …………… 183
27. 江苏索普 …………… 183
28. 丹化科技 …………… 184
29. 滨化股份 …………… 184

十八、煤炭行业 …………… 185
1. 国际实业 …………… 185
2. 神火股份 …………… 186
3. 西山煤电 …………… 186
4. 国阳新能 …………… 187
5. 安泰集团 …………… 187
6. 大同煤业 …………… 188
7. 中国神华 …………… 188
8. 平煤股份 …………… 189
9. 中煤能源 …………… 190

十九、建筑建材 …………… 191
1. 深天地A …………… 191
2. 北方国际 …………… 191
3. 中南建设 …………… 192
4. 宏润建设 …………… 193
5. 东方雨虹 …………… 193
6. 北新路桥 …………… 194
7. 雅致股份 …………… 194
8. 艾迪西 …………… 195
9. 光正钢构 …………… 196
10. 龙元建设 …………… 196
11. 腾达建设 …………… 197
12. 中铁二局 …………… 197
13. 新疆建设 …………… 198
14. 隧道股份 …………… 198
15. 中国铁建 …………… 199
16. 中国中铁 …………… 199
17. 中国中冶 …………… 200
18. 中国建筑 …………… 200

二十、水泥行业 …………… 202
1. 同力水泥 …………… 202
2. 西部建设 …………… 202
3. 西水股份 …………… 203
4. 青松建化 …………… 203
5. 海螺水泥 …………… 204
6. 亚泰集团 …………… 205

二十一、家电行业 …………… 206
1. 深康佳A …………… 206
2. 华意压缩 …………… 207
3. 美菱电器 …………… 207
4. 美的电器 …………… 208
5. 格力电器 …………… 208
6. 数源科技 …………… 209
7. 九阳股份 …………… 209

目录

8. 禾盛新材 …… 210
9. 海信电器 …… 210
10. 宁波富达 …… 211
11. 四川长虹 …… 211
12. 合肥三洋 …… 212

二十二、电子信息 …… 213
1. 深圳华强 …… 213
2. 中兴通讯 …… 213
3. 长城电脑 …… 214
4. 烽火电子 …… 215
5. 同洲电子 …… 215
6. 金智科技 …… 216
7. 生意宝 …… 216
8. 恒宝股份 …… 217
9. 三维通信 …… 217
10. 武汉凡谷 …… 218
11. 卫士通 …… 218
12. 久其软件 …… 219
13. 新世纪 …… 219
14. 三泰电子 …… 220
15. 键桥通讯 …… 220
16. 皖通科技 …… 221
17. 汉王科技 …… 222
18. 联信永益 …… 222
19. 兆驰股份 …… 223
20. 海格通信 …… 223
21. 二六三 …… 224
22. 宏图高科 …… 225
23. 航天信息 …… 225
24. 亿阳通讯 …… 226
25. 用友软件 …… 227
26. 上海金陵 …… 227
27. 东软集团 …… 228
28. 实达集团 …… 228
29. 东方通信 …… 229
30. 鹏博士 …… 229
31. 宝信软件 …… 230
32. 四创电子 …… 231

二十三、综合行业 …… 232
1. 东方市场 …… 232
2. 力合股份 …… 232
3. 三木集团 …… 233
4. 中体产业 …… 233
5. 天宸股份 …… 234
6. 同达创业 …… 234
7. 海博股份 …… 235
8. 东方明珠 …… 235
9. 同济科技 …… 236

二十四、机械行业 …… 237
1. 中联重科 …… 237
2. 潍柴动力 …… 237
3. 沈阳机床 …… 238
4. 苏常柴A …… 238
5. 山河智能 …… 239
6. 天马股份 …… 239
7. 利欧股份 …… 240
8. 华东数控 …… 240
9. 法因数控 …… 241
10. 万马电缆 …… 242
11. 神开股份 …… 242
12. 赛象科技 …… 243
13. 巨力索具 …… 244
14. 丹甫股份 …… 244
15. 天业通联 …… 245
16. 科林环保 …… 246
17. 宝馨科技 …… 246
18. 日发数码 …… 247
19. 天桥起重 …… 247

— 7 —

20. 三一重工 …………… 248
21. 振华重工 …………… 248
22. 昆明机床 …………… 249
23. 杭齿前进 …………… 249

二十五、化纤行业 …………… 250
1. 友利控股 …………… 250
2. 湖北金环 …………… 250
3. 山东海龙 …………… 251
4. 华西村 ……………… 251
5. 华峰氨纶 …………… 252
6. 澳洋科技 …………… 252
7. 海利得 ……………… 253
8. 神马股份 …………… 253
9. 南京化纤 …………… 254

二十六、农药化肥 …………… 255
1. 四川美丰 …………… 255
2. 沪天化 ……………… 255
3. 建峰化工 …………… 256
4. 华星化工 …………… 256
5. 长青股份 …………… 257
6. 蓝丰生化 …………… 257
7. 赤天化 ……………… 258
8. 沧州大化 …………… 258
9. 柳化股份 …………… 259
10. 华鲁恒升 …………… 260
11. 扬农化工 …………… 260
12. 新安股份 …………… 261

二十七、电器行业 …………… 262
1. TCL集团 …………… 262
2. 德豪润达 …………… 262
3. 大洋电机 …………… 263
4. 鑫龙电器 …………… 263
5. 中利科技 …………… 264
6. 中恒电气 …………… 264

7. 科远股份 …………… 265
8. 圣莱达 ……………… 266
9. 汉缆股份 …………… 266
10. 老板电器 …………… 267
11. 科士达 ……………… 267
12. 冠城大通 …………… 268
13. 长征电器 …………… 268
14. 哈空调 ……………… 269
15. 方正科技 …………… 269
16. 上海机电 …………… 270

二十八、摩托车 …………… 271
1. 新大洲A …………… 271
2. 宗申动力 …………… 271

二十九、开发区 …………… 272
1. 南京高科 …………… 272
2. 海泰发展 …………… 272
3. 东湖高新 …………… 273
4. 苏州高新 …………… 274
5. 中炬高新 …………… 274
6. 张江高科 …………… 275

三十、自行车 …………… 276
中路股份 …………… 276

三十一、造船业 …………… 277
中国船舶 …………… 277

三十二、生物制药 …………… 278
1. 海王生物 …………… 278
2. 吉林制药 …………… 278
3. 东北制药 …………… 279
4. 吉林敖东 …………… 279
5. 中汇医药 …………… 280
6. 广济药业 …………… 281
7. 华兰生物 …………… 281
8. 科华生物 …………… 282
9. 沃华医药 …………… 282

目 录

10. 嘉应制药 …………… 283
11. 独一味 ……………… 283
12. 桂林三金 …………… 284
13. 信立泰 ……………… 285
14. 众生药业 …………… 285
15. 永安药业 …………… 286
16. 海普瑞 ……………… 287
17. 贵州百灵 …………… 287
18. 中国医药 …………… 288
19. 太极集团 …………… 288
20. 天坛生物 …………… 289
21. 复星医药 …………… 289
22. 浙江医药 …………… 290
23. 中新药业 …………… 291
24. 亚宝药业 …………… 291
25. 健康元 ……………… 292
26. 千金药业 …………… 292
27. 国药股份 …………… 293
28. 华海药业 …………… 293
29. 康缘药业 …………… 294
30. 中珠控股 …………… 294
31. 南京医药 …………… 295
32. 三精制药 …………… 296
33. 九州通 ……………… 296

三十三、电子器件 …………… 298
1. 深赛格 ……………… 298
2. 京东方A …………… 298
3. 振华科技 …………… 299
4. 证通电子 …………… 299
5. 超华科技 …………… 300
6. 威创股份 …………… 300
7. 漫步者 ……………… 301
8. 新亚制程 …………… 301
9. 胜利精密 …………… 302

10. 沪电股份 …………… 302
11. 东光微电 …………… 303
12. 达华智能 …………… 304
13. 英飞拓 ……………… 304
14. 三安光电 …………… 305
15. 大连控股 …………… 306
16. 新潮实业 …………… 306

三十四、有色金属 …………… 307
1. 焦作万方 …………… 307
2. 罗平锌电 …………… 307
3. 精艺股份 …………… 308
4. 罗普斯金 …………… 308
5. 鲁丰股份 …………… 309
6. 赣锋锂业 …………… 309
7. 南山铝业 …………… 310
8. 中金黄金 …………… 310
9. 山东黄金 …………… 311
10. 中孚实业 …………… 312
11. 中国铝业 …………… 312

三十五、酿酒行业 …………… 313
1. 燕京啤酒 …………… 313
2. 海南椰岛 …………… 313
3. 金枫酒业 …………… 314

三十六、造纸行业 …………… 315
1. 晨鸣纸业 …………… 315
2. 美利纸业 …………… 316
3. 景兴纸业 …………… 316
4. 太阳纸业 …………… 317
5. 中顺洁柔 …………… 317
6. 齐峰股份 …………… 318
7. 银鸽投资 …………… 318
8. 华泰股份 …………… 319
9. 恒丰纸业 …………… 319
10. 山鹰纸业 …………… 320

11. 博汇纸业 ………… 320
三十七、环保行业 ………… 321
　　科学城 ………… 321
三十八、服装行业 ………… 322
　　1. 金飞达 ………… 322
　　2. 星期六 ………… 322
　　3. 华斯股份 ………… 323
　　4. 雅戈尔 ………… 323
　　5. 大杨创世 ………… 324
　　6. 开开实业 ………… 324
　　7. 黑牡丹 ………… 325
　　8. 际华集团 ………… 326
三十九、供水供气 ………… 327
　　1. 中山公用 ………… 327
　　2. 锦龙股份 ………… 327
　　3. 大众公用 ………… 328
　　4. 城投控股 ………… 328
　　5. 深圳燃气 ………… 329
　　6. 重庆水务 ………… 329
四十、发电设备 ………… 331
　　1. 东北电气 ………… 331
　　2. 金风科技 ………… 331
　　3. 太阳电缆 ………… 332
　　4. 中联电气 ………… 333
　　5. 北京科锐 ………… 333
　　6. 特变电工 ………… 334
　　7. 长城电工 ………… 334
　　8. 天威保变 ………… 335
　　9. 卧龙电气 ………… 336
　　10. 泰豪科技 ………… 336
　　11. 东方电气 ………… 337
四十一、纺织机械 ………… 338
　　1. 中捷股份 ………… 338
　　2. 中兵光电 ………… 338
四十二、印刷包装 ………… 340
　　1. 劲嘉股份 ………… 340
　　2. 紫江企业 ………… 340
　　3. 界龙实业 ………… 341
四十三、塑料制品 ………… 342
　　1. 海螺型材 ………… 342
　　2. 沧州明珠 ………… 342
　　3. 三力士 ………… 343
　　4. 蓝帆股份 ………… 344
　　5. 金利科技 ………… 344
　　6. 凯乐科技 ………… 345
四十四、玻璃行业 ………… 346
　　1. 国栋建设 ………… 346
　　2. 福耀玻璃 ………… 346
四十五、飞机制造 ………… 348
　　洪都航空 ………… 348
四十六、仪器仪表 ………… 349
　　1. 天兴仪表 ………… 349
　　2. 奥普光电 ………… 349
　　3. 浩宁达 ………… 350
　　4. 合众思壮 ………… 351
四十七、其他类 ………… 352
　　1. 鲁阳股份 ………… 352
　　2. 博云新材 ………… 352
　　3. 齐心文具 ………… 353
　　4. 潮宏基 ………… 353
　　5. 骅威股份 ………… 354
　　6. 天广消防 ………… 354

一、金融行业

1. 深发展 A（股票代码：000001）

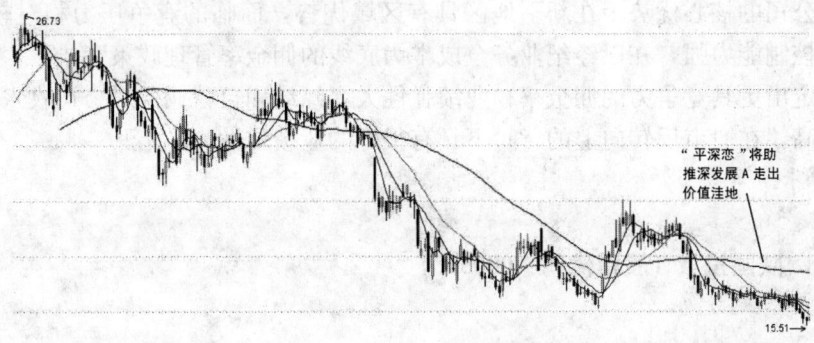

图 1

虽然深发展 A 2010 年末的股价达到了当年的最低点，但是其与中国平安的成功重组不仅有效缓解了资本金约束，释放了深发展未来的增长空间，而且更利于公司的长期发展，促进规模及盈利能力的进一步扩张和快速提升，为后市积累能量蓄势待发。

深发展与同类型股份制银行相比估值处于明显偏低水平。

2. 宏源证券（股票代码：000562）

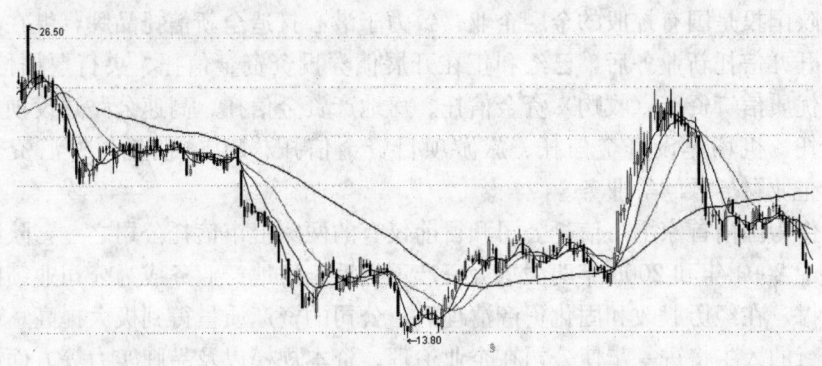

图 2

宏源证券是中国首家综合类上市证券公司，全国首批保荐机构之一，公司拥有50家证券营业部和17家证券服务部，营业网点遍布全国主要城市及经济发达地区。经中国证券业协会评审，公司成为创新试点类证券公司，并被中国证监会评为A类A级证券公司。

公司资产管理业务2009年实现了零的突破，成功发行了第一只银行理财产品"富锦6号"，设计了第一只集合理财产品"宏源内需成长"并已报送监管机构候审，初步实现了业务突破。

公司的核心优势为在新疆地区具有区域优势，面临的竞争压力相对较小；成本控制能力强，在以经纪业务全成本为底线的佣金率管理政策背景下，有能力制定出更具竞争力的佣金率；业绩弹性大，经纪和自营业务对公司收入贡献均较高，在股市反转向上的背景下具有很好的业绩弹性。

3. 陕国投A（股票代码：000563）

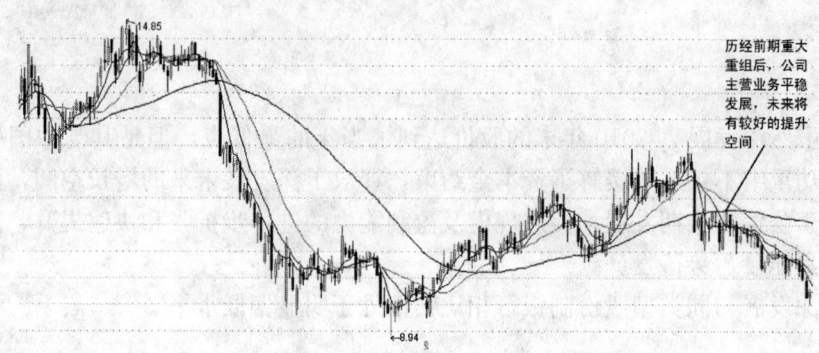

图3

陕国投是国有控股的金融企业，致力于潜心打造全新信托品牌，继在全国率先开办信托新业务后，已经和正在开展债券投资资金信托、央行票据信托、银行优质信贷资产（收购）资金信托、房地产资金信托、高速公路建设项目资金信托、机场建设资金信托、旅游项目资金信托、MBO信托、外汇资金信托、企业财务顾问等业务。

作为国内首家上市信托公司和目前仅有的两家上市信托公司之一，陕国投历经了2004年和2006年两次重大资产重组后，房地产业务成为公司业绩的主要支撑。在经历股改和固化资产清理后，公司的资产质量得到极大提高，而民生银行的入主将进一步使公司在企业治理、资本规模以及品牌实力等方面出现积极变化。

一、金融行业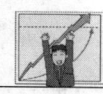

4. 东北证券（股票代码：000686）

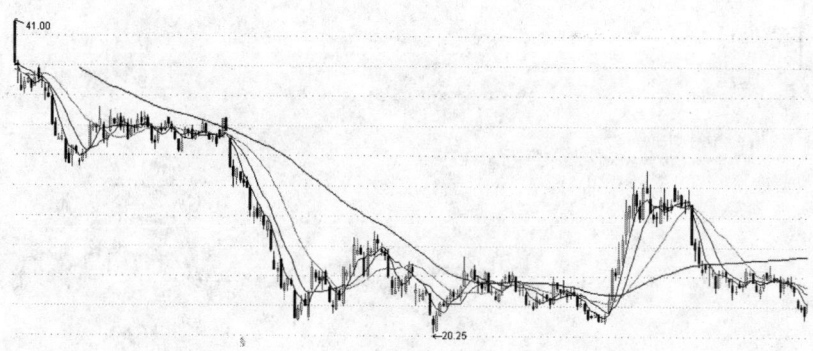

图 4

虽然东北证券的股价 2010 年末接近当年的最低点，但随着市场环境有所好转，将使得公司经纪业务收入和自营投资收益好于预期。

风险提示：证券公司经纪业务收入和自营投资收益受证券市场行情影响较大。

5. 国元证券（股票代码：000728）

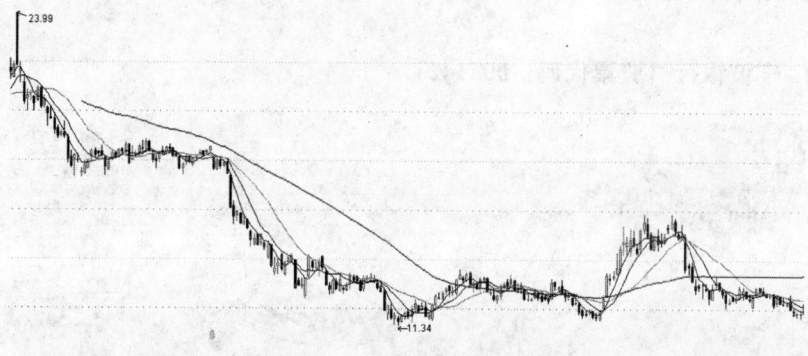

图 5

2010 年国元证券先是新增四家营业部获批，接着被中国证监会批准为海勤期货提供中间介绍业务（IB 业务）。IB 业务资格是经纪业务方面的一项重要业务资格，对证券公司经纪业务的发展具有重要而深远的影响。之后公司又获批融资融券业务资格，这标志着国元证券从地方性券商迈入全国一流券商行列。

创新业务是券商利润的增长点，获取开展创新业务资格成为各大券商竞相角逐的对象。IB 业务资格和融资融券业务资格的获批，将丰富国元证券的业务收入来源，逐步扭转券商"靠天吃饭"的经营模式，有利于提高经纪业务水平，改善盈利结构，提升公司综合竞争力。

6. 长江证券（股票代码：000783）

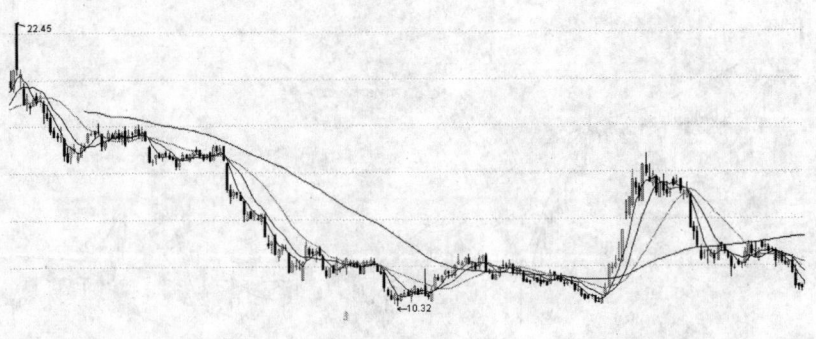

图 6

长江证券经纪业务收入和自营投资收益的占比均处于行业较高水平，业绩弹性突出，这是其业绩增长的主要因素。

公司2010年初公告公开增发不超过6亿股，募集资金不超过90亿元。增发完成后，公司每股净资产增厚2.3～6.6元。公司已参与第三批融资融券试点券商评价，获得试点资格应无悬念，资本实力的提升将为公司扩大融资融券、股指期货等业务规模以及进行网点扩张或同业收购等活动奠定基础。

7. 宁波银行（股票代码：002142）

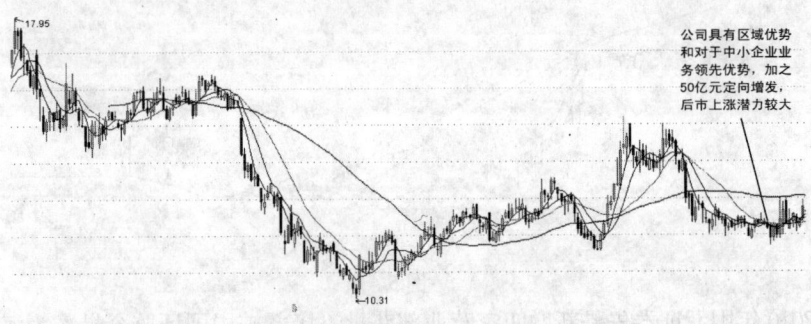

公司具有区域优势和对于中小企业业务领先优势，加之50亿元定向增发，后市上涨潜力较大

图 7

宁波银行是首家上市的城市商业银行，其所在的宁波市是浙江省的经济中心和全国5个计划单列市之一，该市的GDP年复合增长率、进出口额年复合增长率、人均GDP、居民人均年可支配收入等均高于全国平均水平。公司位于中国经济最活跃、信用环境最佳的地区之一，区域优势明显。

公司在2010年10月完成50亿元非公开定向增发补充资本金后，将进一步摆脱资本约束，继续进行规模扩张，同时保持业内对于中小企业业务的领先优势，是具有较好的长期投资价值的银行股。

一、金融行业

8. 山西证券（股票代码：002500）

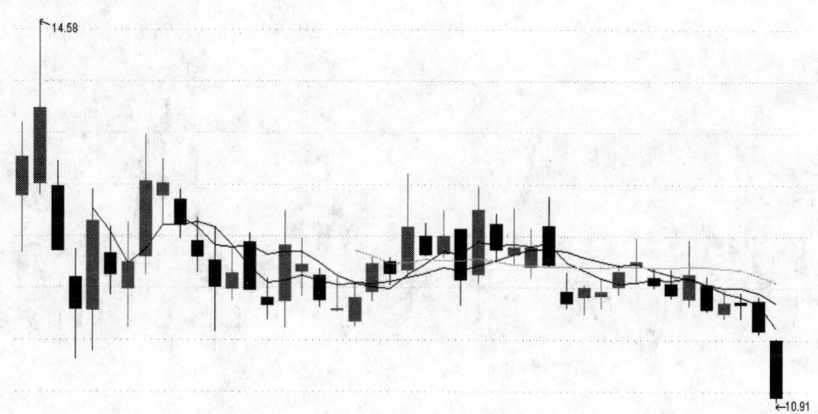

图 8

　　山西证券是山西省内唯一一家综合类证券公司，是山西省内资金实力最强、网点最多、证券业务品种最齐全的券商。公司的控股股东为国信集团。国信集团是山西省人民政府出资、山西省财政厅履行出资人职责的全资国有企业。

9. 浦发银行（股票代码：600000）

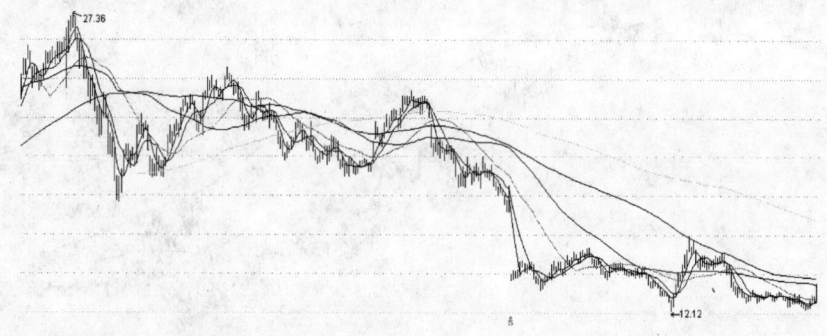

图 9

　　浦发银行资产规模稳定增长，净息差环比回升，中间业务发展平稳。2010年10月公司成功地对中国移动定向增发解决了资本瓶颈，为业务拓展打开了空间，更使公司重获快速扩张能力。

10. 华夏银行（股票代码：600015）

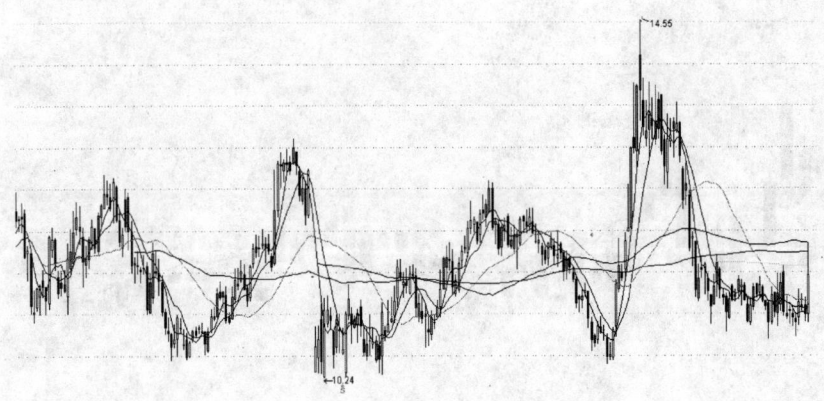

图 10

华夏银行近年来注重提高服务质量，管理能力不断提升，经营业绩成长性较高，估值优势依然存在。

2010年12月华夏银行关于非公开发行方案获批准，如果2011年内完成定向增发就可以解决资本瓶颈，进一步提升公司的盈利能力和扩张能力。

11. 民生银行（股票代码：600016）

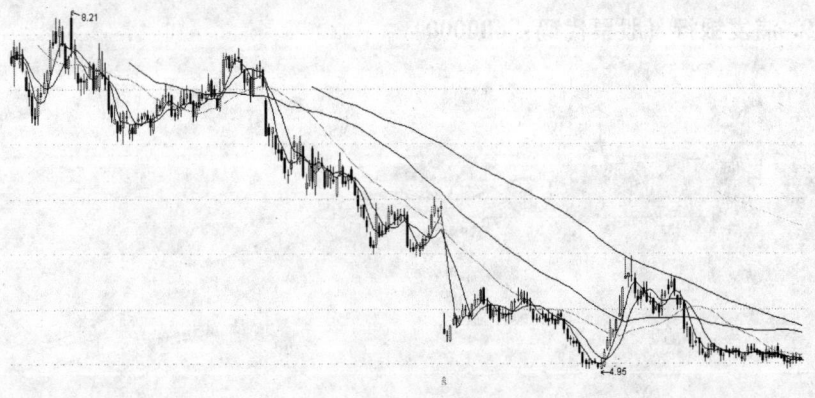

图 11

民生银行是近年来业绩增速较快的股份制银行之一，发行H股后资本充足率大幅提升，未来融资压力较小，业绩增长空间较大。目前公司股价动态市盈率约8倍，市净率不到1.4倍，属于估值最低的品种之一。

一、金融行业

12. 中信证券（股票代码：600030）

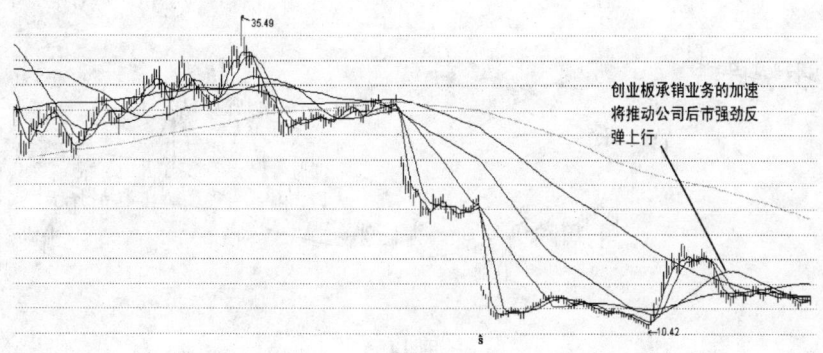

图 12

中信证券主营经纪业务、自营买卖、证券承销、资产管理和投资咨询等业务，行业排名靠前。随着融资融券的深入，创业板承销业务的加速，公司将依靠自身原有实力和新的金融创新业务，进一步实现质的飞跃。同时，由于长期下跌导致估值严重偏低，随着趋势向好及资金回流，公司将具有强劲的反弹上行动力。

13. 招商银行（股票代码：600036）

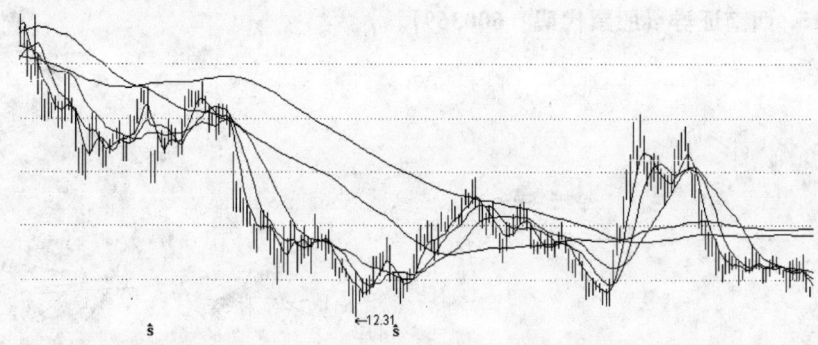

图 13

作为中国优秀的商业银行之一，招商银行经营谨慎、风险控制较好。2009年公司在国内率先全面启用财富管理系统，该系统将中国商业银行长久以来的"全员营销"模式逐步转为"全员转介、专业管理"模式。在二级市场上，该股经过前期大幅调整后安全边际较高，后市仍有上升空间。

14. 国金证券（股票代码：600109）

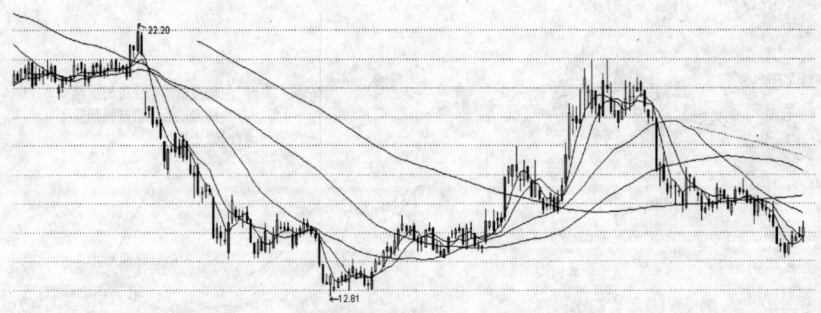

图 14

国金证券是全国七家合规试点券商之一，2010年被评定升级为B类BBB级证券公司。公司资产主要以现金、交易性金融资产、可供出售金融资产等为主，长期资产占比较小。

优质的资产质量使公司具有较强的资产流动性和盈利能力，这使得牛市中公司创收能力将超乎寻常。

作为最活跃的券商和券商中的一匹潜力黑马，该股在历次大行情中均表现不俗，后市仍可积极关注，中线看好。

15. 西南证券（股票代码：600369）

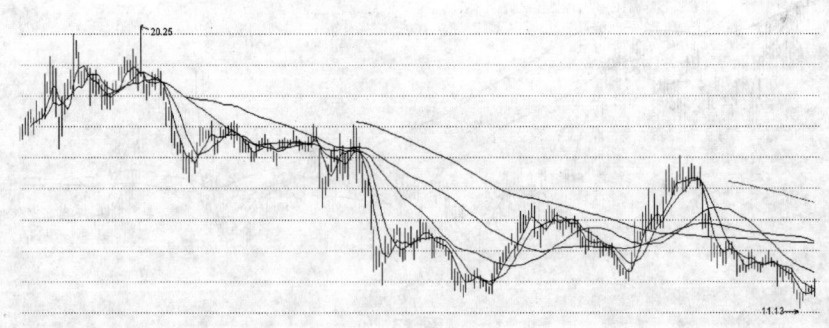

图 15

2010年10月西南证券定向增发完成募集资金59.4亿元，资本实力的壮大将有力支持公司加大对现有业务的投入及对新业务的拓展，如何运用好募集资金是决定公司估值的重要因素。

一、金融行业

16. 安信信托（股票代码：600816）

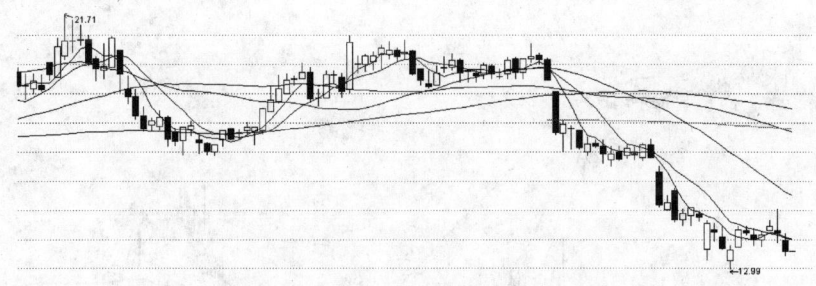

图 16

安信信托是中国 A 股市场中少有的上市信托公司，拥有稀缺的信托金融牌照。公司的经营范围主要涵盖资金信托、财产信托、公益信托、投资银行和自有资金投资五大类型。

公司股价的不确定性主要来自于"中信信托借壳"一事的进展情况，该重组事件的突发性变化或会造成股价的波动。总体来看，鉴于信托业中期具备整合机会和业绩增长能力，建议逢低关注安信信托的股价核心价值。

17. 海通证券（股票代码：600837）

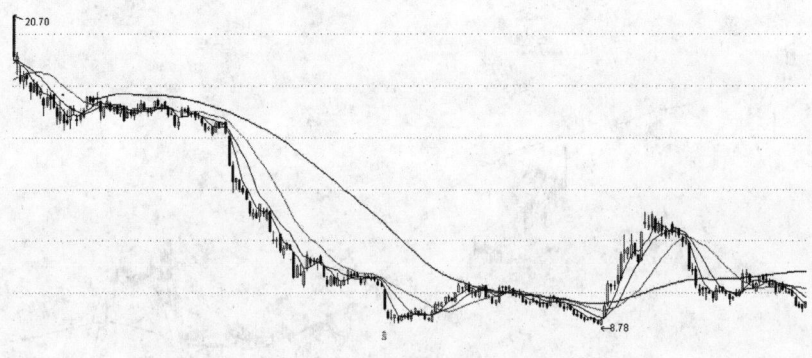

图 17

海通证券是首批获得融资融券试点资格的六家券商之一，公司投行业务实力强劲，股指期货业务发展也很迅速，估值具有较大优势。

目前公司全力打造资产管理业务线，并积极推动创新业务。作为全国性综合券商，凭借其强大的资本实力和广泛的业务网络，可以预见其发展后劲十足。

18. 招商证券（股票代码：600999）

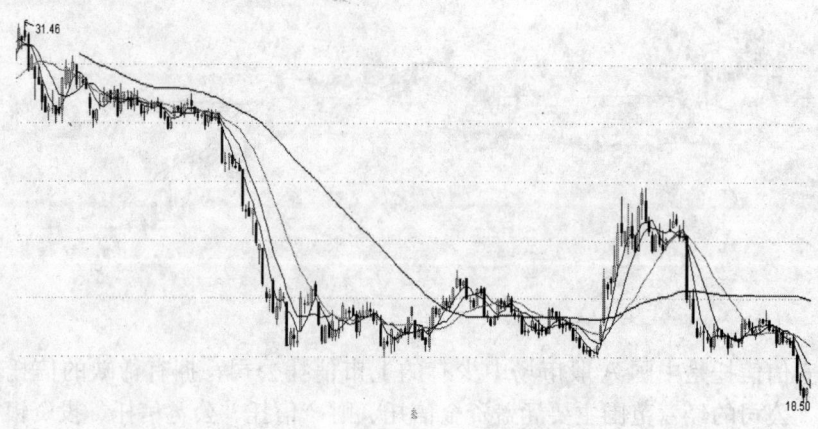

图 18

招商证券的综合排名列券商前列，是第二批开展融资融券业务的五家试点券商之一。公司经营得法，与招商系共辉煌。股指期货和融资融券受益的券商板块，目前跌破至发行价的一半左右，投资机会显现。

19. 南京银行（股票代码：601009）

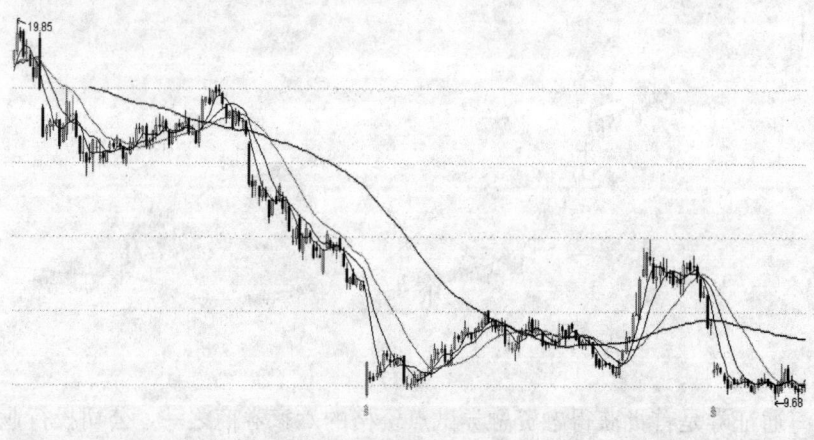

图 19

作为"债券特色"银行，凭借在金融市场业务上良好的声誉和健全的牌照，南京银行在信贷受限背景下债券和同业业务的大力拓展使公司的利息收入和手续费收入增速快于行业平均水平。

一、金融行业

20. 太平洋（股票代码：601099）

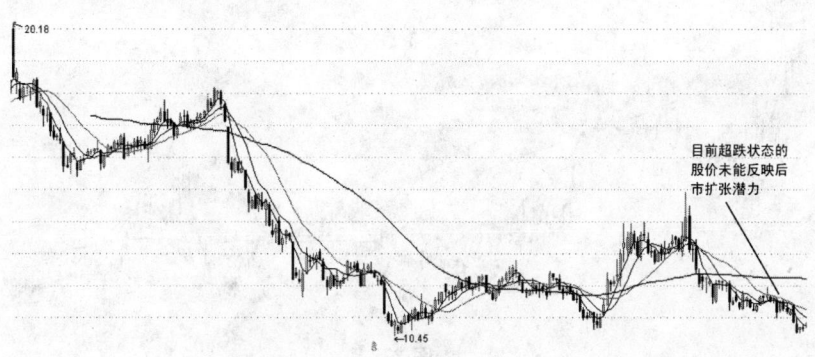

图 20

太平洋股价目前处于超跌状态，2010年末接近历史最低位。与其他综合性券商相比，公司的发展区域主要在云南省和吉林省，专注于经纪业务和承销业务。目前众多券商的全国扩展步伐已经逐步限于瓶颈，但对于该公司来说，随着业务能力的不断完善，全国性的扩张还处于初期阶段，未来发展潜力较大，目前的股价未反映未来的扩张潜力。

21. 兴业银行（股票代码：601166）

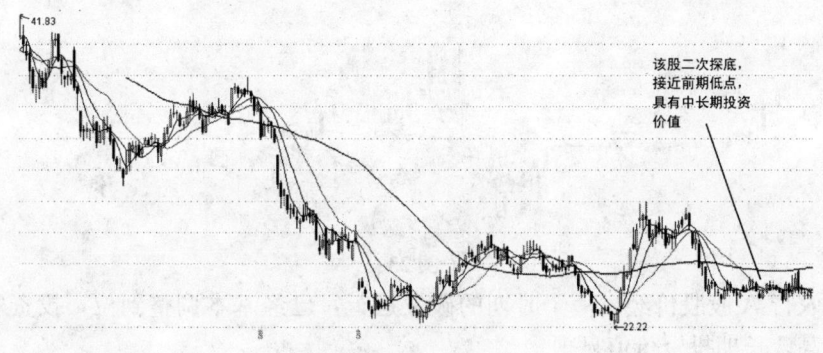

图 21

兴业银行是我国首批股份制商业银行之一，在国内率先成功引进恒生银行、国际金融公司（IFC）和新加坡政府直接投资公司（GIC）三家境外战略投资者。截至2009年末，公司共有44家分行（含二级分行）和503家分支机构，此外网上银行、电话银行和手机银行等电子银行业务也保持快速发展。和其他银行股一样，目前该股二次探底，接近前期低点，具有中长期投资价值。

22. 北京银行（股票代码：601169）

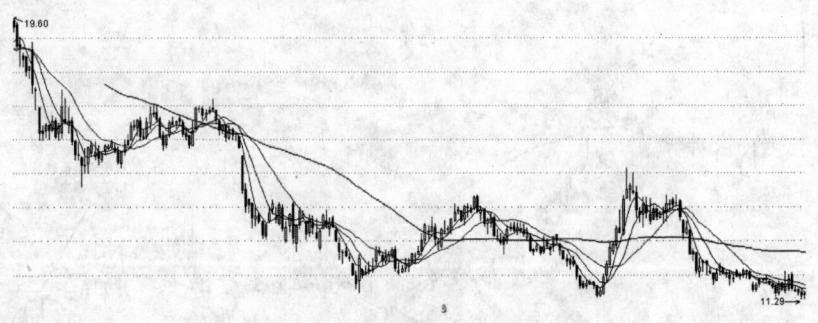

图 22

北京银行是目前中国资产规模、盈利水平名列前茅的城市商业银行。近年来伴随更名、引资、跨区域经营、公开发行上市等重大战略的相继实现，公司综合竞争力和品牌形象得到进一步提升，各项经营业绩实现了快速增长。公司的主要业务集中在北京地区，所以坐拥首都经济圈的天时地利；同时公司第一大股东又是荷兰国际集团，具有一定的国际化优势。此外，公司还被英国《银行家》杂志誉为"中国城市商业银行的领头羊"。

23. 农业银行（股票代码：601288）

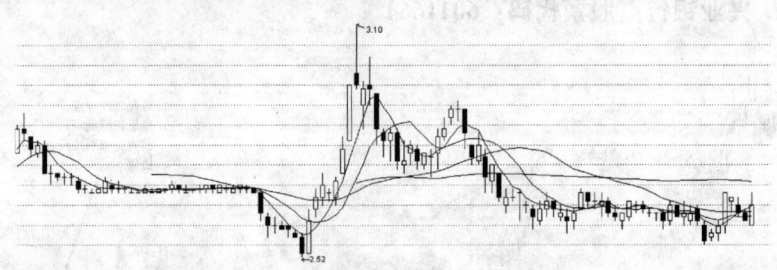

图 23

农行 A 股股价经过一个时期的破发运行，已经基本调整到位，投资安全边际高，长期投资价值显现。

选择 A 股、H 股两地上市且 A 股较 H 股股价折让的个股，对于长期投资者而言，买此类股票的 A 股可能是更好的选择。目前，农行 A 股较 H 股折价率在 25% 左右，显著高于建行、工行和中行。按农行中期每股利润 0.17 元算，目前市盈率仅为 9 倍。即使按最低的分红标准看，派息率远远高于存款利息。这也是许多海外大机构看好农行，纷纷增持该股的重要原因之一。

农业银行的成长性较为显著，从中长线走势看，其每股突破 3 元概率极大。

一、金融行业

24. 交通银行（股票代码：601328）

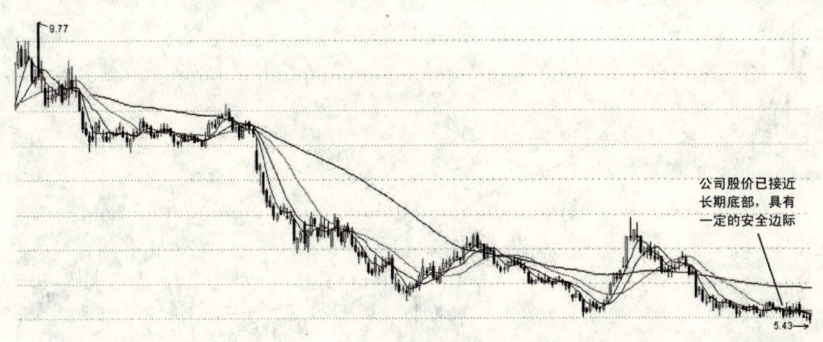

图 24

交通银行是国内第五大银行，规模优势明显，成本控制能力较强，收入结构也相对多元化。

公司具备良好的经营基础，且经营状况也处在上升通道，资本金状况较好，已经符合《巴塞尔新资本协议》的要求。

目前公司股价估值较低，且已经接近长期底部，具有一定的安全边际。

25. 兴业证券（股票代码：601377）

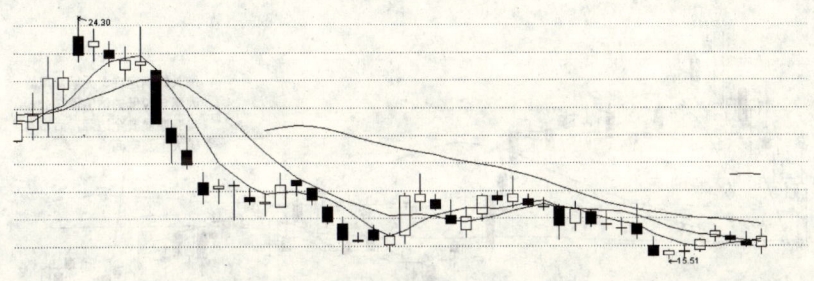

图 25

兴业证券前身为福建兴业银行证券营业部，后经脱钩、增资改制后更名，控股股东为福建省财政厅。公司经纪业务、投行业务在福建省具有明显的优势，是海西经济区唯一一家综合类券商，未来有望受益于海西经济区建设。

控股子公司业绩贡献突出。公司旗下的兴业基金和兴业期货为公司贡献了可观的收入和利润，预计将持续增长。同时公司还参股南方基金等重要企业，有望分享这些控、参股公司的业绩。

业务是公司最重要的收入来源。公司经纪业务收入占总收入比重超过半数，利润占比更大。

26. 工商银行（股票代码：601398）

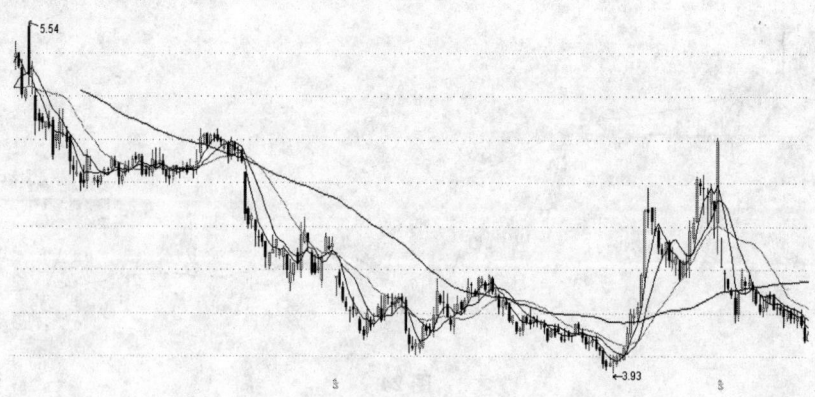

图 26

工商银行各项业务保持了稳中向好态势，尽管手续费收入受外部环境影响有所下滑，但总体营收能力和资产质量在持续向上，显示了公司较强的客户基础和经营能力。

27. 中国太保（股票代码：601601）

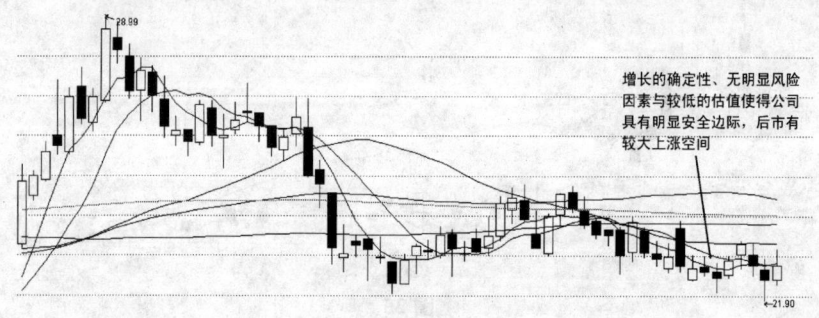

图 27

中国太保是一家同时在香港和内地上市的大型保险公司，规模位居国内保险行业的前三甲，旗下涵盖太平洋寿险、太平洋产险和太平洋资产管理公司等专业子公司，业务实力雄厚。

随着国内产险市场监管的严格和竞争状况的改善，产险费率可能上升，通过规范中介市场可带来佣金率下降，产险的盈利能力将继续提升。鉴于公司2010年总保费增速领先同业，而且H股融资为公司提供了充裕资金，偿付能力充足。

一、金融行业

28. 中国人寿（股票代码：601628）

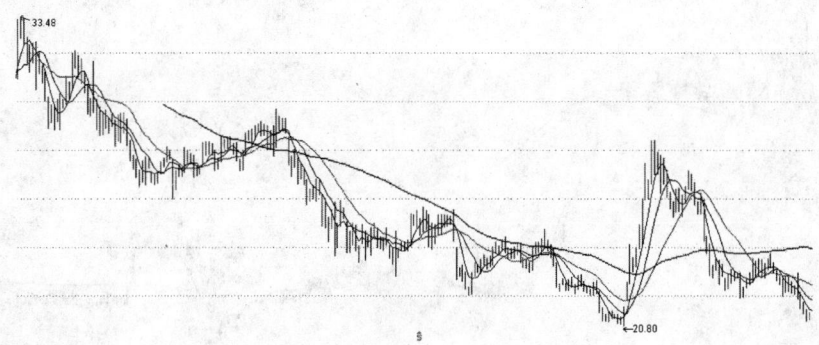

图 28

中国人寿在寿险市场上的龙头地位不容挑战，且一直维持较稳定的增长。目前股价处于明显低值，具有较大的上升空间，投资价值凸显。

29. 华泰证券（股票代码：601688）

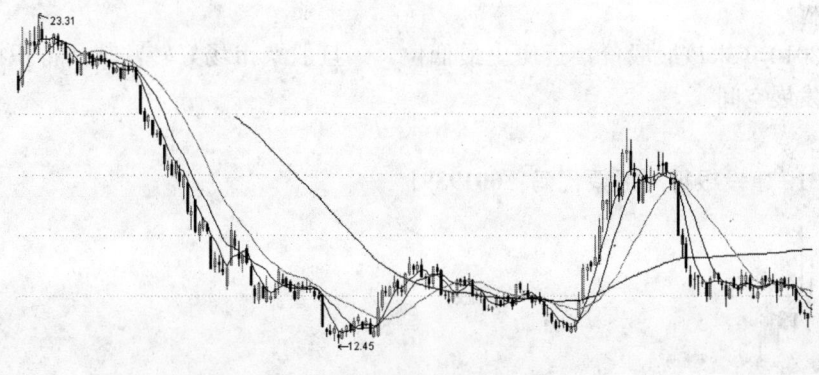

图 29

华泰证券是中国证监会首批批准的综合类券商，2007～2009 年连续三次被证监会评为 A 类券商。公司拥有证券经纪服务、资产管理服务、投资银行服务、固定收益服务和直接投资服务为基本架构的完善的专业证券服务体系以及研究咨询、信息技术和风险管理等强有力的服务支持体系。

公司旗下拥有南方基金、友邦华泰基金、华泰联合证券、长城伟业期货、华泰金融控股（香港）有限公司和华泰紫金投资有限责任公司，同时是江苏银行的第二大股东，基本形成集证券、基金、期货和直接投资为一体的、国际化的证券控股集团雏形。

30. 光大证券（股票代码：601788）

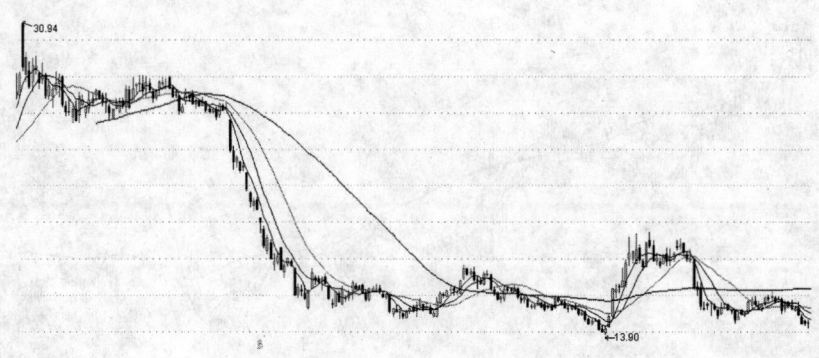

图 30

光大证券依托光大集团的雄厚实力，收购了许多证券类资产，在资本实力、盈利规模和业务规模方面，都稳居行业前列，综合经营优势十分突出。

光大金控（香港）已经获批并计划收购光大证券国际的部分股权。此外，光大期货还计划与台湾宝来曼氏期货展开互相参股20％的股权合作，这有望使光大期货借助曼氏期货的品牌和技术优势，进一步提升在股指期货业务上的话语权。

2010年末该股股价接近历史最低位，一旦股票市场好转，其具备积极向上的发展空间。

31. 建设银行（股票代码：601939）

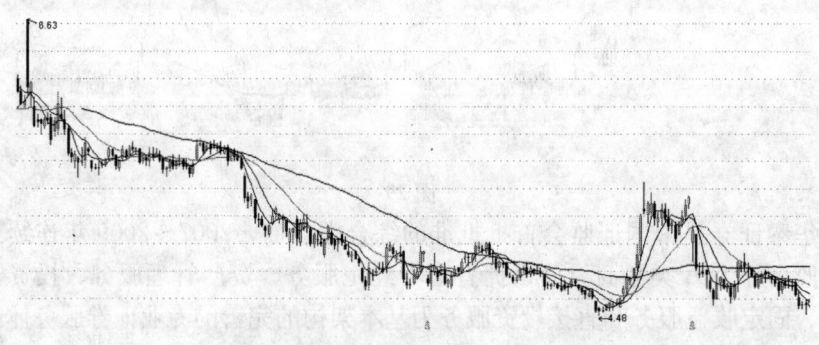

图 31

建设银行是规模与盈利能力均名列前茅的大型商业银行。公司2010年末再融资后，资产规模可扩张至12305亿元，贷款规模可扩张至6163亿元，较2010年第三季度增长11.2％。随着公司后期净利润不断转入核心资本，公司未来平稳的资产规模扩张可期。

一、金融行业

32. 中国银行（股票代码：601988）

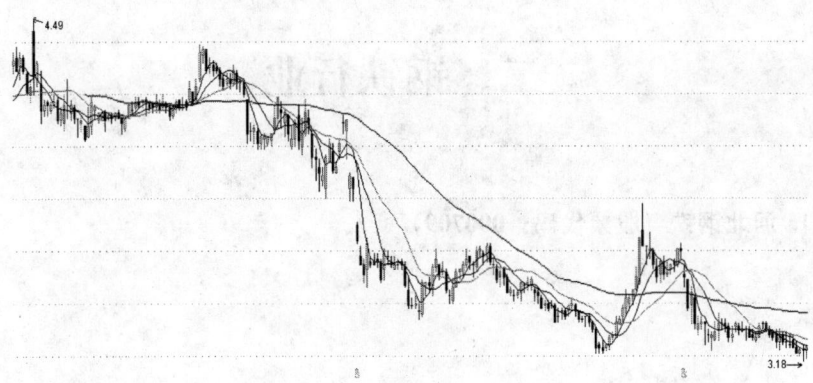

图 32

中国银行过去业绩改善主要来自于规模增长、拨备释放和中间业务收入增长等。虽然未来规模增长和拨备释放因素将减弱，但息差回升和中间业务继续增长，公司业绩有望保持适度增长。

2010年末该股股价创出年内最低，建议关注反弹向上的价值空间。

33. 中信银行（股票代码：601998）

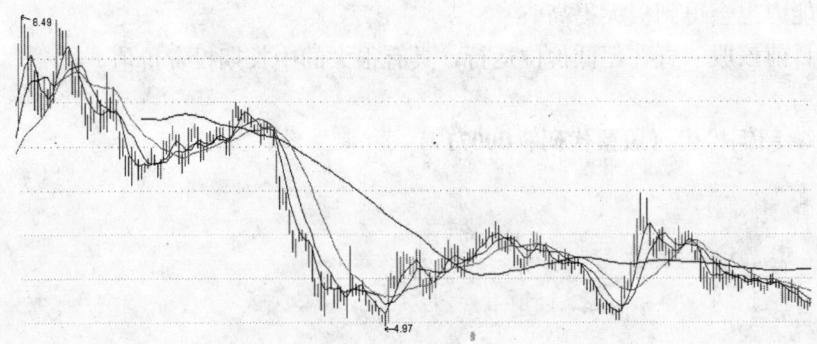

图 33

中信银行是一家快速增长并具有强大综合竞争力的全国性商业银行。近年来公司积极实施独具特色的"零售银行战略"，使得其零售银行业务快速成长。同时公司背靠实力企业集团，集团旗下拥有证券、保险、期货、信托、基金管理等多家专业金融公司，实力股东做后盾有助于提高中信银行的综合竞争力。

二、钢铁行业

1. 河北钢铁（股票代码：000709）

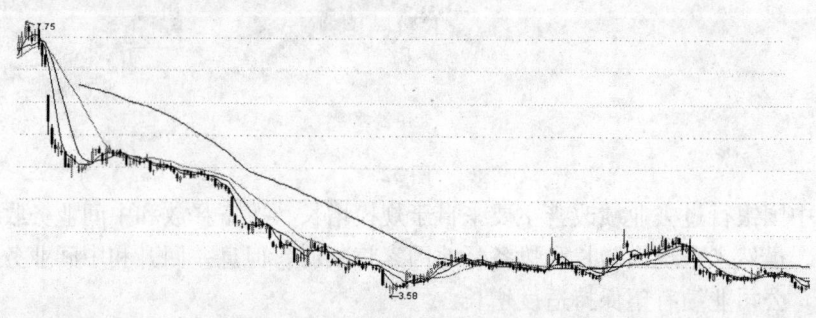

图 34

在 2010 年最后两个月内，河北钢铁集团"渐进式"重组了省内 12 家民营钢企，使集团总产能接近 1 亿吨。河北钢铁集团的重组符合目前钢铁工业加快转变发展方式的需要，重组完成后，河北钢铁产业集中度将得到进一步提升，盈利能力也会得到极大提高。

目前该股一直在超低价位运行，具有很大的中长期投资价值。

2. 韶钢松山（股票代码：000717）

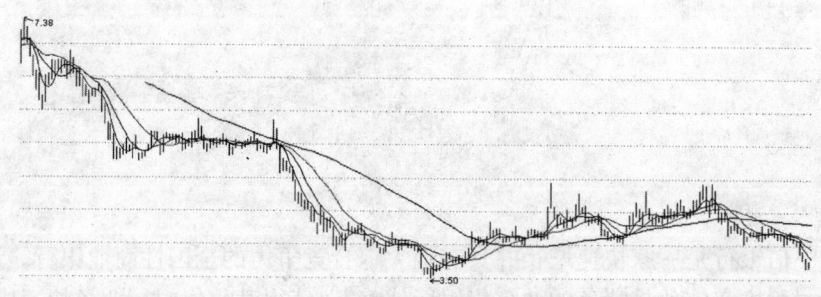

图 35

韶钢松山近年来紧跟市场变化，积极调整产品结构，推行精益化成本控制，2010 年上半年实现了扭亏。特别是受益于广东钢铁的重组，公司未来发展前景良好，有一定的中长期投资价值。

3. 新兴铸管（股票代码：000778）

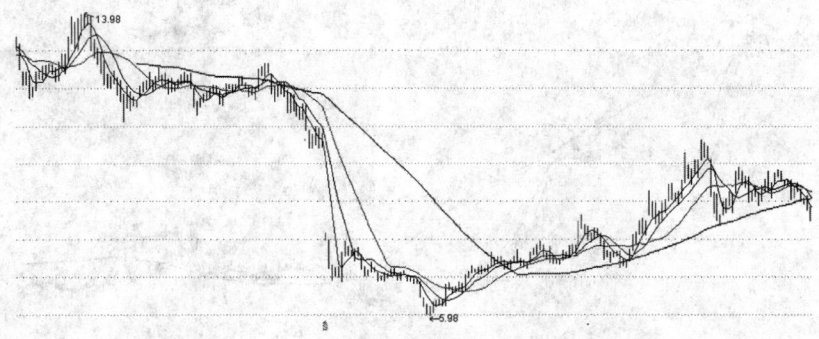

图36

新兴铸管作为铸管行业龙头的优势将延续，在传统铸管加螺纹钢优势的基础上，公司正致力于发展复合管、特钢和锻件等新产品，新领域将会带来新的增长。同时公司在新疆和海外的矿石和煤炭项目将大幅提升其产业链的竞争力。

4. 太钢不锈（股票代码：000825）

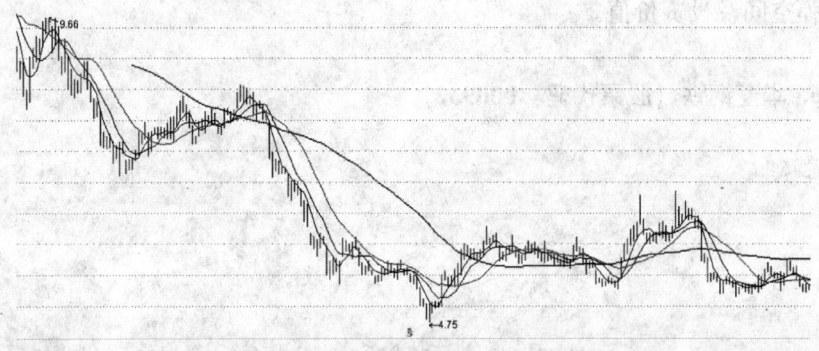

图37

太钢不锈公司控股股东为太原钢铁集团，主要产品有不锈钢板材、不锈钢圆钢、普钢板材，是生产不锈钢的专业化龙头企业，国内最大的不锈钢生产基地。

随着经济不断发展和人民生活水平不断提高，居民不锈钢消费水平仍将快速增长；同时伴随国内汽车、核电消费需求的增加，工业用不锈钢也将出现稳定增长的局面，因此该公司不锈钢业务未来会稳定增长。

公司拥有国内唯一一条宽幅不锈钢钢板卷生产线，可以生产出核级不锈钢。公司正在优化产品结构，调高不锈钢高端产品的生产比例，核电用不锈钢是未来利润快速增长的关键。

该股股价目前处于2010年内的低位区，具有显著的投资价值，值得关注。

5. 鞍钢股份（股票代码：000898）

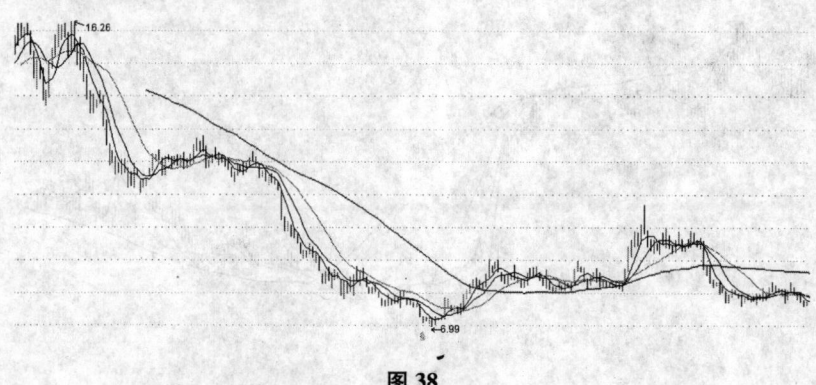

图38

鞍钢股份高性能冷轧取向硅钢生产线项目的投产，标志着公司成为继武钢、宝钢之后第三家拥有取向硅钢生产工艺的国内钢厂。在两条硅钢生产线共计20万吨投产后，硅钢将成为公司盈利的稳定器。

公司为基金重仓的钢铁龙头品种。从二级市场来看，2010年该股股价自16元一线跌至目前的8元附近，在业绩增长及技术超跌的背景下，其有很大的反弹空间及投资价值。

6. 华菱钢铁（股票代码：000932）

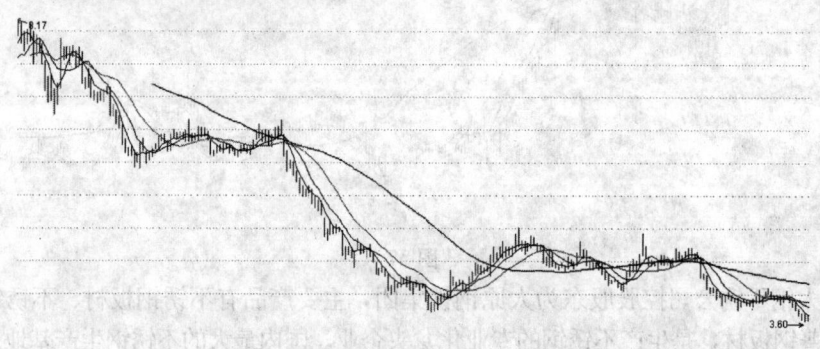

图39

华菱钢铁定位高端，发展目标清晰，借助安塞乐米塔尔的技术实力，我们看好合资公司投产后华菱热轧和冷轧薄板技术品质的提升。此外，目前属于华菱"软肋"的薄板也将向高品质、高盈利品种迈进。

基于公司较好的成长性及较低的市净率（0.9）和吨钢市值，以及目前处于历史低位的股价，可以预期该股具有一定的上升空间及较好的中长期投资价值。

二、钢铁行业

7. 成霖股份（股票代码：002047）

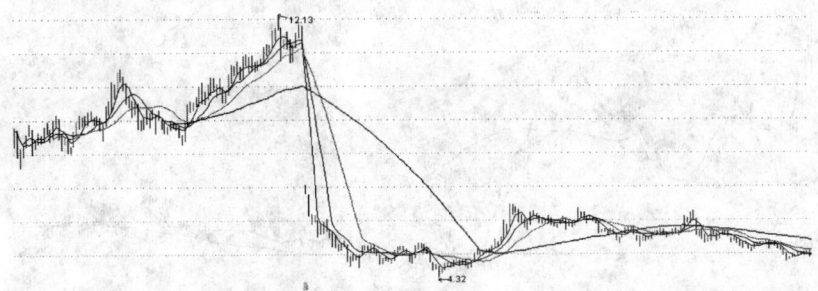

图40

成霖股份是亚洲最大的水龙头生产商，公司自主生产的多款产品通过国内外各项认证，其品牌产品成霖高宝以其"节水"优势被国务院指定为"政府强制采购节能产品"。

在行业和板块中，公司最具安全边际，而青岛分公司产能提升、客户结构调整、厂房搬迁等因素使公司业绩出现拐点，加上潜在的土地开发价值，均为其股价进一步提升提供了有力支撑。

8. 三钢闽光（股票代码：002110）

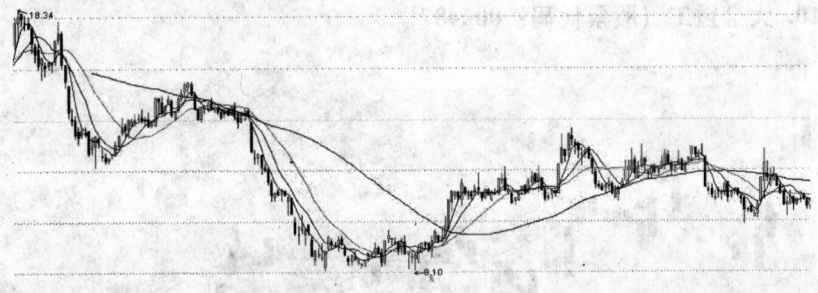

图41

三钢闽光是福建省最大的钢铁企业，长材比重高、质量优，期间费用率低，业绩弹性大，受益海西规划优势明显。公司是股性最为活跃的钢铁上市公司之一。

公司改进转炉溅渣护炉技术，使转炉炉衬寿命突破300炉/次，创国内领先水平，年增效益数千万元。无烟煤炼焦技术属于国内首创技术，改写了无烟煤不能炼焦的历史。

公司发展战略中计划适时收购三钢集团的中板项目，并在条件成熟时，收购或兼并进口矿条件较好的沿海钢铁企业，巩固在福建省钢铁行业中的区域龙头地位。

9. 久立特材（股票代码：002318）

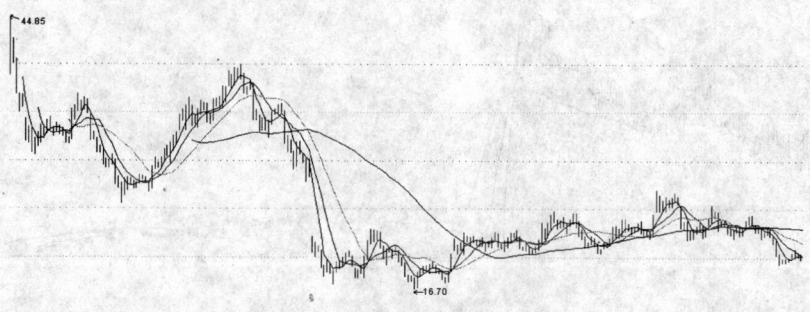

图 42

久立特材是国内不锈钢焊接管品种最全、规格组距最大的制造企业，目前主要产品为工业用不锈钢无缝管和不锈钢焊接管，产品广泛应用于石油、化工、天然气、电力设备制造、造船、机械制造、航天航空等。

公司战略目标为不断提高中高端产品比例，增强盈利能力。未来两三年内公司将重点开发高技术含量和高附加值的产品，主要为超超临界电站锅炉用耐温耐压件、原油和液化天然气输送用管、高腐蚀油气井用管、核岛设备用管、航天航空精密仪器用管等。

10. 大金重工（股票代码：002487）

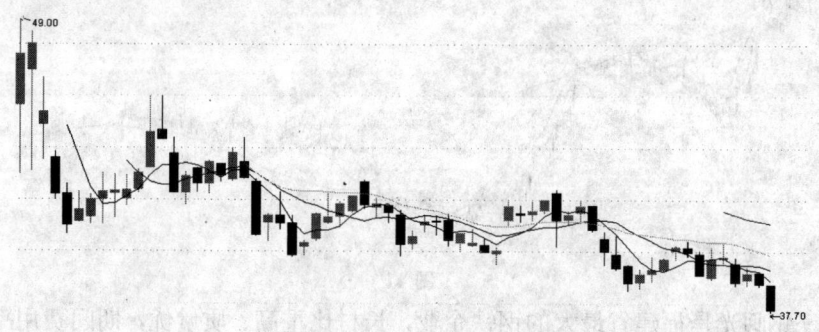

图 43

大金重工是世界最优秀的火电锅炉钢结构设备供应商之一，是黄河以北地区规模最大的专业从事电力重型装备钢结构设备制造与销售的企业，主要产品是电力重型装备钢结构产品。

公司主营产品包括火电锅炉钢结构产品和风机塔架，2009 年分别占据全国市场的 9.35％和 2.85％。蓬莱基地将是公司未来发展的最大亮点，依托蓬莱港口，公司进军海上风电初具条件；同时将打破区域瓶颈，提升市场份额。

二、钢铁行业

11. 武钢股份（股票代码：600005）

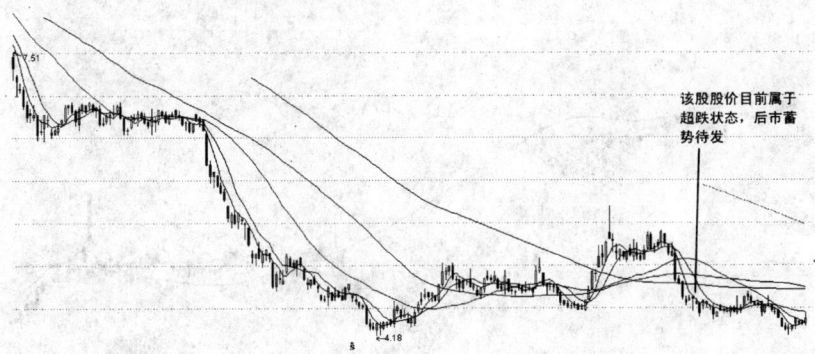

图 44

武钢股份的海外矿石收购计划开始进入初步收获期。公司与巴西 MMX 公司、加拿大 CLM 公司合作开发矿山生产的铁精矿开始逐步运抵武汉。预计到"十二五"末期，武钢的矿石自给率将超过 75%。

2010 年初至年末该股股价下跌达 36%，属于超跌状态，基于盈利能力从底部的逐步回升以及公司长期品种结构的改善和资源战略的收获，具有中长期投资价值。

12. 济南钢铁（股票代码：600022）

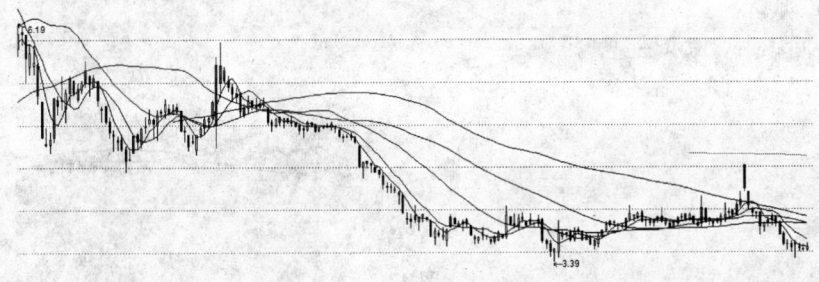

图 45

济南钢铁公司的中板和中厚板产品在全国同行业市场占有率和产品规模均居首位，主要用于建筑、机械制造、造船、压力容器等行业，具有很强的市场竞争力。

公司特厚高炉炉壳钢板研发成功，打破了宝钢、武钢在国内的技术垄断。

钢铁主业整体上市，不仅有效地推动了公司主业产业链的一体化，进一步优化了产品结构体系，而且还充分发挥了内涵式的协同效应，有效降低了企业生产的成本与风险。

13. 莱钢股份（股票代码：600102）

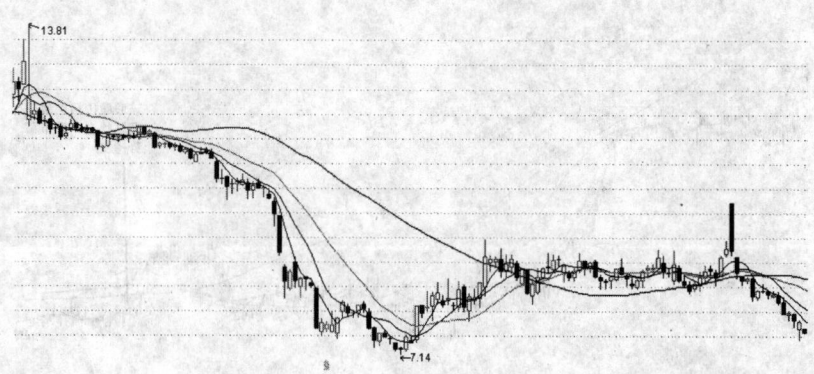

图 46

有着山东第一国企之称的山东钢铁集团旗下莱钢股份与济南钢铁有重组预期，济南钢铁以换股方式吸收合并莱钢股份。

换股吸收后的济南钢铁粗钢产量将超过 1700 万吨，以粗钢产能计为国内第三大上市钢铁企业，业绩将有进一步提升。

14. 杭钢股份（股票代码：600126）

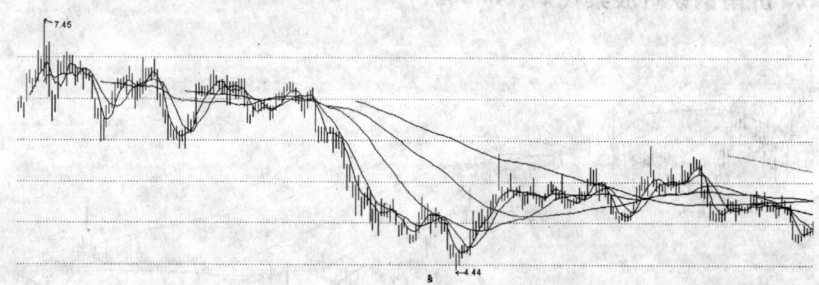

图 47

杭钢股份是浙江省唯一的大型钢铁联合企业，动态市盈率在 10 倍左右，而市净率显示估值安全性较高。

公司现有炼焦、炼铁、炼钢、轧钢等主生产线 16 条，主要设备 700 多台套，技术水平达到 20 世纪 90 年代国际先进水平。公司主要产品为汽车用钢，其余包括机械用钢、五金用钢和矿用钢等。

从技术角度考察，该股中期调整相对充分，而年报、季报均显示基金进入明显，建议逢低积极关注。

二、钢铁行业

15. 凌钢股份（股票代码：600231）

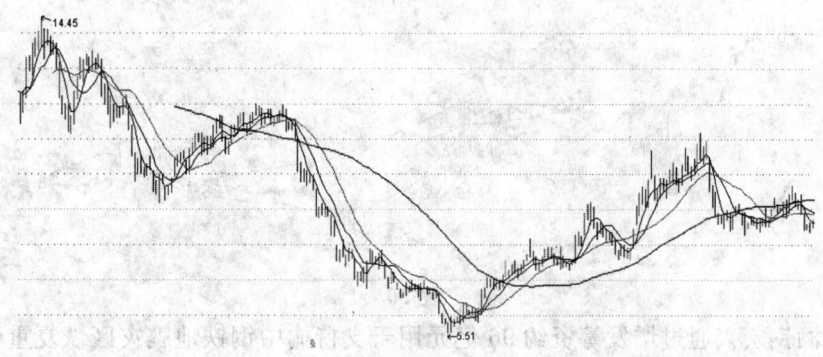

图 48

凌钢股份自有铁精粉及所在区位充足低价的原料供应将持续为公司提供成本优势，提升整体盈利能力。

未来市场转好时，公司将能够尽情享受成本优势带来的业绩增长。同时公司大股东凌源钢铁集团旗下仍有北票铁矿及朝阳焦化等与公司钢铁主业相关的资产，从消除关联交易考虑，未来有资产注入实现整体上市的可能。

16. 南钢股份（股票代码：600282）

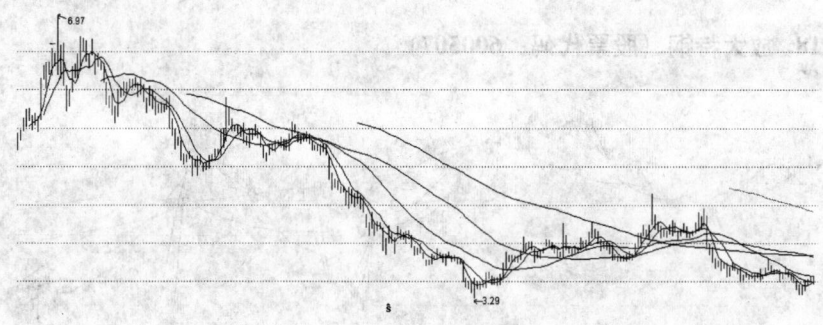

图 49

2010 年南钢股份完成重大资产重组，通过原南钢联合钢铁主业资产的整体上市，使上市公司具备年产 650 万吨钢、615 万吨材的综合生产能力。南钢股份由此从中厚板龙头企业跻身为集炼焦、烧结、炼铁、炼钢及轧钢于一体的现代化大型企业，形成包括中厚板、棒材、线材及带钢四大门类的钢材产品体系，公司的行业地位和盈利能力都得到极大的提升。

17. 酒钢宏兴（股票代码：600307）

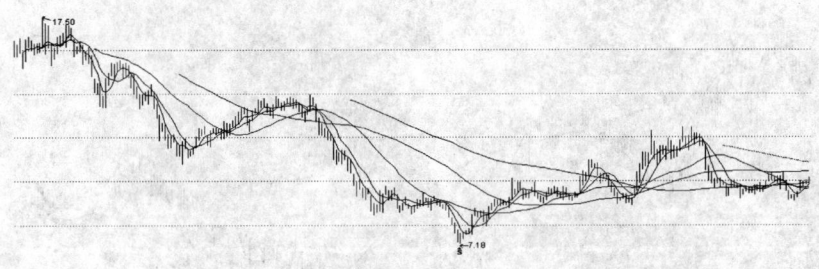

图 50

酒钢宏兴通过增发筹资约 96 亿元用于支持榆中钢铁地震灾区恢复重建项目外，其余资金全部用于收购酒钢集团旗下天风不锈钢有限公司 100％股权。

公司控股股东酒钢集团将集团钢铁主业资产纳入整体上市计划，公司将建成区域最具竞争力的以板带材为主导产品，市场辐射中亚的西北最大钢铁生产基地。此外，集团公司拥有丰富的铁矿石资源，未来两到三年，自有资源的供给率将达到 80％以上。

西部"十二五"期间的固定资产投资增速将加快，资本投入初期对钢材需求的拉动将使区域内的钢厂率先受益。

钢铁股目前整体估值在所有板块中垫底，随着后期钢价向上走势逐渐明朗，板块低估值将被修正。

18. 放大特钢（股票代码：600507）

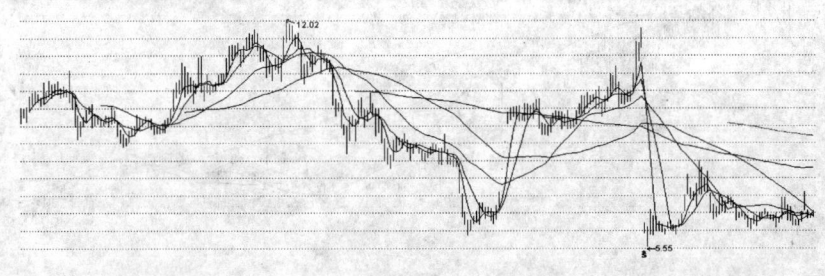

图 51

随着注入以铁矿石为主的多项资产，放大特钢降低公司成本，保证持续发展，并同时启动了多项上游资源的收购行动，这将进一步提升公司的盈利和估值。

公司有效整合板簧行业资源，进一步巩固行业细分龙头地位。公司继续参股、控股汽车板簧企业，扩大市场影响力；同时改建年产 60 万吨弹簧扁钢生产线，欲建成国内最大的弹簧扁钢生产基地，增强板簧企业的市场话语权。

二、钢铁行业

19. 安阳钢铁（股票代码：600569）

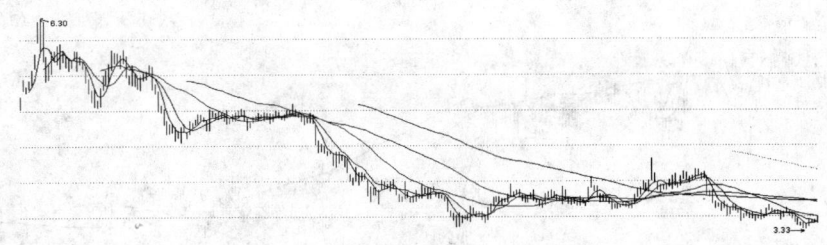

图 52

安阳钢铁是河南省最大的钢铁企业。目前公司每股净资产高达 4.40 元，每股未分配利润高达 1.2779 元，每股公积金也达到 1.40 元，股价为 3.30 元，对应其 PB 估值仅为 0.75 倍，在两市股票中较为少见。

公司被重组更是未来公司重要看点。目前国内钢铁产业大力推进重组，特别是在工信部提出加快中部省份钢企重组背景下，公司存在被重组预期。

20. 八一钢铁（股票代码：600581）

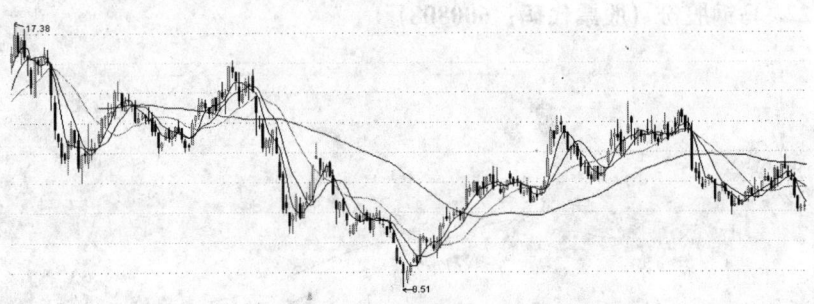

图 53

八一钢铁是新疆维吾尔自治区境内唯一一家大型钢铁企业。公司目前具有从矿山、选矿、烧结、焦化、炼铁、炼钢到轧钢完整的生产工艺流程。在新疆哈密地区和阿勒泰地区有雅满苏、蒙库两座铁矿，在乌鲁木齐艾维尔沟还有一座以生产焦煤为主的煤矿。同时，八钢还有金属制品等钢铁延伸产品，是中国西部和中亚地区最具竞争力的现代化钢铁企业。

振兴新疆政策对新疆钢铁需求的拉动仍是公司未来重要看点，铁水关联交易定价模式也使公司具备明显的成本优势，而随着八钢公司铁矿石自给率的提高，这一成本优势将继续扩大，公司则通过铁水关联交易间接享受到八钢公司的资源收益。

该股经过调整后，安全边际较高，且估值优势极为明显，具有中长期投资价值。

21. 新钢股份（股票代码：600782）

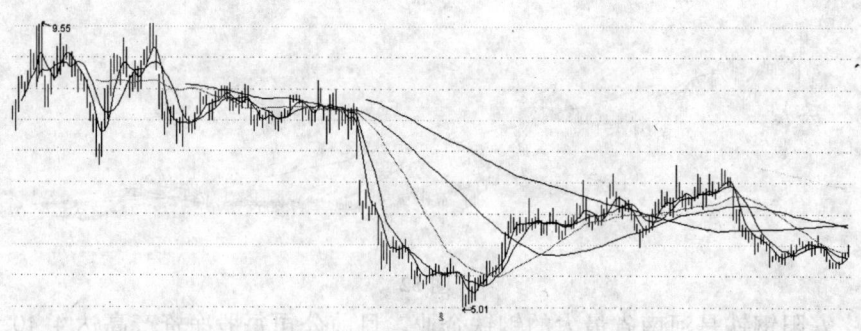

图 54

新钢股份业绩弹性大，一旦整个行业出现反弹，公司将成为行业中业绩增长最快的公司之一。从目前看，公司单吨市值和每股吨含量两个指标均处行业领先水平，较快的产量增速已经为公司业绩增长打下坚实基础。

22. 马钢股份（股票代码：600808）

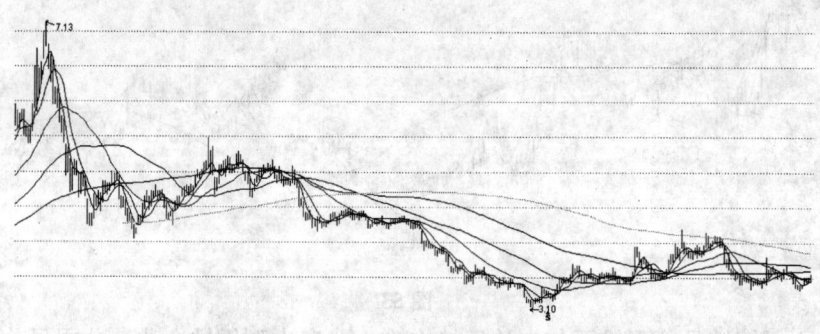

图 55

作为我国火车车轮制造行业的龙头企业，马钢股份拥有世界上最大的火车轮生产线，年产能超过 30 万吨。公司动车轮已经研制成功，预计 2011 年可以批量生产。高铁车轮已进行技术准备，配套的 100 万吨电炉即将开始建设，预计三年后高铁车轮可以研制成功。

马钢火车车轮产品再添新成员，HZ840 低噪音地铁车轮的成功开发将有效地降低我国地铁运行时产生的噪音，为我国轻轨交通在"十二五"期间实现绿色发展奠定基础。我国铁路和城市轨道交通的大发展将为公司提供较大的发展空间。

二、钢铁行业

23. 柳钢股份（股票代码：601003）

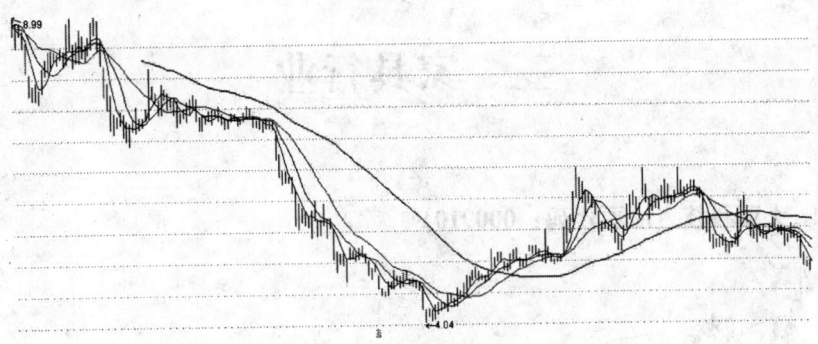

图 56

柳钢股份新建的产能 70 万吨二高线和产能为 80 万吨三棒材（主要为合金棒材）两条生产线目前均已竣工投产，预计 2011 年完全达产，届时公司轧钢产能将突破 600 万吨，产能增幅达 33%。

公司拥有 1000 万吨钢综合生产能力，处于我国华南、西南两个经济圈的交界处，同时南临东盟经济圈，区位优势十分明显。

该股 2010 年以来持续大幅下挫，股价几近腰斩，考虑到住建部与各地方政府签订了《2010 年住房保障工作目标责任书》，相关钢铁板块有望受益，出现超跌反弹的可能性较大。

24. 重庆钢铁（股票代码：601005）

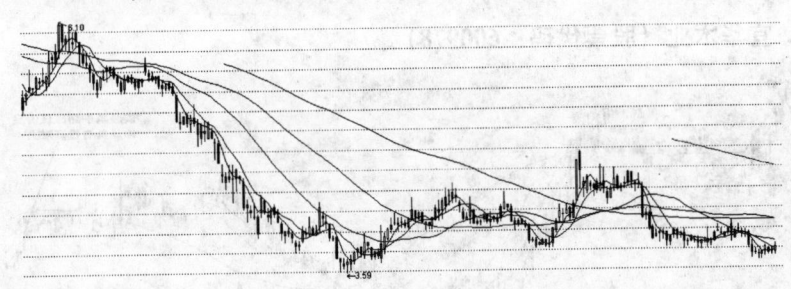

图 57

重庆钢铁是我国大型钢铁企业和最大的专用中厚钢板生产商之一。

公司主要产品冷轧薄板的市场目标重点就是立足重庆市及周边地区。汽车、摩托车行业是重庆市的支柱产业，冷轧薄板需求量较大。重庆市已成为我国第四大汽车生产基地和全国最大的摩托车生产基地，这些都为公司带来了巨大的商机。

三、家具行业

1. 大亚科技（股票代码：000910）

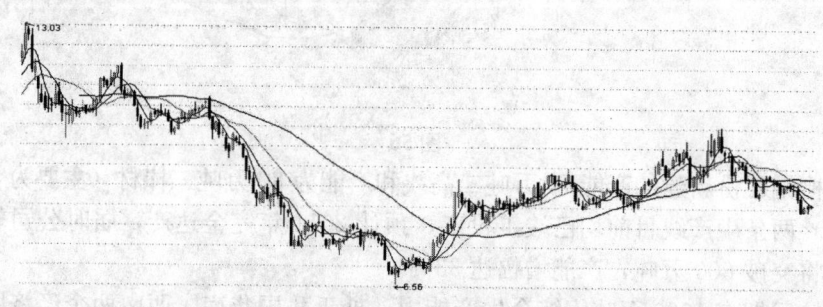

图 58

大亚科技是国内地板和纤维板的龙头企业，拥有近 3500 万平方米的地板产能和 200 万立方米的纤维板产能，均为国内最大。

公司地板业务的毛利率基本稳定在 30% 左右，高于行业平均水平，这主要受益于公司圣象品牌的强势。目前国内地板行业生产企业超过 6000 家，非常分散，地板行业未来将如我国服装行业一样逐渐走向品牌消费阶段，公司受益最大。

2. 宜华木业（股票代码：600978）

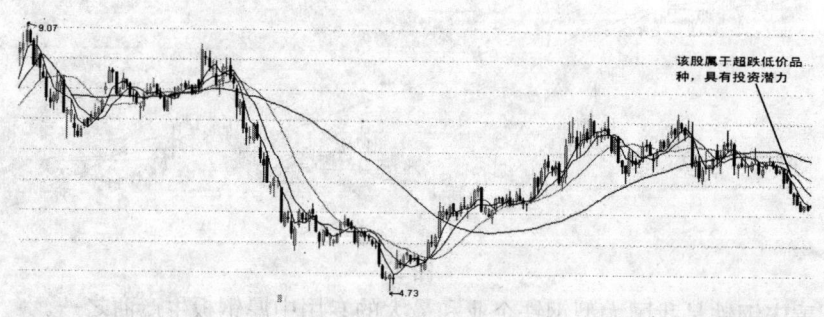

图 59

宜华木业致力于打造中国木业第一国际品牌，先后获得"中国驰名商标"、"国家免检产品"、"中国名牌产品"、"出口名牌"、"出口免检"荣誉，是同行业中唯一一家同时拥有五种殊荣的企业。

四、石油行业

1. 国创高新（股票代码：002377）

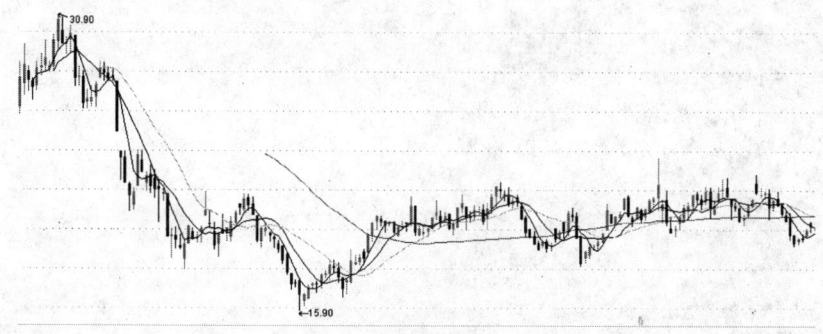

图 60

国创高新是我国最早从事改性沥青研发并实行规模化生产的企业之一，也是首家率先以自主知识产权制造改性沥青生产设备的厂家，在湖北市场销售额占总收入比维持在 60%～70%。

公司产品在国内新建高速公路改性沥青市场的占有率超过 15%，位居全国同行业前三甲。公司沥青产品已广泛运用在京珠高速湖南湖北路段、上海外环、云南昆石高速等近百项工程中。

2. 中国石油（股票代码：601857）

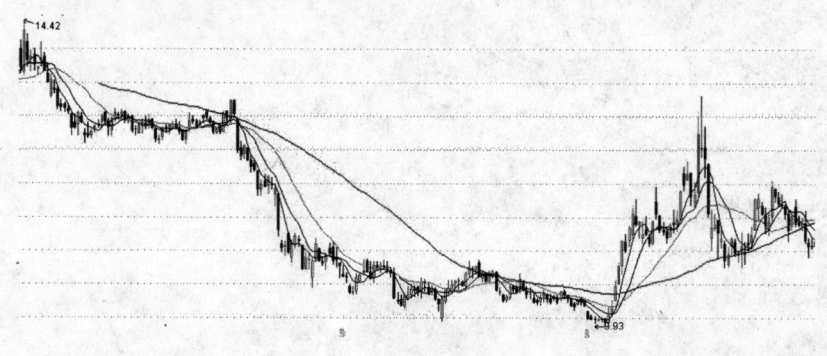

图 61

价值洼地藏宝图

　　中国石油是我国油气行业中最大的油气生产和销售商。公司受益于油气价格的上涨。目前国内的天然气价格仍然有继续上调的空间,中国石油是国内天然气产量最大的公司,今年年内原油价格出现上涨的概率较大。

　　公司扩张海外业务成果显著。如伊拉克鲁迈拉、哈法亚等战略性项目进展顺利,与壳牌联合收购澳大利亚煤层气公司,加拿大油砂项目交割顺利,委内瑞拉呼宁四重油区块合作协议正式签署等。海外油气勘探继续取得新成果,乍得项目H区块风险勘探成功打出千吨井。

五、公路桥梁

1. 粤高速 A（股票代码：000429）

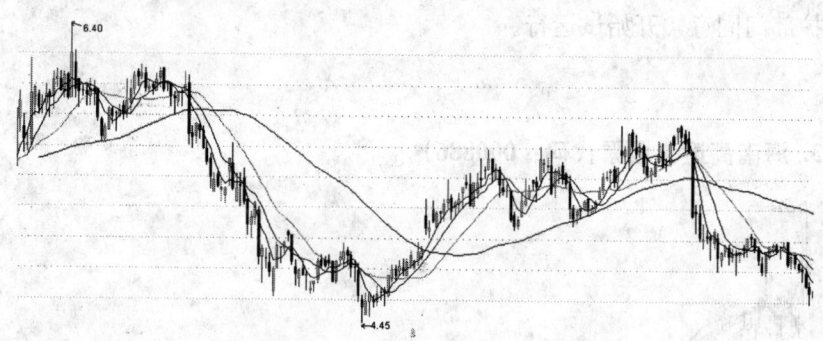

图 62

粤高速 A 目前运营省内多条受益较好的高速公路，同时公司拟投资 25 亿元参股广乐高速，该路段是京珠澳高速的组成部分，通车运营后前景较为乐观。

公司借助于稳定的现金流积极开拓其他领域的投资机会。公司控股的广东高速科技主要投资于与高速公路相关的照明、节能和太阳能光伏等业务领域，而出资 5.2 亿元参股的光大银行也有上市预期，这些项目有望成为公司股价的催化剂。

2. 湖南投资（股票代码：000548）

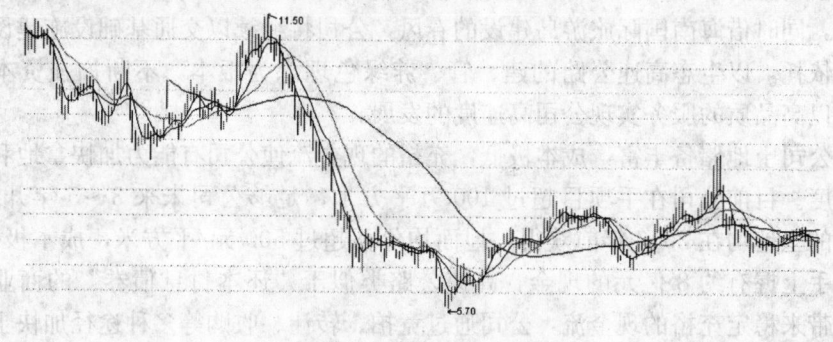

图 63

湖南投资以路桥、酒店业务、土地开发为三大主业，实力显著，其经营的优质路桥资产在长沙市年票制收费的模式下保证了业绩的稳定增长，经营风险较小。

随着今年湖南省私家车拥有量的迅速增加，路桥收费将呈现稳定增长的趋势。同时，公司投资经营的两家酒店均位于城市中心区域，地理位置优良，客房开房率在长沙市同类酒店中一直位居前列。此外，公司的离子交换纤维辐照改性加工产业化项目当前已全面完成项目建设，钴源已采购、安装完毕，经环境保护部门同意，开始试运行。

3. 海南高速（股票代码：000886）

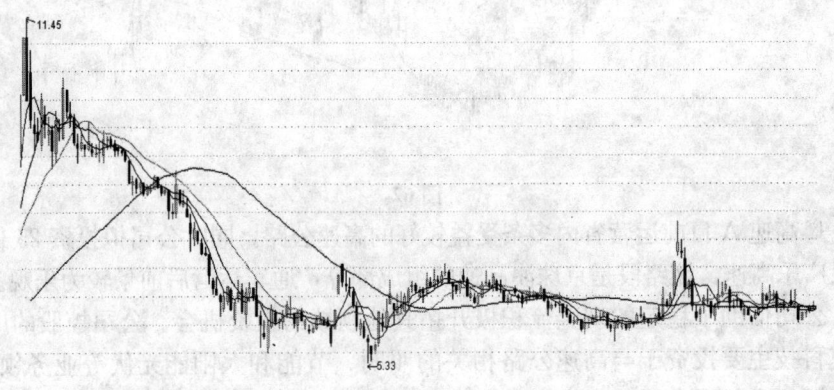

图 64

海南高速主营业务为高等级公路的建设及养护管理，同时在房地产开发销售和旅游服务业的综合开发等方面适当开展多元化经营。

公司主要承担国家基础设施重点工程——海南环岛东线高速公路的建设和管理，同时借海南国际旅游岛建设的春风，公司将继续以交通基础设施建设管理为依托，以生态高速公路的建、管、养绿色理念为根本，不断加强资本运作，以高品质的服务实现公司高速度的发展。

公司土地储备丰富，成本极低，充裕的现金流使公司有能力加快拿地和开发速度。目前公司在手项目超过100万平方米，足够公司未来3~5年开发，所有的土地均在2010年前获得，地面均价不超过500元/平方米，成本极低。公司手上握有约8亿元的现金，高速公路类似于"还本付息债券"的商业模式，带来稳定充裕的现金流，公司通过竞拍、转让、收购等多种途径加快土地储备。此外，公司低成本获得土地将受益于海南房价快速上涨。

五、公路桥梁

4. 现代投资（股票代码：000900）

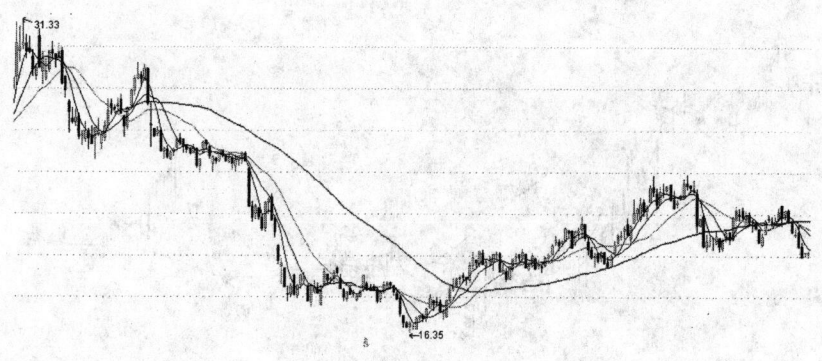

图 65

现代投资为业绩优良、机构重仓品种，具有期指和环保概念。2010年报显示，每股净资产10.30元，安全边际较高。公司属于交通行业，是湖南省经营高等级公路的重要企业，拥有长沙至永安高速公路、长沙至湘潭高速公路、湘潭至耒阳高速公路和107国道岳阳专用线的收费经营权。

5. 华北高速（股票代码：000916）

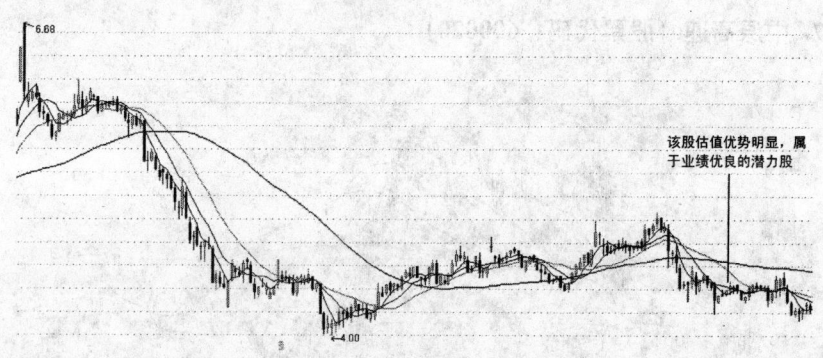

图 66

华北高速是环渤海概念和京津冀都市圈概念股。公司主营京津塘高速公路，环渤海地区的交通规划以及加速对公路资产的扩建在一定程度上提升了公司的投资价值，业绩稳定的预期较为明朗。同时公司拥有东北三省进入华北地区唯一的高速线路——京沈高速，具有区域垄断优势。

公路运输在京津冀综合运输体系中占有重要地位，加之公司持有现代投资股权，估值优势明显，该股属于业绩优良的潜力股品种。

6. 皖通高速（股票代码：600012）

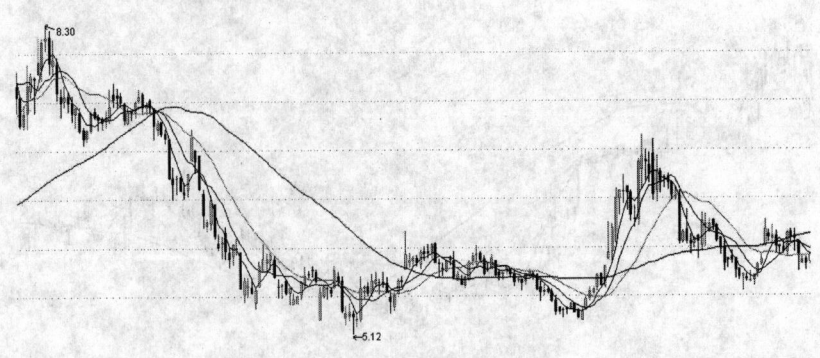

图 67

皖通高速是安徽省内唯一的公路类上市公司，在上交所和香港联交所两地上市。

公司拥有合宁高速公路、205国道天长段新线、高界高速公路、宣广高速公路、宁淮高速公路天长段和连霍公路安徽段等位于安徽省境内的收费公路全部或部分权益。公司经营的路段多为国家东西向大通道，在安徽省以及全国的公路交通运输中发挥着重要作用。

7. 中原高速（股票代码：600020）

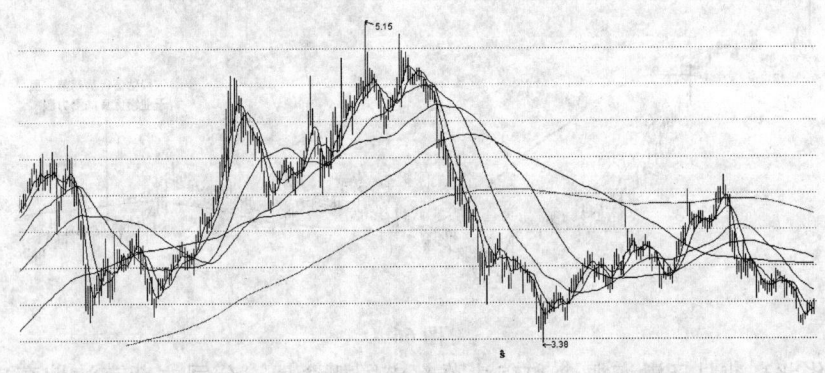

图 68

中原高速是河南省唯一一家上市高速公路企业，河南交通投资集团有限公司为公司第一大股东有利于其未来在省内进行外延式发展。

郑尧高速是一大看点。郑尧高速是河南省重要的能源和旅游快速通道，未来发展前景良好。

五、公路桥梁

8. 福建高速（股票代码：600033）

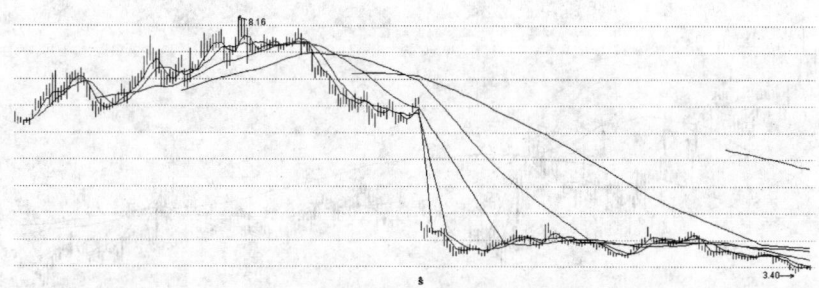

图 69

福建高速是名副其实的海西第一高速公路股，下辖泉厦高速公路、福泉高速公路和罗宁高速公路，均处于国家沿海大通道沈（阳）—海（口）高速公路的福建段，连接福建省经济最发达、外向度最高、最具生机和活力的闽东南沿海地区。

公司运营的高速公路作为福建省内的沿海大通道，承担了大部分交通运输任务。随着福厦高速公路扩建的完工和福建省内高速公路网的完善，公司将在振兴海西新时期台海经济往来中长期直接受益。

9. 楚天高速（股票代码：600035）

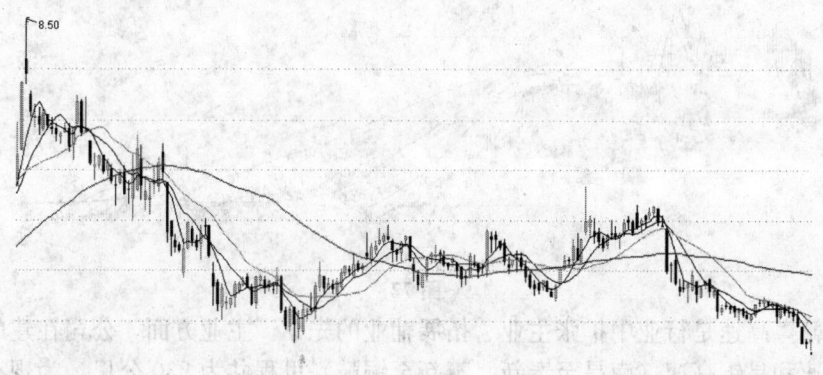

图 70

楚天高速是湖北省唯一一家高速公路上市公司，所经营的汉宜高速公路是湖北省交通流量最大的公路之一，地处东西和南北交通的汇集地、全省经济最活跃地区——江汉平原，区域优势非常明显。

公司目前在建的大随高速和十房高速，竣工后将为公司增加 148 公里营运里程。公司承建十房高速时，大股东承诺会在未来 2～3 年内，将优质资产注入上市公司，此将成为公司未来的重要看点。

10. 重庆路桥（股票代码：600106）

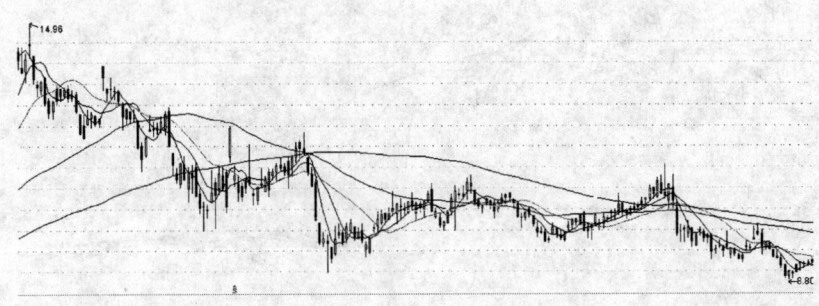

图 71

重庆路桥是一家典型的高速公路公司，主要依靠"三桥一路"路桥收费收入，主业增长前景一般，但是公司持有重庆银行 1.71 亿股，持有限售西南证券 361 万股，有望受益重庆银行 IPO，可变现金融资产价值较高。

公司旗下资产集中于重庆地区，重庆"两江新区"获批有望成为股价上涨的催化剂。

11. 赣粤高速（股票代码：600269）

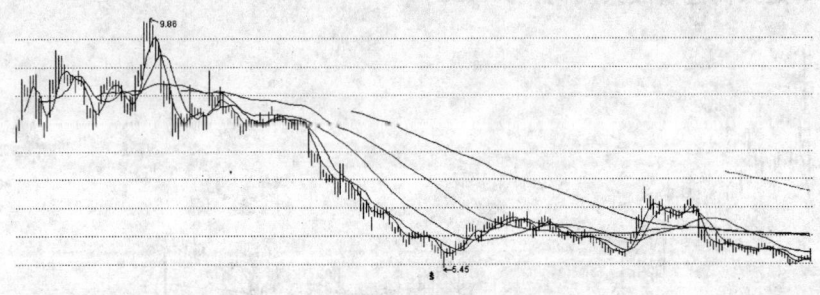

图 72

赣粤高速是行业中扩张主业、拓展辅业的先驱。主业方面，公司在建的彭湖高速和昌铜高速（南昌至奉新、奉新至铜鼓）里程共为 230 公里，为现有路产资源的 41%；辅业方面，公司现已涉足地产、核电站、金融三大资本密集型行业。在未来扩张期，江西政府将继续给予公司财政支持，赣粤高速具备提价的空间。

赣粤高速在截至目前的各高速公路公司中，多元化是走得稳健也是最好的，其核电、金融股权等均能获得较好的收益，成功的多元化投资也将在未来提升公司价值。

目前公司的估值水平处于行业低点，看好公司发展前景。

五、公路桥梁

12. 山东高速（股票代码：600350）

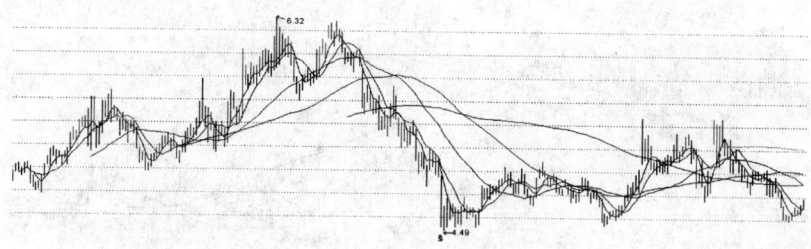

图73

山东高速资产重组方案获批，将向大股东山东高速集团以每股5.29元的价格发行14.2亿股，收购其约290公里的高速公路。该收购完成后，山东高速收费公路里程将由当前约801公里增至约1091公里，跃居国内高速公路上市公司首位。

公司与绿城开展战略合作将实现高起点拓展房地产行业，房地产业务将成为其未来重要的盈利增长点。

山东高速未来有望持续获注优质资产。公司大股东山东高速集团近来以高速公路主业为依托，不断推进跨越式发展；同时加大金融、保险行业的投资力度，并向主业产业链上的相关生产制造业延伸。

13. 宁沪高速（股票代码：600377）

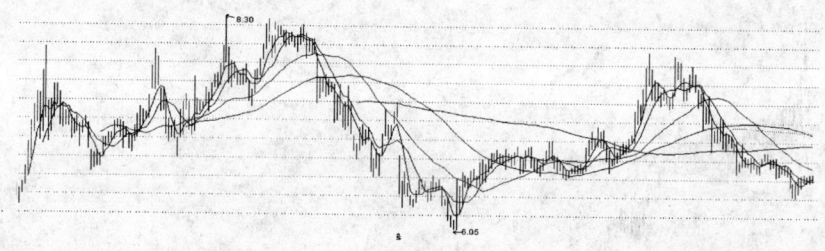

图74

宁沪高速核心资产是横贯长三角的沪宁高速江苏段。公司目前运营着4条高速公路、2条一级公路和1座长江公路大桥，是我国公路行业中资产规模最大的企业。其中沪宁高速公路江苏段连接上海市到南京的6个大中城市，已成为国内最繁忙的高速公路之一。

公司历年来一直保持行业内最高的分红比率，公司股息率预计超过5%，远高于一年期定存利率，具有稳定价值和良好防御性。此外，公司地产业务的拓展是稳健的，充裕的现金流足以应对资金需求，未来将成为新的盈利增长点。

14. 深高速（股票代码：600548）

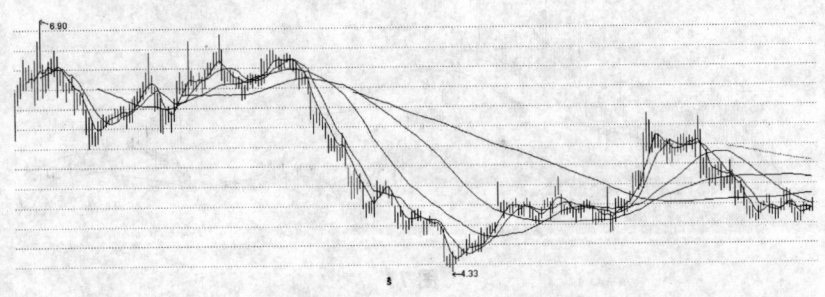

图75

深高速以经营和投资收费公路为主业，路网遍及广东及其他省份。截至目前公司经营和投资的公路项目共16个，分布在深圳市、广东省其他地区以及其他省份。按照公司持股比例折算，公司经营公路里程为429公里。公司控股经营7条高速，95%以上的收入来自于经营公路的收费。公司在深圳市、广东省其他地区及其他省份投资9条高速，投资收益也是公司利润的重要来源。

资本支出高峰期已过，经营投资项目逐渐盈利，公司步入丰收期。未来三年，公司的资本支出主要集中在清连尾项以及梅观、南光高速的扩建，资本支出将大幅下降。

15. 四川成渝（股票代码：601107）

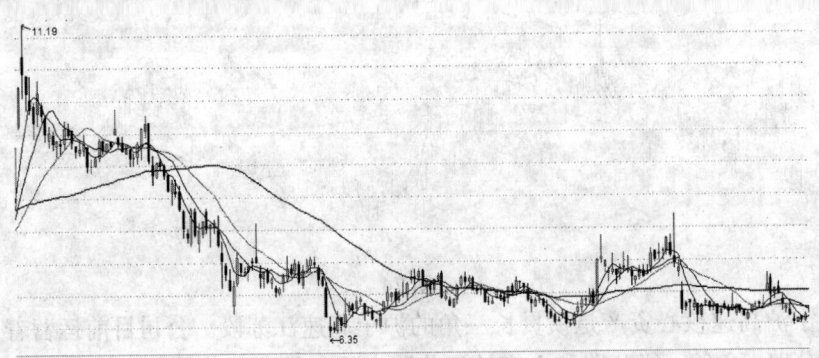

图76

成渝经济区区域规划即将尘埃落定，从未来发展看，其将成为继沿海长三角、珠三角及京津冀三大增长极之后的中国经济增长第四极。成渝经济区区域规划获批和区域经济增长，必将为交通运输服务业带来投资机会及业务量的增长，四川成渝是首先受益的公路板块之一。

五、公路桥梁

四川成渝、成乐高速一类车基准费率为0.35元/公里,远低于行业平均0.45元/公里的水平,并且目前四川省高速公路对正常装载的货车给予20%的优惠,所以整体考虑公司未来通行费收入有较大提升空间。同时公司还将收购遂渝高速四川段以及城南高速,资产规模和盈利规模也将大幅提升。

16. 龙江交通（股票代码：601188）

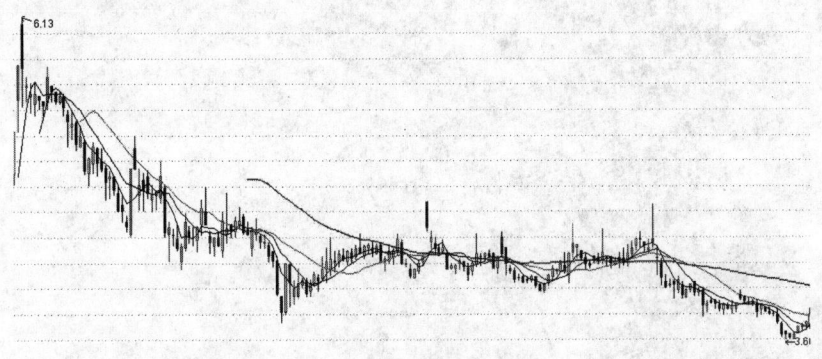

图77

龙江交通主营投资、开发、建设和经营管理收费公路。公司的上市填补了黑龙江省交通运输业上市公司的空白,且黑龙江省正在实施三年高速公路决战,三年内将建设3000多公里高速公路,同时还在进行黑龙江机场扩建,推进黑龙江对俄口岸大通道建设。此外,政府向公司注入优良资产也值得期待,对公司基本面改善无疑构成中长期利好。

17. 吉林高速（股票代码：601518）

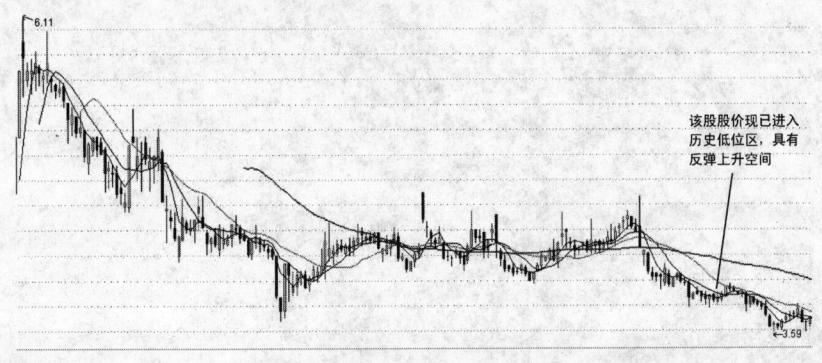

图78

价值洼地藏宝图

  吉林省将在"十二五"期间进一步推进高速公路大通道建设，完善出海入关、连通重点开发区域的"五纵五横三环四联"的高速公路网络，实现出省通道和省会到市州高速公路连接以及县通高速的规划目标。这些将为吉林高速加快发展提供难得的机遇。

  在二级市场上，该股股价经过连续调整，目前已经进入历史低位区，具有一定的反弹上升空间。

六、汽车类

1. 海马股份（股票代码：000572）

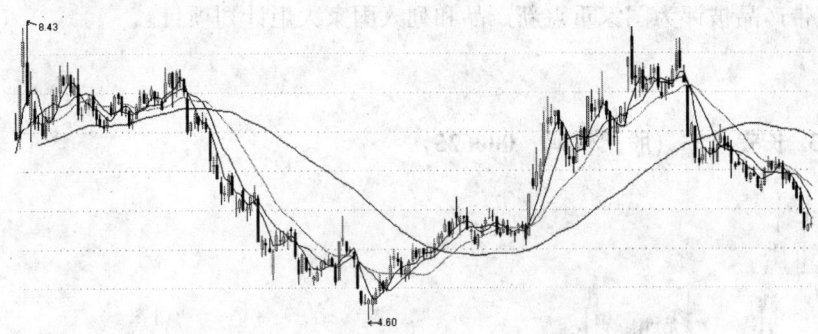

图 79

海马股份生产的海马汽车一直走在新能源汽车的浪尖上。公司承担了国家"863"纯电动车项目的研发，并成功推出了首款新能源车——海马3纯电动车。海马股份由海南汽车和一汽集团合资组建，通过一系列运作，公司不但获得了整车生产牌照和现成的生产线，还储备了大量的土地，为未来产能扩张埋下了伏笔。公司收购郑州轻型汽车制造厂，将利用该平台开展微型客车、皮卡车、SUV等业务。

2. 黔轮胎A（股票代码：000589）

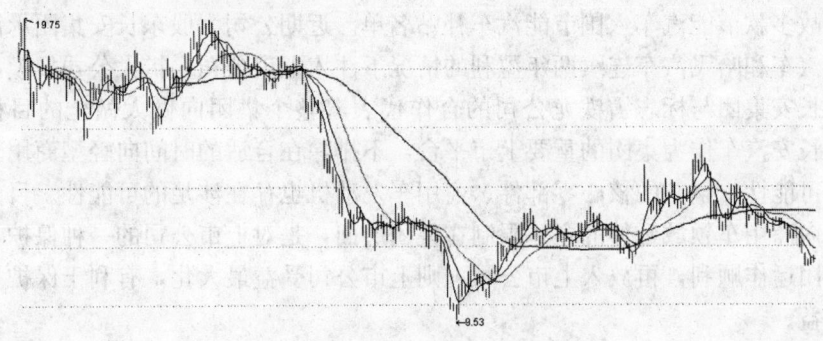

图 80

黔轮胎公司主营轮胎制造与销售，拥有"前进"、"大力士"、"多力通"等系列品牌，生产规模与销售收入位于全国同行业前十位。产品远销欧、美、亚、非 60 多个国家和地区，近三年三角胶带产品出口销量一直保持全国第一位。

公司三角胶带生产技术在国内同行业处于领先水平，并超过韩国、中国台湾，部分产品接近国际先进水平。公司完成了国产第一套聚酯线绳橡胶 V 带生产设备研制，且研制开发的农业机械用变速（半宽）传动带和耐热耐油抗静电 V 带产品被评为国家重点新产品和列入国家火炬计划项目。

3. 长安汽车（股票代码：000625）

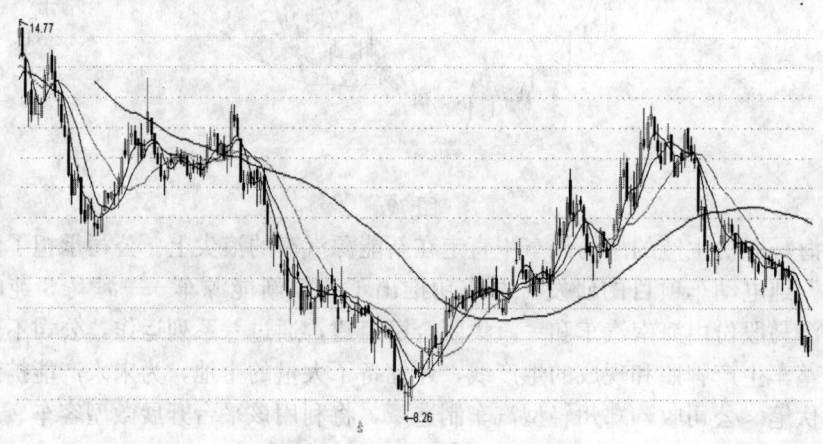

图 81

长安汽车的微车、小排量轿车、新能源汽车等重点产品和自主创新的技术路线，都符合国家汽车产业政策重点支持对象，符合社会及汽车工业发展趋势，故多款节能汽车入围节能汽车补贴名单。近期公司大股东长安集团承诺在昌河汽车和哈飞汽车连续两年盈利的情况下注入上市公司，扩大公司规模。

长安集团与标志雪铁龙公司的合作代表着整个集团向做大做全的目标迈进，长安汽车作为集团的重要上市平台，不排除在合适的时间向轻型商用车延伸的可能性，整车的核心零部件、商用车发动机也存在涉足的可能性。目前来看，向商用车领域延伸的主体限制在集团层面，是对上市公司的一种保护，如果集团运作顺利，再放入上市公司，则上市公司受益最大化，有利于保护投资者利益。

六、汽车类

4. 漳州发展（股票代码：000753）

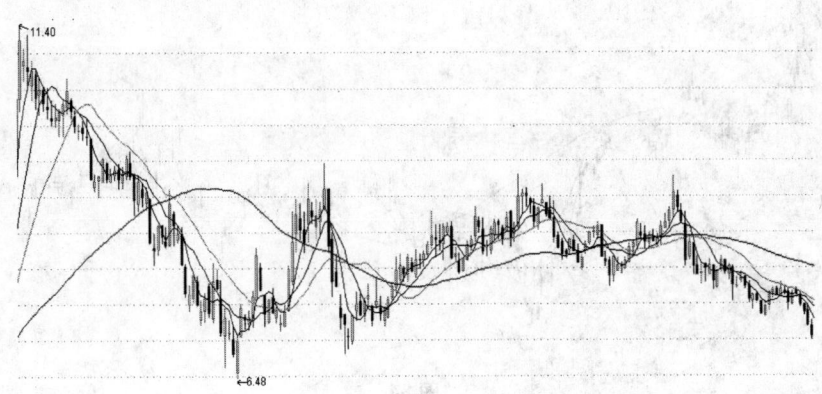

图 82

漳州发展主营自来水供应、污水环保处理和汽车贸易业务。从二级市场看，公司估值相对合理，加之未来水务资产与环保领域的涉及，其发展前景看好。

5. 一汽轿车（股票代码：000800）

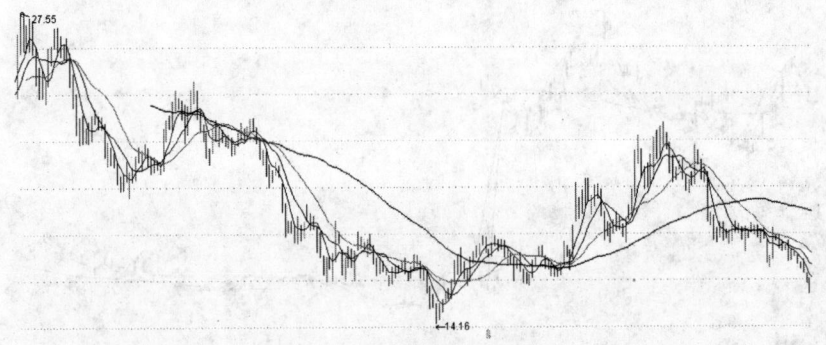

图 83

一汽轿车拟投资 4GB 发动机项目，拓宽公司发动机产品谱系，有利于公司竞争力提升。

中高端乘用车需求提升，预计公司 2011 年产销规模为 32 万辆（+23%）。中高端乘用车有望高于行业增速。考虑公司产品定位于中高端乘用车，以及未来推出的奔腾 B30、马自达 MPV 等车型带来的需求增量，预计公司盈利能力和业绩将持续稳健增长。

6. 一汽夏利（股票代码：000927）

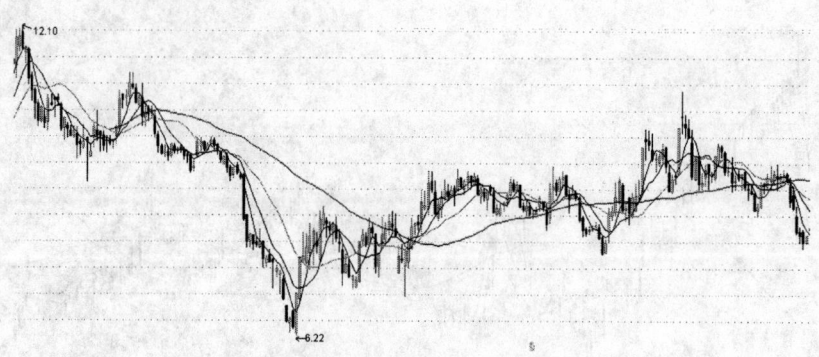

图84

一汽夏利为一汽集团控股公司，是国内主要的经济型轿车生产企业。国家启动了一系列拉动内需保增长的战略举措以及出台了一系列为经济型轿车发展创造良好机遇的政策，使得汽车行业景气度高，因此该股业绩增长前景被看好。

7. 亚太股份（股票代码：002284）

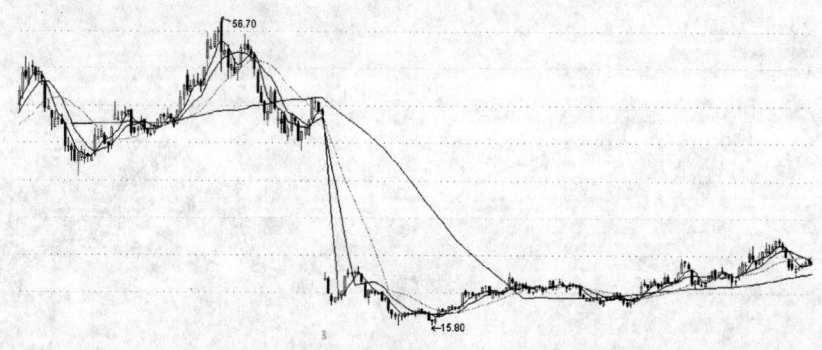

图85

亚太股份是国内汽车制动器行业龙头，具备进口替代和实现出口的技术实力。公司主营业务稳定成长，产品技术领先，新产品ABS和ESP爆发在即，将极大提升其未来业绩和成长空间。公司产品是汽车必备的制动系统核心部件，市场份额国内第一，且未来将持续爆发性增长。

我国汽车零部件产业进口替代在持续深化进程中，公司作为国内制动器领域龙头，机遇巨大且明显。

六、汽车类

8. 金固股份（股票代码：002488）

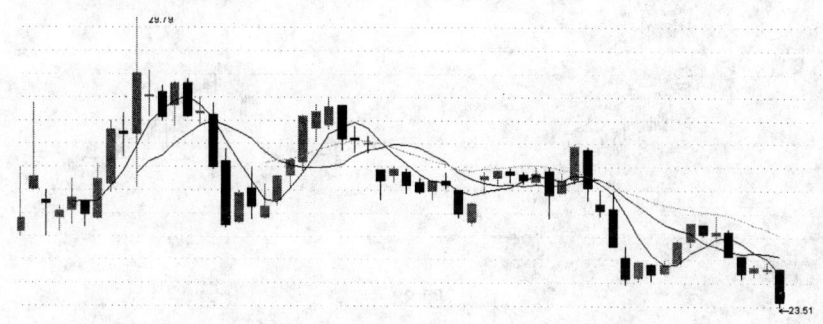

图 86

金固股份是国内最大的钢制车轮制造厂商，主要产品为滚型车轮，是唯一集中于这一领域的重要企业，也是这一产品产销量最大的企业。公司主要从事汽车钢制车轮的研发、制造、销售，是上汽通用、柳州五菱、北京奔驰、厦门金龙、东风柳汽、长安集团、北汽福田等各大汽车主机生产商的一级供应商。

在钢制车轮行业，公司总产量位于前三位。但是公司只生产相对高端的无内胎钢轮，而没有低端的型钢车轮，这在一定程度上提高了公司的盈利能力。

9. 东风汽车（股票代码：600006）

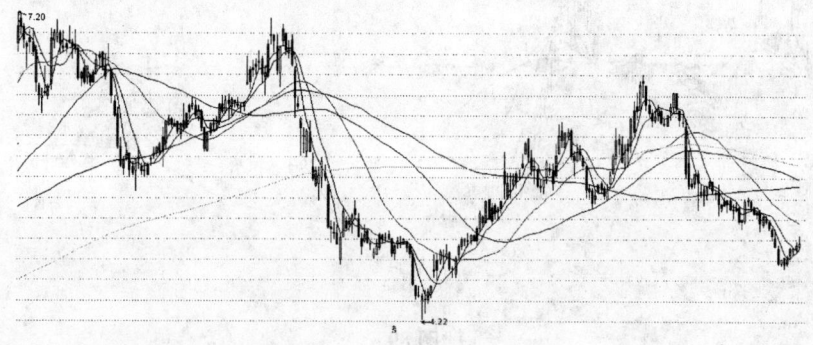

图 87

东风汽车是国内唯一一家专注轻型商用车研发、设计、试验一体化的企业，是中国最大的轻型商用车生产基地。

公司轻卡中皮卡市场占有率继续保持皮卡行业第二，并在国内市场保持第一，中、高档市场保持第一。

公司客车底盘销售行业排名跃居第一，在主要厂家中唯一保持增长。轻型载货汽车销售居行业第二位。

10. 上海汽车（股票代码：600104）

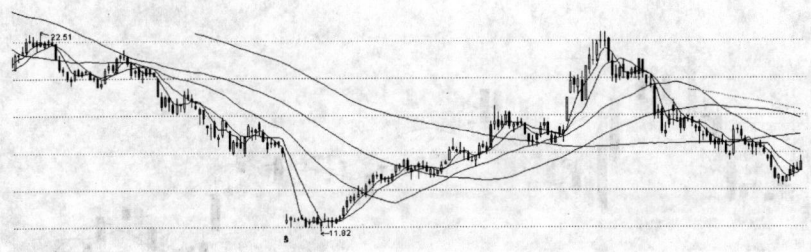

图 88

上海汽车是我国乘用车行业的龙头企业，主营业务有汽车整车、与整车开发紧密相关的零部件的研发、生产、销售以及与汽车业务密切相关的汽车金融。

公司是目前国内领先的乘用车制造商、最大的微型车制造商和销量最大的汽车制造商以及是国内技术最先进与规模最大的汽车企业之一，入围首批节能汽车补贴名单，是新能源汽车的"领头羊"。

基于市场对于汽车行业未来竞争加剧的担忧，公司目前价格明显低估，投资价值显著。

11. 东安动力（股票代码：600178）

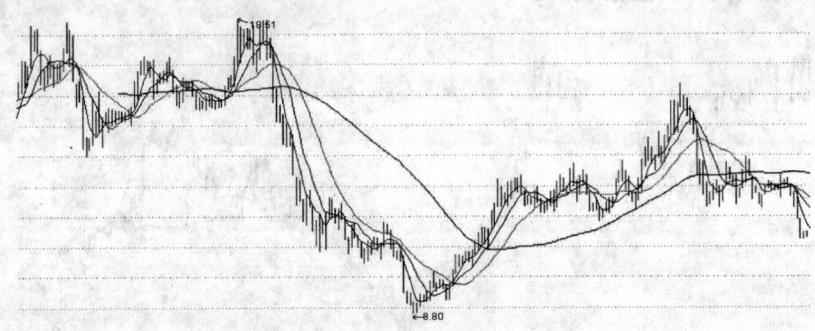

图 89

东安动力是行业内独立乘用车动力总成供应的龙头企业，常年为国内众多自主品牌轿车及微客提供发动机及变速箱等核心零部件。

公司及兄弟公司哈飞作为新控股人长安集团在东北市场的重要战略部署，未来增长前景是十分诱人的。在目前汽车产业整合的背景下，原控股股东将所持54.51％的股权划转给长安汽车集团，关注公司的后续发展规划。东安集团持有19％东安三菱的股权，假设2011年底前长安对东安实施整合完成，并将股权注入上市公司，预计未来东安三菱19％股权的注入将成为市场的催化剂。

六、汽车类

12. 风神股份（股票代码：600469）

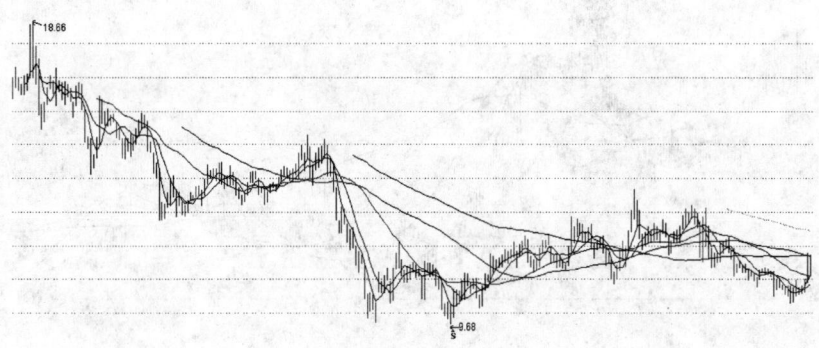

图 90

风神股份是国家 520 户大型重点企业、全国大型轮胎制造企业、轮胎出口基地、世界轮胎行业 75 强之一。随着工信部《轮胎产业政策》的出台，轮胎行业门槛提高有利于龙头企业对市场的整合、扩大规模。公司在结构上规划五年乘用车轮胎子午化率提高到 100％，目前子午轮胎占总体的 68％。

13. 迪马股份（股票代码：600565）

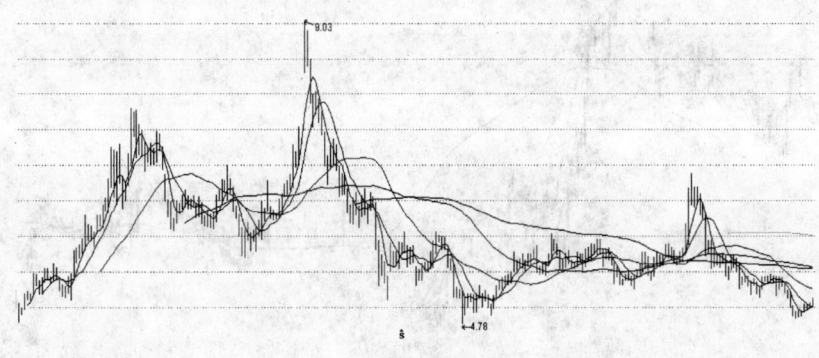

图 91

迪马股份主营防弹运钞车、高科技警用车、公路养护车、检测车等专用汽车，是专用车细分行业的龙头企业。2010 年 4 月，公司以每股 6.73 元向东银集团等定向增发不超过 6.5 亿股购买国展地产、荣府置地等 6 家地产公司股权，将房地产业务由重庆拓展至成都、绵阳等经济较为发达的二、三线城市，为进一步提升公司的盈利水平奠定了良好的基础。

14. 申华控股（股票代码：600653）

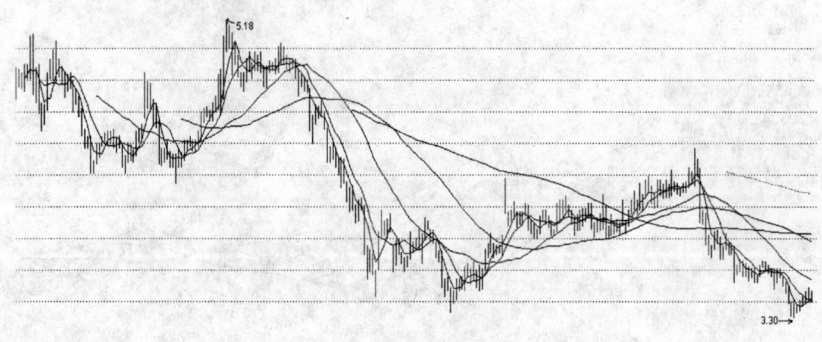

图92

申华控股大力挺进风电领域，与协合能源开发了内蒙古太仆寺旗贡宝拉格风电厂项目。此外，公司还与中国风电集团签订共同开发风电项目战略合作协议，在倡导节能减排的背景下，公司风电新能源产业前景广阔。

15. 交运股份（股票代码：600676）

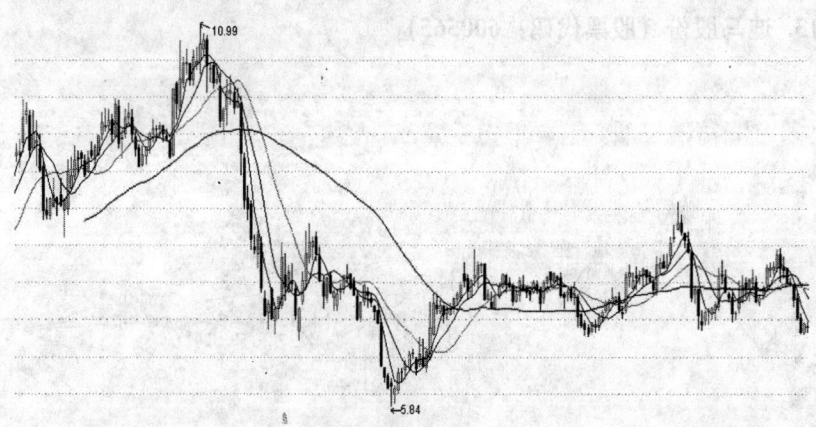

图93

交运股份主营运输、物流和汽车零部件制造，通过资源整合、加大投入、与国际著名跨国公司合作等举措，逐步建立与国际大都市相适应的现代物流系统，提升了公司现代物流的综合实力和效益。公司是上海通用、上海大众、一汽大众等国内一流整车厂商的零配件供货商之一。目前公司已形成以"现代物流"为核心、"客运旅、汽车后服务"联动发展的现代服务产业。

七、交通运输

1. 盐田港（股票代码：000088）

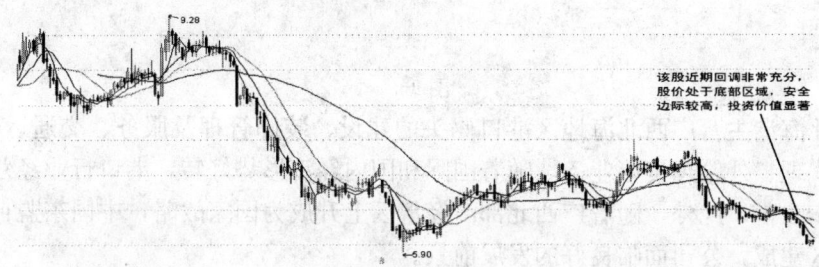

图 94

盐田港拥有的盐田港作为世界级现代化集装箱大港，被誉为南方明珠，其位于深圳市东部，背靠我国最大的出口加工基地珠江三角洲，地理位置十分优越，现已成为华南地区集装箱主枢纽港。

公司的主要收入来源于港口装卸和公路运输业务。随着我国对外贸易形势的明显改善，加之近年该公司大力拓展物流业，目前已形成港口建设与经营、综合物流、港口配套三大主业，未来发展前景看好。

2. 深圳机场（股票代码：000089）

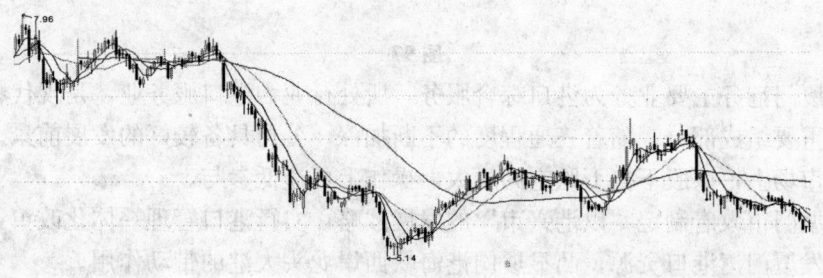

图 95

深圳机场是空港物流龙头之一，致力于发展成为南中国货运门户机场和区域性客运枢纽机场，经营业绩优良。该股目前跌至低位区，安全边际较高，具有一定的上升空间。

3. 北海港（股票代码：000582）

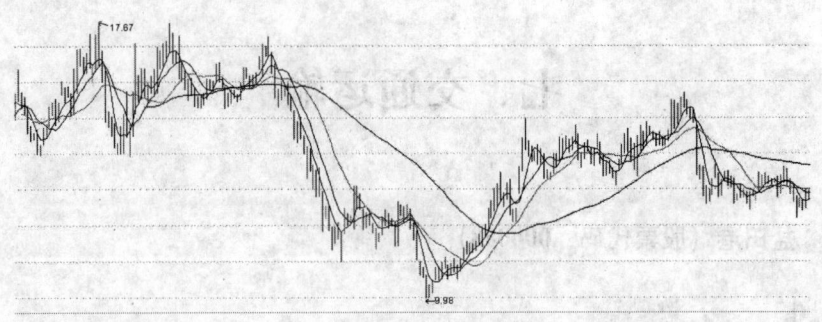

图 96

北海港主营广西北海地区港口码头的建设、装卸管理及服务、交通运输、外轮代理、外轮理货等业务。随着国际和国内经济形势好转，港口行业经营环境逐步改善；此外，随着广西北部湾经济区上升成为国家战略，中国东盟自由贸易区建成，公司面临良好的发展前景。

4. 厦门港务（股票代码：000905）

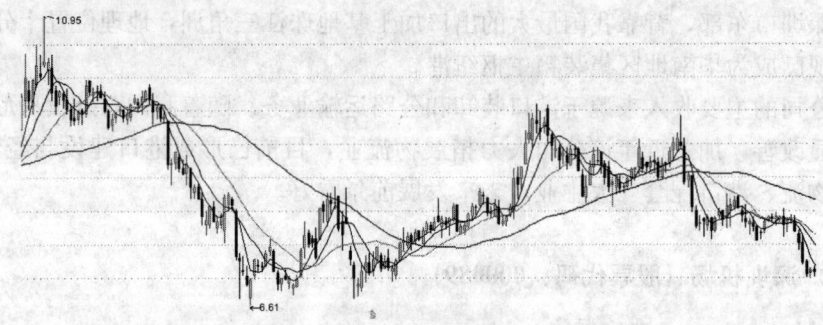

图 97

厦门港务主要业务为港口综合服务，所处行业为港口服务业，是现代物流业的重要组成部分。随着三通程度的不断加深，公司具备较好的发展前景。在二级市场上，该股下档下跌空间不大，操作上可逢低参与。

厦门市政府制定"以港兴市"的发展战略，实行港口管理一体化改革，整合开发厦门湾港口资源，凸显厦门港海峡西岸龙头大港的带动作用。

公司在船舶代理业务方面，集装箱班轮市场占有率保持在70%以上，散杂货船舶代理市场占用率保持在61%以上。同时巩固了大部分的理货市场，集装箱理货市场占有率保持在70%以上，件杂货市场占有率保持在90%以上，散货市场占有率保持在100%。

5. 海峡股份（股票代码：002320）

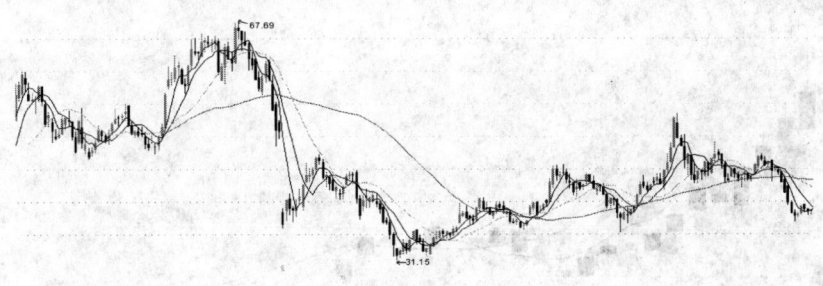

图 98

海峡股份是以海南省为中心的南海客滚运输龙头，市场占有率超过 35%。

广东、海南两省交通厅对公司营运区域内的客滚市场有适当的数量限制，公司作为海南省客滚运输龙头，又直属海口市国资委，未来在区域内行业整合上具有优势。

海南省的海运承担了进出岛 98% 以上的货运量和 40% 左右的客运量。作为直接受益者，公司拟通过战略调整，增大客货运输提升空间。此外，在"国际旅游岛"的发展战略下，公司还将介入并开发南海海上旅游业务来提升客运业务盈利能力。

6. 富临运业（股票代码：002357）

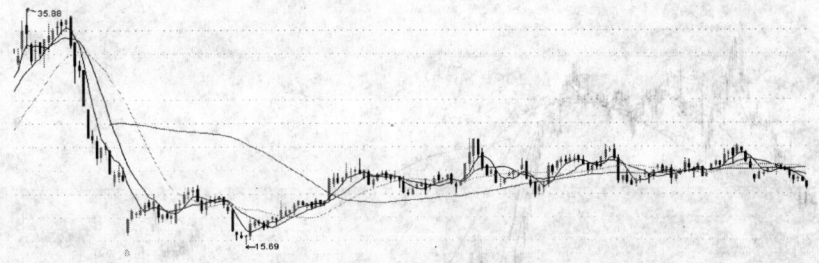

图 99

富临运业是专业从事道路客货运输的国家一级道路旅客运输企业，主要提供汽车客运站服务和汽车客、货运输服务，在资产规模、营业收入、客运站数量、客运车辆、线路资源以及客运量和旅客周转量等方面居四川省道路运输行业第一位。

公司拥有包括 3 个国家一级汽车客运站在内的各类客运站 18 个，经营线路 400 多条。公司业务结构合理，形成了客运站业务和汽车运输业务并重的业务格局，客运站点覆盖范围广，具有较强的区域垄断性，收入和利润相对稳定。

7. 天汽模（股票代码：002510）

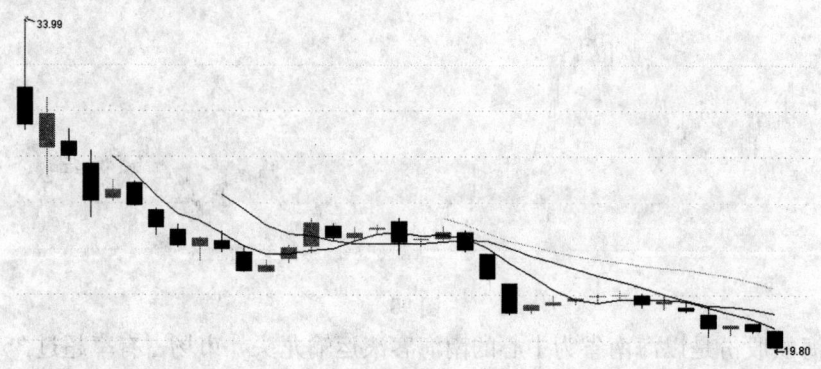

图100

天汽模是国内最大的汽车覆盖件模具供应商，是行业内真正实现规模化出口的模具企业。公司以模具开发制造为主体，并提供新车开发全套"模、检、夹"工艺装备和整车技术协调服务，通过为汽车厂商加工车身冲压件进入汽车零部件制造领域。

公司拥有稳定而广泛的客户资源，坚持创新，始终走在行业前列。公司拥有汽车模具行业唯一的博士后科研工作站。

8. 上海机场（股票代码：600009）

图101

上海迪斯尼预计在2015年开园，估算年均新增客流141万人次左右，将给上海机场带来长期利好。

公司将长期受益国际航线快速增长、东航国航博弈布局浦东机场、非航收入高速成长。在上述内外合力的作用下，公司未来成长可期，投资价值显著。

七、交通运输

9. 日照港（股票代码：600017）

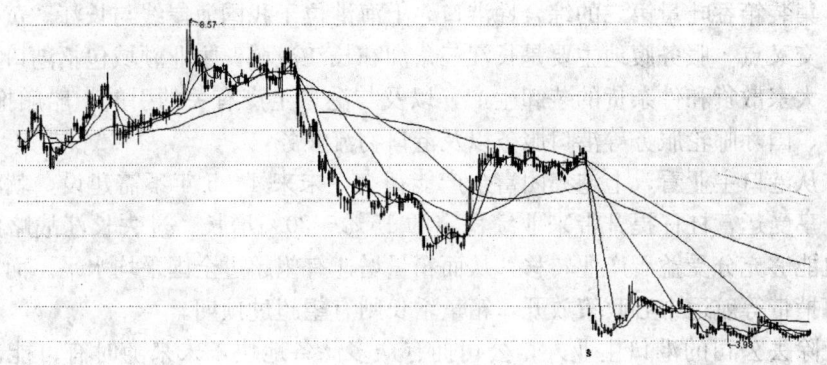

图 102

铁矿石和煤炭是日照港的两大主要货种，占比分别达到 65％和 15％。外贸进口铁矿石吞吐量继续保持全国沿海港口排名第一位，煤炭进口量继续保持北方港口第一位。

除现有运营的泊位资产增厚公司业绩外，万盛公司计划投资 5.7 亿元建设靠泊能力 7 万吨和 10 万吨的通用泊位（按照 15 万吨靠泊能力建设）各一个，建成后将增加 450 万吨的吞吐能力。

日照港集团整体上市是公司发展的明确目标，公司 2010 年增发项目完成后，集团整体上市也有望逐步提上日程。此外，山西中南部煤炭下水通道以及山东钢铁精品基地建设也为公司未来业务发展提供了坚实的保障。

10. 上港集团（股票代码：600018）

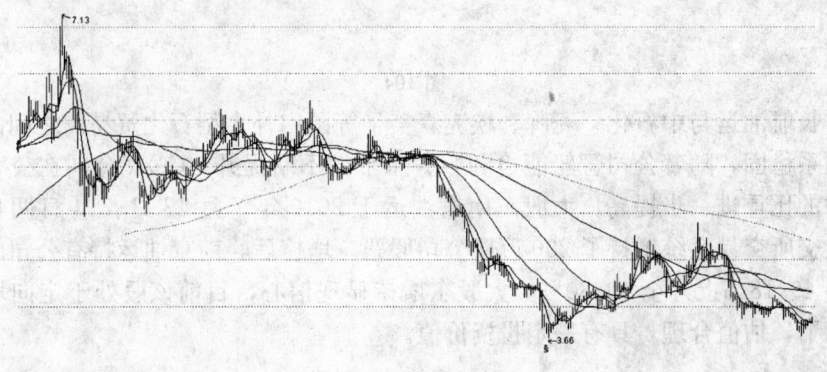

图 103

上港集团是目前我国最大的港口股份制企业，目前是全球货物吞吐量第一、集装箱吞吐量第二的综合性港口。上海港位于我国海岸线与长江"黄金水道"交叉点，服务腹地主要是长江三角洲和长江流域。主业领域包括港口集装箱、大宗散货和件杂货的装卸生产，以及与港口生产有关的引航、船舶拖带、理货、国际邮轮服务等港口服务以及港口物流业务。

从港口主业看，上港集团富余产能很大，未来4～5年不需建设，就将能充分享受运营杠杆提升带来业绩稳定的15%～20%增长。过去长江战略的布点也能够充分受益于产业转移，从而箱量增速有望超过全国平均水平。而一旦沿海捎带等航运中心政策放开，箱量增长则有望超过预期。

除去公司的港口主业外，公司拥有众多储备地块，未来随时有可能出现超预期的业绩大量释放。仅测算宝山、汇山两个地块的NAV价值就达到1元/股，而且宝山地块由工业用地转为商业用地的收益可能会在2011年有大额体现。

11. 长航油运（股票代码：600087）

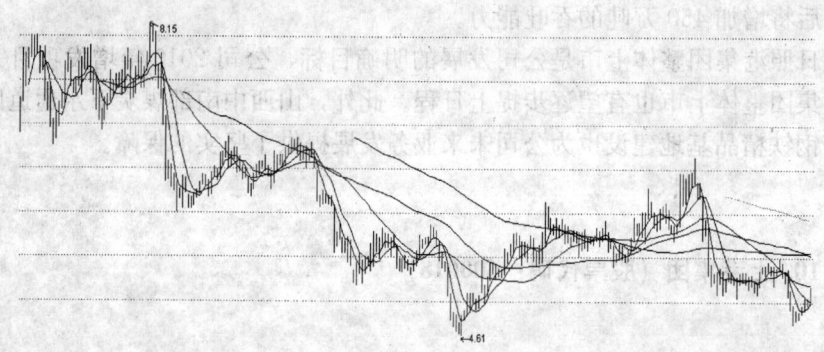

图 104

长航油运与中石化、壳牌、埃克森美孚等国内外大型石化贸易商之间的合作关系稳固，随着公司管船能力和服务水平的不断提升，COA合同在公司经营中的比重进一步提高。大股东南京油运于2010年7月13日、14日两日通过上交所交易系统增持了200万股公司股票。增持后，南京油运持有公司的股份由49.18%上升至49.30%，大股东增持显现信心，目前该股处于定向增发价以下，估值合理，具有一定投资价值。

七、交通运输

12. 东方航空（股票代码：600115）

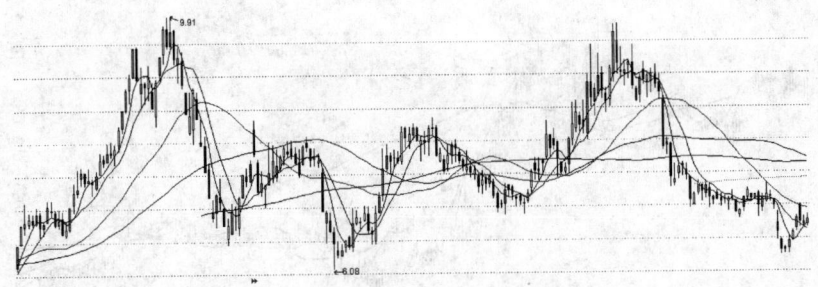

图 105

东方航空是我国三大航空公司之一，位于上海，区位优势明显。截至 2009 年底，公司共经营航线 467 条，其中国内航线 351 条，服务于国内外共 138 个城市。

公司完成了对云南航空和西北航空的重组，两者资产注入后，公司在国内民航运输市场的份额将从目前的 19％扩大到 24％，公司也因此拓宽了航线网络，综合实力得到提升。

公司与新航签订的战略入股协议的先决条件未获通过，但公司表示将坚持引进战略投资者的方向，继续扩展与世界知名航空公司的合作。而近期中国民航总局正与上海市政府加强合作，共同推进将上海建成亚太地区航空枢纽的计划。

13. 锦州港（股票代码：600190）

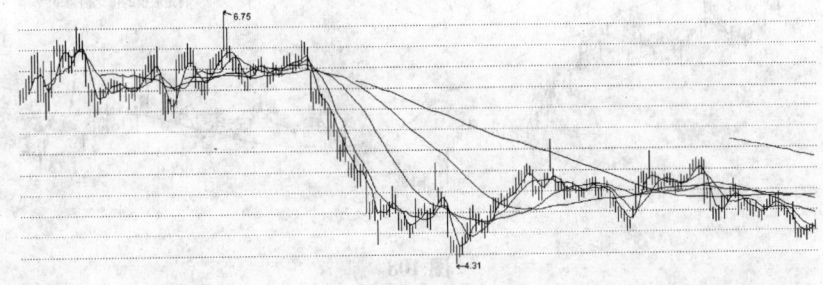

图 106

锦州港位于中国经济最具活力的环渤海经济区，公司享有国家振兴东北老工业基地以及辽宁"五点一线"沿海产业基地建设的政策优势。随着市场的持续走强，港口板块渐趋活跃，具有一定的上升空间和投资潜力。

14. 营口港（股票代码：600317）

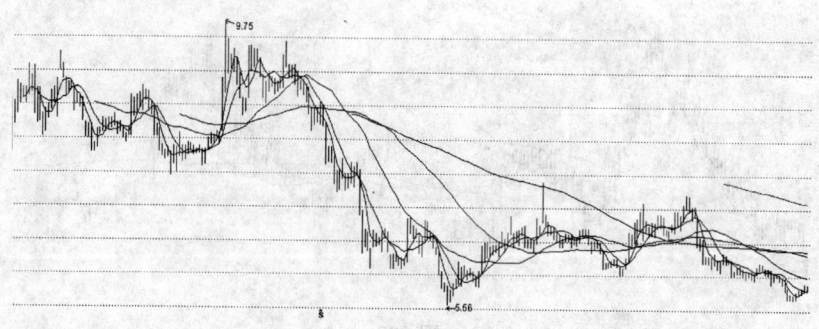

图 107

营口港位于环渤海经济圈与东北经济区的交界处，目前拥有 59 个泊位，85%的运输量都是内贸货源，吞吐量年均增长 27.72%，集装箱量年均增长 38.15%。2009 年营口港海铁联运实现了跨越式发展，港口集装箱多式联运业务不断壮大，海铁联运综合竞争力显著增强，内贸海铁联运箱量跃居全国第一。

15. 北巴传媒（股票代码：600386）

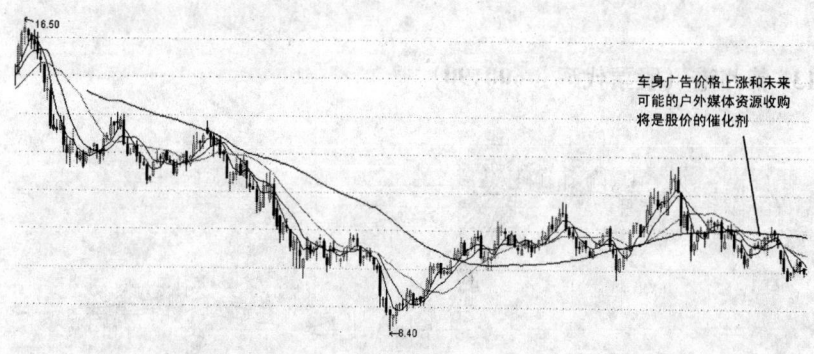

图 108

2010 年是北巴传媒发展的拐点，公司不仅与白马和 CBS 确立了新的合作模式，同时在管理层上也进行了较大的变动。

未来由于公司对公交媒体广告经营市场的日渐熟悉，以及整个汽车服务行业火爆的带动作用，我们判断其业绩将会出现一轮快速的上升。

七、交通运输

16. 海越股份（股票代码：600387）

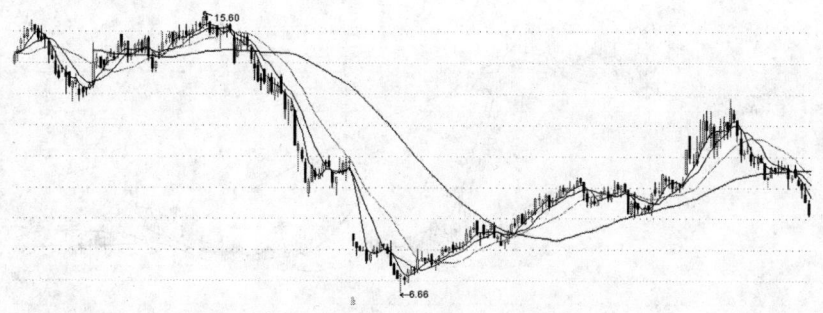

图 109

海越股份是浙江省首家独立投资"四自"公路工程的企业，经营和参与投资的公路地处浙江省交通的要冲地带，直接经营的公路超过 100 公里。

2007 年公司通过收购舟山瑞泰投资有限公司 80% 的股权，取得了舟山大猫岛石化仓储、生产相关的项目、土地、码头、岸线的资源和开发权限。

公司拥有与公路主业相关的油气储配基地，公路沿线 7 座大型加油中心与浙中、浙西南地区重要的油气集散批发中心一起形成完整的储运、调配、销售网络和年经营油品 20 万吨的规模。

17. 中远航运（股票代码：600428）

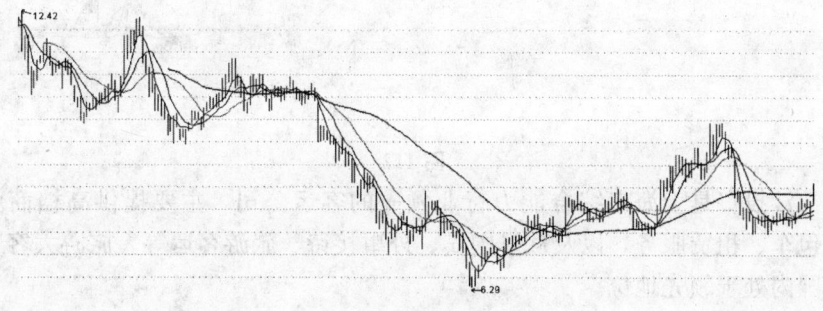

图 110

中远航运所处件杂货运输业是航运业中的一个细分市场，具有竞争对手少、服务差异化、进入门槛高等特点。公司居细分市场领先地位，主要承运大型出口机械设备及回程矿石货，主要航线分布在亚非拉地区，市场相对独立，受欧美经济波动影响小。

公司在高端业务半潜船市场竞争力强，该船具有适货性广、装卸货方式多等特点。多用途船市场运价已触底回升。船队对公司利润贡献度将显著提高。

18. 大众交通（股票代码：600611）

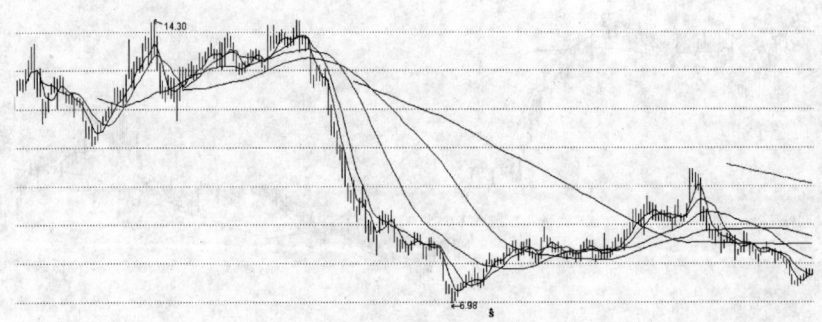

图111

大众交通是上海交通运输业的龙头，是上海市最大的出租车公司和第二大公交公司。迪斯尼概念股之一，有一定的上升空间。

19. 锦江投资（股票代码：600650）

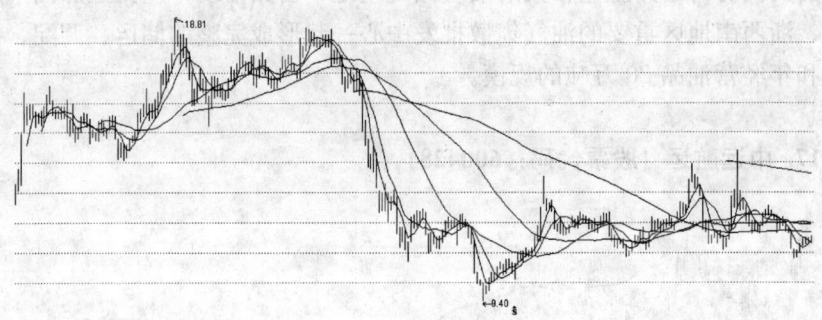

图112

锦江投资是上海市综合能力行业领先的客运公司，主要提供高档商务用车、包车、租赁服务，以及从事国宾、外事接待、旅游客运等。旅游大客车经营在国内处于领先地位。

在与控股股东实施大规模资产置换后，公司主营业务转型为汽车服务和现代物流。公司汽车服务业的主要载体为锦江汽车公司，在上海国宾、商旅活动的客运接待中市场份额居前，而一般出租车和客运延伸产业也颇具竞争力，为其贡献可观利润。

公司通过参股锦海捷亚国际货运公司及上海浦东机场货站介入物流业，锦海捷亚国际货运是一家在全国拥有32家分支机构，网络遍及全球的知名货运代理企业，此举成为公司稳定的利润来源。

七、交通运输

20. 强生控股（股票代码：600662）

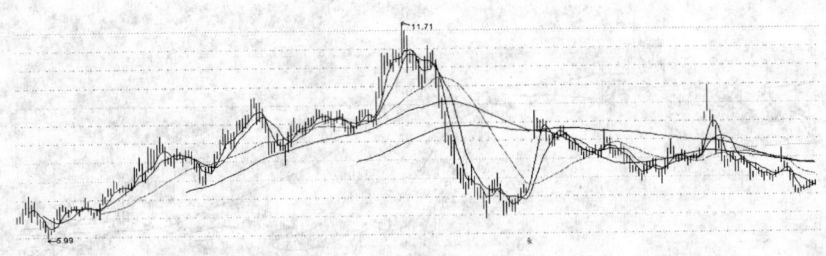

图113

强生控股自主研发的"城市道路实时车速监测系统",融合了GPS、GIS等新兴技术,利用超过7100台车载智能终端,实时、准确地反映交通状况,并为实现智能动态导航奠定了基础。

公司是上海市第二大出租汽车营运企业,由于公司公共交通主业的盈利特性,决定了其业务经营相当稳定,受宏观调控影响很小。

公司资产重组正在进行中。公司以17.2亿元（即每股7.03元）购买久事公司和强生集团持有的出租车运营、汽车租赁等相关资产及旅游类资产。若顺利实现重组,强生控股将拥有12000余辆出租车,占上海市出租车保有量的25%以上,成为上海市乃至全国范围内最大的出租车运营公司,出租车规模的翻番将使业绩相应翻番。公司租赁车也由原先的800余辆增至4400余辆,一跃成为上海租赁车行业的龙头企业,经营业绩也将随规模的迅速扩张得到快速提升。

21. 亚通股份（股票代码：600692）

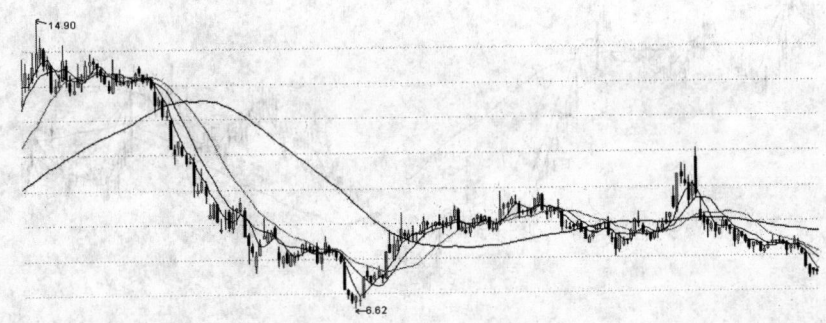

图114

亚通股份为崇明县国资委唯一上市公司,主要经营上海至崇明的水上旅客运输,重点参与崇明生态旅游和崇明三岛房地产项目开发。公司未来将打破单一的水上交通运输格局,抓住机遇向陆上进军。

22. 天津港（股票代码：600717）

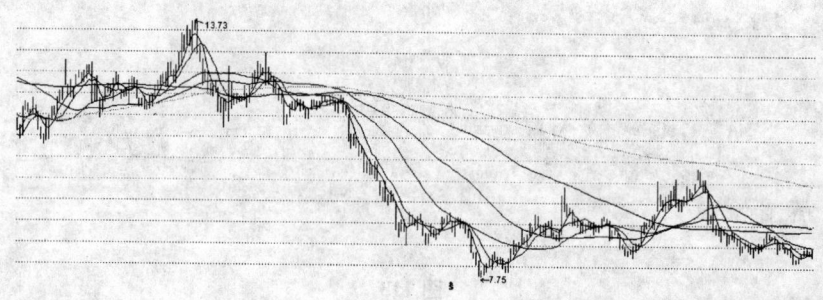

图 115

天津港是我国北方地区货类齐全的综合性国际大港，已形成了以集装箱、原油及制品、矿石、煤炭为"四大支柱"，以钢材、粮食等为"一群重点"的货源结构，是环渤海地区规模最大的综合性港口。天津港是我国最大的焦炭出口港、第二大铁矿石进口港、中国北方的集装箱干线港，并已跻身全国油品大港行列。目前已同世界上的 180 多个国家和地区的 400 多个港口有贸易往来，每月集装箱航班 400 余班。

天津滨海新区将建设成为我国北方国际航运中心和国际物流中心，天津港作为滨海新区的重要组成部分，是天津市的最大比较优势和核心战略资源，受国家产业政策支持。

23. 中储股份（股票代码：600787）

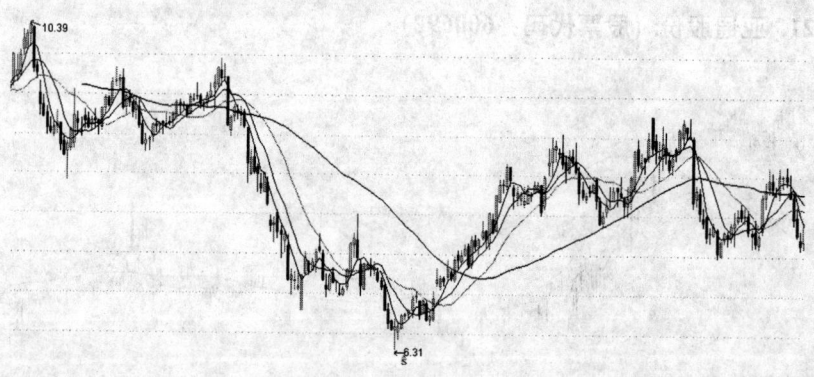

图 116

中储股份传统仓储业务优势地位不断巩固，现代物流业务逐步拓展。物流资产规模不断扩大，母公司物流资产仍有整合注入公司的预期。不断壮大的实体物流网络是目前公司最核心的竞争力。

七、交通运输

公司电子信息平台的搭建将传统物流业务延伸至现代物流的信息服务领域，同时重点发展物流金融业务（仓单质押、现货市场）。钢材期货交割库、木材电子交易市场交收仓及监管仓系统的实施，都将提升公司在大宗原材料物流领域的地位。预计物流振兴规划细则的逐步出台，将为公司主业发展提供良好的政策环境。

24. 宁波海运（股票代码：600798）

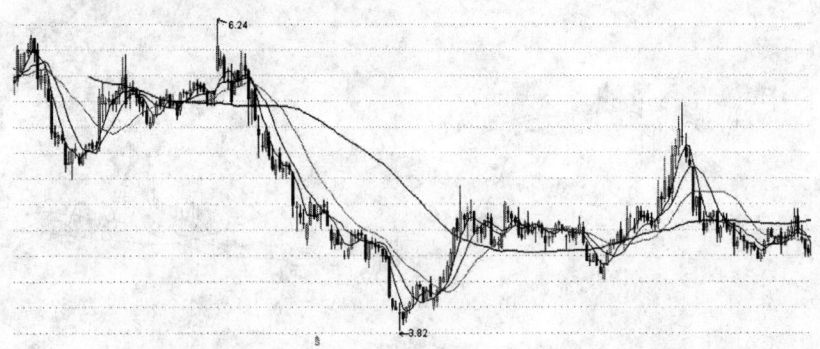

图 117

宁波海运主要经营从北方煤港至浙江省及其以南沿海地区电厂的电煤运输及部分远洋国际航线。公司拥有散货轮17艘，计63.5万载重吨。

铁矿石等初级生产原料价格的大幅下跌，连带制造业商品价格下跌，船舶配件、油漆涂料等物料价格也将大幅下降，有利于公司对营运成本的控制甚至实施低成本扩张。

25. 申通地铁（股票代码：600834）

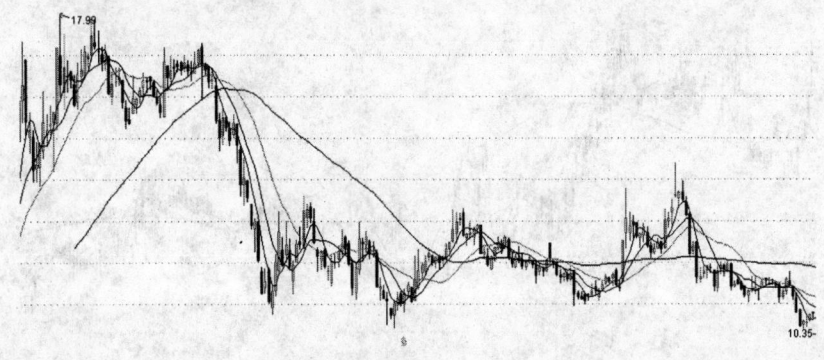

图 118

申通地铁是我国境内唯一一家从事轨道交通投资经营的上市公司,主营收入全部来自于上海市一号线运营的票务收入。随着上海市的轨道交通网络布局进一步完善,地铁客流量将迅速增加,公司将有望从中受益。

申通地铁的母公司申通集团实力雄厚,是一家融轨道交通投资、建设和运营管理为一体的大型企业集团,是上海市轨道交通投资建设和运营的责任主体。

26. 中海海盛(股票代码:600896)

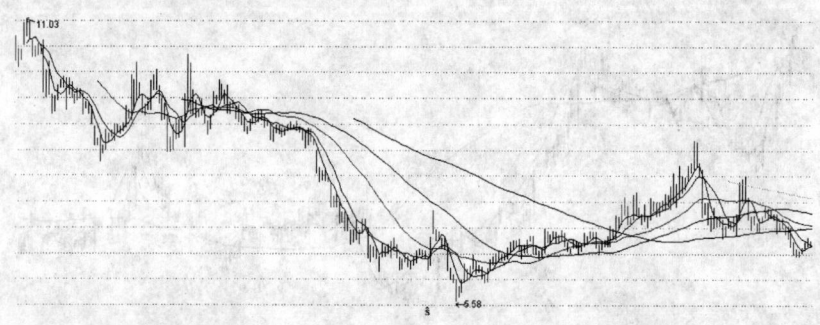

图 119

中海海盛主营业务包括运输、贸易和租赁等,第一大股东为中国海运集团,实力雄厚。

随着公司贸易和租赁业务出现增长,利润率会迅速上升,为公司业绩增长做出贡献。此外,公司还持有招商证券和海峡股份的股权,随着两家公司的成功上市,该部分的股权增值有望为公司带来一笔可观的隐含股权收益和未来的变现收入。该股后市有望上升。

27. 厦门空港(股票代码:600897)

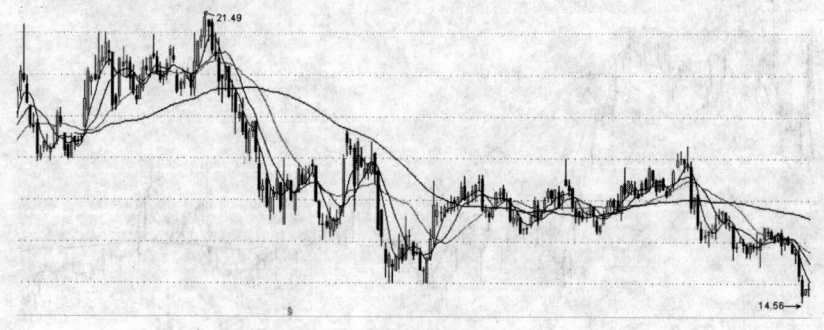

图 120

七、交通运输

海峡西岸经济区建设和厦门新一轮跨越式发展进入实质进展阶段，地区经济总量快速提升，辐射力和影响力范围逐渐加大，将为厦门空港带来一定的发展机会。

随着机场改革的不断深化，整个行业所焕发出的生机及面临发展机遇都较以前更为显著。公司跨入国际中型机场行列，区域性枢纽地位得到加强，前景较好。

公司财务状况良好，与同行业上市公司相比，流通股本小，具备较强的股本扩张能力。

28. 唐山港（股票代码：601000）

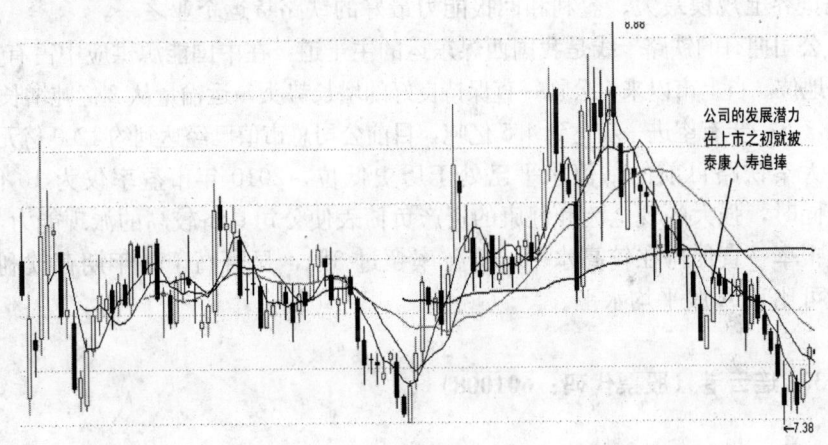

图121

唐山港是一家主营业务鲜明的港口运输类公司，实际控股人为唐山市国资委。公司主要的优势在于腹地产业有增长预期、公司深水航道及泊位将相继投产缓解能力瓶颈、公司港口费率较低存在上调的空间、外延扩张收购京唐港区的其他码头资产及投资曹妃甸港区公用码头的预期。

公司存在资产注入的可能性。大股东控股的首钢码头公司拟建1座10万吨级专业矿石泊位和2个5万吨级原辅料及成品泊位，预计2012年深水泊位投入运营，公司对该资产有收购预期。

对于这样一只流通股本只有2亿股，未来业绩增长可期的潜力股，目前机构还没有大规模进驻，公司股票持股较为分散。

29. 大秦铁路（股票代码：601006）

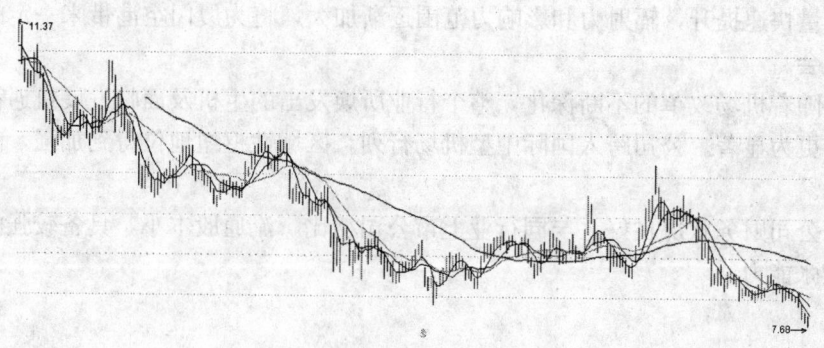

图 122

大秦铁路是我国最大的铁路上市公司之一，是最重要的煤炭运输大动脉，也是世界上规模最大、盈利和回报能力最好的铁路货运企业之一。

公司拥有的铁路干线是我国西煤东运的主干道，在中国能源供应中占有重要战略地位。自上市以来，公司一直保持良好的增长势头，运输量从 2 亿吨增长到 4 亿吨，下一步有望进一步达到 4.5 亿吨，目前公司总市值已经达到约 1200 亿元。

大秦铁路目前的估值水平已处于历史低位，2010 年市盈率仅为 10 倍左右。同时，强大的现金流和健康的资产负债表使公司具备较高的派现能力，股息回报率一直保持在较高水平，收益率超过 3%，显著高于一年期存款利率、行业可比和 A 股平均水平。

30. 连云港（股票代码：601008）

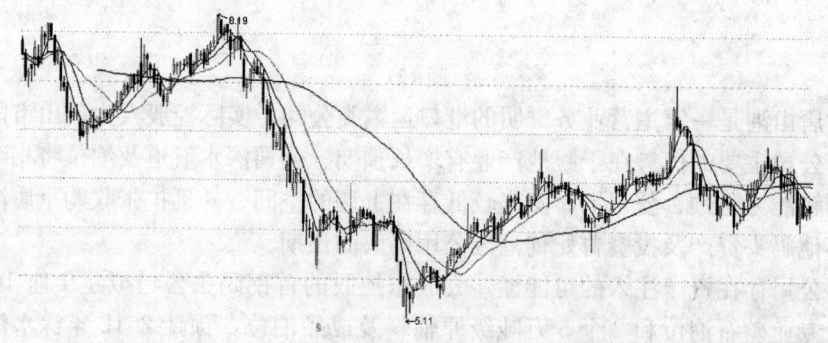

图 123

连云港是连接上海和青岛之间最重要的国家主枢纽港，周边铁路、水运和公路集疏港方便快捷。连云港和赣榆、徐圩港区"一体两翼"百公里组合港与蓬勃发展的临港工业区未来将建设成为新的经济腹地和综合性后方服务中心，

七、交通运输

这为公司发展提供了基础。

随着 59# 大型散杂货泊位和 58# 焦炭专业化泊位的陆续投入使用，公司将进一步扩大生产产能、完善功能结构、提高专业化作业水平，全面提升公司在国内大型港口的生产竞争能力。

31. 宁波港（股票代码：601018）

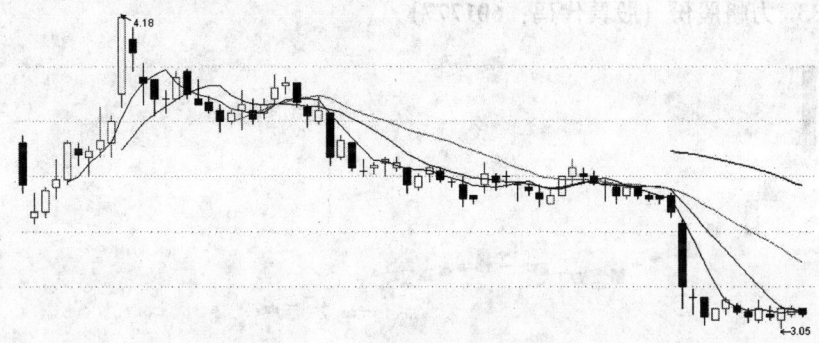

图 124

宁波港是全国最大的码头运营商之一，拥有完备的综合货物处理体系，港口货物吞吐量和集装箱处理量位居国内市场前列。公司主要在宁波—舟山港开展经营活动，此外，公司在嘉兴港、苏州港太仓港区、南京港、温州港和台州港拥有经营性泊位，形成了以宁波港口为基础、与其他相关港口有机衔接的港口码头网络体系。

宁波港将依托国内资本市场，通过拓宽融资渠道，进一步提高运营能力和盈利能力，继续保持持续、稳定的增长态势，有望补涨。

32. 广深铁路（股票代码：601333）

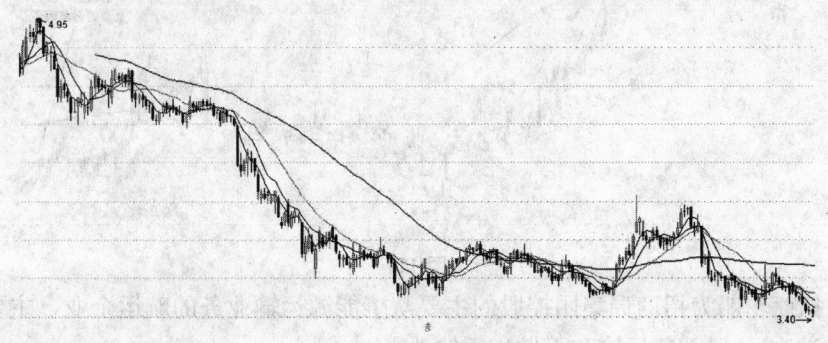

图 125

广深铁路是目前我国列车运行速度最快、效益最好的铁路运输企业之一,独立经营的广深铁路是华南地区交通网络的重要组成部分。随着铁路行业跨越式大发展和铁道部改革进程的加快,铁路运价体系有望面临调整;在铁道部"存量换增量"的政策下,公司有望继续收购大股东优质资产。目前该股股价已经逼近历史低点,中长期价值显现。

33. 力帆股份(股票代码:601777)

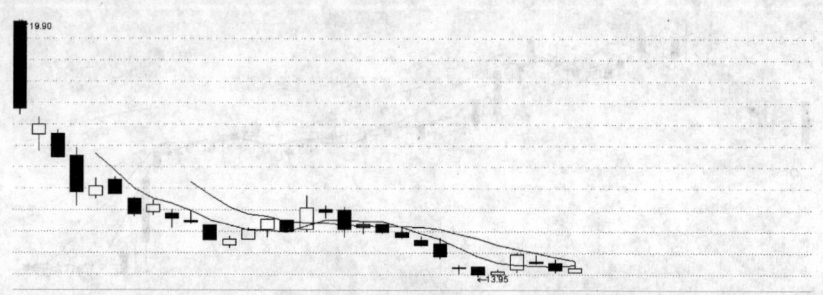

图 126

力帆股份主要产品包括乘用车、乘用车发动机、摩托车、摩托车发动机、通用汽油机及终端产品等,其中摩托车细分行业为目前所有上市公司的龙头。公司已发展成较为稳健的民营企业,集团实力与力帆品牌优势明显,公司战略目标是成为世界级动力技术企业。

34. 招商轮船(股票代码:601872)

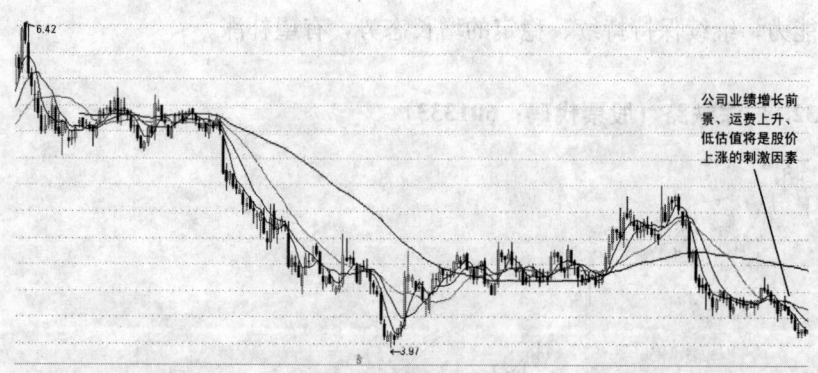

图 127

招商轮船为招商局集团控股的主要从事能源运输业务的航运企业,主要包括远洋油运、LNG 运输和干散货运输业务。

七、交通运输

在未来几年，巨大的原油进口增量将给我国运力快速增长的油运企业带来巨大的发展机遇，而目前公司油轮运力的发展接近尾声，未来油运行业的回暖将是公司收获的季节。

35. 大连港（股票代码：601880）

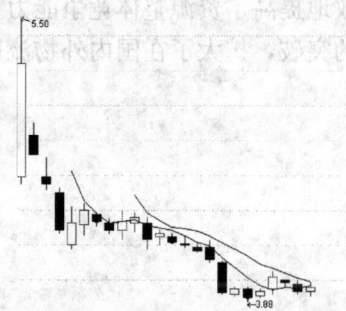

图 128

作为我国首家拥有"A＋H"双融资平台的港口类上市公司，大连港股份主要从事码头建设、运营和物流服务，旗下拥有油化品、集装箱、汽车滚装、散杂货、矿石等各种码头和物流企业，是国内目前门类最齐全的港口上市公司。

与大连港联手的安吉汽车物流有限公司则是上汽集团投资的专业从事汽车物流的全资子公司，是目前国内最大的汽车物流服务供应商。

大连港诸多协议的签署，将进一步增强公司汽车物流的整体能力，汽车物流业务也将成为大连港未来业绩增长的一个亮点。

36. 中国远洋（股票代码：601919）

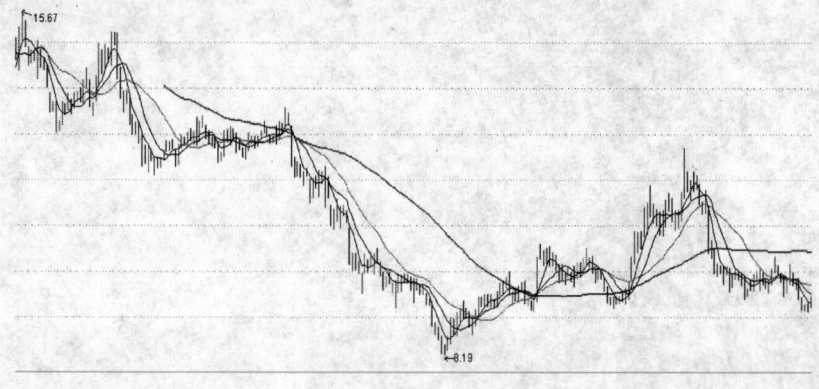

图 129

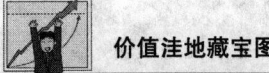

中国远洋得益于中国政府施行积极的财政政策和适度宽松的货币政策，公司内贸航线仍有望实现增长。

随着各国经济刺激计划的不断出台和落实，以及零售商库存的不断下降，集装箱航运市场也有望步入回升期。

中远物流打造了全系统的统一大件营销、操作和管理平台——上海中远物流重大件运输有限公司，市场覆盖全国，有效地提高了资源整体竞争能力；公司继续坚持品牌化发展方向，通过重大项目的突破，扩大了在国内外物流市场上的品牌影响力和美誉度。

八、酒店旅游

1. 新都酒店（股票代码：000033）

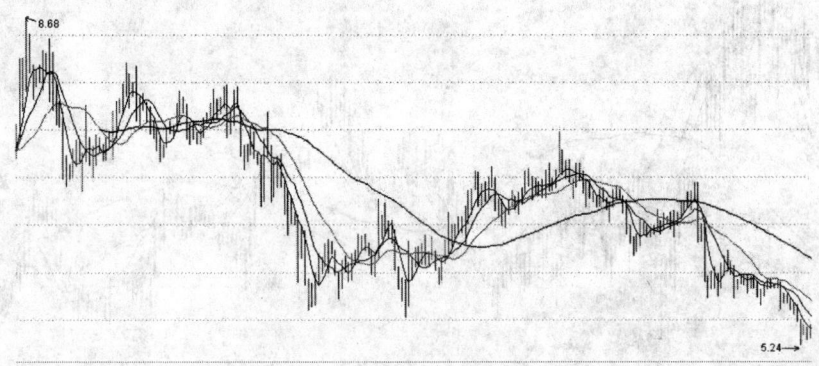

图 130

新都酒店将在继续深入发展主业的基础上关注相关旅游、度假、休闲产业的项目，在合适的条件下拓展酒店服务相关业务的发展，为公司培育新的利润增长点。

公司主营酒店业，是一家老牌星级酒店，公司核心资产四星级的新都酒店位于深圳闹市区，具有较好的知名度。

2. 华侨城A（股票代码：000069）

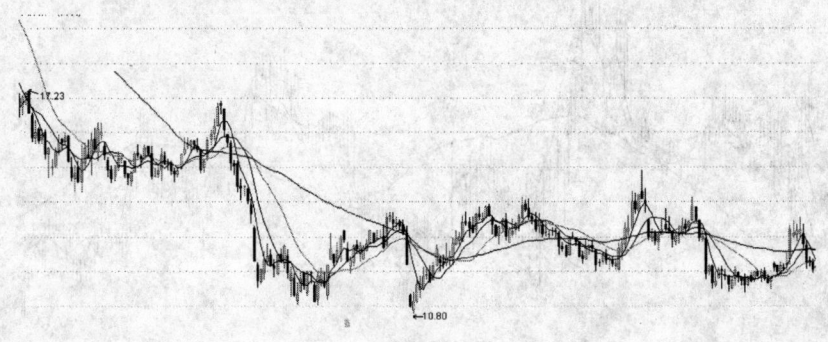

图 131

华侨城独有"主题公园＋地产开发",公司信息披露规范,透明度持续提升。公司为投资控股型企业,目前投资领域主要涉及旅游和房地产业。

前期华侨城集团整合上市工作获同意,集团拟向公司转让其持有的深圳华侨城房地产、深圳华侨城酒店等公司全部股权,实现集团主业整体上市。

3. 华天酒店(股票代码:000428)

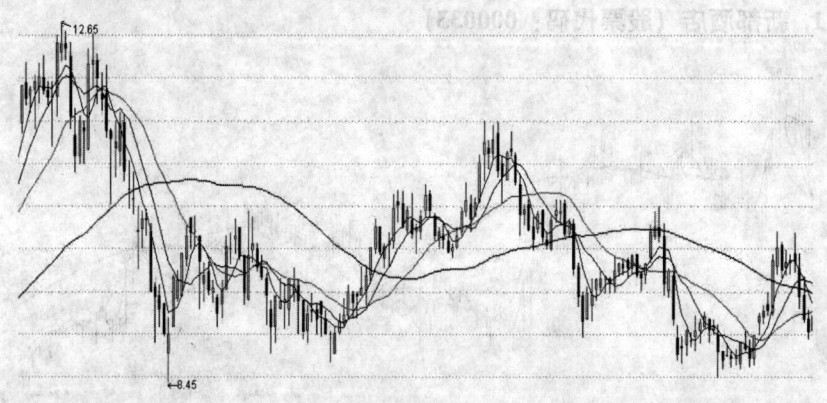

图 132

华天集团签订"张家界华天城"项目,标志着该集团开始正式进军张家界旅游产业。华天酒店将负责"张家界华天城"一期项目的开发建设,项目前景值得看好。此外,华天酒店作为湖南省旅游资源整合平台,想象空间较大。

4. 黄山旅游(股票代码:600054)

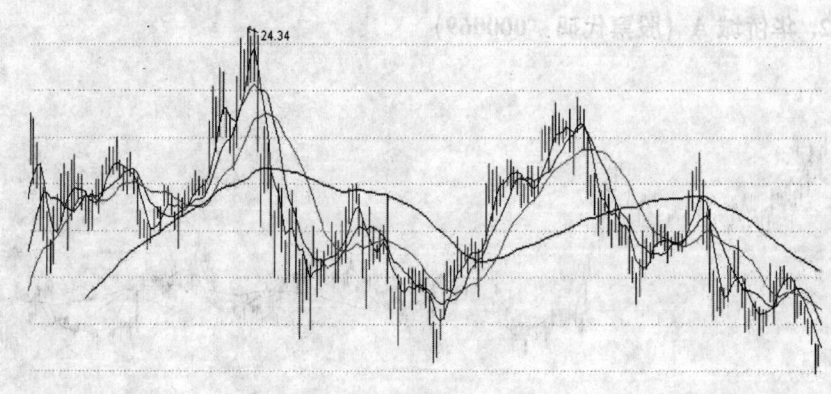

图 133

八、酒店旅游

旅游业已成为黄山市地方经济的支柱产业，有效带动了地方经济在劳动就业、投资、消费等领域的发展。黄山旅游未来发展已成为当地政府乃至省政府的工作重心之一。

黄山市是徽州文化的发祥地，拥有个性鲜明的人文和自然旅游资源，同时随着高速公路网的不断完善、多条航空新航线的开通以及三条高铁的即将动工兴建，区位优势进一步凸显。

公司经过多年的长足发展，在景区开发、酒店管理、索道管理等方面已形成一定的品牌影响力，一些做法和经验在业内产生了重要影响。公司还持有华安证券有限责任公司4.54%的股权。

5. 中青旅（股票代码：600138）

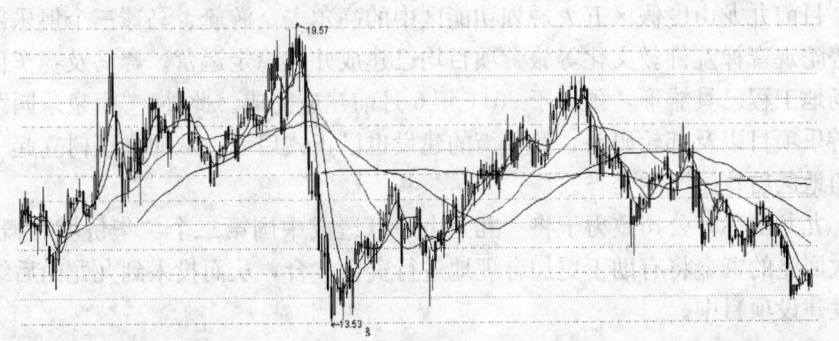

图134

中青旅是国内最具影响力的旅游类上市公司之一，目标定位于打造全国规模的旅游综合体，其具体业务涉及旅行社、景区、酒店、会展及投资等多个领域。

公司旅行社历年位居国内旅行社百强排名三甲之列，具有名副其实的规模优势和品牌价值，将日益突出成为公司营收增长亮点；公司积极扩大会展业务市场规模，保持行业领先位置；借鉴乌镇模式的成功经验，公司在北京密云古北水镇复制另一个"乌镇"，是公司未来3～5年新的业绩增长点；公司酒店业务十年来业绩具有不同程度的增长，这种势头将在整个行业复苏情况下延续。

除旅游主业外，公司还有诸多策略投资业务，具体包括IT、彩票、地产及租赁等领域，这些业务构成了公司主业的有力补充，也是近年来公司盈利的关键增长点。

6. 九龙山（股票代码：600555）

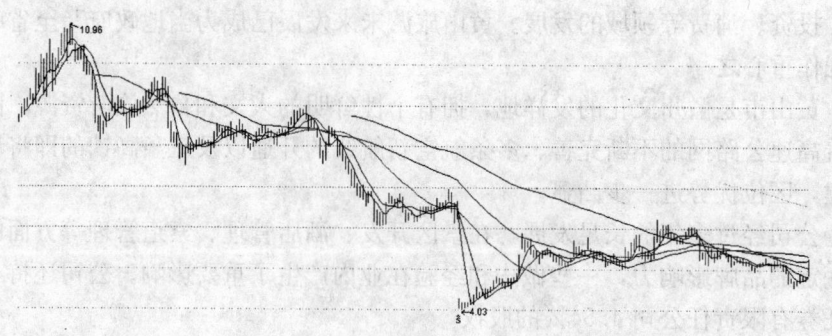

图135

九龙山在2005年经过资产置换后全面转型为旅游地产企业，是九龙山旅游度假区的一级开发商。

目前九龙山度假区五大规划功能区中的高尔夫、游艇、马球三个俱乐部和小普陀观音禅院佛教文化等旅游项目均已建成并且稳定运营。赛马及赛车俱乐部场地工程已具雏形，预计于2011年6月前建造完成。此外，"海泉乐园"水上游乐项目以及邮轮码头、商业街的建设也已正式启动，从而真正树立起"长三角地区后花园"的美誉。

九龙山称，公司致力于将"九龙山"打造成中国第二个"华侨城"概念，此次回笼的资金将有助于更加合理地进行资金整合，从而投入到九龙山后续的开发建设项目中。

九、房地产

1. 万科A（股票代码：000002）

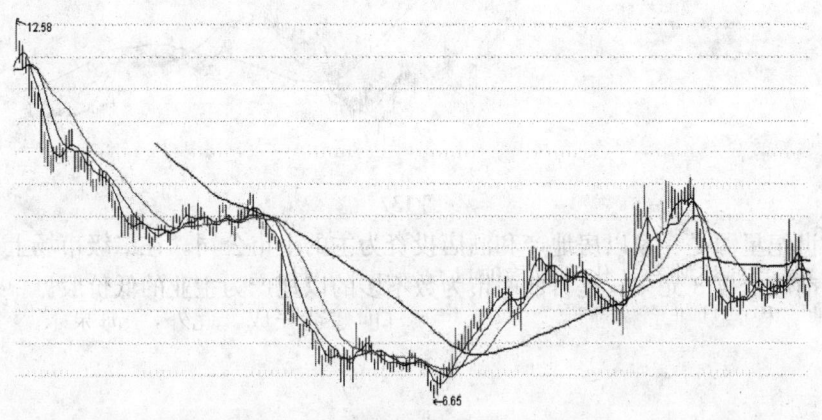

图136

作为地产龙头及国内房地产行业第一家年销售额千亿级公司，万科在项目发展方面保持谨慎投资，在经营策略方面则坚持中小户型普通住宅为主的产品定位，把握"不囤地、不捂盘、不当地王"的"三不"原则，依靠经营效率的提升实现收益和业绩的持续增长。

公司一直坚持城市经济圈聚焦策略，目前住宅开发业务已经形成了以长江三角洲、珠江三角洲和环渤海地域为主，其他区域经济中心城市武汉、成都为辅的"3+X"跨地域布局。公司充分利用资本市场融资功能，快速扩张股本规模，通过外延增长巩固和扩大开发规模与优势，主营收入和净利润稳步增长。公司一直保持良好的盈利与分红记录，历年净资产收益率基本保持在15％以上，属于A股市场上并不多见的"常青树"。

公司将灵活把握行业整合带来的机会，通过并购、合作等多种方式获取真正质优价廉的土地，为未来的业绩发展储备必备的资源。

2. 世纪星源（股票代码：000005）

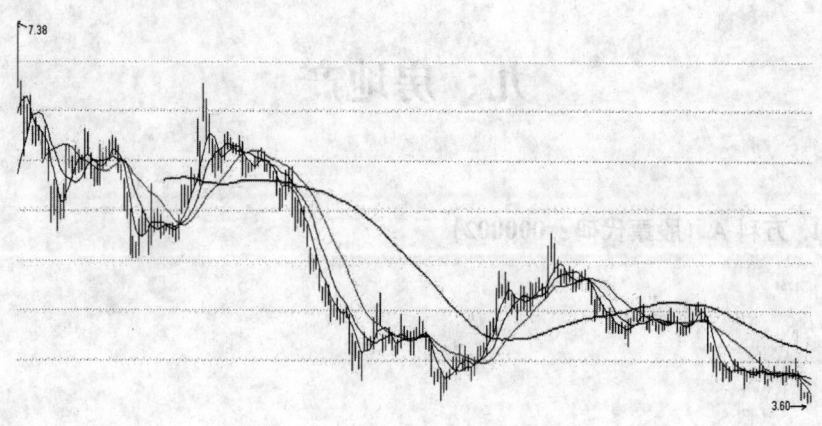

图 137

世纪星源是一家以房地产和酒店投资为主的上市公司。在二级市场上，该股当前股价仅 3 元多，是目前两市为数不多的以地产为主业的低价股。

3. 深振业 A（股票代码：000006）

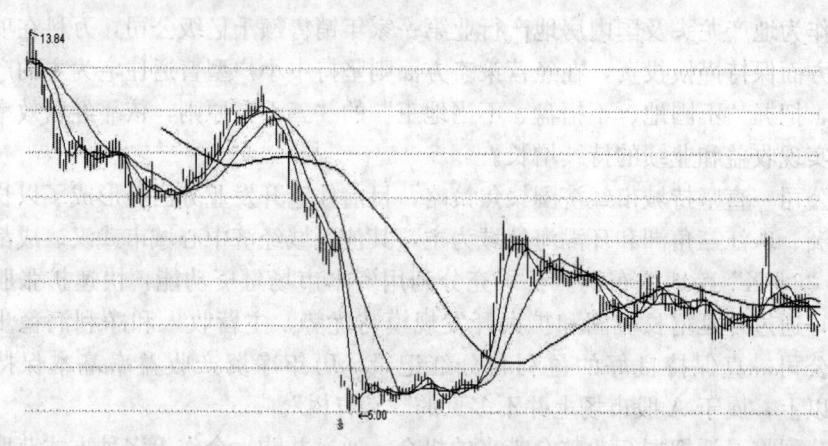

图 138

深振业是深圳老牌国有控股房地产上市公司。

土地储备方面，公司已有地产项目分布在全国 7 座城市，土地储备约 340 万平方米建筑面积。公司拿地时间普遍较早，土地储备成本相对低廉，加之对其低效资产的剥离，也在一定程度上增厚了公司业绩。

4. 深物业A（股票代码：000011）

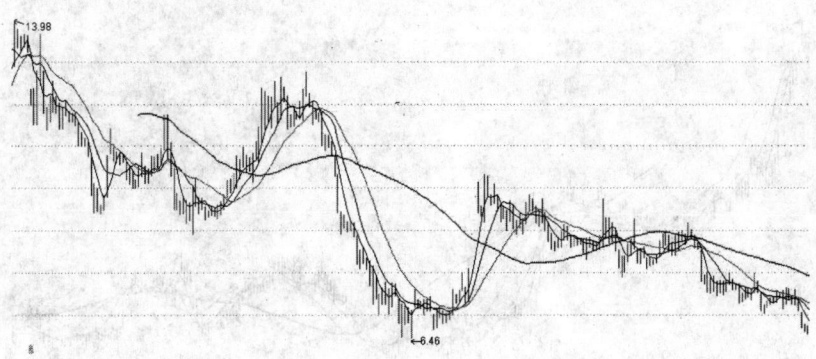

图 139

深物业是以房地产开发、物业租赁与管理为主业的大型房地产专业公司，兼营出租车客运、商品百货和餐饮业。

公司控股股东、实际控制人——深圳市投资控股有限公司与公司共同筹划相关重大资产重组事宜，拟与深投控资产置换，置入月亮湾地块及深新公司股权。在二级市场上，该股股价处于相对低位，受公司重组影响，有反弹上涨空间。

5. 沙河股份（股票代码：000014）

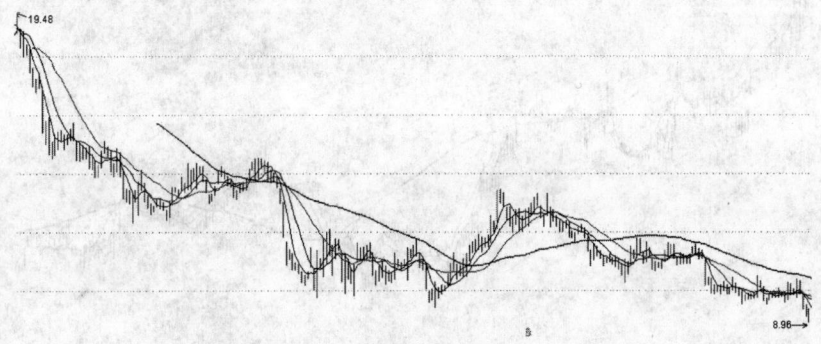

图 140

沙河股份主要从事房地产开发以及配套工程开发建设、新型建材的生产与销售、物业租赁与管理、物资供销和国内外商业。

公司实施名牌精品战略，先后在深圳市成功开发荔园新村、鹿鸣园、宝瑞轩、世纪村等10多个项目。在二级市场上，该股连续调整，其股价已经进入低位区，具有一定的向上空间。

6. 招商地产（股票代码：000024）

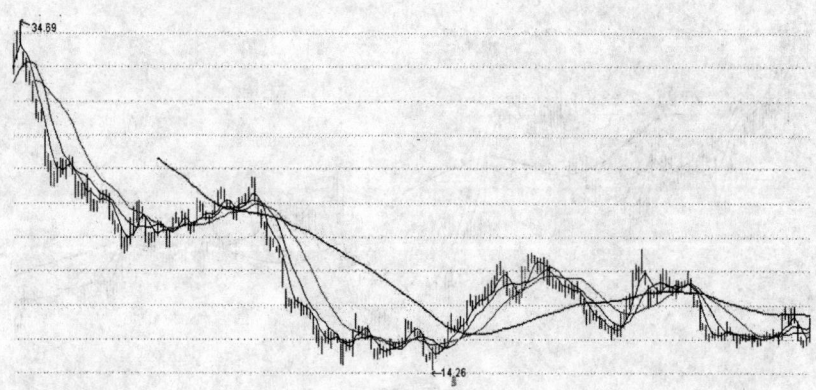

图 141

招商地产是央企地产龙头，背靠实力雄厚的招商局集团，拥有"开发＋出租"双业务架构。大股东蛇口工业区手上拥有丰厚的土地资源，必将注入上市公司。蛇口工业区在深圳蛇口拥有大约 200 万平方米开发土地，预计建筑面积 440 万平方米。

7. 深深房 A（股票代码：000029）

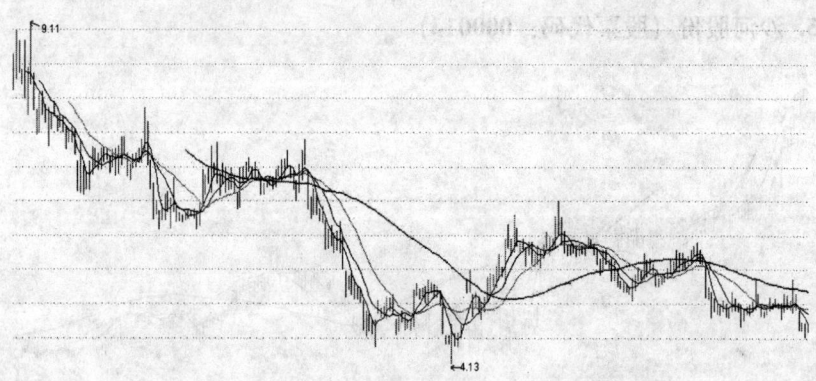

图 142

深深房拥有大量的土地使其成为深圳地产的龙头，同时积极参与合作开发、旧有房产改造、中小城市地产开发。随着《珠江三角洲地区改革发展规划纲要》的颁布，公司作为深圳市著名的地产开发企业，也将进一步得到发展壮大的机会。

在二级市场上，该股调整后，后市仍有继续向上的动能。

8. 中粮地产（股票代码：000031）

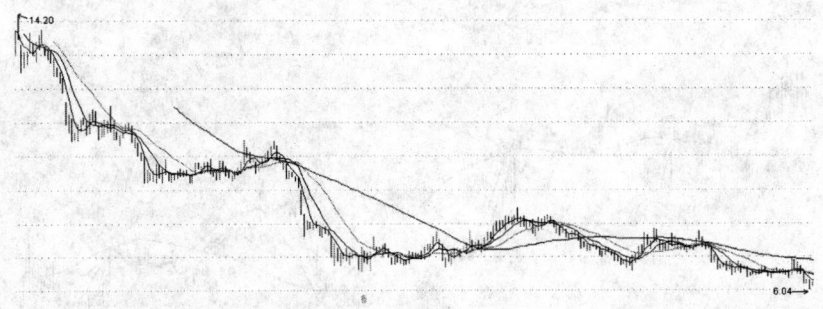

图 143

作为国资委确定的 16 家主业包含地产的央企之一，中粮地产收购上海加来房地产开发有限公司将为其业绩带来提升，并将提升公司价值。

公司是中粮集团旗下地产业务最大的运作平台。早在此次收购前，中粮集团已经陆续将天泉置业有限公司、厦门鹏源房地产开发有限公司等多个地产项目转让给中粮地产，同时将旗下 6 个地产项目交由其托管，将中粮地产打造为中粮集团的住宅地产业务平台的意图非常明显。

公司后续仍将有资产注入，其他项目的收购有望陆续实现。

9. 华联控股（股票代码：000036）

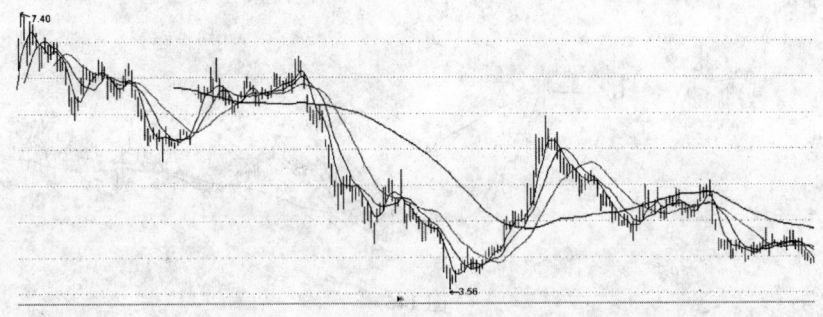

图 144

华联控股主业已变更为综合房地产业务，彻底地退出了石化业务。

公司显著受益于深圳前海区域开发和城市更新进程。紧邻前海有 4 个工业区，总占地 21.7 万平方米，预计更新后有 68.5 万平方米建筑面积。其中 3 个已上报城市更新计划，惠中工业区列入第一批计划，且已获立项。因储备中 48% 直接、长期受益于深圳前海开发和城市更新，大股东资产注入含权价值高，具有一定的投资价值。

10. 深鸿基（股票代码：000040）

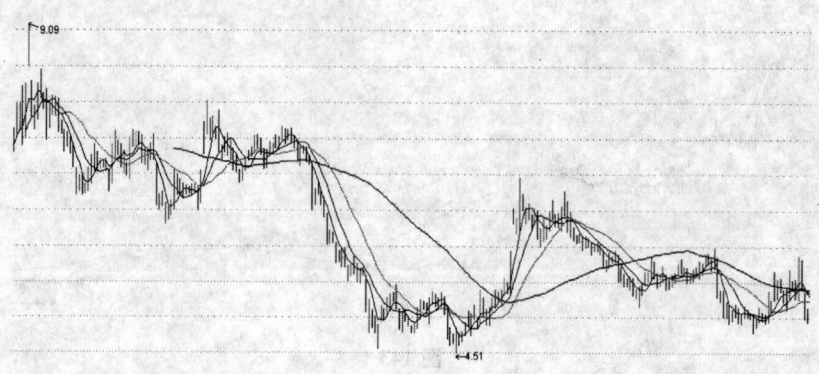

图 145

深鸿基主要从事房地产开发与经营，通过一系列股权转让为公司经营增加利润。公司物流业务通过产业整合、优化资源配置，业务能力得到提升，扭转了前期较为被动的局面，未来前景较好。

11. 深长城（股票代码：000042）

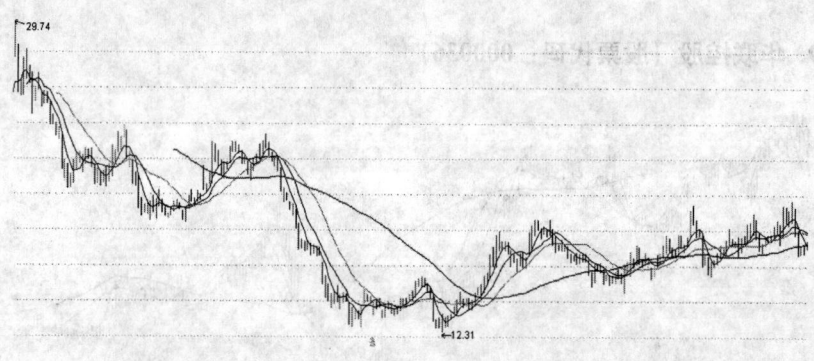

图 146

深长城主要从事房地产开发与经营管理及旅馆业。其中房地产开发占73%，酒店业占17%。公司现形成了立足深圳，辐射成都、上海、大连等多个地区的发展格局，建设了全国最大的高层住宅区和众多精品楼盘，成为中国住交会评选出的20家"中国房地产品牌企业"之一和中国深圳行业10强企业。

公司为迪斯尼受益股。在上海迪斯尼预留地附近有别墅、商业和普通住宅项目，即中环墅和澜溪岸城，总计30.3万平方米建筑面积，拿地成本低。

12. 中航地产（股票代码：000043）

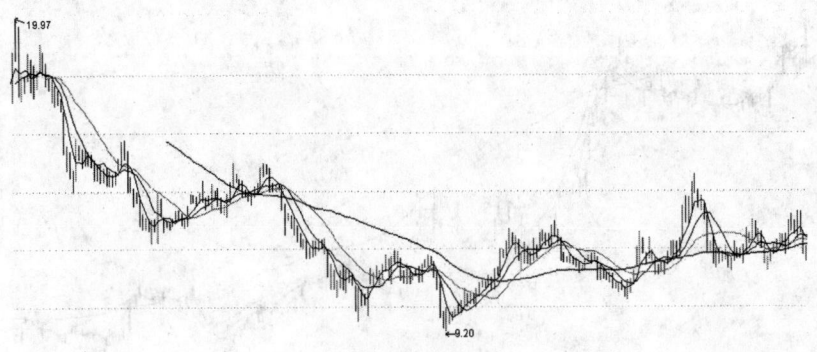

图 147

中航地产是以第三产业为基础，集旅游服务业（包括四星级酒店、酒楼、干洗公司）、房地产（包括物业管理）为一体的多元化经营的综合型企业。公司通过非公开发行收购了深圳中航地产、物业及酒店业务，实现了对深圳中航业务重组整合。收购后，公司基本形成了以地产开发为主，物业管理及酒店业务发挥协同效应的商业地产经营模式。本次收购将扩大公司资产规模，增强公司整体实力，为公司地产业务的持续快速发展奠定基础。

13. 泛海建设（股票代码：000046）

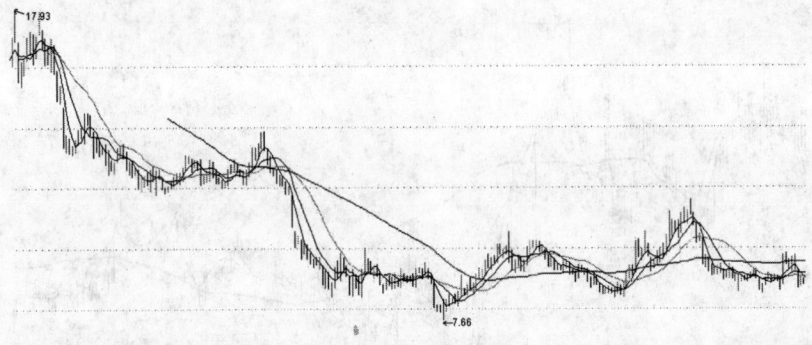

图 148

泛海建设主营业务为房地产开发经营、国内外项目投资，其具体的经营范围包括承办国内外投资开发项目，房地产开发经营及物业管理，产业投资及资产管理，建筑设备、建筑装饰材料经营，物业出租等，是一家土地资源储备丰富、盈利能力较强、具备高送转题材的龙头地产上市公司。

14. 金融街（股票代码：000402）

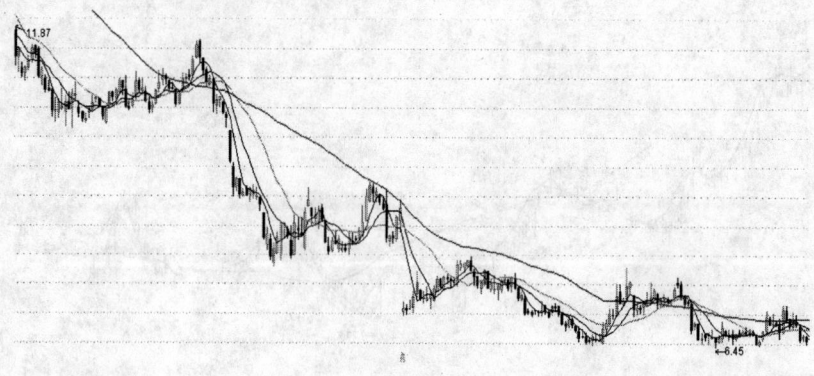

图149

作为北京商业地产龙头，金融街以商务地产为核心的三大业务收入结构逐步形成。金融街中心区内的购物中心、金融街、金融街公寓、金融家俱乐部等物业经过充分筹备相继于2007年下半年开业，标志着公司实现了经营模式由单纯的房地产开发向房地产开发兼物业持有的平稳过渡。目前该公司股价处于历史低位区，投资价值显著。

15. 绿景地产（股票代码：000502）

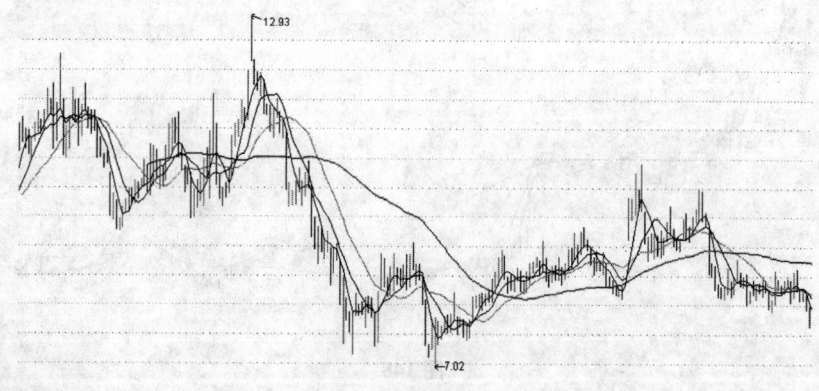

图150

绿景地产将向酒店控股和海航置业发行股份购买其持有的物业资产，新资注入后，公司将被打造成中国最具投资价值、竞争力和规模的高端酒店、写字楼经营者。

16. 银基发展（股票代码：000511）

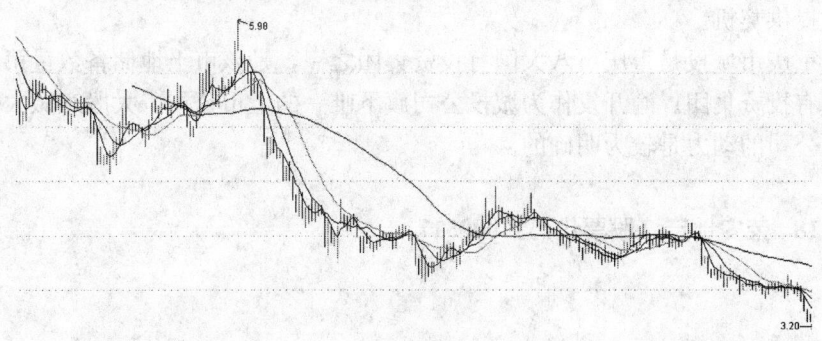

图 151

银基发展主营业务属房地产开发行业。

沈阳作为东北区域中心城市，也是国家振兴东北老工业基地、投资及拉动内需等各项政策的主要受益城市。近年来沈阳市实施了新的空间发展战略，重新规划出西部——沈西工业走廊、南部——大浑南地区、北部——沈北新区和东部——棋盘山旅游度假区四大发展空间，成为未来50年沈阳经济发展的龙头区域。沈阳市委市政府出台多项配套政策，吸引国内外企业向这里聚集，形成开发建设的新热潮。在此基础上，沈阳房地产市场保持了健康、平稳和可持续发展的态势。作为当地房地产开发的龙头企业之一，公司将充分发挥自身综合优势，抓住机遇，实施低成本扩张，实现稳定、持续发展。

17. 渝开发（股票代码：000514）

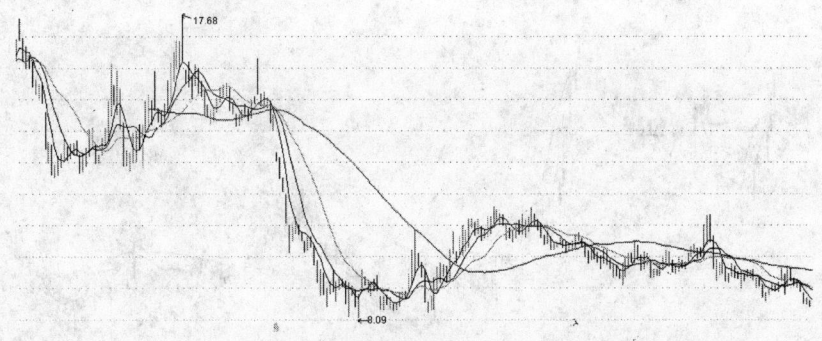

图 152

重庆市是全国统筹城乡综合配套改革试验区，面临良好的发展机遇，渝开发大股东为重庆市城投，在重庆市的区域龙头优势地位明显。

公司土地储备可供未来三年开发，其中建筑面积达72万平方米的南岸黄桷垭项目是 2012 年后公司利润的主要来源。"两江新区"规划也将为公司土地增值提供契机。

重庆市城投是重庆市八大国有投资集团之一,是该市土地储备数量第二大的国有投资集团。渝开发作为城投公司旗下唯一的上市公司,大股东做大做强上市公司的动力是较为明确的。

18. 荣安地产（股票代码：000517）

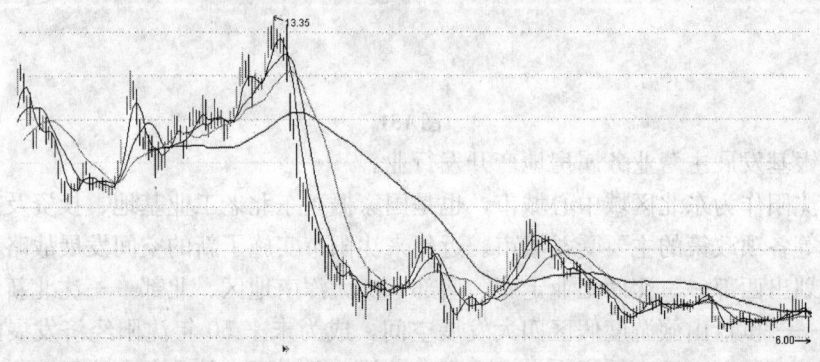

图 153

荣安地产是一家曾经停牌达三年之久的公司,不过在 2009 年 9 月复牌时公司已经借股改进行了脱胎换骨的资产置换,目前已经是一家房地产开发企业。

19. 万泽股份（股票代码：000534）

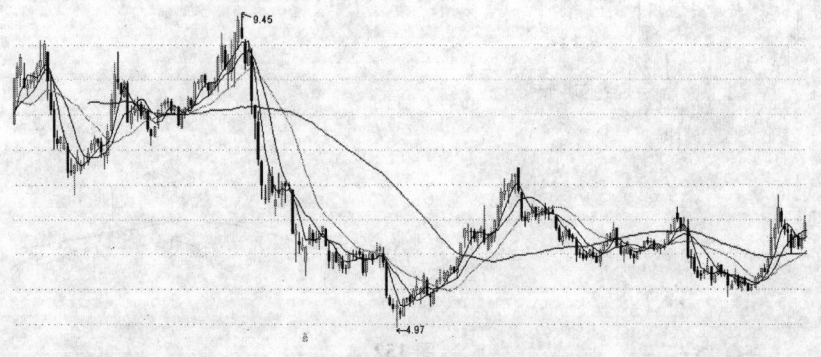

图 154

万泽股份的大股东是广东省实力雄厚的综合性集团,旗下拥有房地产、医药等多家公司,依靠大股东雄厚实力,公司正积极发展其房地产业。据公司公

九、房地产

告,公司计划将全资子公司热电一厂股权转让给科能公司,所得资金将确保公司可持续发展的需要。

公司控股的热电一厂是热电联供企业,面对较为紧张的电力供需矛盾,有一定的竞争优势。公司自上市以来,资金链运转正常,正逐步发挥财务杠杆的作用,正常低比例举债经营,存在着较好的发展空间。

20. 广宇发展(股票代码:000537)

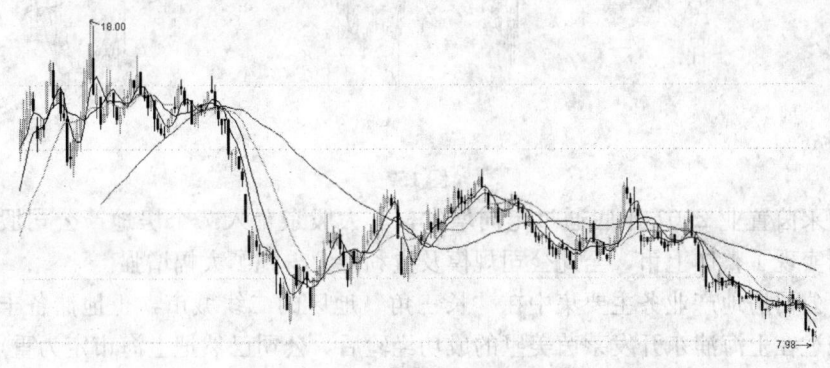

图 155

广宇发展主营的房地产业务主要在重庆市。公司通过控股 65.5% 的重庆鲁能开发集团和控股 70% 的重庆鲁能英大置业,在重庆拥有了面积可观的土地使用权,且公司大股东有资产注入预期。

21. 中天城投(股票代码:000540)

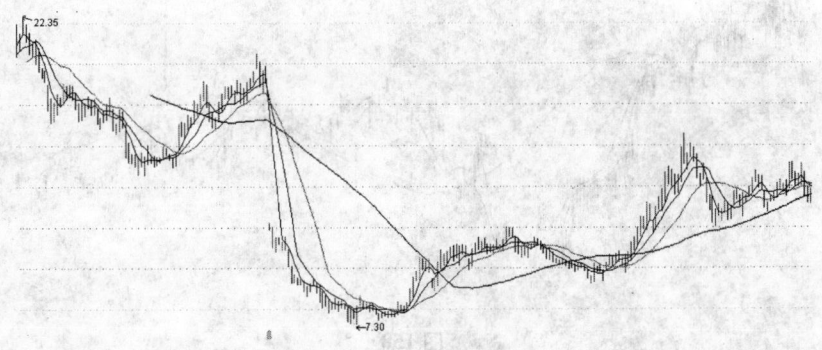

图 156

中天城投是贵阳房地产市场规模最大的开发商,区域竞争优势突出。未来三年公司业绩高增长相对确定,当前估值低,具有一定的中长期投资价值。

22. 莱茵置业（股票代码：000558）

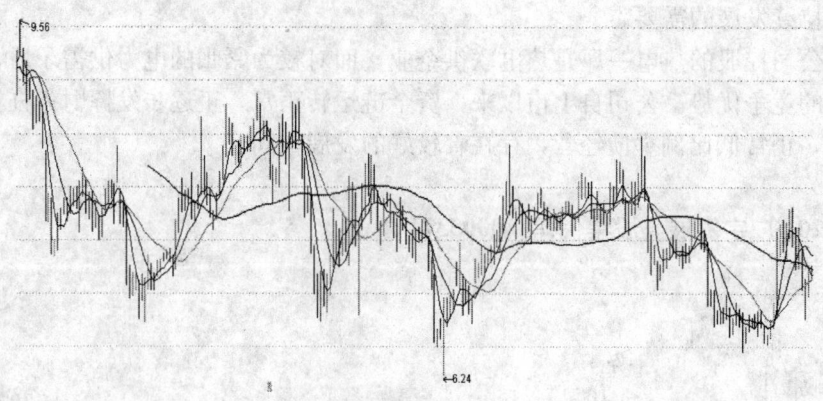

图 157

莱茵置业 2007 年底通过定向增发，其大股东置入 7 个房地产公司股权，从而实现了整体上市，至此公司规模及盈利能力得到了大幅增强。

公司房地产业务主要集中在"长三角"地区的二线城市，土地储备丰富，且经过在上海浦东开发莱茵美墅的成功经验后，公司已然把上海市定为重点开发的城市之一。"长三角"地区作为中国经济最为发达的地区之一，其房地产市场前景看好。

23. 海德股份（股票代码：000567）

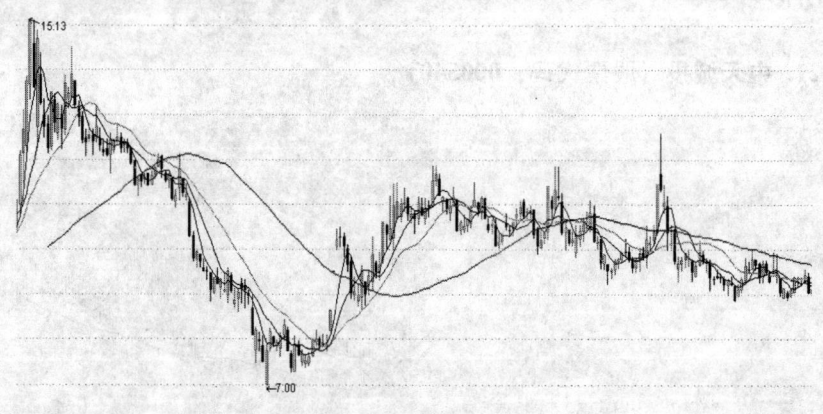

图 158

海德股份以房地产为主要业务，耀江实业集团有限公司通过控股公司第一大股东海南祥源投资有限公司，成为公司实际控制人，而耀江集团目前已跻身全国大型企业集团千强之列，资产规模达 90 多亿元。

24. 阳光股份（股票代码：000608）

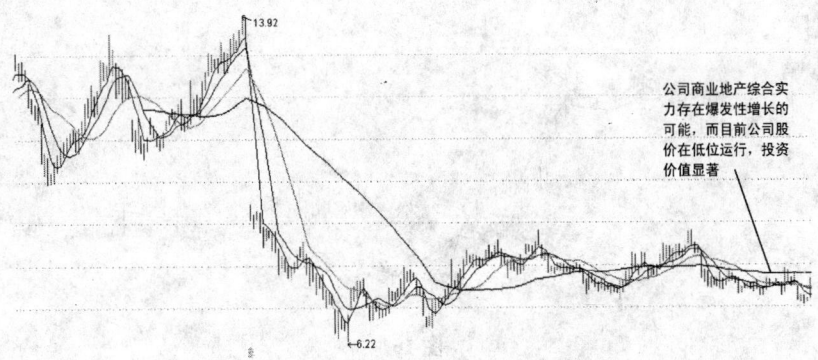

图 159

阳光股份主营房地产销售、商业物业租赁及资产交易服务与运营管理。自2007年大股东新加坡政府投资公司入主公司后，其经营目标转向商业地产，并计划在3~5年内，成为中国领先的商业地产集团。目前公司拥有权益可租赁面积近30万平方米，年租金收入2亿多元，较2009年大幅增长。大股东新加坡政府投资公司在中国拥有的地产资源丰富，据不完全统计超过1000万平方米。若这部分资源注入阳光股份，公司商业地产综合实力将跃居行业前列。

25. 绵世股份（股票代码：000609）

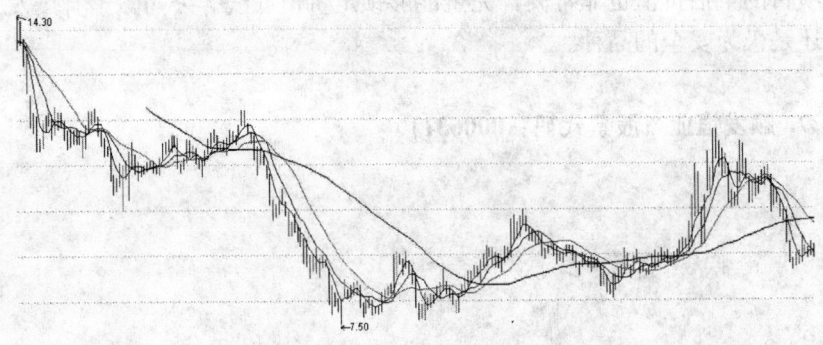

图 160

绵世股份现有的土地一级开发业务具有周期性强、业绩跳跃性大的特点，为了促进公司业务稳定成长，进一步优化业务结构，公司已确定在从事土地一级开发的同时，积极开拓一些新项目的发展目标。

公司希望采用美国汉堡王公司开发出来的汉堡王系统，以连锁经营的方式，经营汉堡王品牌的西式快餐业。

26. 亿城股份（股票代码：000616）

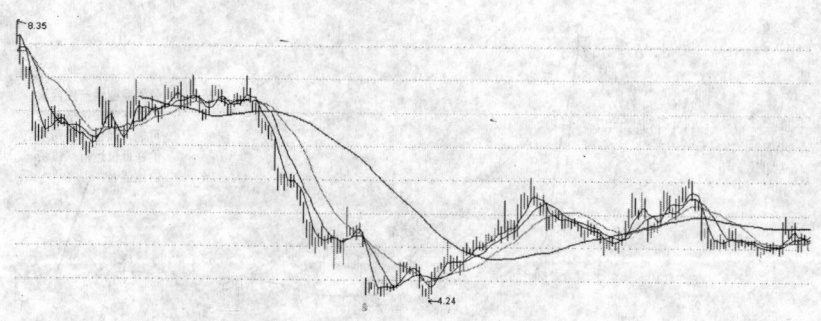

图 161

亿城股份是一家立足于环渤海湾的优质房地产公司。目前公司资产质量良好，业绩具有较高保障，是被低估的优质二线地产股。

公司多数项目将自 2011 年底起，陆续进入销售期，销售额将爆发。2011 年公司将有 40 亿元以上资金可用于扩张，恰逢北京市在未来有较大规模的供地计划，其将有机会低价拓展 40 万平方米储备（若按 10000 元/平方米楼面地价算），并将成长为环渤海区域的二线蓝筹。

过去公司股票长期在市场中被给予了极低的估值水平，但三个主要制约因素已消除，估值水平将向一线行业平均水平看齐。以 2011 年市盈率的 11 倍来看，从 6 倍往上还有 80% 的空间，公司股票将成为极具爆发力的品种。公司目前项目的重估价值也非常高，完全能够锁定价值底线。公司除了有爆发力之外，还是极为安全的品种。

27. 顺发恒业（股票代码：000631）

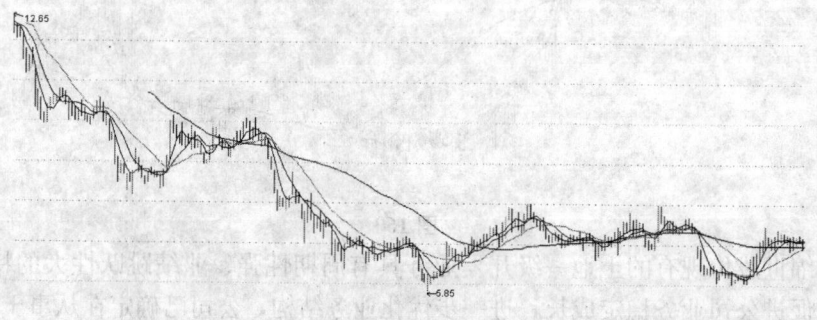

图 162

顺发恒业位于中国经济最活跃、发展最具潜力的长三角地区核心城市——杭州，是一家拥有一级开发资质的房地产开发公司。

九、房地产

28. 万方地产（股票代码：000638）

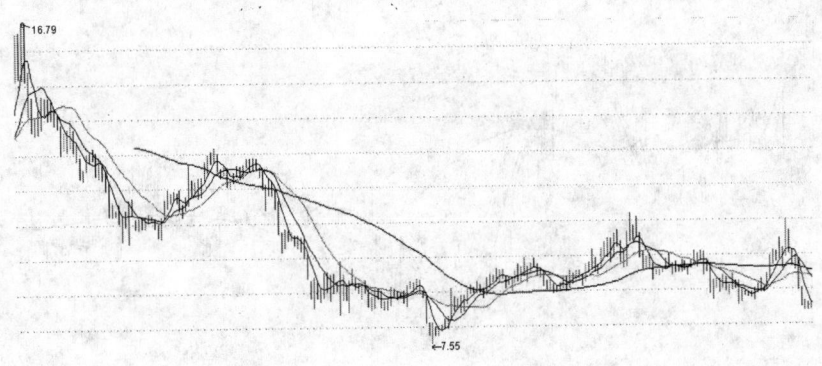

图 163

万方地产由中辽国际重组而来，已转变为一家房地产开发企业。其主营业务已变更为房地产开发与销售，受资产重组影响，公司业绩出现大幅增长。随着大股东注入资产，公司未来盈利增长空间较大，值得关注。

29. 名流置业（股票代码：000667）

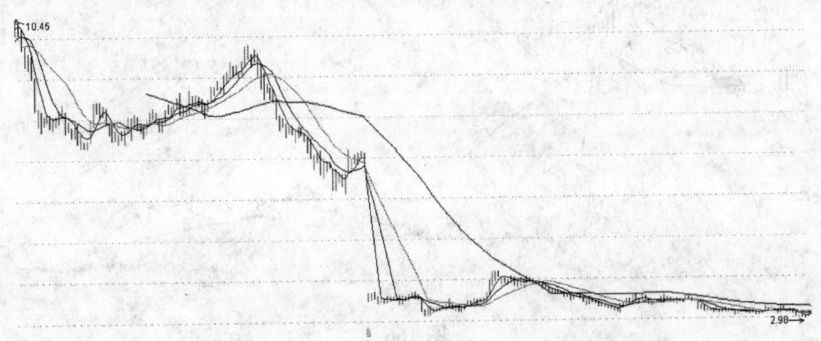

图 164

名流置业是一家全国性的房地产公司，秉承责任、团队、创新、完美的企业精神，通过专业化、精品化的品牌战略，实现了"建筑品位生活"的企业使命。2002年7月公司实施了重大资产重组，名流投资集团有限公司将其优质房地产资产注入了公司。

资产重组后公司业务遍布北京、武汉、西安、深圳、惠州等地，权益储备增至572万平方米，按2010年竣工71万平方米测算，可满足未来5年快速发展所需。

30. 荣丰控股（股票代码：000668）

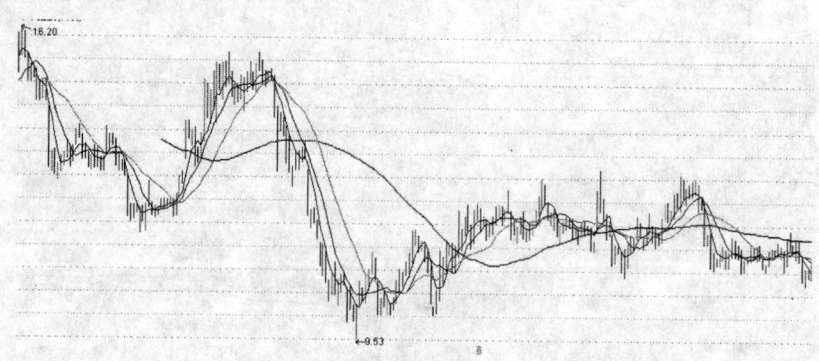

图 165

荣丰控股通过重组，主营业务已由原来的汽油、煤油、柴油批发零售转变为房地产开发。公司项目主要分布于北京、重庆和长春等地。当前收入主要来自于北京的项目。业绩优良，再加上应收账款很多，给公司后续发展提供了坚实基础。

31. 阳光城（股票代码：000671）

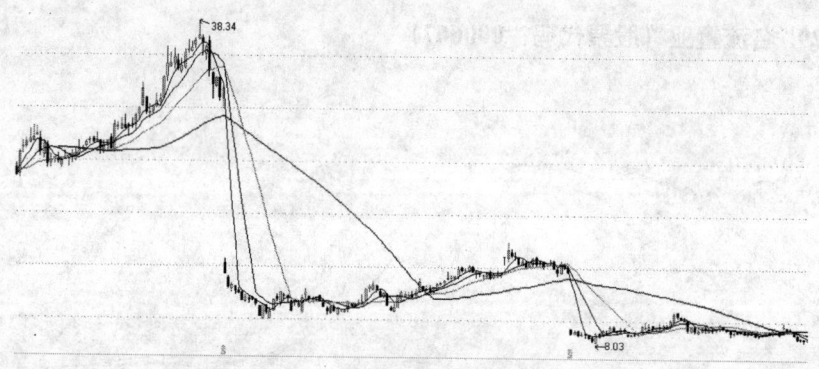

图 166

阳光城项目主要位于福州市，包括已售待结的项目白金瀚宫、乌山荣域以及在售项目阳光理想城和阳光新界等，有独特的地缘优势。

福州市场正处于由培育期向成熟期过渡的阶段，市场空间较大，未来受政策影响不大，公司以福州为核心的战略使其业绩更加稳健。

公司虽然是地方性公司，但其开发的产品品质已经足以应对更为激烈的市场竞争。以阳光理想城为例，作为闽侯区的大型楼盘，在福州市的地理位置并不优越，但从公司对景观特别是对展示区景观的打造看，公司具有成为品牌开发商的潜质。

九、房地产

32. 苏宁环球（股票代码：000718）

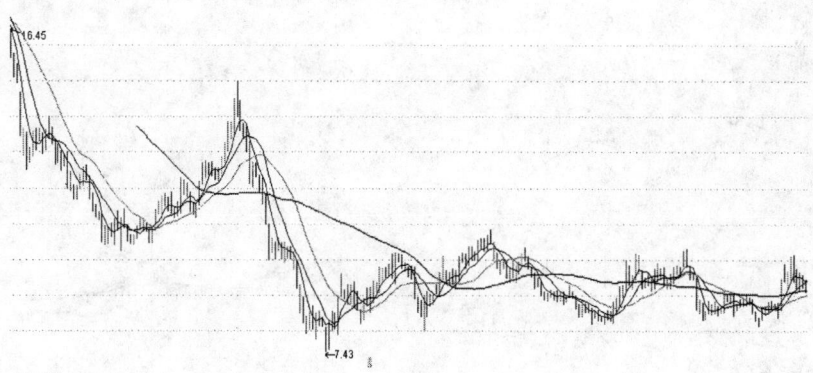

图 167

苏宁环球是南京市最大的房地产企业之一,项目主要分布于南京市、上海市、无锡市和吉林市等地。公司的核心竞争力包括丰富的土地储备、低廉的土地成本和优秀的成本控制能力,且公司建安成本和三费占比均处于行业较低水平。因此,公司项目具有很强的盈利能力。

33. 中国武夷（股票代码：000797）

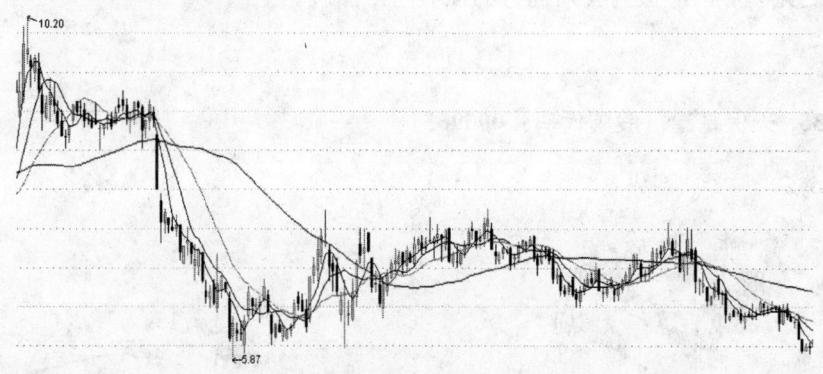

图 168

中国武夷是一家历史悠久的房地产开发和工程承包公司,依托福建建工集团,在工程承包上具有较大优势。公司以房地产业务为主,努力做大工程承包。公司具有一级工程施工总承包、一级装修资质和对外经营权,是福建省首批确定为 36 家支柱和重点产业中的重点企业之一。

公司的房地产业务主要分布于北京、南京、重庆、福州等地。此外,公司开发项目涉及多个国家和地区,以中国香港为基地,辐射东南亚。

34. 嘉凯诚（股票代码：000918）

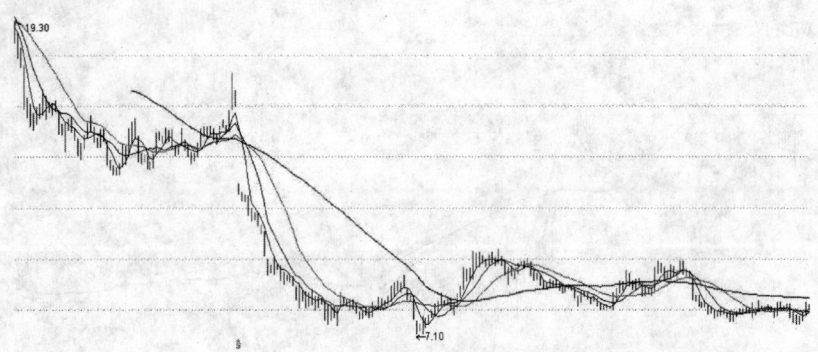

图169

嘉凯诚是一家长三角地区大型的房地产开发商，具有国家一级开发资质，原名湖南亚华控股集团股份有限公司。借股改注入的房地产业务资产，包括国际嘉业100％的股权、中凯集团100％的股权、名城集团100％的股权、雄狮地产65％的股权和潍坊国大79％的股权。

目前公司在建项目面积415.3万平方米，权益建筑面积322万平方米，未售面积322.5万平方米。"嘉业·阳光城"、"嘉业·阳光假日"、"上海中凯·城市之光"等已经成为公司拥有的强势房产品牌。

35. 天保基建（股票代码：000965）

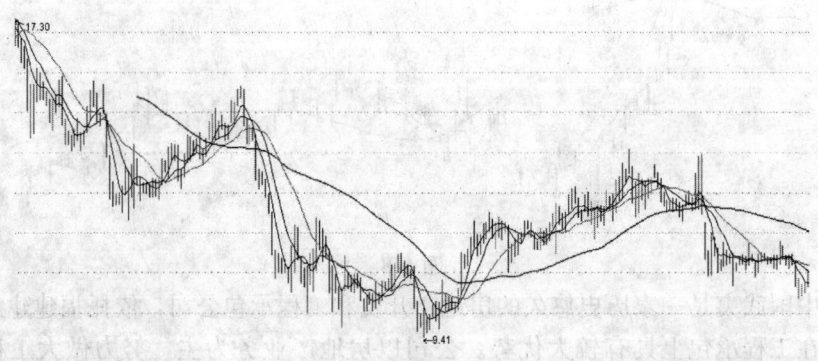

图170

天保基建作为滨海新区核心区从事基础设施建设和房地产开发的上市公司，随着2009年滨海新区基建的稳定增长以及一系列的资本运作，公司后续发展值得期待。

九、房地产

36. 世荣兆业（股票代码：002016）

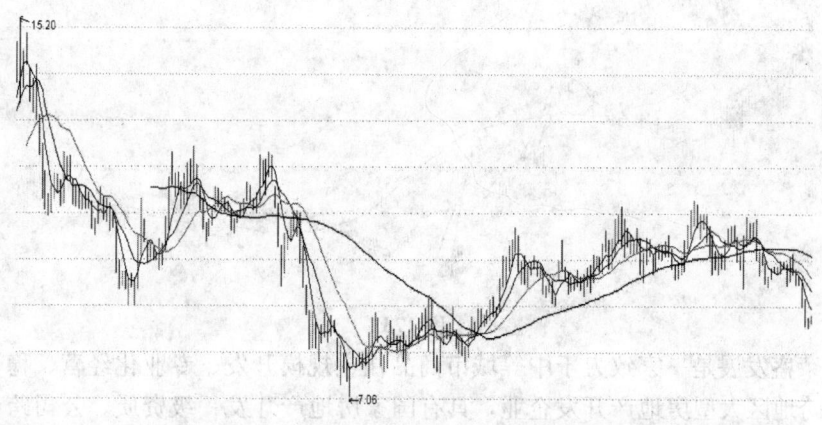

图 171

世荣兆业是珠海地区的房地产民营企业，土地储备量位居珠海第二。珠海具有独特的区位、环境和特区品牌优势，受益港珠澳大桥的兴建和珠海横琴岛的开发，现有的土地储备保持较低成本，将具有较好的升值潜力。随着对医疗器械业务的剥离，公司集中优势资源于房地产主业，计划将"里维埃拉"项目打造成为珠三角乃至全国的著名楼盘。

37. 广宇集团（股票代码：002133）

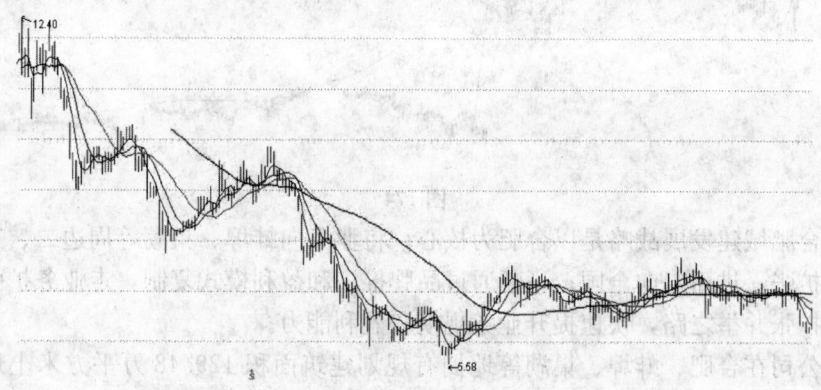

图 172

广宇集团为中小规模地产开发商，项目主要分布于杭州、黄山和肇庆三地。考虑其业绩高确定性和未来增发超过预期，投资者可适当关注。根据公司修改后的发行方案，发行的价格不低于 5.71 元/股，成功发行的可能性增大。

38. 荣盛发展（股票代码：002146）

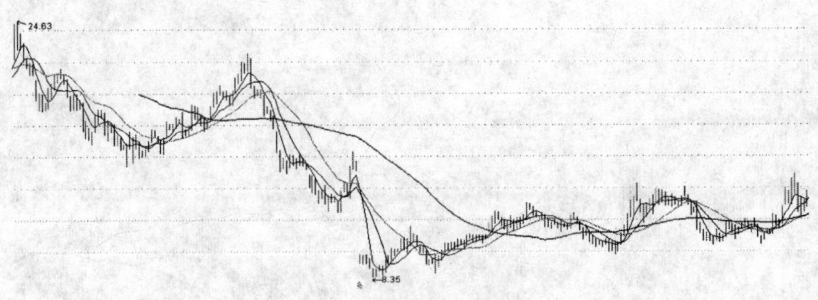

图173

荣盛发展是一家致力于中等城市商品住宅规模开发、专业化经营、稳步成长的跨地区大型房地产开发企业，具有国家房地产开发一级资质。公司跨地区业务在紧紧围绕京津冀和长江三角洲两大经济圈基础上，立足中等城市，稳步涉足风险较小的大城市，有选择地兼顾发展较快的小城市进行商品住宅规模开发。

中小城市的房价并非政府宏观调控的重点区域，住房需求仍以自主性需求为主。此外，公司是专业化程度非常高的公司，具有较强的行业风险驾驭能力。

39. 合肥城建（股票代码：002208）

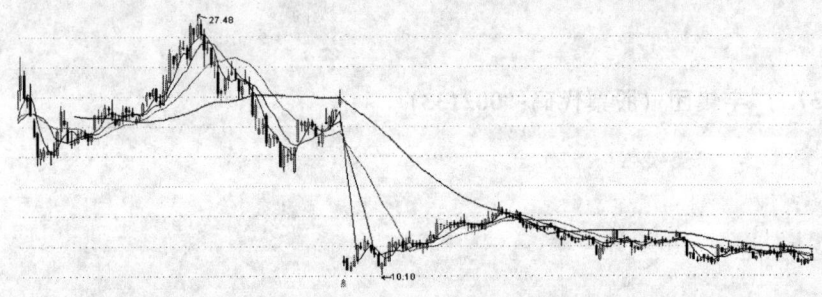

图174

合肥城建发展战略是以合肥为核心，将业务向蚌埠、巢湖等周边二、三线城市扩张，进而走向全国；不断通过品牌推广和盈利模式复制，走业务扩张和区域扩张并举之路，快速提升业务规模和盈利能力。

公司在合肥、蚌埠、巢湖等地拥有规划建筑面积129.48万平方米土地储备，近三年年均开发规划建筑面积约15万～20万平方米，考虑到未来几年适当增长，以现有土地储备静态估算，完全可以满足未来五年发展需要。

鉴于公司优越的区域环境、重组中房合肥公司所带来的业绩潜力以及城投背景，该股具有一定的投资潜力。

九、房地产

40. 世联地产（股票代码：002285）

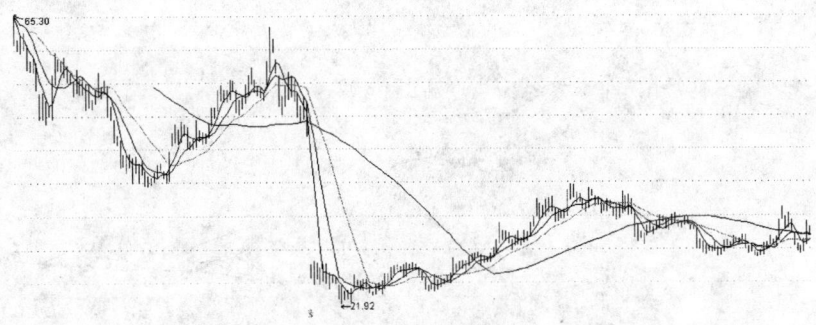

图 175

经过近 20 年的发展，世联地产已经形成了自己特有的"咨询＋实施"的经营模式，顾问策划能力已经成为其核心竞争力。

公司是中国最具规模的房地产顾问公司之一，服务领域包括物业代理、发展顾问和租售经纪。公司以深圳、北京和上海为中心的三大业务区域，为追求成长和有实力的客户提供专业的房地产综合服务。公司旗下拥有超过 15 家分支机构，服务覆盖全中国 100 多座城市的 600 多家海内外机构，服务客户包括香港中旅、中国海外、中信集团、深业集团、万科地产、华侨城地产、招商地产、中海地产、香港汉国置业、西安高新和大连亿达等 300 多家海内外机构。

41. 中国国贸（股票代码：600007）

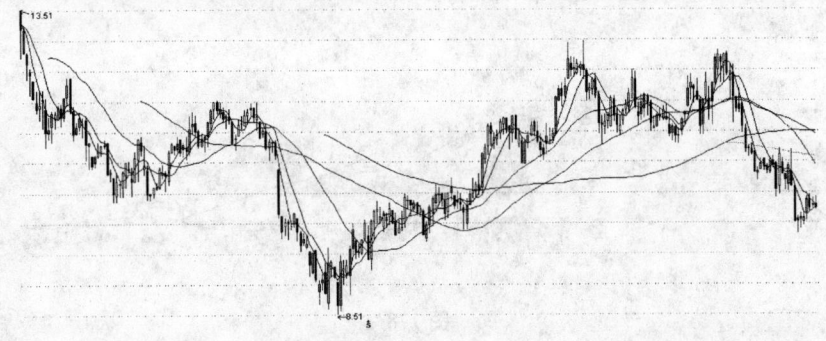

图 176

中国国贸表现优异。基于选址和品牌的优势，中国国贸写字楼和商场出租率与租金较为稳定，特别是出租率高于 95%。在写字楼租金增长速度与行业平均水平相一致的情况下，公司出租率和租金均高于 CBD 区域平均值 20%，未来具备增长前景。

42. 保利地产（股票代码：600048）

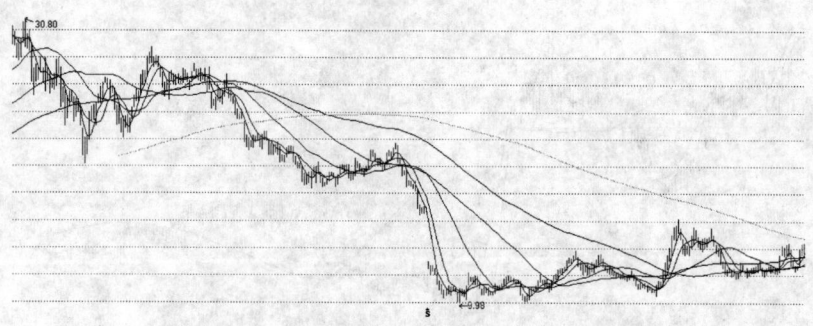

图 177

保利地产是国内房地产龙头企业，具备卓越的管理能力和丰富的土地储备资源，连续三年蝉联国有房地产企业品牌价值榜首，被中国房地产 TOP10 研究组评为"中国房地产上市公司投资价值第二名"。

公司市场份额大幅提升，在广州住宅市场，公司市场份额排名第一；在北京，公司住宅成交金额稳居首位。

公司项目储备丰富，布局合理，业绩锁定性超强，未来具备很强的增长前景。

43. 浙江广厦（股票代码：600052）

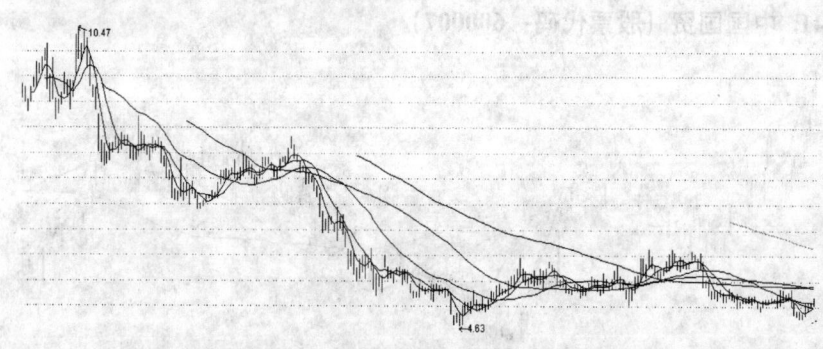

图 178

浙江广厦以浙江省东阳市第三建筑工程公司为基础，联合建设银行浙江省信托投资公司和东阳市信用联社共同发起成立，是浙江品牌民营房地产企业，二线地产股。近年来公司在房地产方面进行了大规模投入，而正在开发的杭州"天都城"项目，占地总面积 6500 亩，将揭开广厦"造城运动"帷幕，未来具备增长前景。

九、房地产

44. 大龙地产（股票代码：600159）

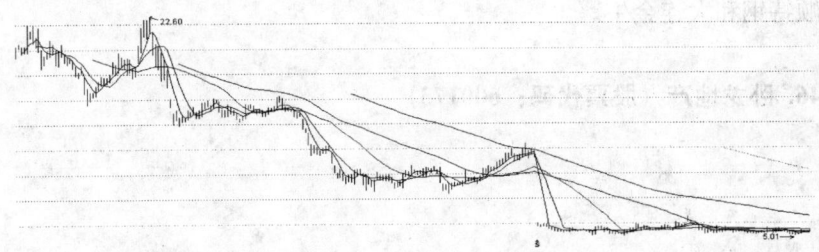

图 179

大龙地产是北京顺义区的房地产龙头企业，目前公司的土地储备已经足够支撑其未来10年的开发需求。

公司一直坚持稳健发展的经营策略，做大做强的突破口选择在竞争压力和经营风险相对较小的二、三线城市，根据公司的自有开发能力选择项目规模，成本相对较低，收益有保障，为公司未来3～5年的平稳发展奠定了基础。

公司重组转行房地产开发与建筑施工以来，作为公司的大股东，北京市顺义大龙城乡建设开发总公司一直支持公司不断做大做强，是公司发展的坚实后盾。

45. 香江控股（股票代码：600162）

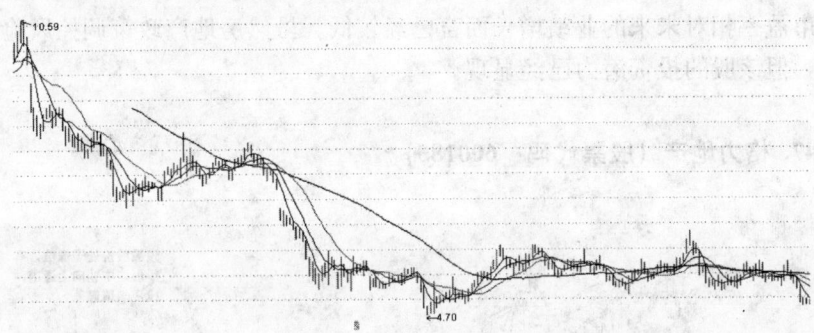

图 180

香江控股目前直接和间接拥有20多家控股子公司，主要从事房地产开发、物业管理、国内商业、物资供销业、物流等。

公司是我国重要的特殊钢生产基地，也是我国国防军工产业配套材料最重要的生产和科研试制基地，有"中国特殊钢摇篮"的称号，并拥有国家首批认定的国家级技术中心。

公司大股东东北特钢集团是由我国东北地区三家大型国有特钢企业——大连钢铁集团、抚顺特钢集团和北满特钢集团联合重组成立的，注册资本364亿元,是我国最大的特殊钢生产和科研基地。目前旗下控股两家上市公司,分别是抚顺特钢和大连金牛。

46. 卧龙地产（股票代码：600173）

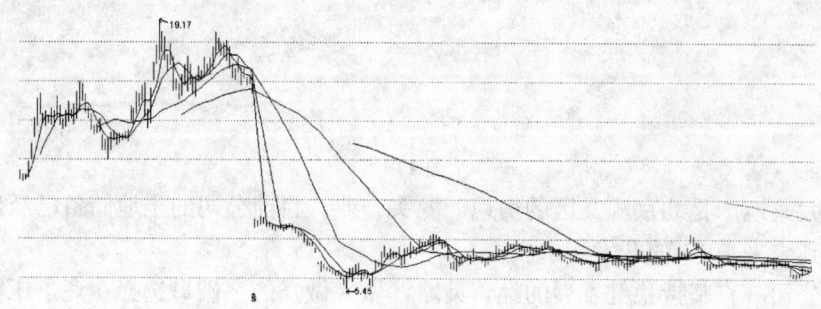

图181

卧龙地产具有良好的品牌影响力,公司借助于卧龙控股集团与关联方卧龙电气集团在全国及公司所在区域的影响力,房地产业务取得了快速发展。公司资产质量优良,发展潜力优势突出。

公司土地储备主要位于经济发达地区的二、三线城市,潜在购买力水平高,市场空间大。经过一系列政策的调整,公司安全边际较高的优势渐渐显露,市盈率相对未来的业绩增长而言已经较低。虽然房地产政策调控风险仍未解除,但该股的投资潜力已经显现。

47. 格力地产（股票代码：600185）

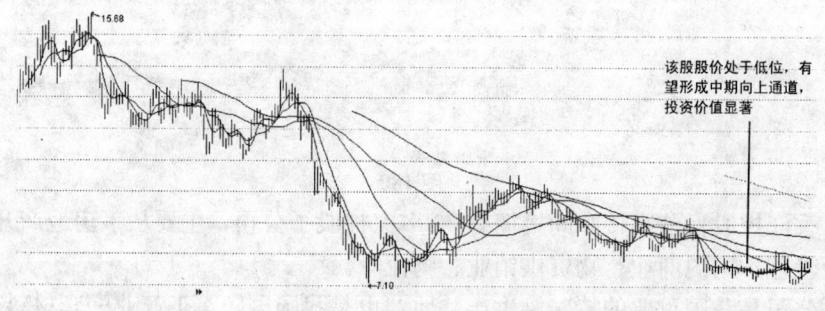

图182

格力集团入主后,大股东的雄厚财力支持上市公司地产项目运作。其拟非公开增发2亿股已获广东省国资委同意,发行价不低于7.94元。格力地产还参与到港珠澳大桥的建设中,具备主题催化剂。

48. 新湖中宝（股票代码：600208）

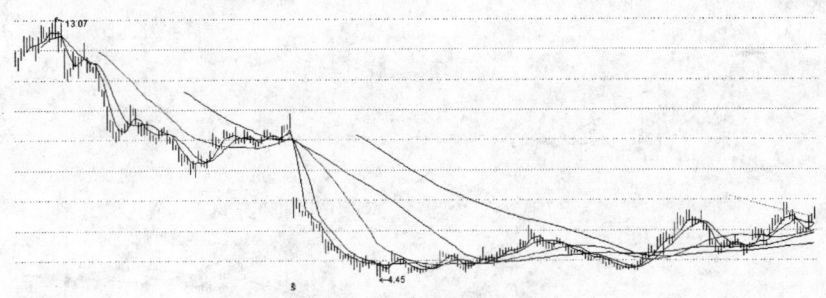

图 183

新湖中宝拟按 1.85∶1 吸收合并新湖创业，预计合并后，新湖集团将持有公司 64.04％股权。

公司目前拥有 900 万平方米土地储备，其中 105 万平方米位于沪杭高铁沿线站点海宁、桐乡、嘉兴、嘉善等地，土地成本在 1000 元/平方米左右。

公司出资 7072.56 万元持有长江证券 1492 万股，占长江证券增资后出资比例的 0.72％。公司单方面增资新湖控股有限公司 62828 万元（占 40％），新湖控股持有湘财证券 55.94％股份，该公司还参股鲁药集团，持有哈尔滨高科技集团股份有限公司 30.59％股份。

49. 华业地产（股票代码：600240）

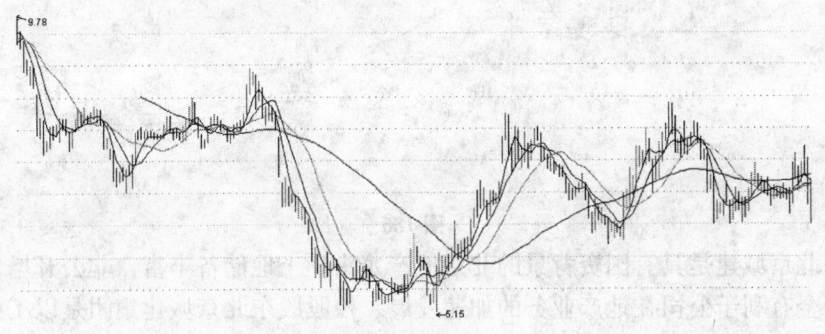

图 184

华业地产作为一只低价地产股，本身却拥有着三大核心优势：一是拿地能力强；二是资源禀赋好；三是产品精细，美誉度高。

公司本身资本结构优，现金充沛，有助于其在行业相对低迷阶段低成本扩张。2010 年是公司高增长的起点，2011 年将进入业绩爆发期，由此看来，机构相中该股也在情理之中。

50. 万通地产（股票代码：600246）

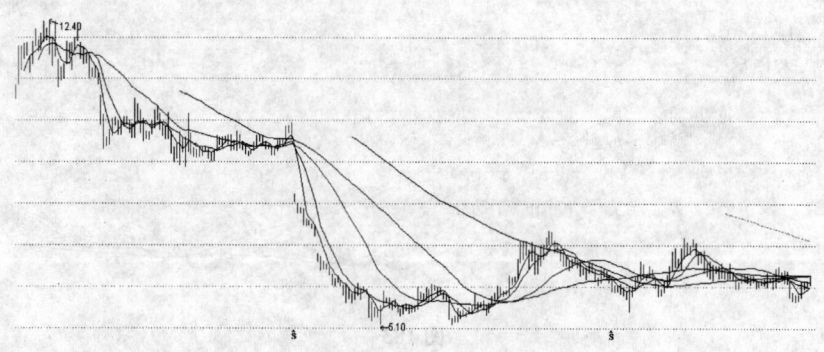

图 185

万通地产是一家专业化地产公司，主营方向为高档住宅物业开发与经营。公司拥有滨海新区的区位优势。

51. 北京城建（股票代码：600266）

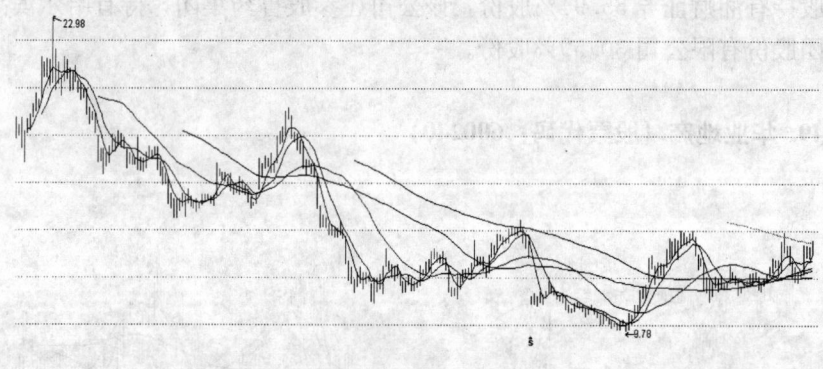

图 186

北京城建是具有国资背景的北京地产龙头，土地储备丰富，非公开增发募集资金有利于公司在地产业务的加速发展。控股股东北京城建集团是以工程总承包、房地产开发相结合的大型综合性建筑企业集团，名列国企500强、世界225家大承包商之一。公司承建过国家体育场、国家体育馆、奥运村等19项奥运项目。

公司当前股权投资的价值非常高，分别持有国信证券股权等，未来股权收益空间非常巨大。在二级市场上，目前该股调整时间较长，股价已明显超跌，离其非公开增发价不远，具有中线投资价值。

52. 天房发展（股票代码：600322）

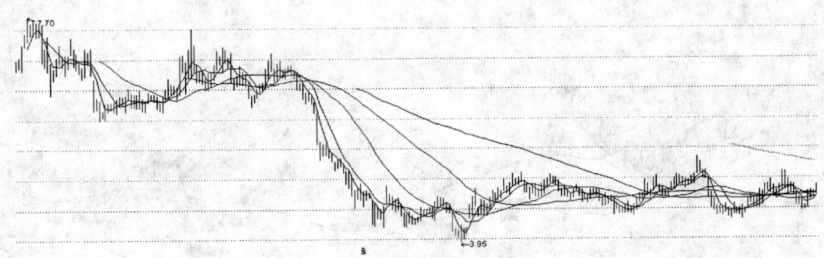

图187

津门标杆房企。天房发展是深耕天津地区的综合开发商，主营业务涵盖商品房（以住宅地产为主、商业地产为辅）、保障房（包括限价房和经适房）和土地整理三大板块。公司未来的扩张思路是挺进环渤海地区的二、三线城市。

模式领先。城市综合开发模式代表行业发展方向，保障房业务既能赚利润，又能赚民心，还能获得政府隐性补偿。

整合预期。天房集团与天房发展之间属于典型的"大集团与小公司"，存在整合预期的领域在于土地整理和二级开发两大板块。据不完全统计，天房集团土地整理业务规模已达16.39万亩，而上市公司只有0.33万亩，整合空间巨大。

53. 华发股份（股票代码：600325）

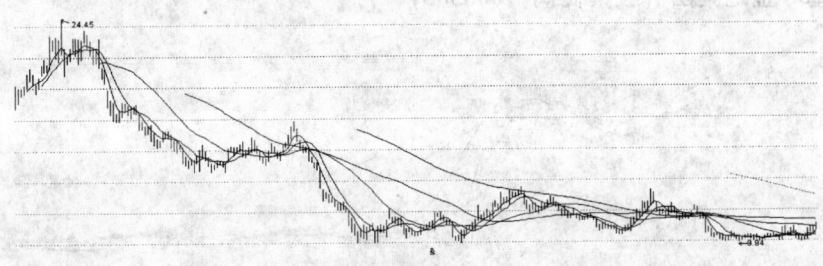

图188

处于交通末梢的珠海将转变为珠江口西岸核心，珠海经济将迎来历史性的发展机遇，看好珠海经济和房地产发展前景。以华发股份在珠海的绝对龙头地位、极高美誉度，以及300万平方米的可结算土地资源，其霸主地位在5年内难以动摇。

能否将高性价比的华发楼盘复制到外地，决定了华发外地拓展的成败，也决定了公司能否再度快速成长。从公司第一个外地项目中山华发生态庄园的操作来看，公司确实能把提供高性价比的产品复制到外地，看好其外地拓展项目的前景，公司的成长性值得期待。

54. 首开股份（股票代码：600376）

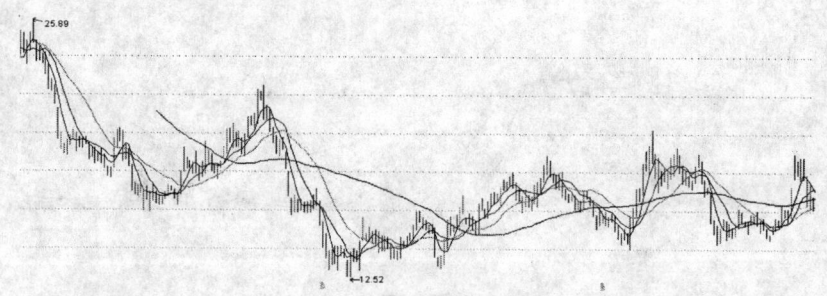

图 189

首开股份是北京地产国企中的龙头公司，直属于市国资委。公司涉足商品房开发和保障房建设，京内土地储备丰富，并已启动全国性扩张战略。

公司是北京的最大地主，京内权益土地储备达 444 万平方米，且未来两年多项目进入预售期，可售资源十分丰富；公司在京内以招标模式拿地优势突出，今年新增储备质优价廉。

公司"立足北京、辐射全国"布局初成。京内项目成为公司高毛利率的基础，京外项目则更倾向快速周转。公司财务和投资决策稳健，安全边际较高。资产规模和业绩均取得快速增长。

55. 金地集团（股票代码：600383）

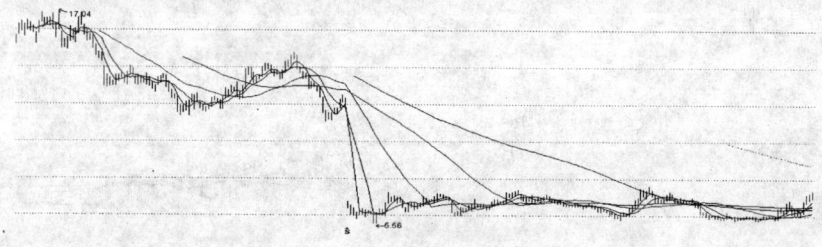

图 190

金地集团以房地产开发为核心业务，初步形成了以珠江三角洲、长江三角洲和环渤海区域为主，其他区域经济中心城市（武汉、西安、沈阳）为辅的全国化发展布局。

由于公司主打中高端房产，因此毛利相对较高。数据显示，公司毛利率水平在全部上市房地产公司中排名前列，在四大龙头之中最为靠前。

中国的城市化进程远未结束，房地产作为国民经济的支柱产业地位不会动摇，中国房地产行业具有巨大的发展潜力。

九、房地产

56. 东华实业（股票代码：600393）

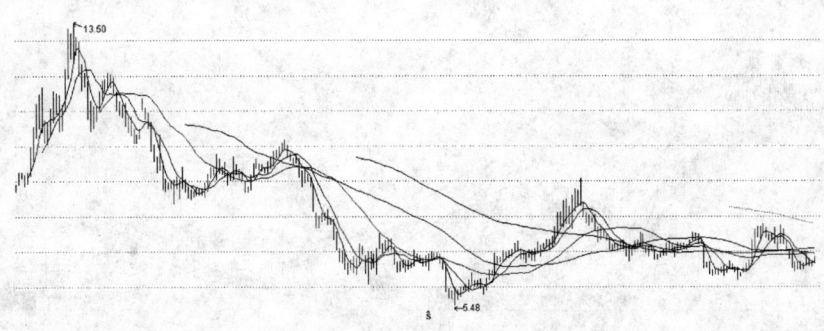

图 191

东华实业是国家一级资质房地产开发企业。2003年广州粤泰集团有限公司通过股权收购成为公司控股股东——广州粤泰集团是一家在资本运作方面有不俗尝试的广州地产大鳄，是广百集团的第二大股东。

自收购以来控股股东及其关联方有计划地将其优质资产不断置入，目前公司主要的北京、江门项目都是大股东及其关联方通过资产置换及股权转让等方式置入上市公司的，这使公司的项目逐步趋向多元化，也为公司将来利用资本市场做大做强提供了良好的基础。

57. 空港股份（股票代码：600463）

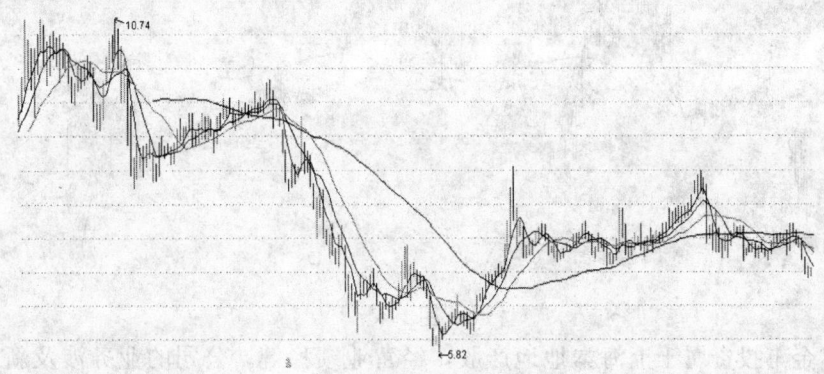

图 192

空港股份以土地开发、租赁为主，拥有北京天竺空港工业区和天竺出口加工区的特许土地开发权，该区域距离首都机场仅1公里，处于国际空港城核心地带。

58. 栖霞建设（股票代码：600533）

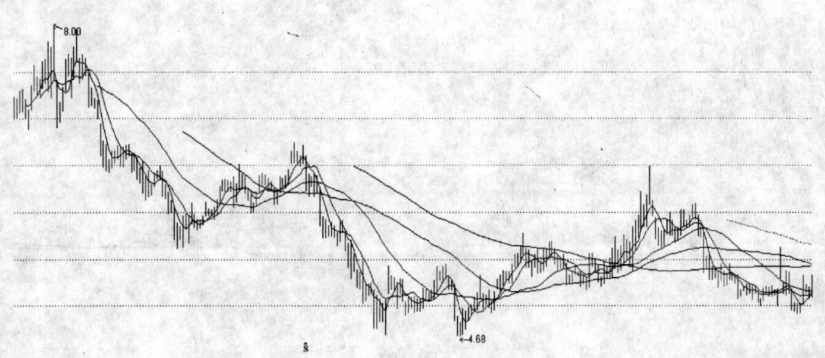

图 193

　　栖霞建设是江苏省房地产开发的龙头企业，连续 12 年行业综合实力排名均保持江苏省第一。公司未来将积极参与到南京保障房建设之中，而苏南周边项目将随着当地房地产市场向好有望维持较好销售表现。从中长期来看，公司将维持稳定成长。

59. 金丰投资（股票代码：600606）

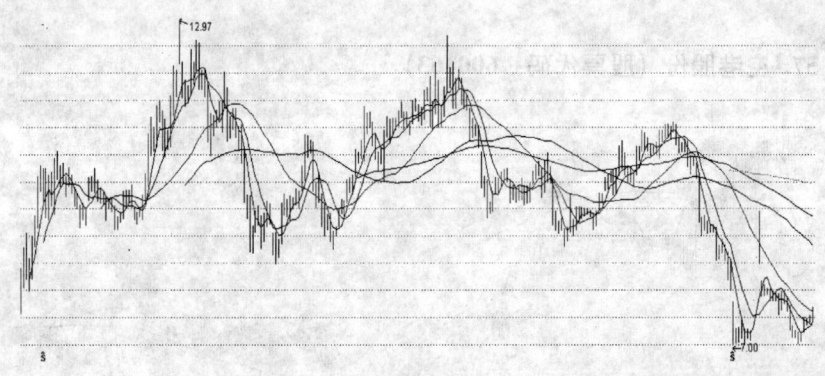

图 194

　　金丰投资属于上海本地地产股，经营业绩稳健。公司的业务涉及新型建材、楼宇设备的研制、开发、生产和销售，住宅及基础设施配套建设，环境绿化包装，房地产开发经营、租赁、置换、咨询，建筑设计装潢等领域。随着迪斯尼项目的正式获批，上海本地股走势有趋强的迹象。作为具有国企背景的地产股，公司的资源优势值得关注。

九、房地产

60. 丰华股份（股票代码：600615）

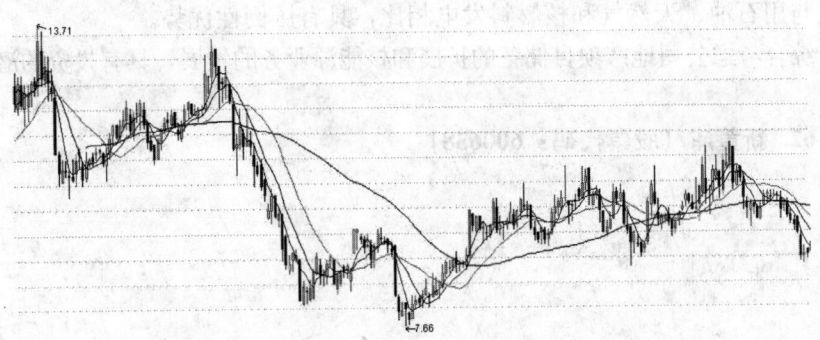

图 195

丰华股份受让沿海投资鞍山公司 100％股权，成为以房地产经营与开发为主营业务的公司，目前公司项目储备有鞍山项目、都江堰及北京通州商务园三个。此外，公司持有非上市金融企业申银万国 81 万股，初始投资成本 1.24 元/股；宝鼎投资 2.8 万股，初始投资成本 1 元/股。这部分股权有一定的增值收益。

受让的鞍山公司计划获得魏家屯新区土地储备，总规划面积达 77 万平方米，其中现有可利用土地 35 万平方米；除计划在鞍山地区继续发展房地产业务外，公司还将投资西安市经济技术开发区未央生态科技产业园 1380 亩的一级土地储备开发项目。

在港上市的沿海家园正式宣称，其全资子公司沿海地产投资中国公司购入三河东方科技所持有的公司 3177.56 万股份，成为公司第一大股东。

61. 嘉宝集团（股票代码：600622）

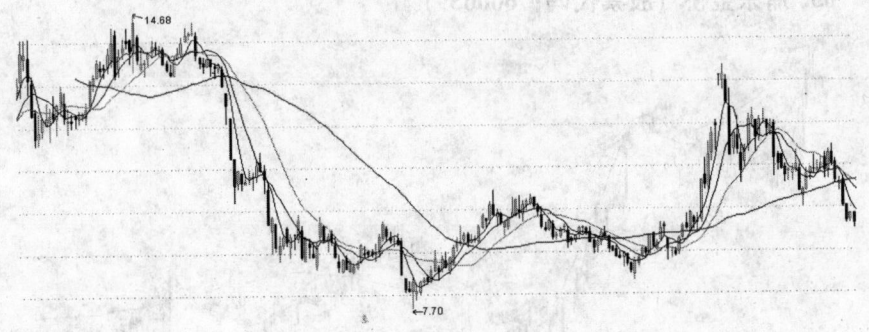

图 196

嘉宝集团作为上海嘉定区唯一的上市公司，有望获得嘉定区国资委的支持，以进一步寻求相关项目的储备。

公司生产的钛合金具有成为未来新能源的绝对新宠。镍钛合金发电，在成本上与用石油、天然气和核燃料发电相比，具有压倒性优势。

综合考虑公司地产项目储备的扩展和核能源业务的发展，具有投资的潜力。

62. 新黄浦（股票代码：600638）

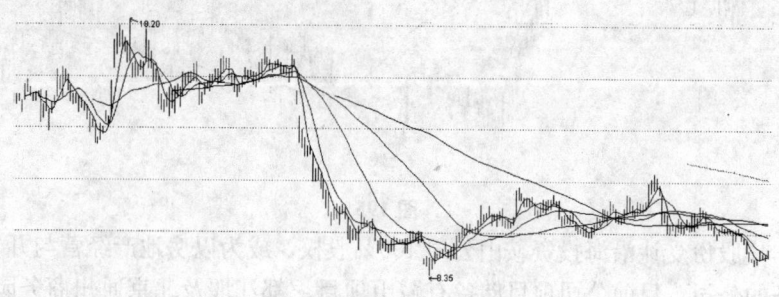

图 197

作为一家颇具实力的房地产公司，新黄浦土地储备大都位于黄浦区，特别是在地段较好的南京路的商业用地，未来增值空间相当巨大。在世博会、金融中心建设、城市化进程加快等有利因素驱动下，上海市房价总体维持在较高水平。

公司出资 1.3 亿元受让爱建证券有限责任公司 5.91% 的股权，以及以增资的形式出资 3234 万元收购江西瑞奇期货经纪有限公司 43.75% 股权。

公司在新增物业的开发经营上求效率、降成本、严质量、重招商，取得了较大的突破性进展。

63. 浦东金桥（股票代码：600639）

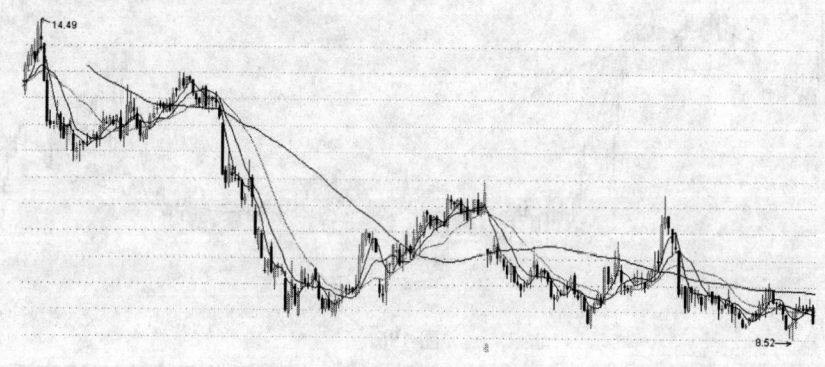

图 198

九、房地产

浦东金桥优质物业受益于上海市两个中心建设和世博会、大浦东概念等利好刺激,升值空间广阔。房地产租赁业务收入仍然是公司收入的主要部分,占到总收入的九成,绝大部分物业出租率均达90%以上。

公司看点在于公司租赁业务趋于稳定,未来业绩增长主要看其项目储备开发进展以及具有多家潜在证券投资收益。公司目前分别持有上市公司交通银行与海通证券0.012%和0.0856%的股权以及非上市公司国泰君安和东方证券0.16%和3.88%的股权,其中两家上市公司的股票价值已较最初投资增加4倍多,未来几年业绩增长确定性非常高,投资价值显著。

64. 万业企业（股票代码：600641）

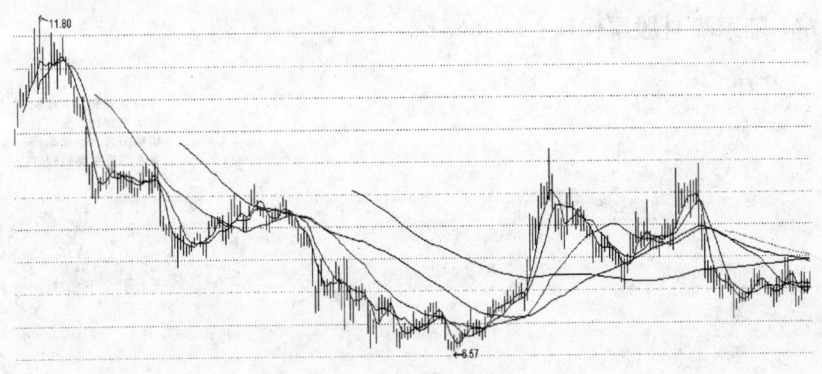

图 199

目前万业企业所有房产项目都集中在上海市。

公司的中远两湾城项目是上海市区内环线以内规模最大的新型豪宅区,是迄今为止上海中心城区最大规模的旧城改造项目,项目的总建筑面积为160万平方米,原计划兴建34幢高层住宅及商业教育配套设施,项目原计划分为三期建设,三期项目正在办理竣工交房手续。"管委会"最终确定两湾项目投资比例为公司占45.30%。此外,上海万业企业宝山新城建设开发公司持有宝山新城项目90%的股权。

公司与控股股东三林万业签署了新加坡银利有限公司和新加坡春石有限公司各60%的股权转让协议,协议完成后,公司将成为印中矿业的实际控制人。

65. 信达地产（股票代码：600657）

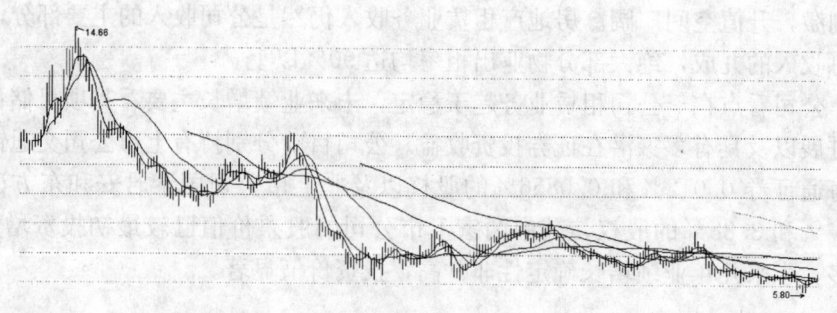

图200

信达地产是一家地处北京的二线地产公司。2009年成功借壳ST天桥后，公司借助地产市场复苏的时期，实现了较快的发展。

66. 陆家嘴（股票代码：600663）

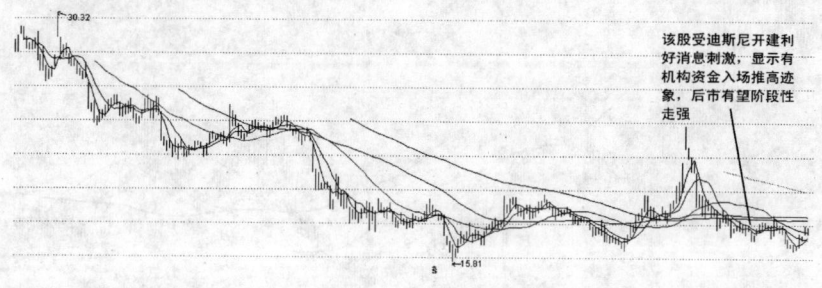

图201

陆家嘴是以商用房地产开发经营、股权并购、土地批租为主营的上海老牌高端房地产龙头企业。公司拟总计以13.5亿元收购控股股东六项房地产股权资产，将稳定增加公司收益、提高资产价值，而与上海张杨建联联合竞得浦江地块总计出让面积为11.84万平方米，总价为15.28亿元，也对公司后续开发较为有利。

公司持有物业大部分均位于陆家嘴地区，随着上海国际金融中心建设的逐步推进，公司持有物业的出租率和租金都将会不断上升，而且土地价值和物业价值也将获得更大的提升空间。目前公司经营性可租赁建筑面积已达46.2万平方米（含浦项大厦），公司还有在建项目12个，建筑面积约140万平方米。随着可租售面积快速增长，公司未来两年租金收入将会大幅增长。

作为正宗迪斯尼概念，公司规模持有最具品质的高端物业，有待价值重估和市场价格修正。

九、房地产

67. 天地源（股票代码：600665）

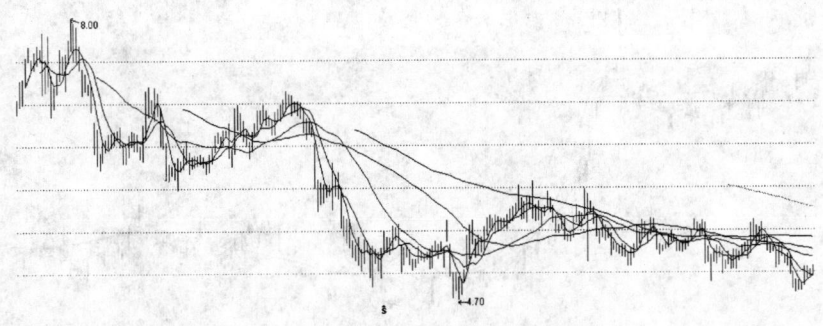

图 202

天地源目前初步形成了以西安为中心的西部区域，以上海、苏州为中心的长三角区域，以深圳为中心的珠三角区域以及以北京、天津为中心的环渤海区域的全国化战略布局，储备了相当数量的土地资源，形成了从房地产开发、销售，物业经营、管理到不动产代理的环形产业链，发展前景可观。

68. 中华企业（股票代码：600675）

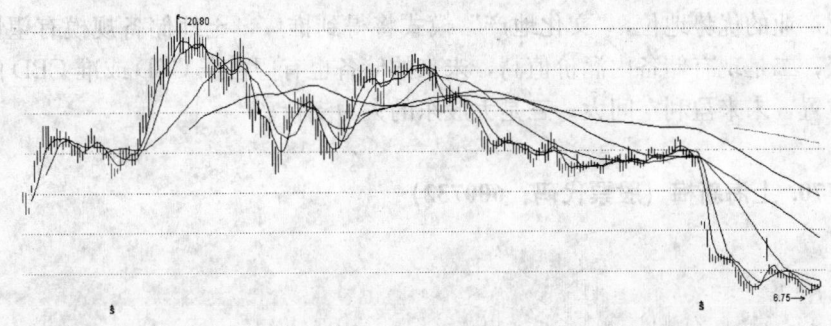

图 203

中华企业主要业务均在上海市，以住宅开发为主，兼顾商业地产，拥有充足的土地储备。

公司为上海地产集团旗下运作最为成熟的地产开发上市公司，由于资产重组受益很大，将成为集团内部唯一的房地产开发业务上市运作平台。重组完成后，公司地产业务规模或将跳跃性增长。

后市关注资产重组给公司带来的投资机会。

69. 凤凰股份（股票代码：600716）

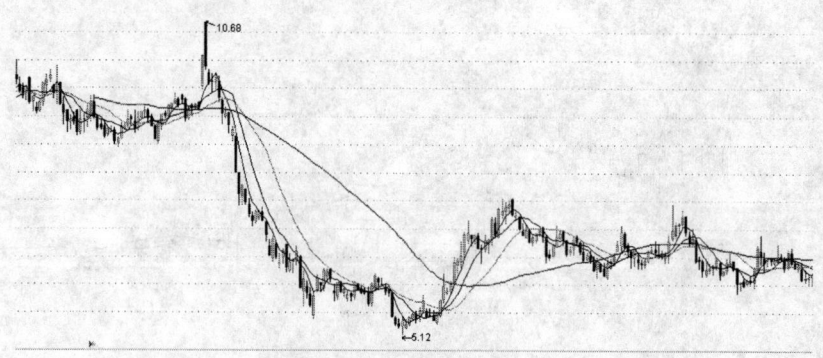

图 204

2009年12月，凤凰股份借壳ST耀华，完成了资产置换与注入。作为年轻的地产开发商，公司提出"文化地产"独特模式，凭借大股东的优势，有望快速成长。

公司大股东为江苏凤凰出版传媒集团，其积极支持给公司战略突围提供了必要的资源，而文化地产的战略也将给公司在土地储备方面带来一定的好处。由于公司发展潜能有待挖掘，建议投资者关注。

公司发展的三大潜力：一是在文化产业振兴的政治需求下，凭借大股东在文化产业的优势地位，"文化地产"模式将得到推广，土地储备规模有望快速扩张；二是现有储备内涵价值高，未来的储备也有望占据CBD或准CBD的核心位置，未来盈利空间大；三是大股东的大力支持。

70. 上海新梅（股票代码：600732）

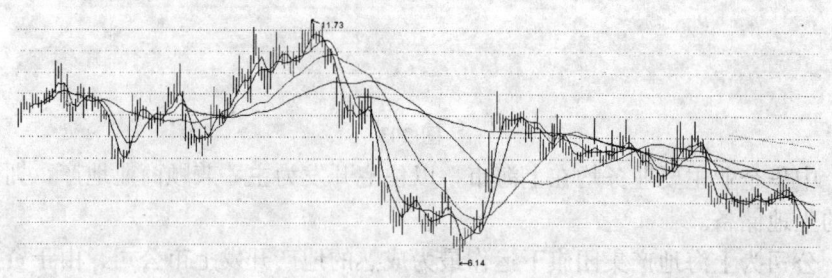

图 205

上海新梅控股股东为兴盛实业集团，坐落于上海浦东陆家嘴核心地段的新梅联合广场内。公司主要项目是公司控股的新兰房产负责开发的新梅太古城，是以商业为主的综合开发项目。其他项目有新梅共和城、新梅商业中心等。

九、房地产

71. 华远地产（股票代码：600743）

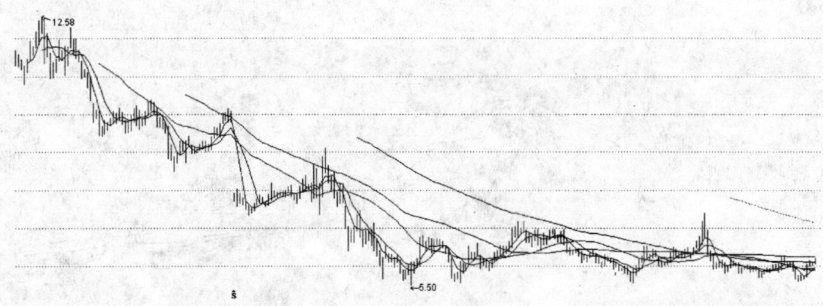

图 206

华远地产是京城著名的地产开发商，主要业务是开发并销售中高档房地产产品，储备项目质量很高，其中约57％位于北京市中心区。

公司管理层经营能力非常突出，期待未来再度创造辉煌。

72. 上实发展（股票代码：600748）

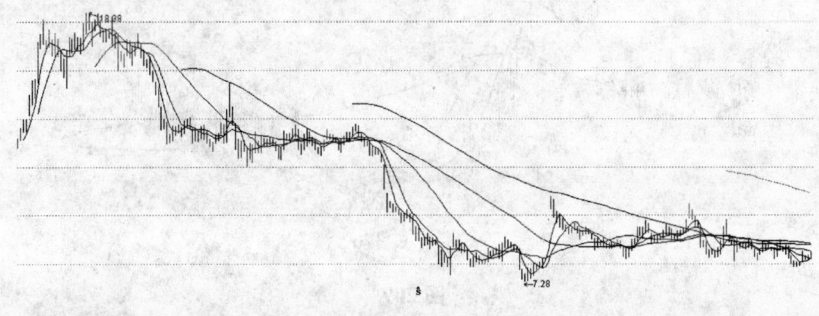

图 207

上实发展控股股东上实集团是上海市政府全资拥有的海外（香港）窗口公司，也是上海市在海外规模最大、实力最强的综合性企业集团。

2010年8月16日，其大股东上海上实将所持上实发展（600748）63.65％的股权转让给上实控股（HK0363），转让价格7.44元/股，总价款为51.30亿元。此次股权转让标志着上实集团对下属房地产资源整合拉开帷幕，目前，上实集团现有地产资源分布在三家上市公司旗下，总土地储备达到近2000万平方米，整合之后，公司将一跃成为中国规模最大的房地产公司之一。同时，整合也将使公司拥有内地及香港两个上市平台，从而充分发挥融资优势，为其房地产业务发展提供资金。

73. 正和股份（股票代码：600759）

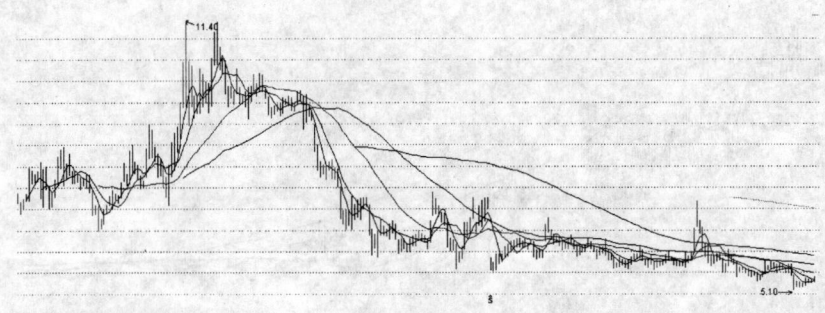

图 208

海南正和实业集团股份有限公司是区域商业地产龙头，经过重大资产重组，公司主营业务由医药生产与销售转变为商业房产租赁，盈利能力得到提高。

74. 运盛实业（股票代码：600767）

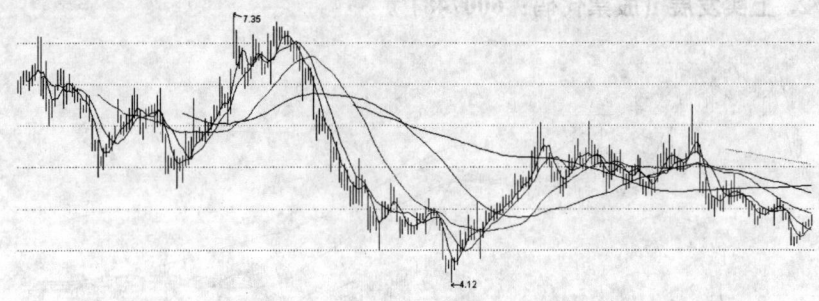

图 209

运盛实业主营地产开发与经营。2006年新大股东上海九川投资入主，依托大股东优势，公司将工业和生产性服务业平台的开发与经营确定为主营业务。九川投资将上海浦庆的浦东总部基地项目价值4亿多元的资产注入公司。

在新经济和新型工业化发展的背景下，公司以产业链为依托，以地产为载体，以高标准区域总部经济、研发孵化、创意产业、商务会展、商业文化等为主要开发对象，逐步形成综合开发、集约化经营的多功能综合性产业服务式地产。

目前公司已形成以上海为中心，开发项目辐射重庆、福州等多个重要工业城市的良好局面，预计项目总用地3600亩，总建筑面积超过152万平方米。大量商业土地储备，为公司未来发展提供了充足保证。

75. 北辰实业（股票代码：601588）

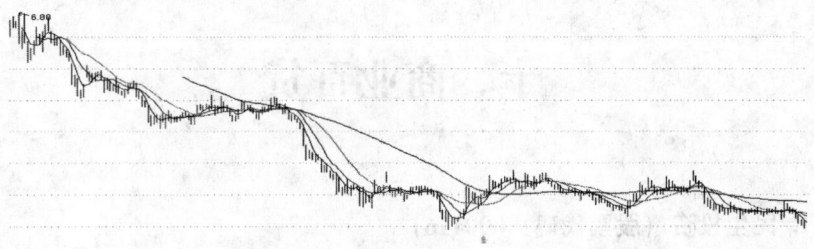

图 210

北辰实业为北京区域房地产龙头企业之一，在经营战略上以投资物业、零售商业为稳定收益基础，以发展物业为利润增长点，具备较强综合运营能力，在大型项目开发中具有优势。

公司现有的绿色家园项目，酒店、写字楼项目和零售物业基本上都位于亚奥商圈，奥运会极大地促进了该区域商务氛围的提升和居住环境的改善，从而使公司住宅项目售价、酒店与写字楼租金、商业零售额都显著受益。

76. 天业股份（股票代码：600807）

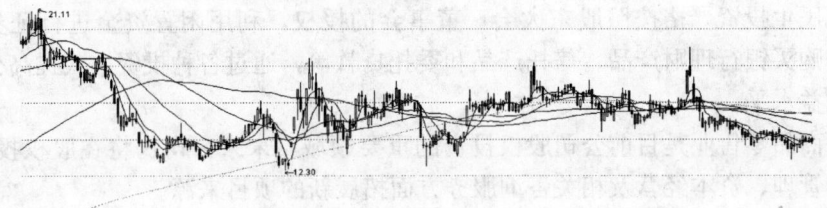

图 211

天业股份具有良好的品牌影响力。借助控股股东在山东地产界的品牌、人才、资金及其开发经验等优势，公司房地产业务已取得了快速发展，天业地产品牌影响力正日益增强。

公司资产质量优良，发展潜力优势较为突出。公司项目储备建筑面积约35万平方米，主要位于经济发达的济南、东营等二、三线城市，土地成本较低，价格优势明显。

通过引进战略合作伙伴方式，公司与中铁十局集团房地产开发有限公司签订《房地产项目联合开发合同》，合作开发盛世龙城项目，进一步提升了公司参与市场竞争的能力，优化了经营和财务状况。

十、商业百货

1. 民生投资（股票代码：000416）

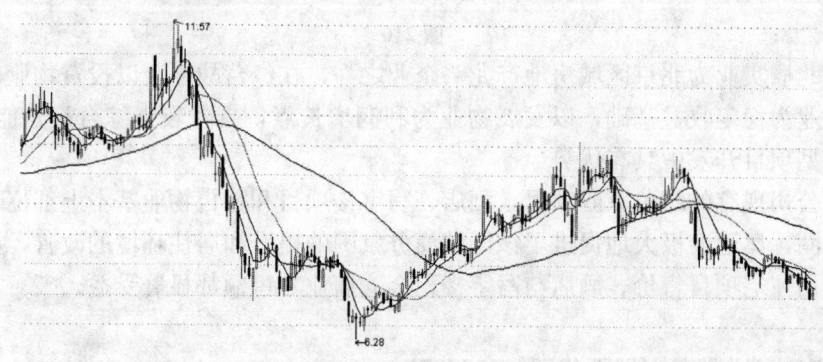

图 212

民生投资严格按照股东大会、董事会的授权，利用闲置资金进行证券投资、购买银行理财产品、信托产品和委托贷款等，通过各种投资方式提高公司的收益水平。

商品零售业是目前公司股权投资的重要领域，未来公司仍将在股权投资、资产管理、资本经营及相关咨询服务方面拓展新的项目来源。

2. 开元控股（股票代码：000516）

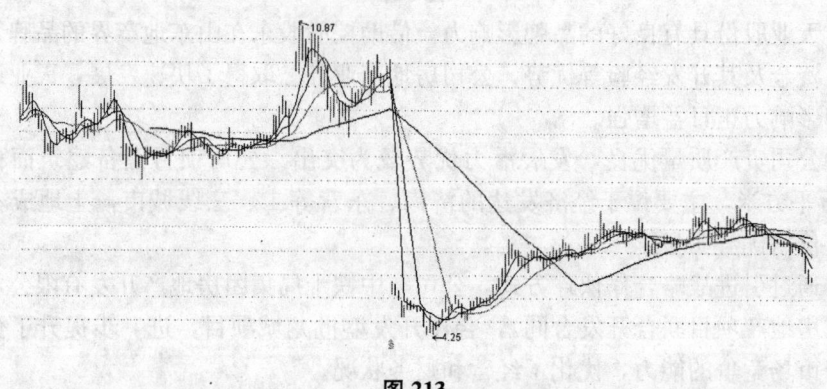

图 213

深圳创新投资集团成为开元控股第二大股东,其现下辖全资、控股、合资的投资(基金)公司和投资管理公司13家、可投资能力已超过30亿元,是国内规模最大的创业投资机构,涉及投资金额超过300亿元。

公司出资1500万元参股西安市国际信托投资公司,占股本总额的5%。

公司参股15.45%的西安海天天线科技股份有限公司于2003年11月在香港联交所创业板上市。西安海天作为TD-SCDMA第三代移动通信标准产业联盟的成员之一,目前正专注于新一代移动通信智能天线系统研发和生产。

公司在保持主力门店稳步发展的基础上,着力做好宝鸡和西稍门两个大项目,考虑到西安在区域经济发展中的重要角色,以及2011年西安世园会的催化作用,未来成长值得期待。

3. 苏宁电器(股票代码:002024)

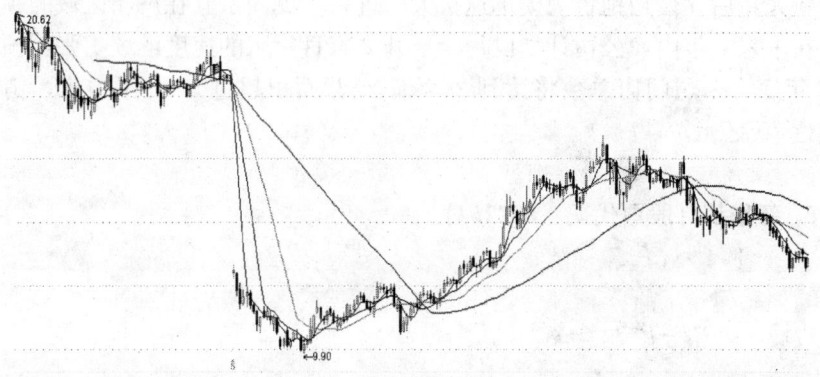

图214

苏宁电器最有实力的竞争对手国美电器在发展势头上逐渐落后于公司,且差距呈扩大化趋势,公司在行业中的龙头地位日趋突出。

虽然公司的最快速发展期已经过去,但由于渠道下沉、品牌拓展和模式升级三管齐下,公司业绩仍有望保持快速增长。网络3C消费对公司销售的冲击在所难免,但公司主动出击网络市场,网络购物平台易购2010年已正式上线,销售情况良好,因此,公司除了接受挑战,也能够充分享受3C网络消费市场的成长。

公司股权激励计划能够实现有约束力的管理层激励作用,保障今后几年公司业绩的持续增长,既能增强投资者信心,又为公司股价提供了安全边际。

4. 广百股份（股票代码：002187）

图 215

广百股份是目前广州及周边地区规模最大的百货零售商，旗下共有零售门店 20 家，其中百货店 19 家、钟表店 1 家。

公司是国内为数不多的、具有快速成长能力的连锁百货经营商。2009 年收购新大新后，公司销售规模迅速扩大，进一步巩固了其在广州区域的领导地位。在未来 3 年内，公司计划以每年新开 2 家百货店的速度继续扩张，预计至 2012 年底，公司门店总数将达到 26 家，经营面积超过 57 万平方米，销售规模接近 70 亿元。

5. 新华都（股票代码：002264）

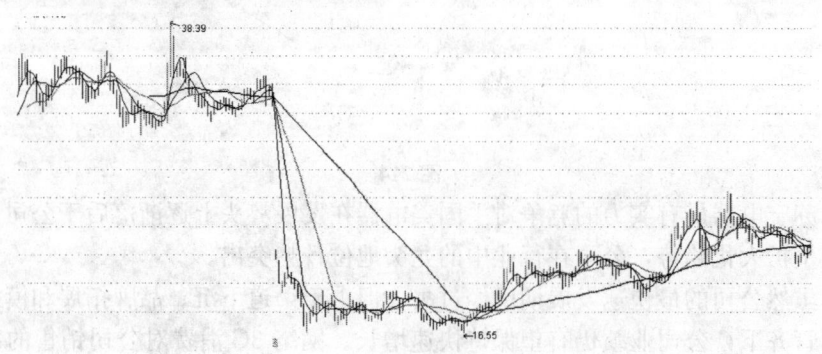

图 216

新华都作为福建省较早从事超市连锁经营企业，具有先发优势，很多门店开店时间早，选址占据先机；同时租赁时间早，签订长期租约，租金较市场水平低。作为福建零售连锁龙头企业，公司具有较强品牌优势，许多大型商业购物综合物业业主都希望引入经营超市，以提升该物业整体形象。

十、商业百货

6. 友阿股份（股票代码：002277）

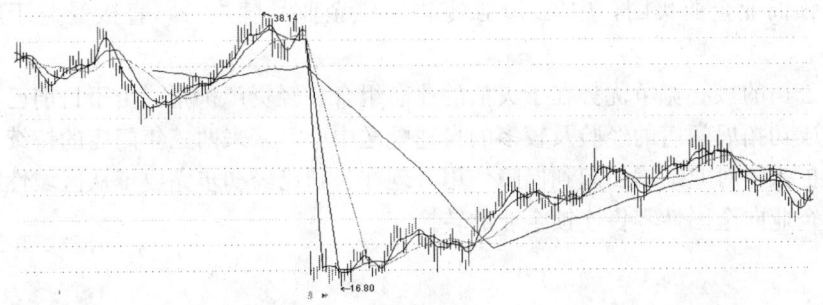

图 217

友阿股份是长沙市乃至湖南省最有实力的百货零售企业，目前拥有 7 家百货门店，实际经营面积达 19 万平方米，远超过湖南其他竞争者。其中 5 家门店位于长沙，在当地具有绝对的市场影响力。

公司长沙奥特莱斯项目即将开业，该项目和将于 2012 年开业的天津滨海奥特莱斯项目将成为公司保持业绩增速的重要动力。2010 年 12 月公司通过参与长沙银行定向增发获得长沙银行股数 32021844 股。至此公司共持有长沙银行股份为 136859749 股，持股比例为 7.57%。以沪深上市城商行平均市盈率计算，预计长沙银行上市后将增厚公司每股价值 2.5～3.0 元。

2011 年起，公司主要百货门店内生增长将趋于稳定，公司的成长性则与奥特莱斯项目、春天百货改造以及合适时机的外延扩张密切相关。

长期看，公司作为湖南区域龙头，将充分享受湖南消费市场的高速发展。在二级市场上，该股估值偏低，无论市盈率还是市净率均处于行业较低水平，值得长期关注。

7. 人人乐（股票代码：002336）

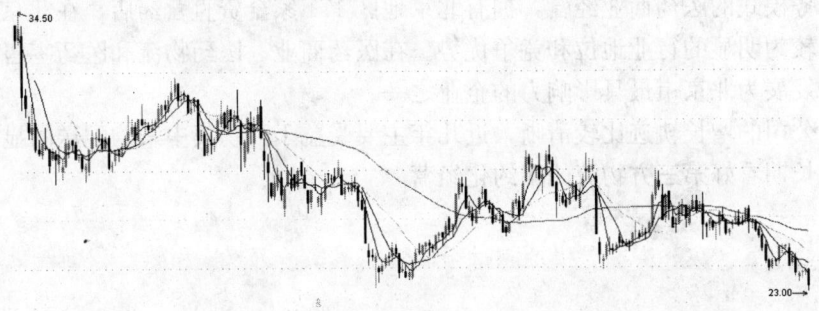

图 218

人人乐主营业务为大卖场、综合超市及百货的连锁经营，是深圳市特大型连锁商业企业集团，中国30强零售连锁企业品牌之一，直接受益于经济复苏。

公司的核心竞争优势在于灵活的业态组合和轻资产扩张。由于目前已有在异地成功拓展门店的经验及较多的自建配送中心，未来两三年门店的持续外延高速扩张将对业绩增长起到保障作用。现在公司已经初步完成了从区域性零售连锁企业向全国性零售连锁企业的转换。

8. 嘉事堂（股票代码：002462）

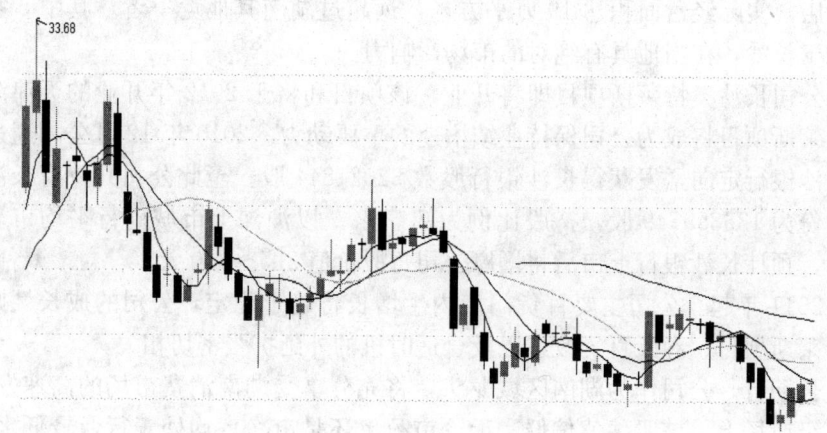

图 219

嘉事堂是北京市直营药店规模最大的企业，专注于以医药批发、零售为主营业务模式的医药商业经营，拥有北京地区171家全资直营药店，在北京地区有着较为明显的行业地位和竞争优势。在医药商业、医药物流和医药零售方面逐渐发展为北京市最具影响力的企业之一。

公司的增长轨迹比较清晰，近几年主要受益于药物集中采购配送的显著扩容，长期看好第三方物流的集约化经营。

十、商业百货

9. 宁波联合（股票代码：600051）

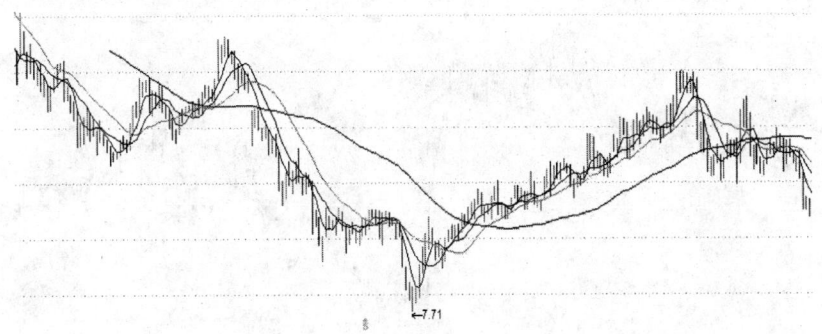

图 220

宁波联合主要从事基础设施、房地产、对外贸易、医药生物和其他高新技术产业开发。在经济回暖的背景下，公司强周期业务热电供应及贸易将进入增长期，同时浙江荣盛控股的入主，不但为公司带来 60 万平方米的优良资产注入，还将提高公司整体盈力能力。

10. 美都控股（股票代码：600175）

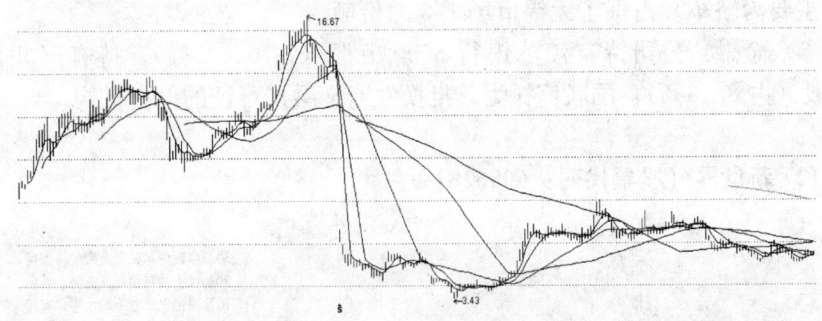

图 221

美都控股除从事房地产开发、贸易、酒店及传统制造业外，还涉足典当、担保等金融衍生业务，并在网吧连锁、动漫等新兴产业方面有了新的发展。公司房地产项目主要集中于杭州、湖州、千岛湖和海口等二线城市。

公司现已完成了向大股东的非公开发行，从而在短时间内实现优质房地产资产的扩充，扩大自身经营规模，增强公司的核心竞争力。

公司持有湖州商业银行 39999285 股股权，参股的浙江中新力合担保有限公司成功引进了境外战略投资者，同时还投资成立了上海美都太盈创业投资有限公司，经营范围为实业投资、投资管理等。

11. 大厦股份（股票代码：600327）

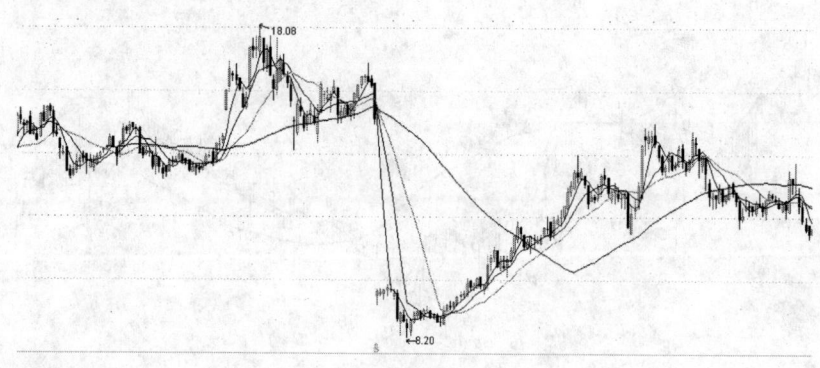

图 222

有线电视：公司为江苏省广播电视信息网络股份有限公司的设立发起人（公司发起出资额为 11564.9 万元（股），占 1.695%）。

区域百货龙头：公司在无锡百货零售行业位于龙头地位。

地方特产：公司持股 35% 的三凤桥肉庄公司 2006 年获得商务部首批颁发的"中华老字号"光荣称号，品牌内涵继续提升。

汽车销售龙头：公司东方汽车城共拥有 23 个汽车销售展厅，汽车销售业务（主要为轿车）占据了无锡市场 1/3 的份额。

参股金融：公司持有江苏银行 5000 万股（占 0.625%）；持有国联信托 1 亿股（占 8.13%），国联信托为首批换发新金融许可证的信托机构。

12. 新世界（股票代码：600628）

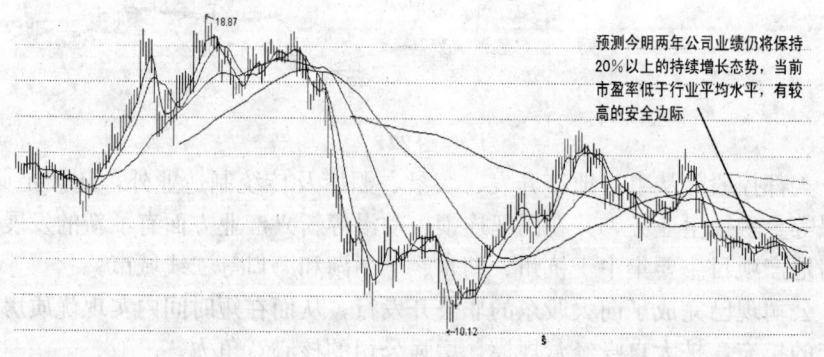

图 223

新世界公司业已形成商业、医药、酒店三大块业务，核心是坐拥黄金地段的百货业，70% 左右收入与 50% 左右的毛利来源于新世界城。

世博提升丽笙酒店收益开始体现。公司控股60%的上海蔡同德药业有限公司属下有蔡同德堂、群力草药店、蔡同德堂中药制药厂等名优企业,医药业务随着经营方式的转变,毛利率将随着收入规模上升而同步提高,未来几年贡献的利润将逐步增加。物业出租包括电玩城、名店运动城、电影院和停车场等,为公司提供稳定现金流。处于南京东路地铁口163地块项目,靠近外滩,地理位置优越,将会在2011年开建,2012年投入营业,对公司未来经营发展构成利好预期。公司资产重组预期明确,第一大股东黄浦区国资委已将新世界重组工作列入了政府经济工作的重点之一,预计2011年上半年进行重组的可能性较高。

13. 百联股份(股票代码:600631)

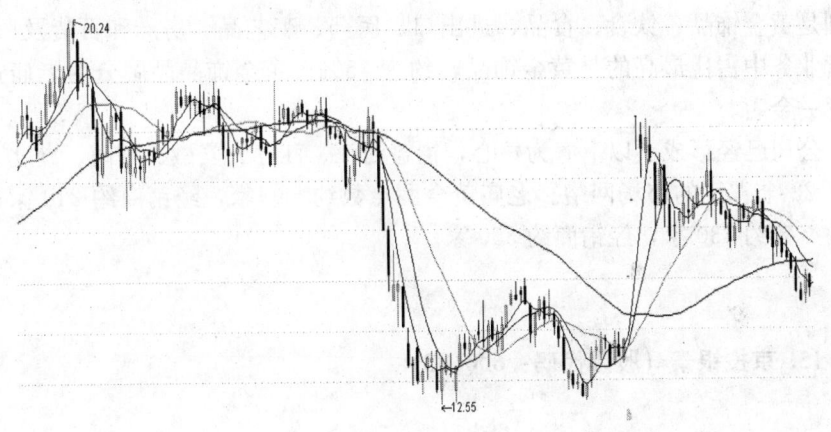

图 224

国内零售业正逐渐形成市场集中度高、企业规模大的格局,全国性的零售集团和区域性大型综合零售企业更能在激烈的市场竞争中占据优势地位。这次吸收合并有利于优化百联集团旗下资产、解决同业竞争、做大做强主业。重组完成后,新友谊将成为百联集团旗下唯一的百货和超商业务上市平台,集聚了百联集团旗下优质百货类和超商类资产。整合后的新友谊,将加快市场开拓步伐,并加快进行资源兼并收购,努力打造全国零售业的"航母"。

目前百联股份、友谊股份股价对应重组后新友谊2011年业绩的市盈率均是22倍,估值处于合理范围的低位,随着吸收合并的推进,股价上行的概率增大。

14. 豫园商城（股票代码：600655）

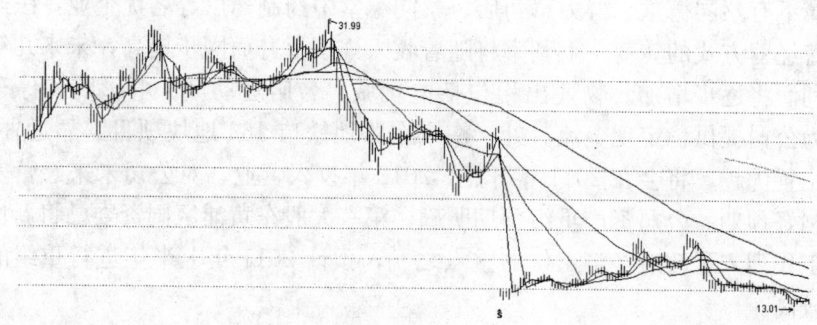

图 225

豫园商城为国内最大黄金冶炼商招金矿业第二大股东，旗下黄金品牌首饰销售及大量招金股权，将直接受益黄金价格上涨。公司的主营业务有八大块，分别是黄金饰品、饮食、食品、进出口、医药、工艺品、房产和百货及服务。主营业务中占比最高的是黄金饰品，约为75％。黄金饰品品牌分为老庙黄金和亚一金店。

公司已经形成了以上海为核心，覆盖浙江、江苏、安徽、湖南、湖北、河北等22个省区的市场网络。老庙黄金网点数约580家，经销商约240家；亚一网点数约430家，经销商约350家。

15. 京投银泰（股票代码：600683）

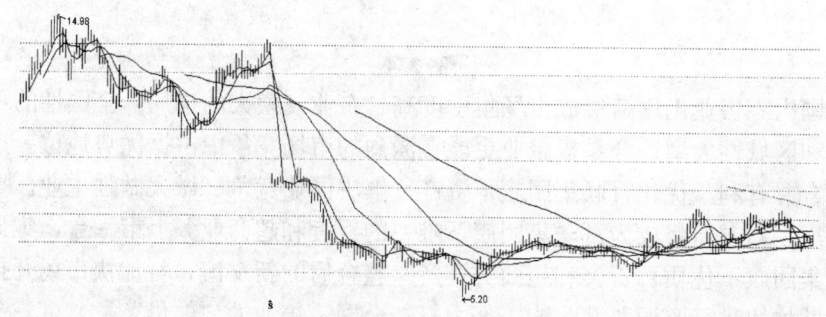

图 226

京投银泰是A股唯一一家战略定位中存在"轨道物业"模式的房地产开发企业。公司是浙江省流通领域中第一家上市公司，主要涉及房地产开发、内外贸、服务三大行业。

十、商业百货

16. 欧亚集团（股票代码：600697）

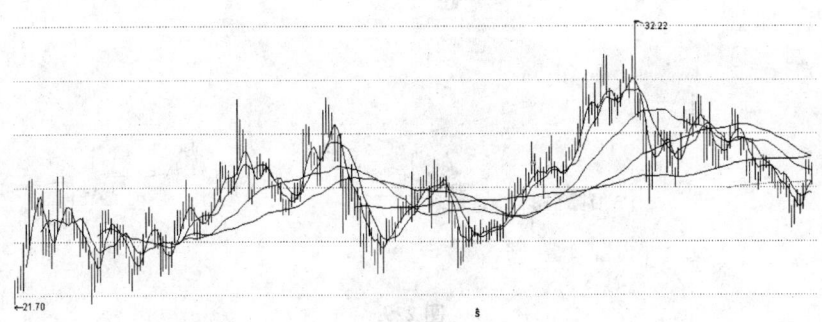

图 227

在目前 A 股百货经营企业中，欧亚集团是唯一一家走出强势区域实现跨省区连锁经营，并且拥有全部百货门店物业的公司。公司拥有从省会长春到六个地市级城市的门店网络，在吉林省内连锁百货战略布局已经完成。

17. 南宁百货（股票代码：600712）

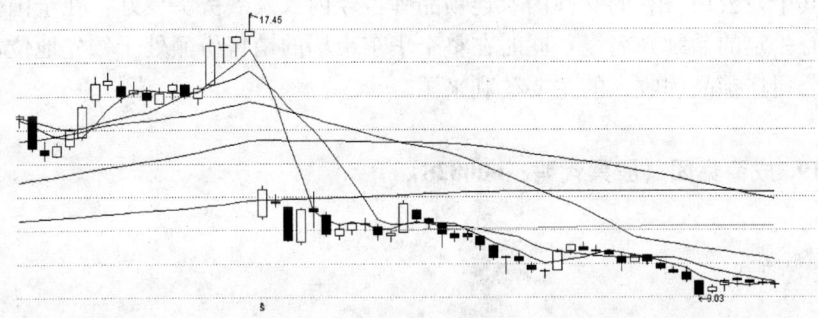

图 228

南宁百货位于南宁市最繁华的商业中心区，地理位置得天独厚，现已成为广西规模最大的商业零售企业。公司以经营百货为主，下辖 7 个商场、9 个控股子公司，经营面积 7 万多平方米，经营品种达 12 万多种，1996 年以来公司销售总额以年均递增 12％的速度增长。

公司具有良好的重组机遇。由于广西上市公司重组序幕已经拉开，公司已被列入南宁方面重组的旗舰，重组带有强烈的政府色彩，公司法人股都是有南宁市政府背景的企业。第二大股东南宁市高新技术开发投资公司是南宁一家大型国有企业，实力强劲。

18. 益民集团（股票代码：600824）

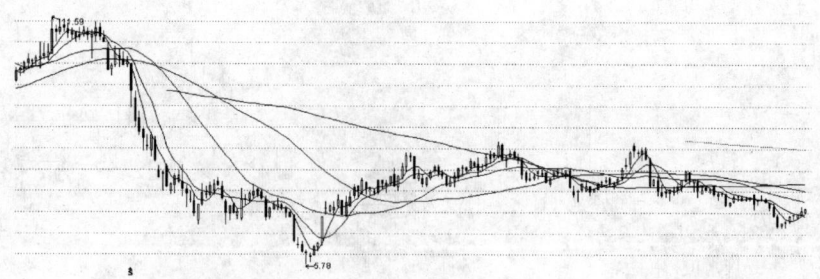

图229

益民集团以特色商业连锁为主，旗下包括天宝龙凤、古今内衣、新光数码等成为稳定利润来源。随着门店数量的增加和布局日趋合理，公司业绩将平稳增长。

特色商业连锁与三大投资平台是目前公司的经营核心，2010年开始公司分别对几个连锁品牌和投资平台进行了增资，继续对旗下主要的3个自有品牌大力支持，明确了未来5年的发展目标是要把公司打造成一家投资控股性的集团企业。

"益民商投"、"益民创投"和"益民置业"将成为公司主要的投资运作平台。其中，公司自有的女性内衣连锁品牌古今内衣发展势头良好，在全国范围内具有一定的品牌知名度，同时在整个华东市场的销售份额处于领先地位，是目前公司连锁品牌收入的主要盈利来源。

19. 成商集团（股票代码：600828）

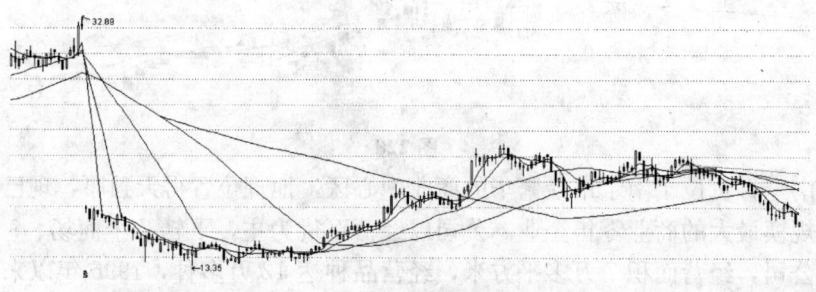

图230

自深圳茂业入主以来，成商集团通过转换国有员工身份、清理债权债务关系、出售非主营核心资产、对现有主力门店进行调整改造、加大省内二级市场拓展等多项措施，逐步确立了以"商业＋地产"双轮驱动的业务格局，经营业绩逐年提高。

20. 香溢融通（股票代码：600830）

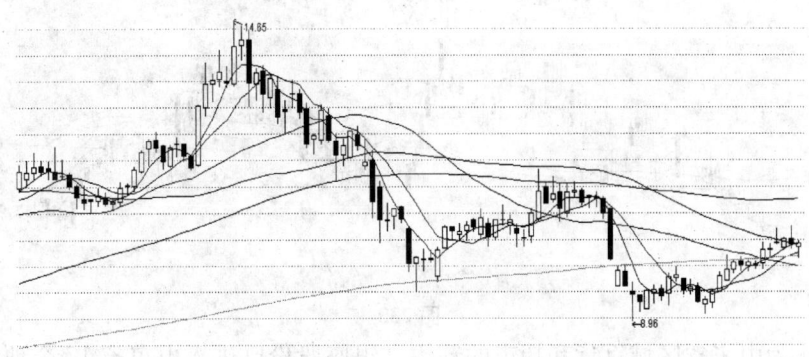

图 231

香溢融通已明确以类金融为主、商贸和房地产为辅的"一体两翼"发展战略。公司是第一家以典当等类金融为主业的 A 股上市公司。

公司类金融业务定位为中小企业提供相对多样化融资服务，目前已形成以典当为主，担保和租赁等多种融资服务相互配合的格局。其中，典当业务已拥有元泰和香溢德旗两个品牌，在浙江处于领先地位。

21. 长百集团（股票代码：600856）

图 232

长百集团是全国大型百货商场之一，但业绩一直处于亏损、微利状态，公司短期无力改变这种状况，而公司优势在于股价低及重组预期，且公司股本不大，也没有长期负债，是个较好的壳资源。

22. 银座股份（股票代码：600858）

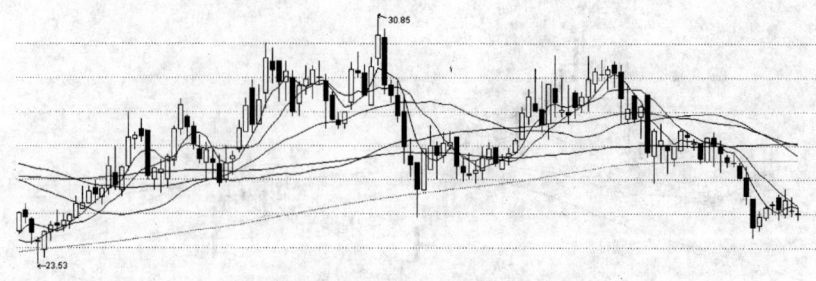

图 233

作为山东省区域百货和超市的霸主，银座股份已进入山东省 17 个地级城市中的 10 个，共有 42 家门店，全部为"百货＋超市"业态门店，建筑面积总计 110.15 万平方米。

23. 百大集团（股票代码：600865）

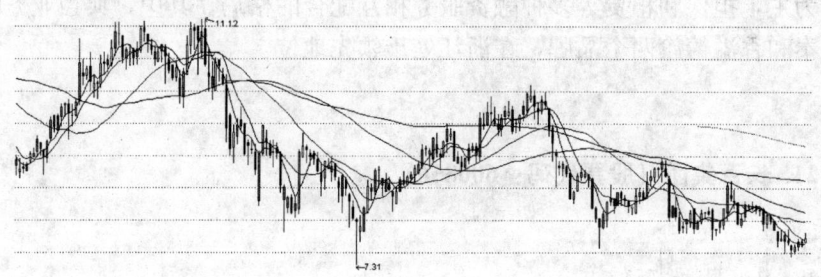

图 234

百大集团是一家集百货业、酒店业、旅游业等为一体的综合性集团公司。公司拥有杭百大楼、杭州大酒店及其相应的土地使用权，这部分资产位于杭州市黄金商业区，长期增值潜力较大。

杭州消费券的发放走在各国前列，消费券几乎涵盖了杭州市所有的家庭，消费券的发放对于公司营收提振作用是显著的。

公司持有博时现金 3951 万股，投资成本 3951 万元；博时稳定 2710 万股，投资成本 3000 万元；华夏现金 2658 万股，投资成本 2658 万元；华安现金 2040 万股，投资成本 2040 万元；长信利前 2013 万股，投资成本 2013 万元；长信利后 509 万股，投资成本 509 万元；君得利一号 1566 万股，投资成本 1566 万元；华夏行业 496 万股，投资成本 496 万元；杭州银行 500 万股，投资成本 500 万元。

十一、物资外贸

1. 怡亚通(股票代码:002183)

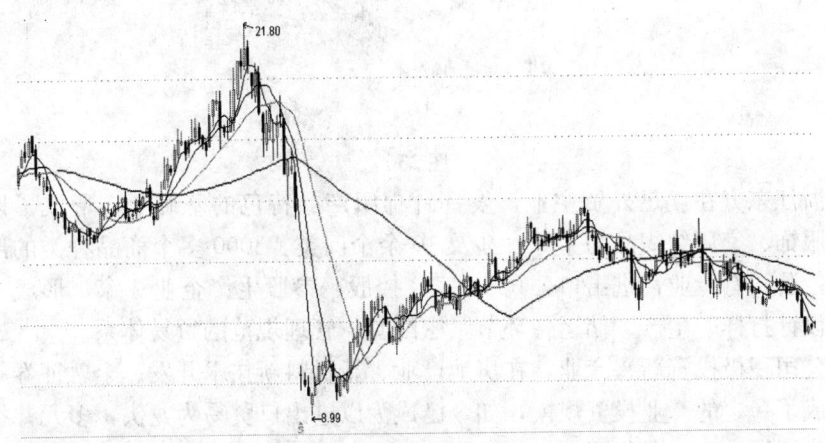

图 235

  怡亚通是国内领先的供应链服务商,致力于打造一个集商流、物流、资金流、信息流"四流合一"的一站式供应链整合服务平台。公司为客户提供一站式供应链管理服务。依托遍布全国的城市物流配送网络,公司广度供应链业务量12年来年复合增长达到37%。目前公司正进入二次"深度"扩张期,380个深度供应链平台的搭建将为公司供应链管理服务和盈利能力带来"质"的转变。

  目前公司业务嵌入了电脑、通讯、医疗、快消等十多个领域,在其平台上至少集纳了全球数千亿元资金的规模,而受到平台资源辐射的企业不下两万家。

  独特的定位,首创的商业模式,覆盖全国、辐射全球的供应链服务网络,使得公司的综合优势明显。

2. 浙江东方（股票代码：600120）

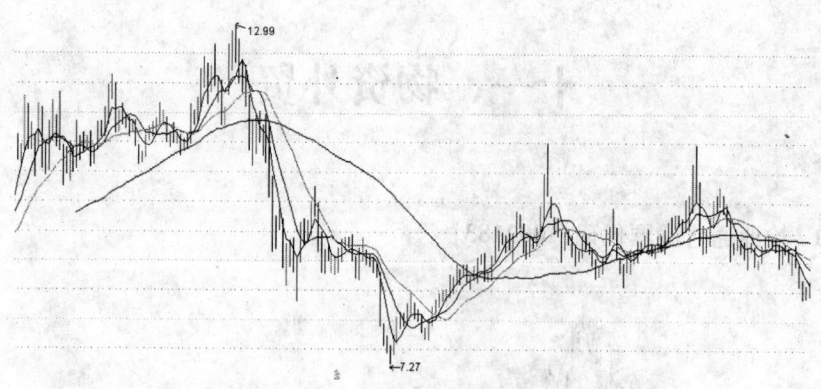

图 236

浙江东方在立足外贸主业，发挥针棉织产品特色的基础上，形成了以服装、服饰、家用纺织品为主导，涉及 10 余个门类、3000 多个商品种类的出口优势。公司有专业性进出口公司 14 家，控股、参股生产企业 7 家，形成了接单、设计打样、生产、储运各环节紧密配套、管理规范的贸易体系。

公司积极投资新兴产业，在房地产业、新材料新技术开发、金融证券等领域形成了一定的产业投资规模，如今已成为以进出口贸易为龙头，多元并举的现代化、综合型企业集团。

公司持有豫园商城、航天通信、滨海能源、海泰发展等上市公司股份，同时还持有非上市金融企业华安证券有限责任公司 2.72% 和广发银行股份有限公司 0.13% 的股权。

3. 建发股份（股票代码：600153）

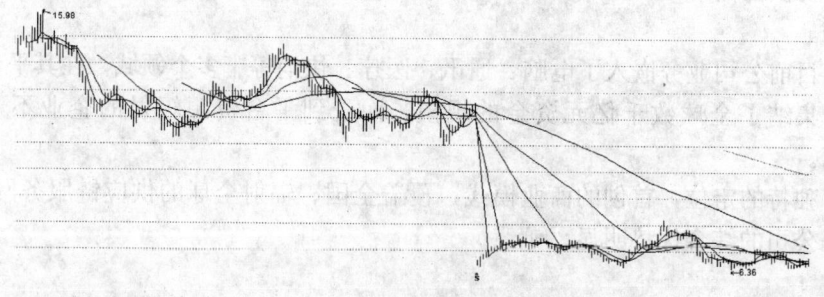

图 237

建发股份是厦门地区最大的贸易和地产企业，公司大股东为隶属于厦门市国资委的建发集团，主要业务供应链运营和房地产开发。目前公司已形成"贸

十一、物资外贸

易+地产"的业务模式。

随着进出口贸易增长以及国内消费能力提升,公司贸易业务收入将大幅提升,同时公司地产业务项目储备丰富,布局合理,销售良好。此外,海峡西岸经济区的建立也将对公司经营形成巨大的推动作用,与贸易行业上市公司相比,公司具备一定估值优势。

4. 东方创业(股票代码:600278)

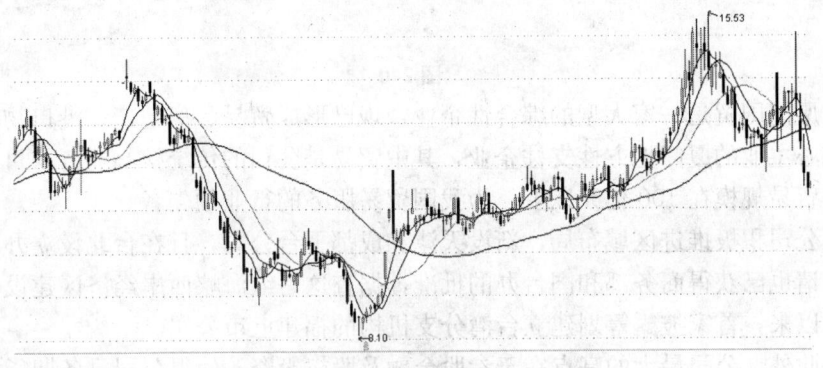

图238

东方创业前身为上海市服装进出口公司,现为全国最大的纺织品出口企业东方国际集团旗下的唯一一家上市公司。

5. 中大股份(股票代码:600704)

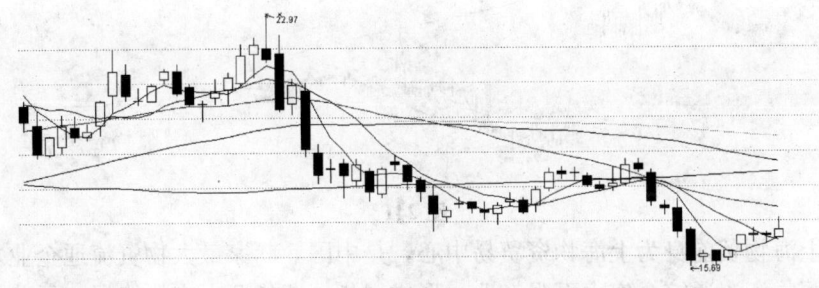

图239

中大股份主要从事各类服装、纺织品、食品、茶叶等进出口贸易,以及实业投资开发、房地产业开发经营等。公司控股95.1%的浙江中大期货有限公司是期货行业中的佼佼者。

6. 厦门国贸（股票代码：600755）

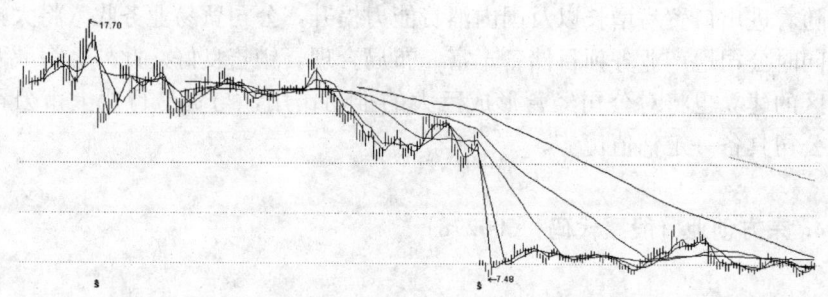

图240

厦门国贸是一家大型的综合性企业，现已形成贸易、房地产、港口物流三大核心主业的厦门地方性支柱企业，其中贸易是公司的传统核心业务。目前公司年贸易规模在100亿元以上，为我国贸易服务的行业领先者。

公司积极推进区域布局，新设天津和成都平台公司，且在台北设立办事处的申请也已获得商务部和国台办的批准，据查这是继海峡西岸经济区建设规划出台以来，首家披露筹划建立台湾分支机构的福建上市公司。

此外，公司最大的亮点在于参股金融及股权投资，使得公司具备期货概念题材。

7. 上海物贸（股票代码：600822）

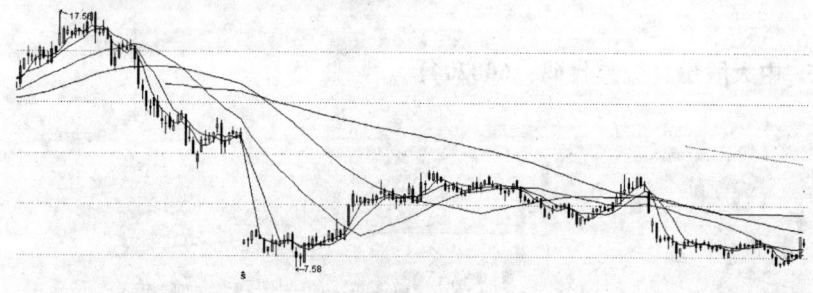

图241

上海物贸前身为上海物资贸易中心，是中国500家最大物资流通企业之一和中国物资流通综合实力百强企业，形成现货、期货两大市场格局。子公司上海燃油浦东有限责任公司立足燃料油、成品油、化工原料、煤炭等专业领域，经营规模60亿元，年销量200万吨，承担着保障上海燃料油市场供应的重任，已成为上海及周边地区燃料油销售中心。该股后市仍有向上空间。

十二、食品行业

1. 广弘控股（股票代码：000529）

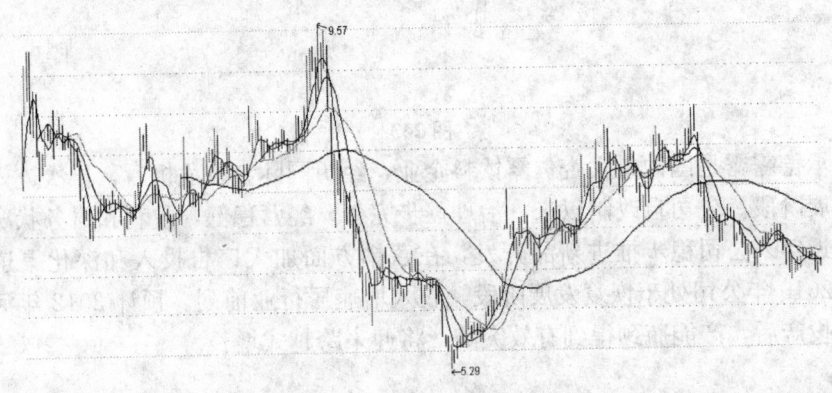

图 242

广弘控股原名粤美雅，因连年亏损退市后由广东国资系统所属的广东省广弘资产管理公司向其注入了广弘食品。

现公司经营范围包括：食品冷藏设备的经营与管理；实业投资；资本运营管理；货物进出口、技术进出口；仓储（危险品除外）、场地出租；农副产品收购（不含国家专营专控商品）；食品冷藏及空调、冷藏设备的技术咨询；商品信息咨询；畜禽饲养技术服务；农业技术研究开发；文化、教育产品设计开发；教学仪器、实验室设备、办公用品、电子产品、电子计算机及配件销售（以登记机关核定为准）。

广弘食品的注入使公司拥有了华南地区最大的食品冷藏库，并借此占据了广东省15％的冻肉市场份额和省冻肉储备资格。广弘农牧使得公司拥有广东名牌南海黄肉鸡的产销权。目前教育书店在广东市场上与广东新华发行各自占据市场份额。这些业务都具备了较佳的资产质量和市场份额，有望在未来为公司带来持续稳定的收入和利润增长。此外，大股东广弘资产旗下资产众多，市场也对其未来继续注入成熟项目有所期待，这也为公司股价带来了足够的想象空间。

2. 承德露露（股票代码：000848）

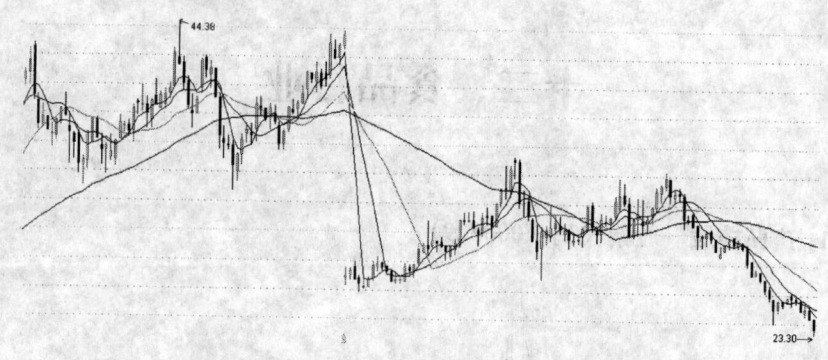

图243

承德露露是国内最大杏仁露饮料企业，经历国际金融危机后，再次进入快速发展阶段。公司自改制以来，治理逐步完善，经营稳健，盈利和财务状况良好。近年来公司稳步推进新品开发，在营销方面加大广告投入和深化渠道经营，2010年公司处于恢复发展阶段，收入增速居行业前列。预计2012年河南新厂投产后，产能瓶颈得到有效突破，将迎来跨越式增长。

3. 云南盐化（股票代码：002053）

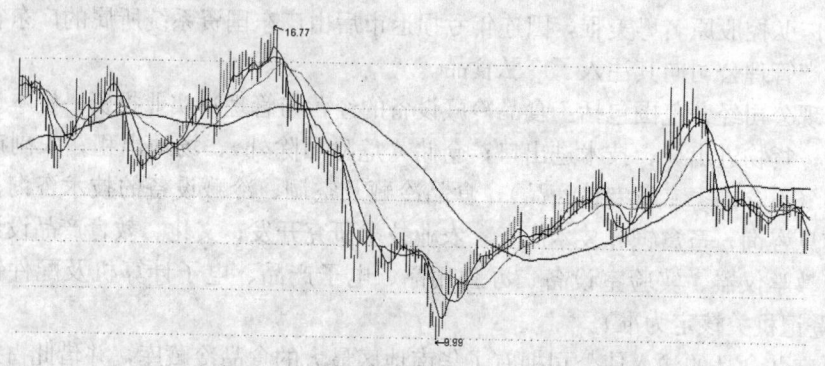

图244

云南盐化作为云南省唯一食盐生产和销售许可企业，具有多年从事食盐经营的从业经验，拥有云南省96％的盐矿资源，在云南省设立了4个食盐生产基地和遍布全省的16个销售分公司、25个碘盐配送中心，形成了产销一体化的经营体系。

公司是目前国内唯一一家上市的省级盐业公司，其主营业务的利润来源于食盐专营，而其经营规模的扩大则依赖于盐化工业务的扩张。

十二、食品行业

4. 天邦股份（股票代码：002124）

图 245

天邦股份是以绿色环保型饲料的研发、生产、销售和技术服务为基础，是集成饲料原料开发、动物预防保健、标准化动物养殖技术和动物食品加工为一体的农业产业化国家重点龙头企业。

公司通过多种手段研发具有国际领先水平的新产品，对成都天邦再做资源整合，打造具有国际竞争力的生物制品企业。预计今年和明年，以成都天邦为平台的市场扩张进程还将延续。一旦特种疫苗也能顺利获批经营，则公司业绩增势将更迅猛。

5. 高金食品（股票代码：002143）

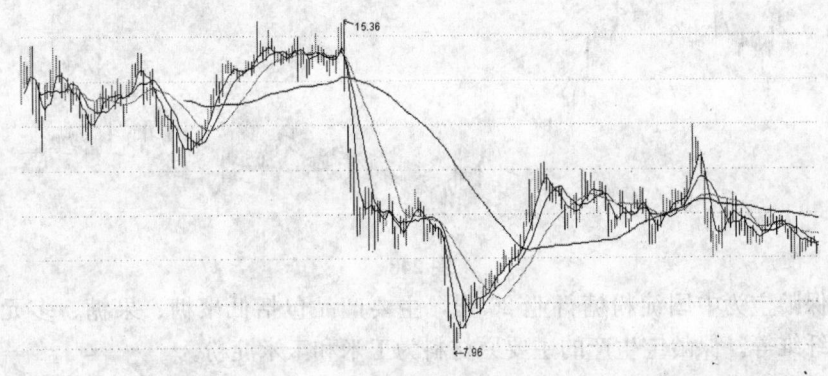

图 246

高金食品是中国西部地区最大生猪屠宰加工企业，已形成年机械化屠宰生猪 420 万头能力，产量、销售收入逐年稳步增长，在四川及西部地区排名第一，在全国排名第五。作为国家农业产业化龙头企业，在屠宰加工行业整合进程中具有明显优势，其未来的成长性值得投资者关注。

6. 天宝股份（股票代码：002220）

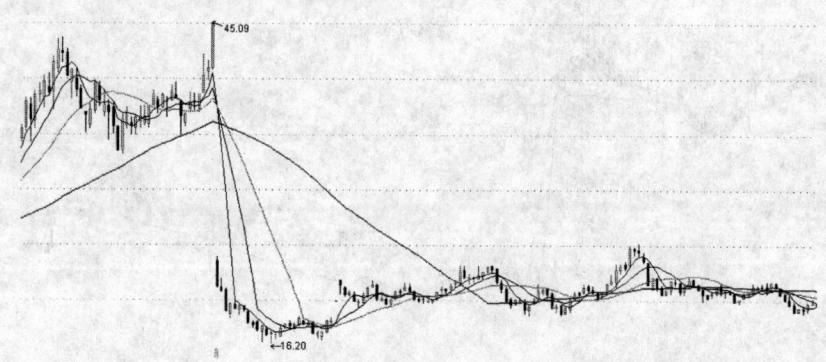

图247

天宝股份是全国农业产业化优秀龙头企业和大连市综合实力百强企业。水产品加工是公司收入和利润的主要来源，占到70％以上。

公司通过定向增发，将募资6亿元投向水产品加工及冰淇淋项目，明显扩大产能。新项目达产后年新增收入11亿元以上。

7. 保龄宝（股票代码：002286）

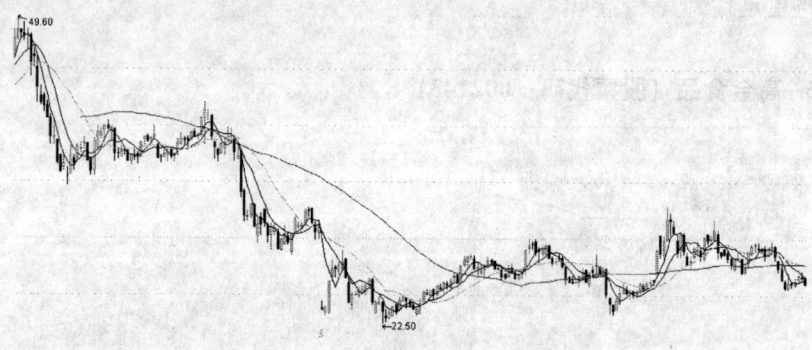

图248

保龄宝为中国淀粉糖行业20强，主要产品包括低聚糖、果糖、多元醇、膳食纤维等。保龄宝生产的主要原材料为玉米和玉米淀粉。

随着社会发展和人们生活水平的普遍提高，以及人类生活方式的改变，健康产品的总需求急剧增加。公司的产品正是符合这一健康产业趋势的功能性产品，将受益于健康产业的发展。公司的下一个五年计划已明确提出，开发自有品牌的终端消费品，实现功能食品的大众化与大众食品的功能化。终端消费品的打造将成为公司新的业绩增长点，随着产能新增，业绩将有比较大的提升。

十二、食品行业

8. 海大集团（股票代码：002311）

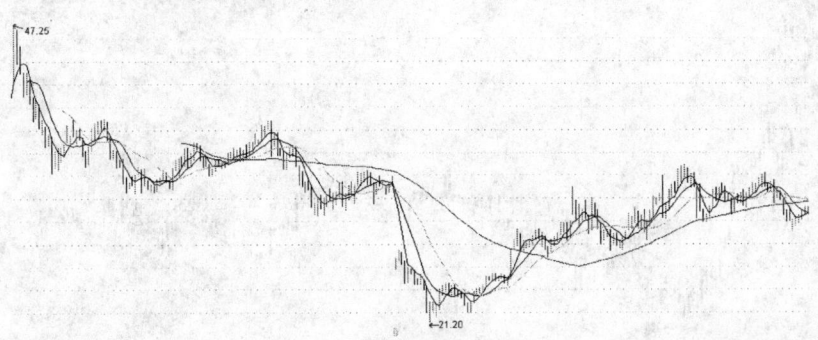

图 249

海大集团是近年来水产饲料行业中发展速度最快、技术水平最好、服务能力最强的饲料企业。水产预混料、淡水鱼配合饲料、虾料为公司主打产品，被评定为农业产业化国家重点龙头企业。公司在水产预混料领域杰出的市场表现为公司带来了"鱼虾营养专家"的美誉。

9. 得利斯（股票代码：002330）

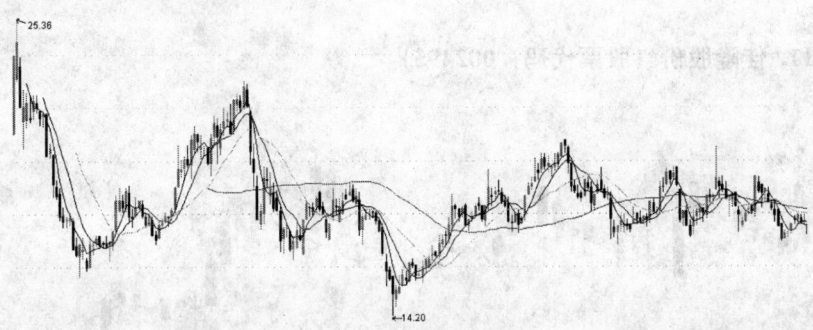

图 250

得利斯是以生猪屠宰、冷却肉、低温肉制品、调理食品加工为主的大型食品专营企业。公司被确定为首批农业产业化国家重点龙头企业、中国肉类十强企业、中国食品行业百强企业，获得中国驰名商标、中国名牌产品、中国最具市场竞争力品牌、山东省政府质量管理奖等荣誉称号。

集团经营相关业务涉及农业产业链的公司主要有得利斯农业，其以120万吨粮油项目打造现代化、规模化和集约化的北方大型粮油加工物流存储中心。此外，得利斯畜牧公司的种猪培育养殖、饲料生产加工等优质资产也为未来集团资产的注入打开想象空间。

10. 黑牛食品（股票代码：002387）

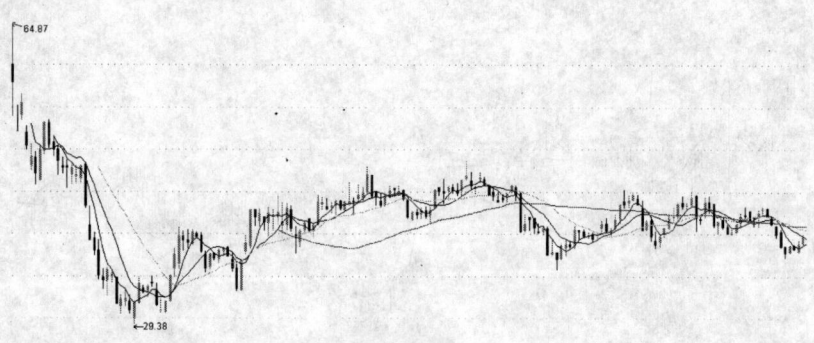

图251

黑牛食品是全国大型的豆奶粉生产企业和国内最具核心竞争力的营养麦片生产企业之一。作为大豆蛋白饮料及谷物类冲调饮品行业的领先企业，公司建立了较完善的采购和生产体系以及营销网络，具备业内领先的产品开发能力，拥有稳定的客户群体。

在豆奶粉领域，公司的产销增长速度明显快于行业平均水平并继续保持快速增长势头。

11. 佳隆股份（股票代码：002495）

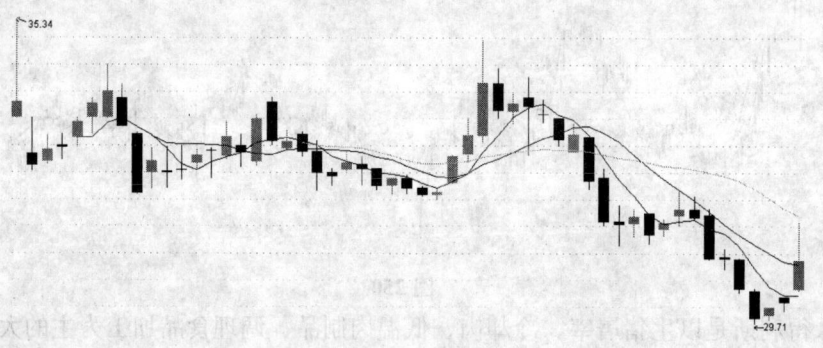

图252

佳隆股份是一家集食品科研开发、生产、销售为一体的重点农业龙头企业，主要致力于鸡粉、鸡精产品的研发、生产和销售，集成应用了生物工程等多项高新技术，是先进技术在食品工业中最具代表性的应用之一。

公司的鸡精配方独特，且难被模仿，凭借价格竞争力优势，已在中高档餐饮行业领域占据较高的市场份额。公司获得"中国调味品行业50强企业"、"中国鸡精十强品牌企业"、"全国食品行业质量服务信誉AAA级单位"等荣誉称号。

12. 涪陵榨菜（股票代码：002507）

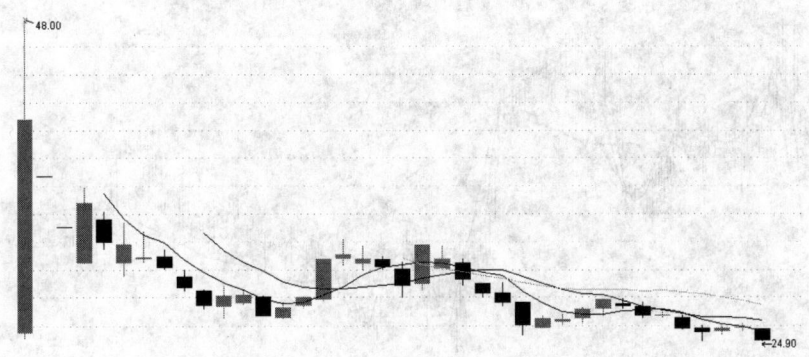

图253

涪陵榨菜是中国最大的榨菜加工企业，农业产业化国家重点龙头企业，品牌知名度第一。公司拥有1000多家忠实的一级经销商客户。公司形成了年产6.1万吨榨菜产品的自有产能，榨菜腌菜制品的全国市场占有率居第一。

13. 金字火腿（股票代码：002515）

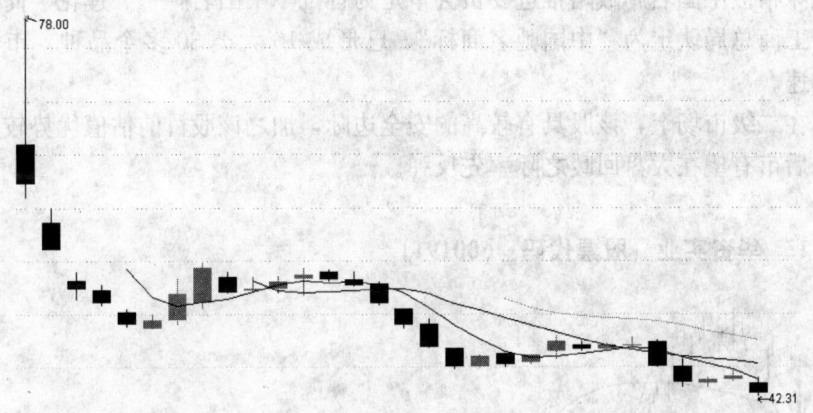

图254

金字火腿主营业务为金华火腿、火腿制品等发酵肉制品及各类低温肉制品的研发、生产及销售。公司拥有行业内唯一的省级技术研究中心——浙江省金华火腿及食品科技研究中心，是中式火腿行业的龙头企业，生产规模和市场占有率连续多年位居行业首位。

14. 莲花味精（股票代码：600186）

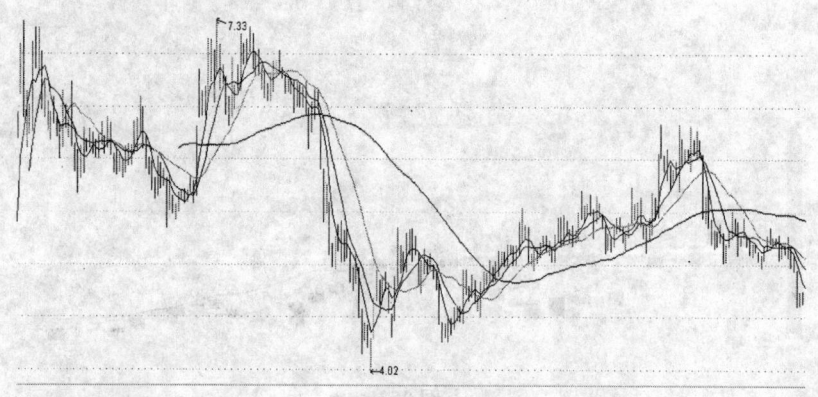

图 255

莲花味精是国务院确定的 520 家重点企业之一，被农业部等 8 部委认定为全国第一批农业产业化龙头企业。目前公司已成为我国最大的味精和谷朊粉生产与出口基地，主导产品开发了年产 30 万吨味精、30 万吨等级面粉、4 万吨谷朊粉、5 万吨葡萄糖、20 万吨饲料、20 万吨复合肥生产能力，年转化小麦近 100 万吨。这些有利于公司最大限度地抵御市场风险、提高企业综合效益。莲花味精被中国名牌战略推进委员会审定为首批"中国名牌"。"莲花"商标被国家工商总局认定为"中国驰名商标"、已形成 10 大类 30 多个品种，市场发展迅速。

在二级市场上，该股具有较高的安全边际，加之该股目前估值优势较为突出，后市有望在大盘回暖之际率先反弹。

15. 华资实业（股票代码：600191）

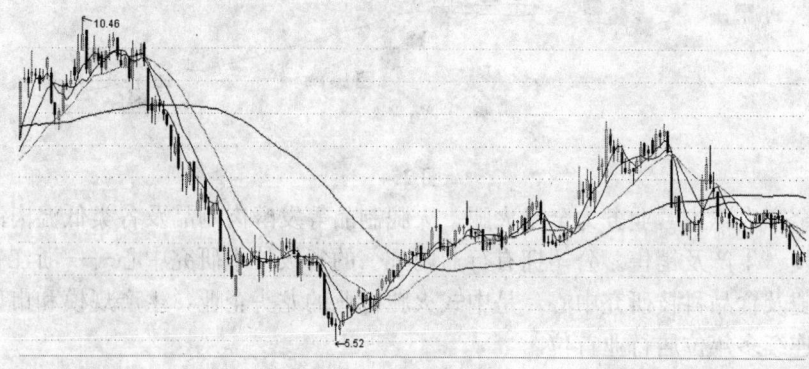

图 256

十二、食品行业

华资实业是我国目前甜菜制糖企业唯一一家上市公司。公司是我国最大的甜菜制糖企业，先后收购广东省广前糖业公司和湛江农垦廉江糖业公司，拥有我国最大的甘蔗种植基地，有稳定的糖料种植基地保障甜菜供应。

16. 维维股份（股票代码：600300）

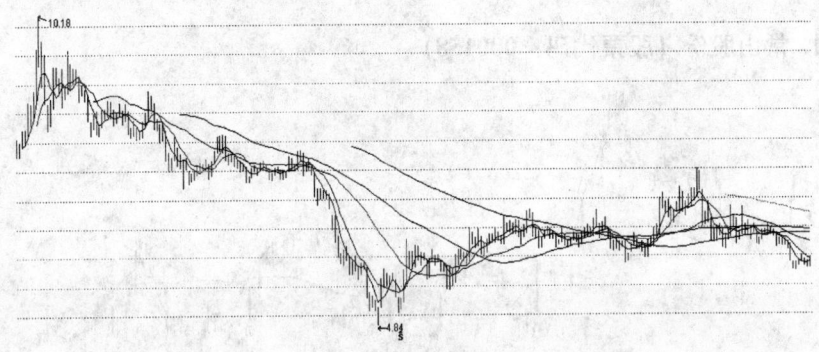

图 257

维维股份是中国最大的豆奶企业，也是中国豆奶行业标准的制定单位。公司主导产品"维维"牌豆奶粉成为中国最畅销商品之一，连续 10 多年名列市场占有率第一、销量第一，被称为中国的"豆奶大王"。

随着近年来人们生活水平的提高，工作学习压力的不断加大，人们对于健康饮食的要求也越来越高。在这样的背景下，业内专家普遍预测，今后 10～15 年我国居民豆制品人均消费将以超过 6%的速度快速增长，同时豆奶也将成为大多数人的第一选择。同时，由于目前国家明确强调将致力开发大豆食品，因此中国未来豆奶市场的前景相当广阔。而公司作为豆奶行业的绝对龙头，未来将是最大的受益者，市场前景看好。

十三、纺织行业

1. 常山股份（股票代码：000158）

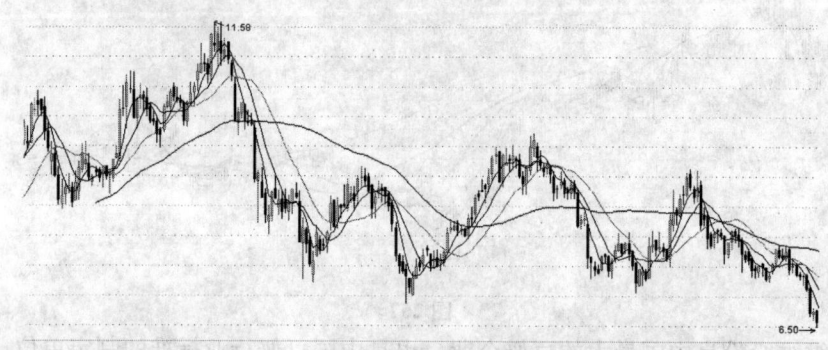

图 258

常山股份是一家集生产、科研、贸易为一体的大型纺织公司。同时公司持有8％的清华紫光科技创新投资公司股份。公司主要业务为坯布、棉纱及棉花的销售。公司不仅是国家重点支持的国有控股大型支柱企业，公司技术中心还被国家发改委、财政部、海关总署、国家税务总局联合审定为"国家认定企业技术中心"，也是全国棉纺织行业中售价国家级企业技术中心。在二级市场上，该股未来有上升空间。

2. 鲁泰A（股票代码：000726）

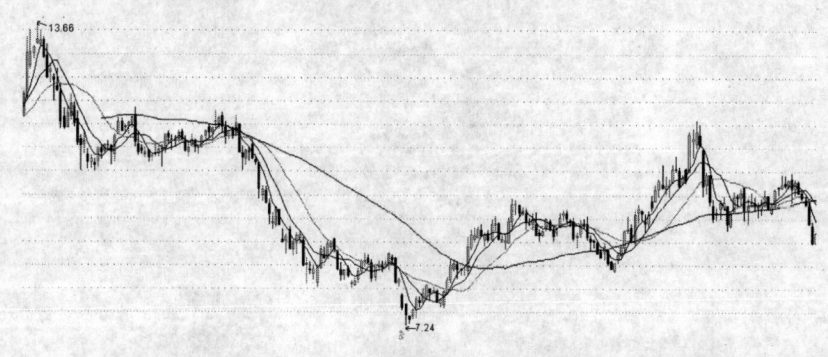

图 259

十三、纺织行业

鲁泰的色织布生产在产品质量、生产技术和品种创新等方面都处于全球最高水平，在纺织市场具有较高的市场信誉。未来公司的强大竞争实力能够保证收入继续增长。

3. 新野纺织（股票代码：002087）

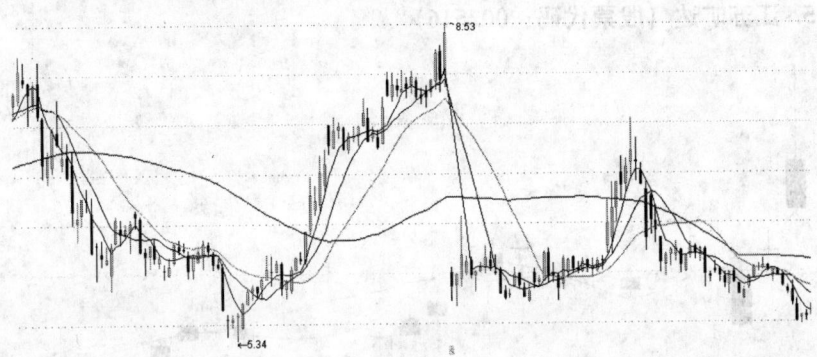

图260

新野纺织主要生产棉纱、本色坯布和色织布系列产品，属于纺织行业的棉纺子行业。公司主要设备70%以上进口，技术装备领先；"三无一精"等棉纺织技术指标也远高于行业平均水平。该股经过调整后，后市有一定向上空间。

4. 梦洁家纺（股票代码：002397）

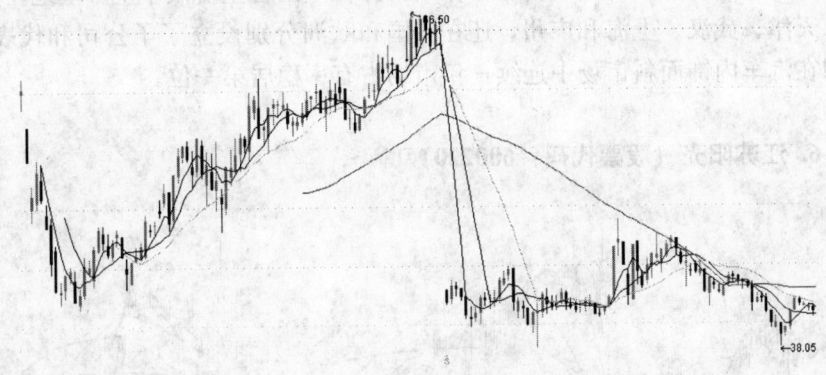

图261

梦洁家纺是一家专注于家纺主业的现代化企业集团，经营包括寝室套件、被类、枕垫类、小家饰、儿童家纺、毛毯、宾馆用品、棉制品、弹簧床垫、沙发10大类2000多个品种的产品群。

公司拥有"梦洁"、"寐"、"梦洁宝贝"三个具有重要市场影响力的品牌,市场综合占有率连续多年居全国同行第一。在美国、欧盟、东南亚等20多个国家和地区进行了涉外商标注册,产品出口美国、欧盟、东南亚等46个国家和地区。

5. 江苏旷达(股票代码:002516)

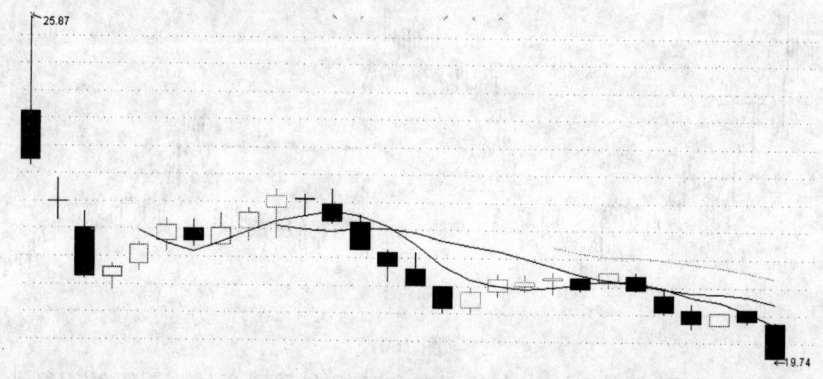

图 262

江苏旷达是我国规模最大、生产研发能力最强的专业从事汽车及其他交通工具坐椅面料的高新技术企业,中国汽车零部件内饰件行业龙头企业。

公司拥有国内汽车内饰面料生产企业中最大的交通车辆内饰织物省级工程技术研究中心和省级博士后科研工作站,并在全国各主要汽车生产基地,如长春、天津、武汉、上海和广州,还在美国和欧洲分别设立了子公司和代表处。公司在汽车内饰面料市场中连续三年市场占有率稳居第一位。

6. 江苏阳光(股票代码:600220)

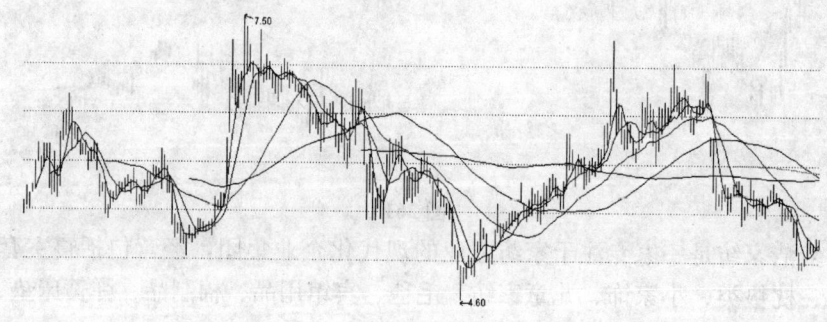

图 263

十三、纺织行业

江苏阳光是国内最大的精毛纺生产企业,同时也是国内规模最大的高支高档薄型面料生产基地。公司于 2006 年 6 月与宁夏东方有色金属集团及宁夏电力开发共同出资建立宁夏阳光硅业有限公司,开始涉足多晶硅的生产,规划年产多硅晶 4000 吨,其首期年产 1500 吨多硅晶项目试产成功,已于 2009 年 3 月全面投产。公司与下游硅业企业海润光伏签订长期供应协议,2009 年全年向其提供多硅晶 1000~1200 吨。

在二级市场上,该股的多晶硅概念是其后市的上升动力。

7. 申达股份(股票代码:600626)

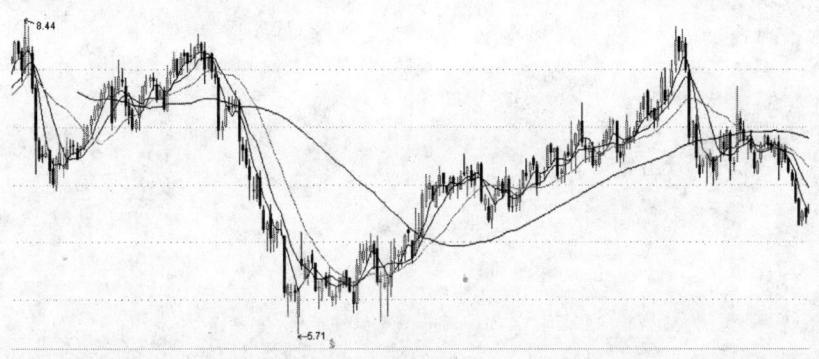

图 264

申达股份作为上海纺织自营出口及全国纺织自营进出口的龙头企业,在纺织出口领域占有重要的地位。公司出口贸易占主营业务比重较大。产品主要销往欧洲、美国、日本、韩国等国家和地区。公司汽车配套纺织品业务下属相关企业是上海大众、通用、武汉神龙、奇瑞等企业的相关产品主要供应商。

8. 新华锦(股票代码:600735)

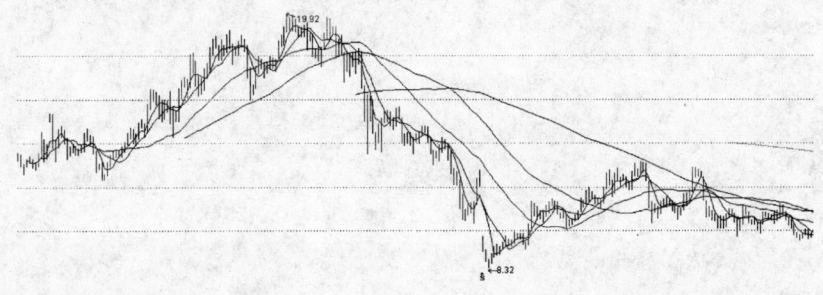

图 265

 价值洼地藏宝图

新华锦大股东山东鲁锦进出口集团入主后，主营业务由酒及酒精生产、销售变更为纺织制品、服装等产品的生产、销售和进出口贸易。母公司新华锦集团拥有40多亿元的资产规模，年营业额达169亿元。经营领域涉及国际贸易、金融投资、房地产开发和国际物流等产业。新华锦集团董事长表示在将所有的纺织贸易注入兰陵陈香之后，也不排除今后集团还会让更好的资产进入上市公司。

山东鲁锦进出口集团有限公司以1.24亿元受让临沂国资委所持46.09％股权成为公司的大股东。

十四、电力行业

1. 深圳能源（股票代码：000027）

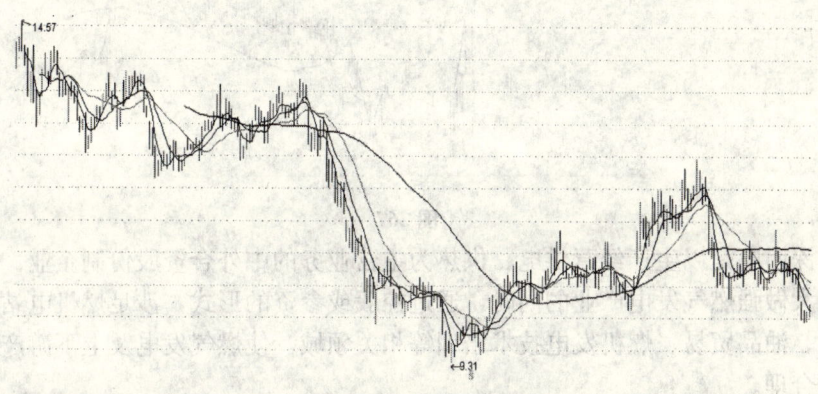

图 266

深圳能源是深圳市属国有电力公司，是深圳重要的电力能源供应商，发电能力占深圳本地电源的 3/4 以上，在深圳当地市场优势明显。公司 LNG 天然气发电项目具备正宗清洁能源题材，受到国家政策的大力扶持，发展前景看好。

公司未来发展方向明确，垃圾发电、风电、核电、LNG 清洁能源、超超临界高效火电等新兴能源项目都符合国家新兴能源产业振兴规划的要求。公司未来新增项目主要面向低碳能源项目，陆续有加纳安所固、满洲里风电、通辽义和拉塔风电共计 56.95 万千瓦机组投产，此外东部垃圾发电厂、滨海超超临界燃煤电厂、岭澳核电三期等大型新兴能源项目正在积极筹建。

看好广东地区电力市场，认为公司盈利确定性高，股价估值安全边际大。长期来看，稳健的资产结构为公司长期发展奠定了资金基础。

2. 深南电A（股票代码：000037）

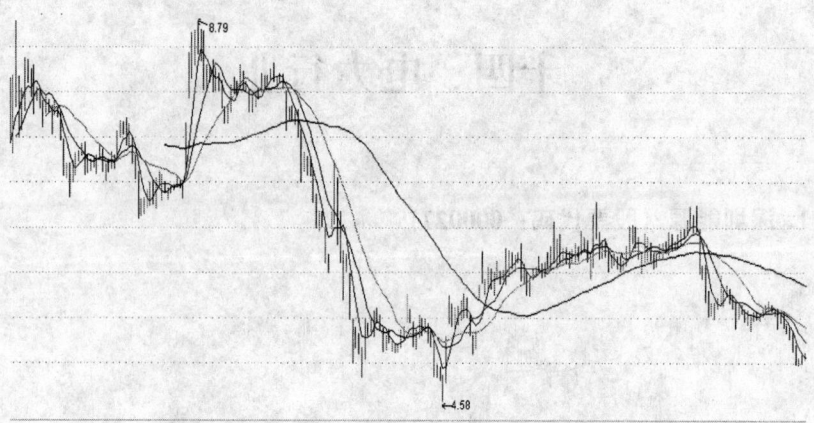

图267

深南电是以生产经营供电、供热为主营业务的中外合资股份制企业。公司在做大做强燃气发电产业的同时，通过控股或参股的形式，涉足燃机电站工程建设、油品贸易、燃机发电技术培训等相关领域，使燃气发电及上下游产业链更趋合理。

3. 穗恒运A（股票代码：000531）

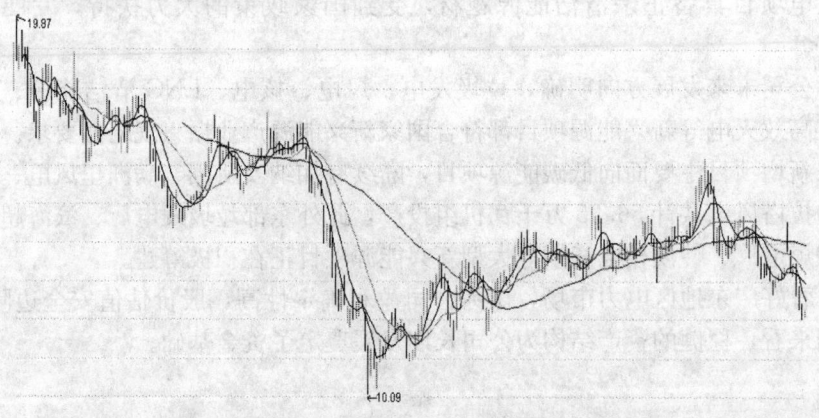

图268

穗恒运定向增发事项已获证监会审核有条件通过，本次定向增发将募集资金11.8亿元，拟购买恒运C厂50%股权和恒运D厂45%股权。本次发股购买资产主要是为了保证公司可持续发展，提升业绩。

十四、电力行业

4. 粤电力A（股票代码：000539）

图 269

粤电力作为广东省唯一本土电力上市公司，在几大电力巨头的虎视眈眈下，重组仍旧有条不紊地进行着。大股东粤电集团为守住广东省电力市场份额也在寻求一条保持利润增长点的新道路，如今借机重整，整合内部资源，欲在金融危机对行业的重创之后以"多条腿走路"以"求生"。

公司增发收购的是粤电集团优质电力资产，收购完成后，公司电力结构进一步优化，已投产的可控装机容量将达911万千瓦，增长36.1%，盈利能力进一步增强。而作为集团唯一的上市平台，粤电集团的支持将保障公司未来稳步增长。

5. 皖能电力（股票代码：000543）

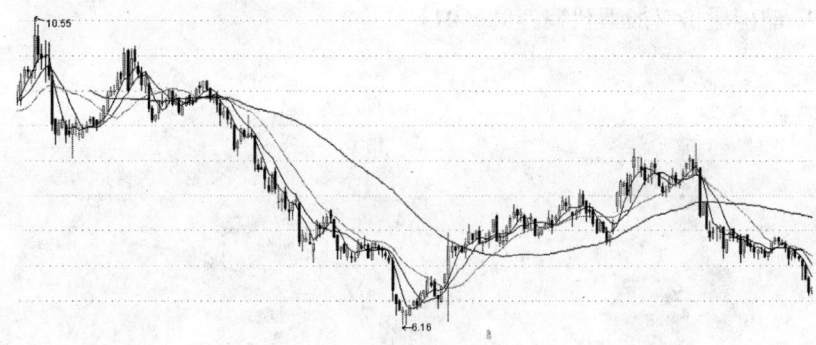

图 270

皖能电力为省属电力企业，隶属于安徽省能源集团有限公司。地处华东能源基地，公司拥有其他电力企业所无法比拟的资源优势。

目前，公司持有国元证券9830.33万股和华安证券2亿股。除此之外，公司此前还宣布拟以每股1.5元的价格对安徽马鞍山农村商业银行股份有限公司增资4500万元，认购其3000万股股权。

6. 建投能源（股票代码：000600）

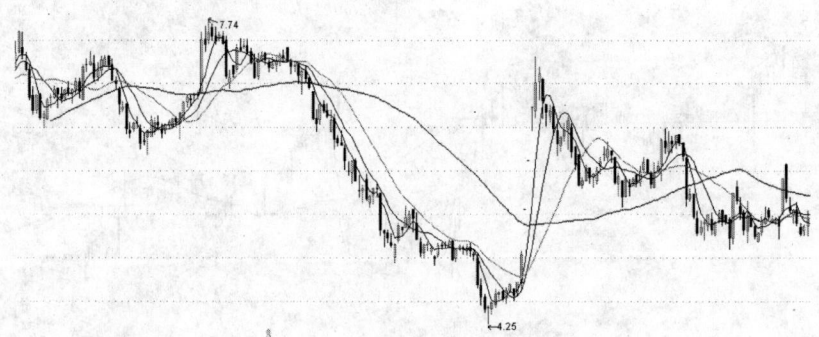

图 271

建投能源是一家集投资、建设、经营管理为一体，以电力生产为主的能源公司，现有权益装机232万千瓦，均为火电机组。河北建投能源投资股份有限公司将与控股股东河北建设投资集团有限责任公司按55％：45％的比例共同出资设立河北建投国融能源服务股份有限公司，开展分布式能源系统等综合能源供应项目的开发、投资和建设。

公司积极推进新项目开发，取得参股投资山西榆次热电、长治热电等项目的机会，签署了山西榆次热电的投资协议书，迈出了公司发电业务向区域外发展的第一步。

7. 韶能股份（股票代码：000601）

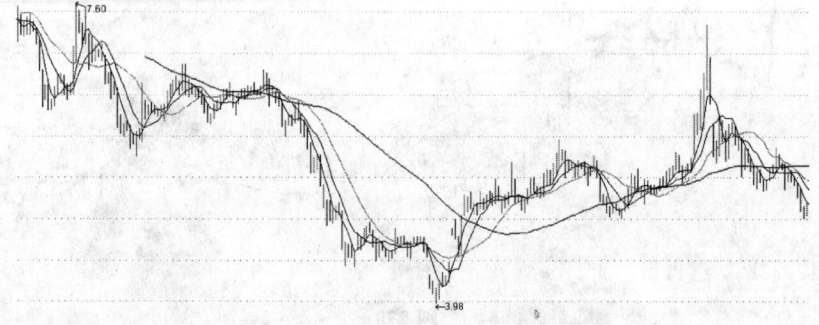

图 272

韶能股份经营的小水电为可再生能源，符合国家电力产业发展政策，是国家鼓励发展的清洁能源。公司小水电大部分位于粤北山区，享受广东关于对山区小水电的优惠政策。

公司利用"三旧"改造的土地使用权作价出资，进行房地产开发项目。

8. 宝新能源（股票代码：000690）

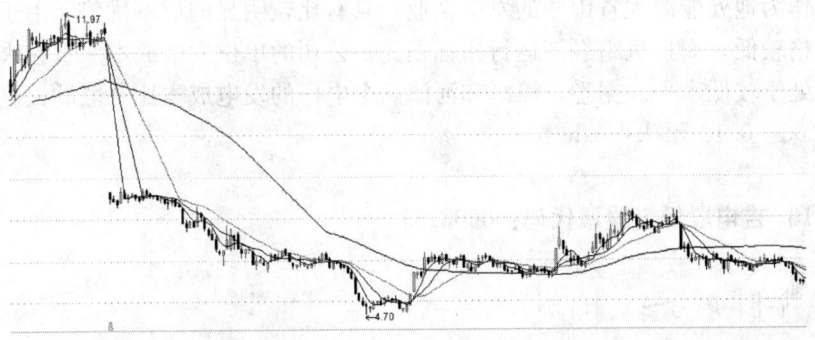

图 273

宝新能源是目前国内上市的两大民营电厂之一，主营洁净煤燃烧技术发电和可再生能源发电，以及新能源电力的开发、生产和销售。

公司地处经济较发达、电力较紧缺的广东地区，同时又取得循环流化床资源综合利用开发电机组的优先上网权。公司已分期完成风电机组立项建设，可再生能源驶入快车道，新能源项目将加速公司发展。

公司具有正宗的风电概念。公司将分期完成20万千瓦风电机组和30万千瓦水电机组的立项和建设，使公司未来的可再生能源发电总装机规模达到50万千瓦。

9. 漳泽电力（股票代码：000767）

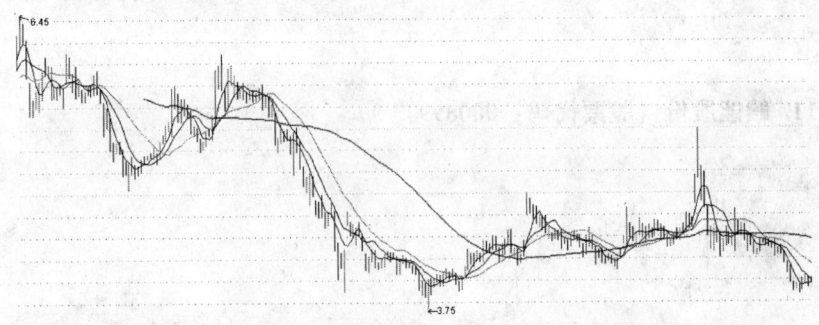

图 274

漳泽电力地处煤炭大省山西省，其资源优势极为突出，并且是山西电网和华北电网的主力发电企业。

公司未来计划以常规火电为主，兼顾新能源项目，大力开发综合产业，力争实现公司控股装机容量突破550万千瓦，并形成260万千瓦以上的在建规模及1240万千瓦以上的储备容量。

作为地处能源大省山西的发电企业，具有比较明显的成本优势。由于其燃煤价格较低，而且机组经济运行指标领先，公司的单位发电成本一直在火电企业中处于较低水平。据悉，漳泽和河津两个电厂的发电成本比一般的火电厂要低0.05～0.10元/kW·h。

10. 吉电股份（股票代码：000875）

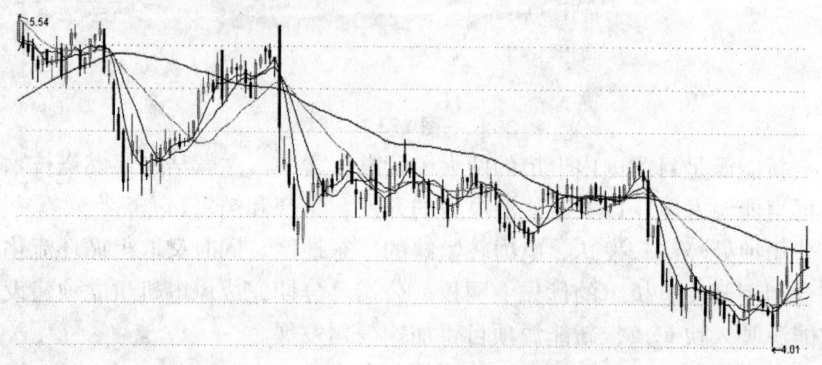

图275

吉电股份主营电力产品生产、网上销售。公司获注入风电等清洁能源资产，取代存在关停风险的小火电资产以及无法开发的油页岩综合开发项目。收购蒙一风电、蒙二风电即将投产的发电资产，更加有利于公司产业结构的调整。此外，公司清洁能源装机将从198MW提高到297MW，提升公司的盈利能力。

11. 赣能股份（股票代码：000899）

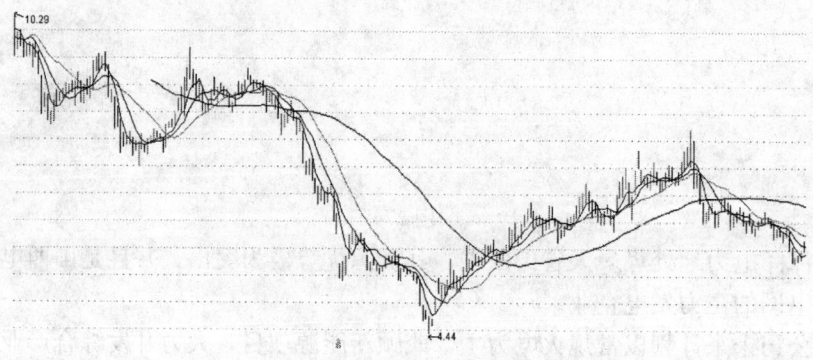

图276

十四、电力行业

赣能股份具有低碳概念是正宗的太阳能题材。公司与中核集团、赣粤高速合建江西万安烟家山核电厂项目，成为核电运营商。此外，公司也正积极介入非晶硅光电薄膜电池领域。

公司主营业务收入为售电收入，按照国家目前电力生产经营体制规定，公司生产的电力全部出售给国家电网在江西省的分支机构——江西省电力公司。

公司总装机容量约占江西省全网同期统调装机容量的15%，资产质量和结构优良。江西省制定了工业项目、交通基础设施等重点领域投资和多项工作部署，随着这些政策逐步奏效，国民经济将会增加活力，实现增长，从而促进用电需求增长。

12. 凯迪电力（股票代码：000939）

图277

凯迪电力主要致力于资源的高效利用和循环利用，重点发展高含硫煤和劣质煤发电、垃圾和秸秆发电、小水电、风能等可再生环保型能源的投资与建设。当前公司的电力环保合同额高达数十亿元。此外，公司还是东湖高新的第一大股东，股权增值可期；公司拟向凯迪控股定向增发购买杨河煤业公司39.23%股权。

公司未来三年陆续处置现有业务，全力转向生物质发电，商业模式适合大规模扩展。公司是生物质发电行业唯一上市公司，享受高估值。

13. 华能国际（股票代码：600011）

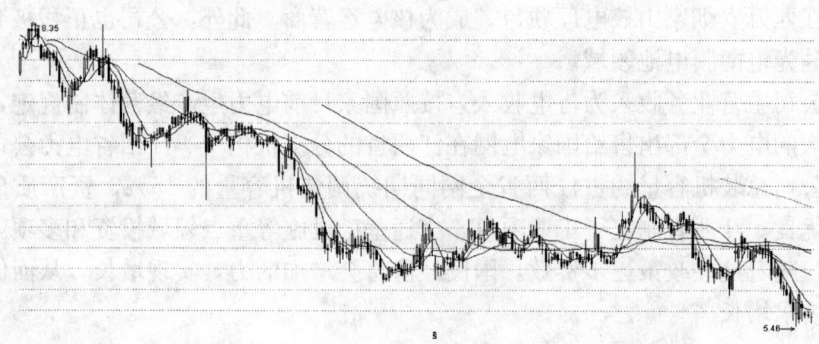

图 278

华能集团是我国最大火电企业。公司在"十二五"期间将充分依托集团资源配置，开发与收购并重，使华能国际成为燃煤发电与清洁能源发电并举、资本运作和市场价值表现优秀的一流上市发电公司，未来公司有望继续在清洁能源和煤炭资源方面展开收购攻势。

公司的资质非常好，安全边际也非常高，中长期的投资价值已经显现。

14. 华电国际（股票代码：600027）

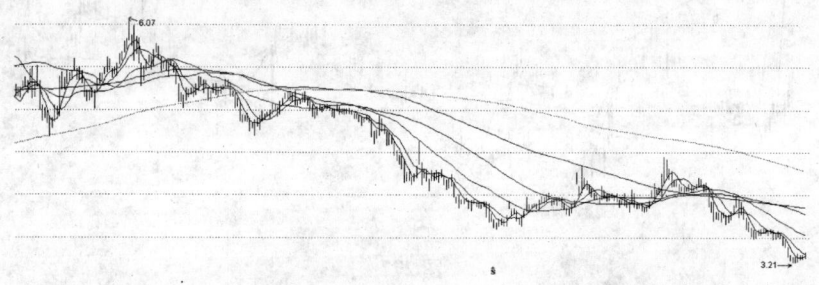

图 279

华电国际是我国极具竞争力的上市发电公司之一，是山东省最大的发电公司，第一大股东为中国华电集团。公司目前已走出山东，在四川、宁夏和安徽等地区收购和新建电源项目，进入了全国性发电公司的行列。

公司涉足水电项目，四川泸定水电站四台水力发电机组的前期勘察工作已经展开，标志着公司的发展领域开始突破单一火电项目的建设；同时，公司还将加快建设新开发电源项目，实现以火电为主，水电、风电、生物质发电、核电等互补的多元化发电结构。

公司与华电集团签订收购芜湖公司的 95% 股权，目前，芜湖公司一期工程两台66万千瓦超超临界燃煤发电机组正在兴建中,有望成为公司新的利润点。

公司资产质量优良、结构好,所属电厂机组中高参数、高效率大机组比例较高,30万千瓦及以上机组容量占总装机容量的80%以上,且国内单机容量最高机组之一的邹县四期100万千瓦超超临界机组已经投产。

15. 桂冠电力（股票代码：600236）

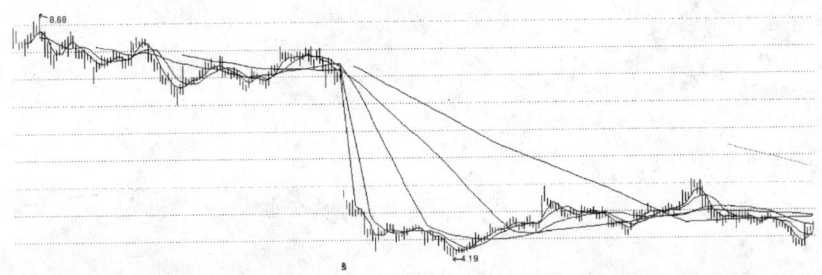

图280

桂冠电力主营业务为水电产品（电量）的生产和销售,是中国大唐集团公司控股的上市公司,公司目前拥有红水河的平班、大化、百龙滩、乐滩四个梯级水电站和合山火电厂。公司近期参与风电项目,优化产业结构。

公司累计投资18198.6万元参股广西百色银海铝业公司,占35%股权。该公司年产10万吨电解铝一期工程项目进展顺利,经营情况良好,有望成为今后的利润增长点。

16. 西昌电力（股票代码：600505）

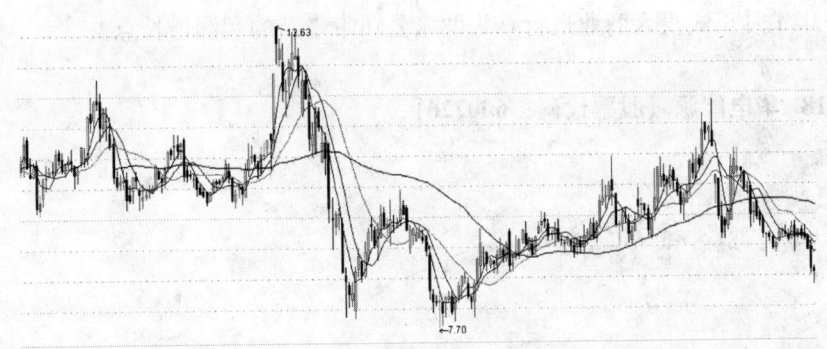

图281

西昌电力主业为"水力发电＋电网运营",拥有6个直属水力发电厂和1个控股水力发电厂。

随着国家进一步加大节能减排力度，电力工业结构面临调整，水电作为清洁能源具有明显的市场竞争优势。公司作为凉山州的主要电力企业、凉山水电开发的参与者，有着广阔的发展空间。

17. 申能股份（股票代码：600642）

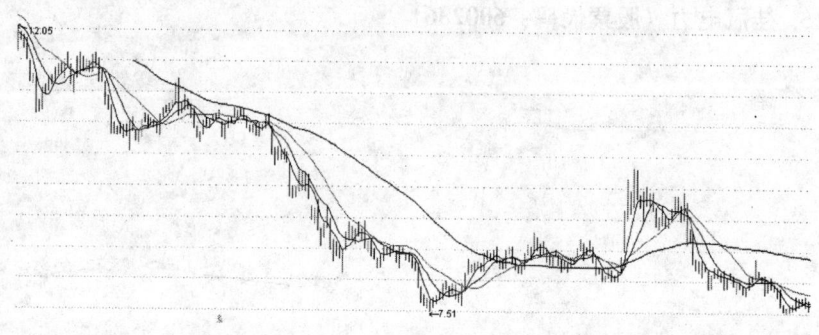

图282

申能股份作为上海市能源行业的龙头企业，持有上海石油天然气有限公司和上海天然气管网公司股权，对上海地区的能源供应有着举足轻重的影响。

由申能股份控股、上海电力参股建设的上海临港燃气电厂一期工程1号机组于2010年12月1日顺利并网，正式进入整套启动试运阶段。

上海临港燃气电厂一期工程建设规模为4台40万千瓦燃气—蒸汽联合循环发电机组，由公司与上海电力分别以65%和35%比例出资建设。1号机组的并网，对于发展上海清洁能源、满足上海持续增长的用电需求、提高电网调峰能力、优化城市电源布局、增强电网的安全运行具有积极意义。1号机组2011年1月正式投入商业运行，为两家公司带来新的利润增长点。

18. 华电能源（股票代码：600726）

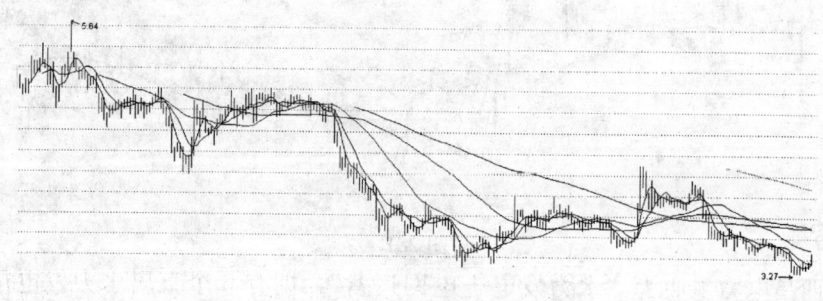

图283

十四、电力行业

华电能源是黑龙江省主要电力供应商,作为五大电力集团之一中国华电旗下的华电能源,目前正在参与集团公司资产整合。

19. 国电电力(股票代码:600795)

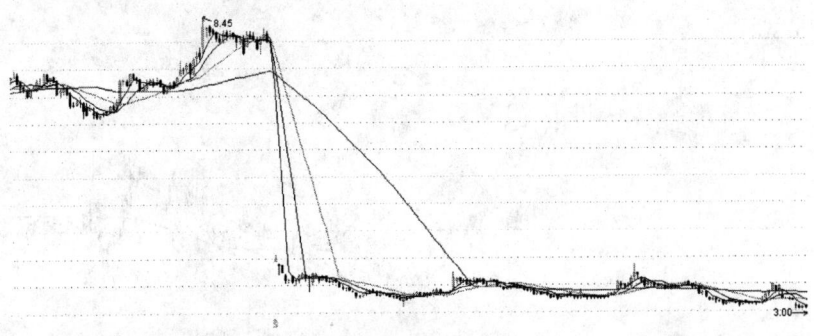

图 284

国电电力有大量的项目在建。瀑布沟、深溪沟电站在建分别于 2010 年和 2011 年全部投产,大开二热、酒泉热电正式开工,并有 90 万千瓦风电开工,同时煤矿、太阳能项目按计划进行。此外,公司将持续收购大股东国电集团的优质电力资产实现持续增长。

资产注入再启,公司长三角版图拼齐。公司加快资产注入步伐,公开增发募集资金不超过 97 亿元,收购集团持有的北仑三发 50% 股权、新疆公司 100% 股权、谏壁公司 100% 股权以及江苏公司 20% 股权,剩余部分用于投资四川大渡河瀑布沟水电站项目等共 5 个自建项目。

20. 哈投股份(股票代码:600864)

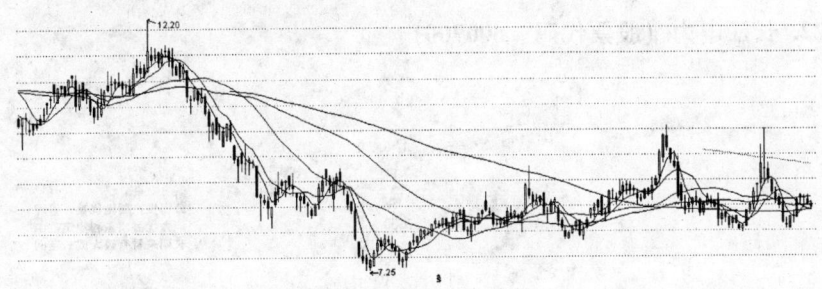

图 285

哈投股份是哈尔滨市最大的地方发电、供热企业。公司现有汽轮发电机组 3 台,中温中压蒸汽煤粉炉 3 台,年发电 2.2 亿度,供热 200 万吉焦。热电产业属于朝阳产业，随着我国城市化建设和房地产开发的增长，会促使民用采暖和生活用热需求增加，公司未来发展前景良好。

21. 国投电力（股票代码：600886）

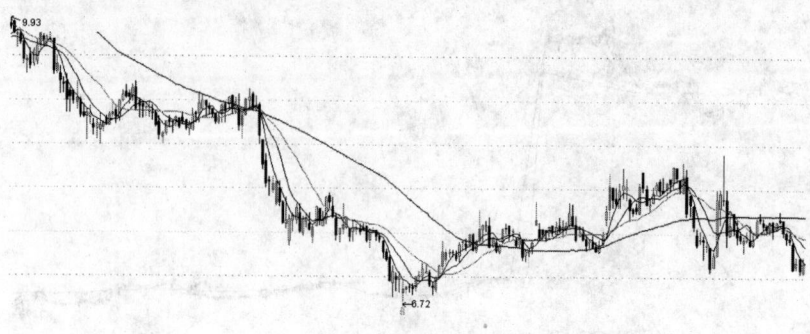

图286

国投电力公开发行34亿元可转换公司债，吸引了众多投资者的关注。

近年来公司取得了规模和效益的快速扩张，2009年实施重大资产重组后，公司由单一火电业务发展为"水火并举、风光互补"的电源结构，盈利能力和抗风险能力也得以进一步提高。

本次募投资金将全部用于支持下属企业二滩水电对雅砻江流域电站锦屏一级、锦屏二级的开发。随着二滩水电的装机容量提升，二滩水电盈利水平将实现大幅增长。同时，具有年调节能力的锦屏一级水电站建成后，将产生协同效应，进一步提高二滩水电各电站机组的整体运营效率。

二滩水电持续稳定的盈利能力和良好乐观的发展前景，将进一步提高供公司的盈利能力，为公司未来的发展增加动力。

22. 长江电力（股票代码：600900）

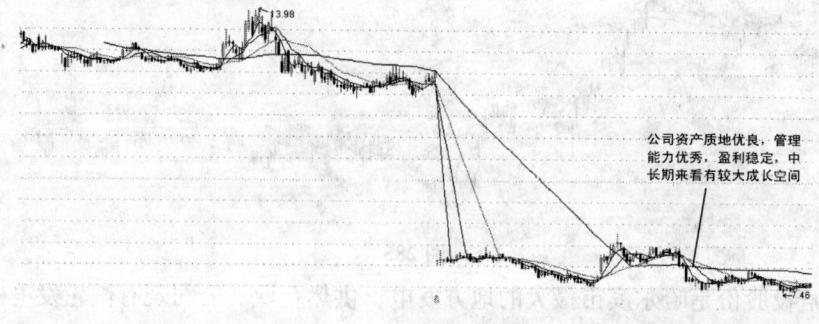

图287

按照集团在建水电站进度，预计"十二五"期间长江电力在逐步接管三峡地下电站、向家坝电站和溪洛渡电站后，将拥有水电装机逾4500万千瓦，"十二五"期间年均增长率约15%，成为世界上最大的水力发电企业。

公司每年经营性现金流约180亿元，为公司实行稳定分红提供保证。由于大型水电具有循环可再生、抗周期性、节能环保、长期成本低、综合效益大等特点，公司具有一般资源类企业无法比拟的竞争优势。同时公司加大对其他新能源如核电领域进行投资，开辟新的利润增长点。

23. 大唐发电（股票代码：601991）

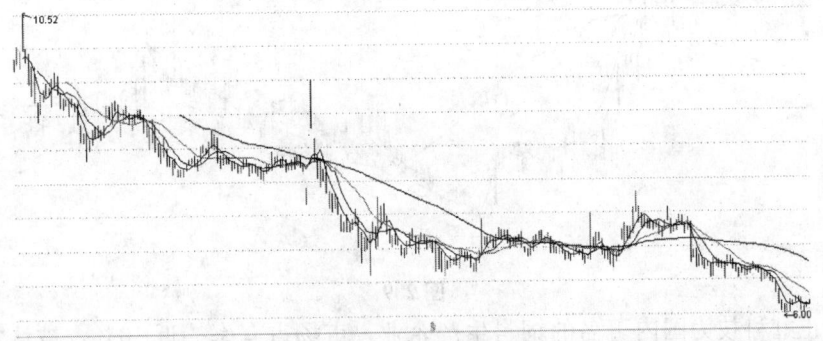

图288

大唐发电是一家同时在上海、香港和伦敦三地上市的公司。近年来，该公司在"以电为主、多元协同"的战略引导下，不断加大在火电、水电、风电、核电等电力项目以及煤炭、煤化工、铁路等围绕电力上下游产业相关项目的投入。目前，该公司发电结构类型已经由原来单一的火力发电向水力发电、风力发电以及核能发电等新能源领域拓展。

公司已开始在江苏省建设一个58兆瓦屋顶太阳能光伏发电站。该太阳能电站项目投资160万元人民币，选址大丰港木材工业园。

大唐发电正处于从发电公司转向综合能源公司的转型时期。公司积极进军煤炭开采和煤化工、煤制气领域，未来成长可期。

十五、农林牧渔

1. 正虹科技（股票代码：000702）

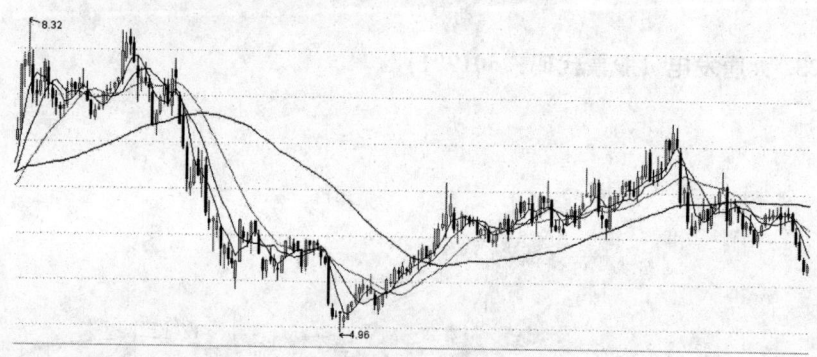

图 289

正虹科技为国内著名的饲料生产企业，市场占有率接近 10%，被认定为农业产业化国家重点龙头企业、全国农产品加工业示范企业。"正虹牌"饲料是我国饲料行业名牌产品之一。公司积极推进农业产业化经营，形成科研、生产、加工、销售一体化的产业链。

国家人事部批准正虹科技设立博士后科研工作站，此举将使正虹科技在未来相当长时间内保持行业内的科技领先水平。

2. 大北农（股票代码：002385）

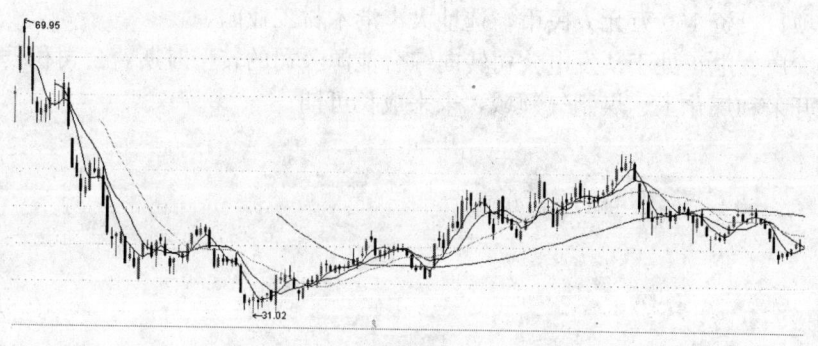

图 290

十五、农林牧渔

大北农是国内规模最大的预混合饲料企业,主营饲料产品和种子业务,生产各种规格的预混合饲料、浓缩饲料和配合饲料,为畜、禽以及水产养殖提供营养物质和能量,并生产销售动物保健产品,提高养殖动物的健康水平。大北农也是中国第二大水稻种子生产企业,公司的水稻种子在长江中下游地区具有明显的竞争优势。

公司根据饲料和种子产品营销的特点建立了覆盖全国重点养殖和种植区域的营销网络。"金色农华"牌水稻种子被中国国家质量监督检验检疫总局评为中国名牌产品。公司的子公司北京金色农华种业科技有限公司新品种"农华101"获得国家审定。

在种子业务方面,公司将加强玉米种子的研发与销售,力争两年内使玉米种子收入与利润占到公司种子业务的50%左右,与水稻平分秋色。公司投入大量资金加强种子研发,目前公司种子后续储备丰富,这将为公司可持续发展提供充足动力。

3. 雏鹰农牧(股票代码:002477)

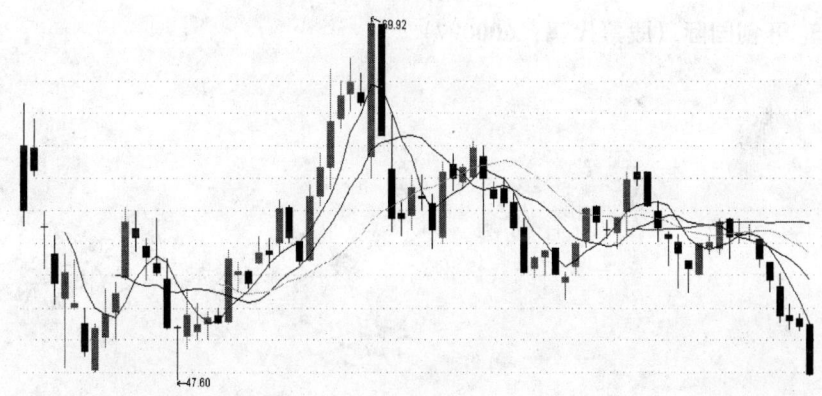

图 291

雏鹰农牧是一家大型现代化养殖企业,主要从事生猪产品和家禽产品的生产,建成了包括饲料生产、种猪繁衍、生猪养殖、种蛋生产、鸡苗孵化、技术研发、疫苗防治等在内的一体化经营模式。

公司拥有位于京广铁路线上的铁路运输专用站,极大地增强了公司产品的外运能力,也大幅降低了各大宗原料的购进运输成本。公司被认定为"农业产业化国家重点龙头企业"、"中央储备肉活畜储备基地"、"供港澳生猪后备企业"、"国家级重点家禽养殖企业"等。

4. 大康牧业（股票代码：002505）

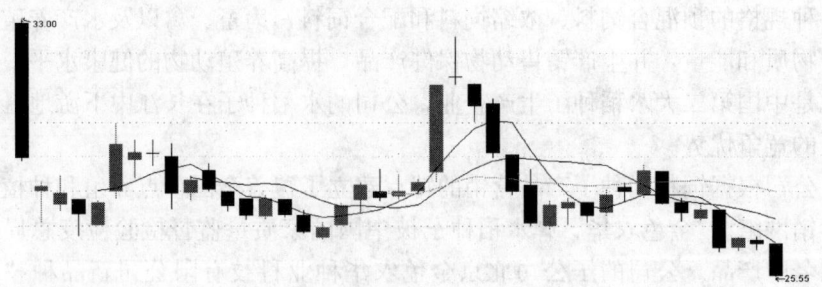

图 292

大康牧业是一家以农业产业化为经营核心的公司。公司主要致力于种猪、仔猪、育肥猪以及饲料的生产销售。公司拥有独一无二的"自然生态＋便捷交通"优势，立足优质种猪资源，独创了"公司＋基地＋养殖大户＋农户"的经营模式。公司拥有稳定的区域市场地位，产品辐射能力强；拥有不可复制的种猪和仔猪繁殖基地。公司被认定为"湖南省农业产业化龙头企业"、"湖南省首届农业产业化十大龙头企业"和湖南省养猪协会副会长单位。

5. 开创国际（股票代码：600097）

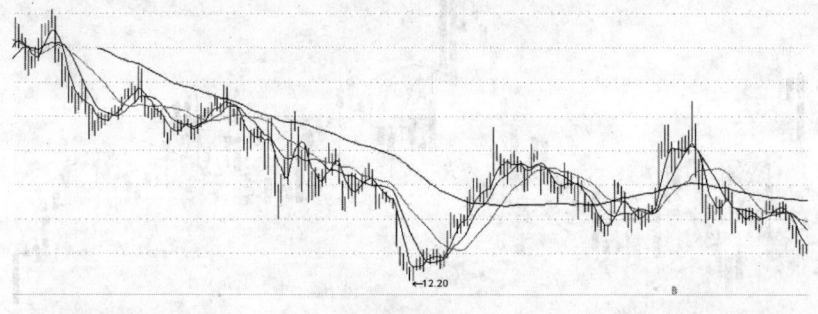

图 293

开创国际顺利完成了重大资产重组及非公开发行股份购买资产事项，主营业务变为远洋捕捞、食品销售管理、渔用设备与产品销售，彻底改善了公司持续经营能力和盈利能力。

公司现拥有一支大型拖网加工船队和一支金枪鱼围网船队，船队规模名列国内第一、国际领先；在马绍尔国已营建成立全资驻外企业——泛太食品（马绍尔群岛）有限公司。

受益于国家产业政策的扶持，未来的发展前景较为乐观。目前估值低企，建议跟踪。

6. 大江股份（股票代码：600695）

图 294

大江股份以食品制造加工销售为主营，其发展战略是以肉鸡的营销为龙头，发展重点在产业链附加值高的环节。公司是上海重要的饲料生产基地、良种繁育基地、食品加工基地和农副产品出口创汇基地。公司为农业、节日消费概念受益股。

十六、传媒娱乐

1. 华闻传媒（股票代码：000793）

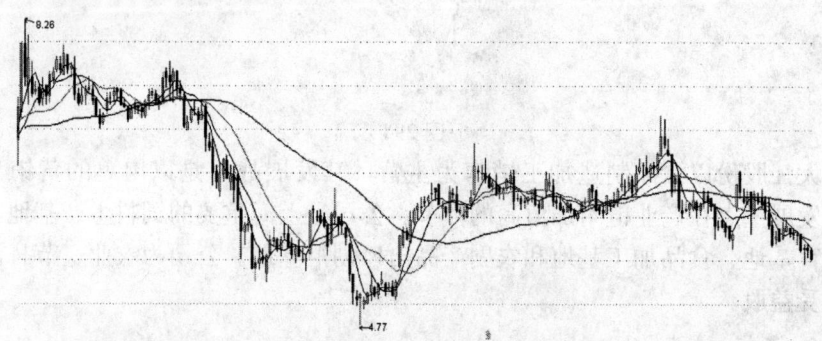

图 295

华闻传媒独家承担《证券时报》、《华商报》、《新文化报》等经营业务的经营管理，独家承担海口市燃气管道施工和管道燃气供应，从事城市燃气相关业务及产品的经营。

首都机场集团承诺将整合首都机场广告有限公司的广告和媒体资源注入公司。

2. 奥飞动漫（股票代码：002292）

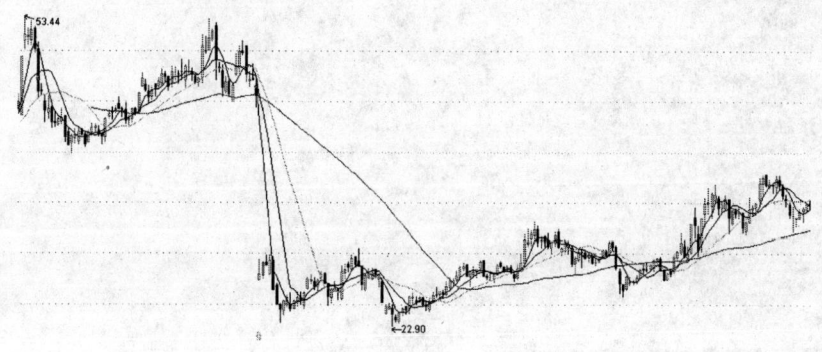

图 296

十六、传媒娱乐

奥飞动漫是原创动漫创意产业背景下上市的第一股,公司从最初以传统玩具为主到代理国外动漫形象玩具,再到目前确立产业经营与动漫形象创作一体化的盈利模式,积极探索适应我国产业环境的动漫产业发展道路。

公司战略推进"产业文化化",实现"文化产业化"。未来几年驱动公司收入利润增长的重要因素仍然是动画片播放带动玩具销售的"产业文化化"方式;未来公司将利用平台资源优势,实现内容资源的整合,打造经典的动漫形象,开创更多的盈利方式,最终实现"文化产业化"的升级之路。

3. 歌华有线(股票代码:600037)

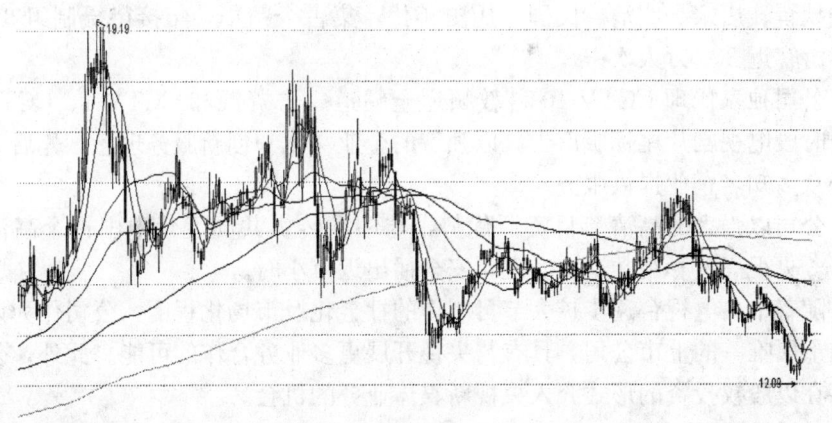

图 297

歌华有线是有线电视龙头企业,是北京市政府批准的唯一一家建设、经营和管理全市有线广播电视网络的单位。

公司作为北京地区的有线电视垄断企业,凭借其强大的股东背景,符合国家产业改制方向的战略定位,服务能力不断提升的数字化网络和强大的资本平台,必将成为中国广播电视行业和北京文化传媒行业的战略投资者之一,平台价值巨大。

推进双向网改造和巩固高清交互数字电视是公司业务重心,高清交互电视业务是三网融合背景下广电企业的差异化制胜之道。公司加快在新业务和新盈利模式的探索,随着北京市"三网融合"试点政策的放开,公司将优先发展个人宽带接入业务。

在二级市场,该股在调整中备受牵连,跌幅较大,具有较高的安全边际。

4. 中视传媒（股票代码：600088）

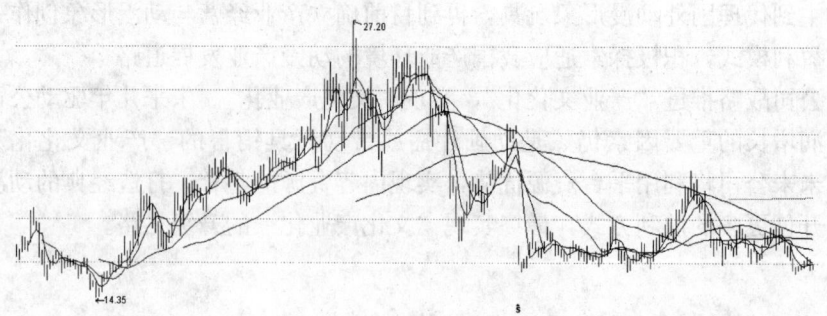

图 298

中视传媒在江苏无锡、广东南海拥有3000多亩影视拍摄基地，景观纵跨中国魏晋、唐宋、明清、民国等历史年代，集古今精华，年接待摄制组30余个，游客近200万人次。

公司独家代理 CCTV-10 科教频道全频道广告资源和 CCTV-1、CCTV-8 黄金时段电视剧片尾标版广告，以独特的企业文化和创新服务理念，先后为国内外众多知名企业提供服务。

公司以强大的高清节目资源优势，与中数传媒共同运营中国首个高清频道——央视高清影视频道，实现年安全播出近万小时。

随着中央电视台逐步扩大节目制作的社会化及市场化程度，公司作为该台目前下属唯一的上市公司，具有与央视开展更多业务合作的可能。此外，公司也存在以股权投资的形式介入央视新媒体业务的机会。

5. 时代出版（股票代码：600551）

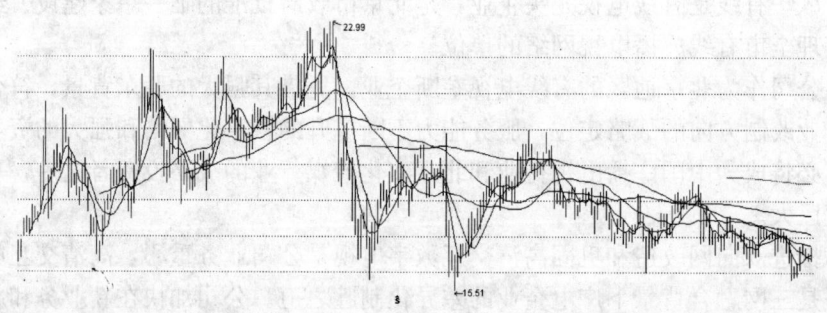

图 299

时代出版试水影视行业为内容题材的全媒体开发奠定基础。

公司与安徽电视台拥有良好的合作历史，有机会复制华策影视与浙江卫视

十六、传媒娱乐

共同发展之路。

公司长期秉承优质内容提供商的战略定位,稳步推进各项多媒体出版业务,积极打造"E时代课堂"等新型数字化产品,通过立体开发优质内容资源,实现内容价值的多次售卖。

6. 新华传媒(股票代码:600825)

图 300

在上海重视发展第三产业的情况下,新华传媒有望充分利用自身资源加大上海传媒业的整合力度,其战略目标有望逐步实现。公司未来还有望成为上海报业市场的整合平台。公司是区域平面媒体广告代理龙头企业,资源整合提升广告平台价值。

7. 广电网络(股票代码:600831)

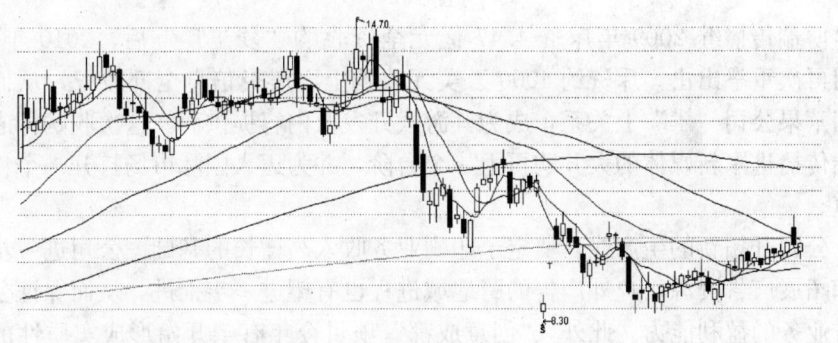

图 301

广电网络是陕西省唯一合法的有线电视、有线数字电视运营商,主要收入来源于有线电视网络经营、广告代理、影视制作。至 2010 年中期,公司已完成了全省 11 个地市有线电视网络资产的整合，有线电视用户持续增长，尤其是数字电视业务收入增幅大幅超出预期。数字化整转率的提升，也为公司试水"三网融合"创造了有利条件。

公司是全国文化体制改革先锋，自 2009 年 1 月 1 日起免征 5 年企业所得税。公司具有动画概念，子公司北京泽万达影像技术有限公司（公司占 95% 股权）主要从事全息虚拟影像合成、视频捕捉、三维动画等影像技术的开发与应用等。

在二级市场上，该股股价是目前市场难得的估值"洼地"，一直处于底部平台整理蓄势，相对涨幅偏少，后市有望在文化传媒利好消息的提振下走出一波估值修复行情，具有显著投资价值。

8. 博瑞传播（股票代码：600880）

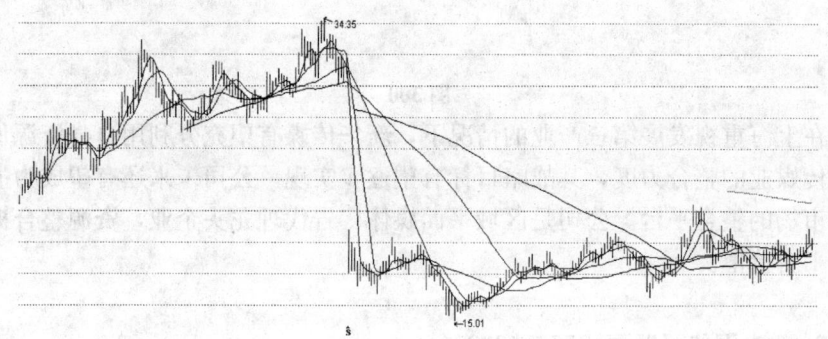

图 302

博瑞传播继 2009 年斥资 4.47 亿元全资收购"梦工厂"后，2010 年底，公司再次重拳出击，斥资约 4000 万美元收购上海晨炎信息全部股权，从而与美国苹果公司"攀"上关系，成为其游戏开发及内容提供商。这次收购标志着博瑞传播进军新媒体的大并购再上一个台阶，并为迈入国际市场打开一个快速通道。

公司开拓新的生产线，奠定了印刷业务收入高增长的基础。公司进一步优化和拓展广告资源，户外广告的跨地域进程也有望进一步推进，从而保证公司广告业务的盈利能力。此外，"创意成都"项目今年有望开始形成实质性的营收贡献，从而增加新的盈利增长点。

公司在网游资源的整合和收购方面也有望很快得到落实，从而增加网游业务收入。

十六、传媒娱乐

9. 中南传媒（股票代码：601098）

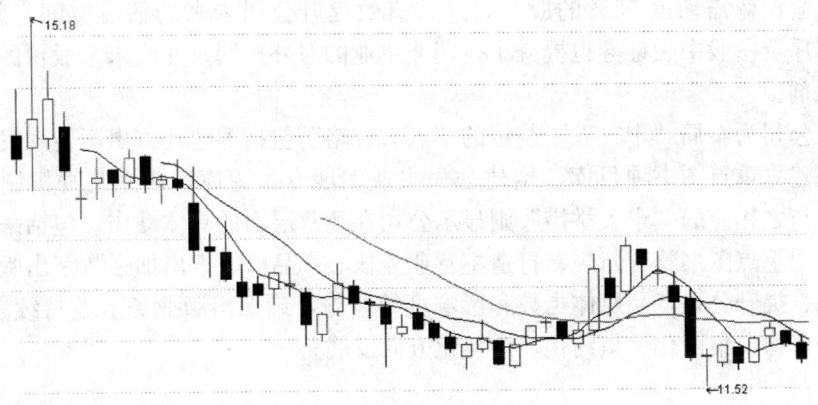

图303

中南传媒由湖南出版投资控股集团整体改制而来，是A股市场首只全产业链整体上市的出版传媒公司，是一家拥有"多介质、全流程"产业业态的大型出版传媒骨干企业集团。公司在湖南省的中小学教材发行业务中占有主导地位，而中小学教材出版业务在全国新课标教材市场具有强大的竞争力和品牌影响力。公司拥有出版、印刷、发行、印刷物资供应等一套完整的出版业务产业链，还拥有报纸、网站、户外框架媒体等其他业务。

10. 出版传媒（股票代码：601999）

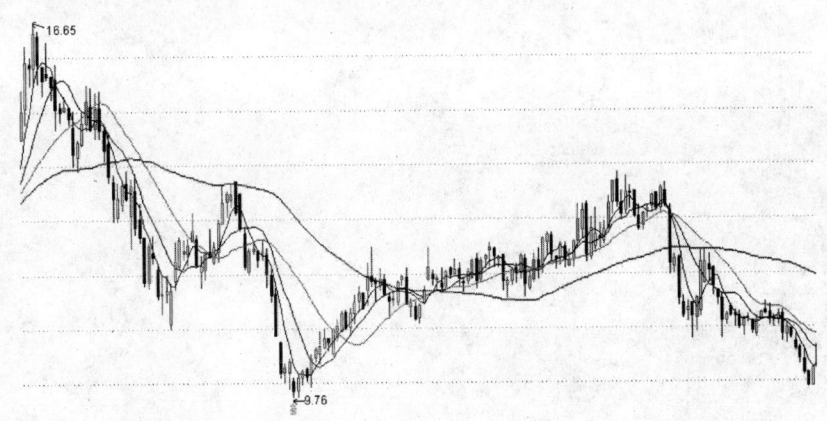

图304

出版传媒是出版行业首家IPO上市公司，旨在打造跨地区出版传媒集团和整合北方出版市场。在巩固传统业务版图的同时，公司也积极进军具有较高

— 167 —

成长性和商业前景的动漫领域,并联合大股东辽宁出版集团收购国内著名动漫制作公司蓝猫动漫 55%的股权,这将有效提升公司未来的估值空间。此外,公司斥资参股中天证券也提升了公司非主业的对外拓展,并成未来股价的一大催化剂。

公司为布局"十二五"制定的"五大方略"包括筹建北方出版传媒发展基金、建立重点图书项目库、构建公司主业发展专家智库、建立奖励机制等方面。与之相应的"十大举措"则显示公司在经营层面的具体动作,包括采取出台公司重点图书管理新规、打造主营业务核心产品群、推出加强数字出版工作意见、提升公司产品媒体指数和影响度等措施,确保出版业务效益持续增长,推进公司向集团化、集约化、效益化方向发展。

十七、化工行业

1. 川化股份（股票代码：000155）

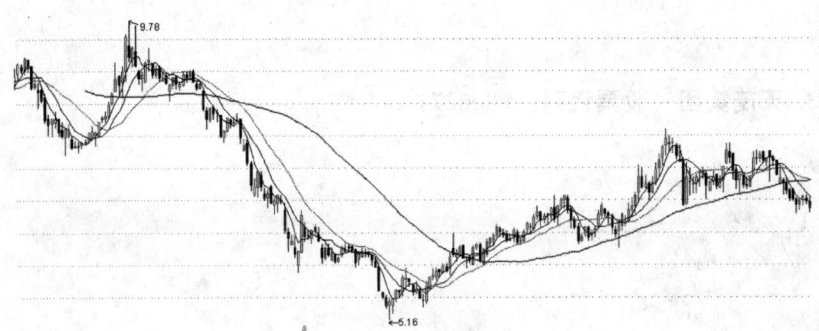

图 305

川化股份是国内较大的合成氨和氮肥生产企业之一。公司以化肥和化工两大产业为发展主线，依托川东天然气资源优势，积极做大做强化肥产业，同时依靠技术创新，做优做强现有的化工产业。

作为化肥行业的区域龙头，公司有望从行业发展中受益。公司主要的化肥产品尿素是农业生产的重要生产资料，属当前国家重点鼓励和发展的产业。国家为扶持"三农"陆续出台了若干扶持政策，这将给化肥企业创造发展机遇。

2. 渝三峡A（股票代码：000565）

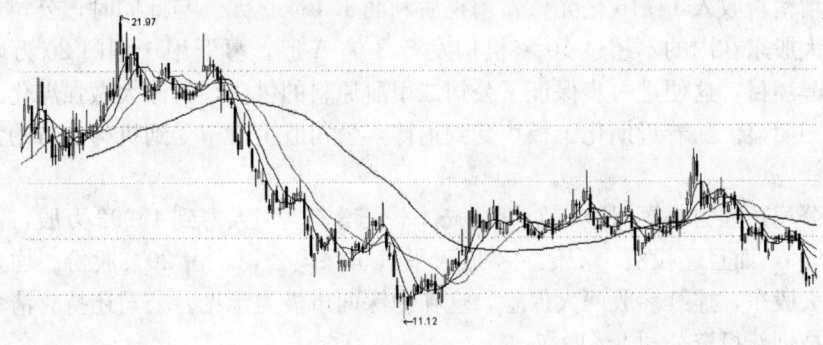

图 306

渝三峡属涂料行业，主导产品三峡牌油漆，在西南地区有较大的市场份额和较高的知名度。公司的 5 万吨天然气氢氰酸制甘氨酸新项目是目前行业内最大规模的天然气新工艺生产甘氨酸的产业化项目，在国内外具有重大影响。

随着国家西部开发战略的实施，重庆及周边地区涂料的需求量与日俱增，给公司提供了发展空间。而随着中国经济持续发展，国内城市化步伐的加速、建筑涂装行业的崛起，为我国涂料行业的发展也带来了商机。

3. 天茂集团（股票代码：000627）

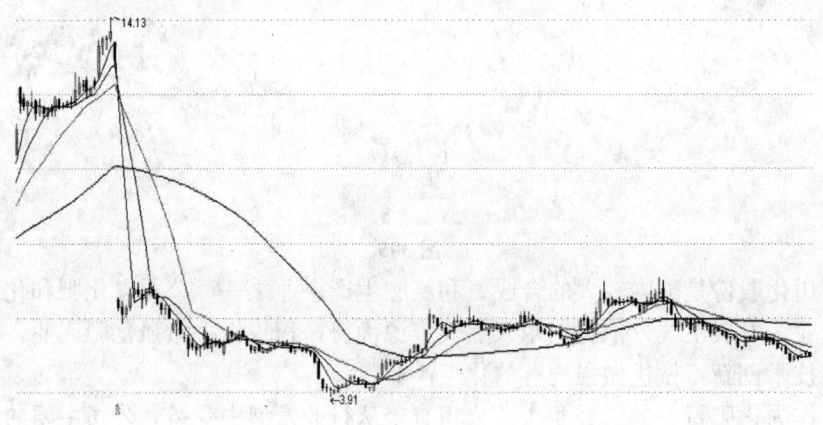

图 307

天茂集团是中南地区最大的甲醇生产企业。近期公司以煤制甲醇、二甲醚为主，强力打造出一条新型能源产业链，其募资修建的 20 万吨/年燃料级二甲醚项目已投产，第二套装置也将投产，该项目全部建成达产后，可实现年新增销售收入 14.15 亿元，新增税后利润 1.484 亿元。与此同时，公司近期拟向大股东在内的不超过 10 家机构发行 2 亿 A 股，募资用于荆门 20 万吨煤制甲醇项目，这便进一步保证了公司二甲醚原料的供应，其做大做强煤化工产业意图明显。随着近期化工板块受到追捧，公司股价有望受到机构主力的大举扫盘。

公司还强力进军保险、创投领域，不仅增资国华人寿到 15992 万股，占其 19.99%，而且还投资 1.1 亿元参股天平汽车保险公司，占 20% 股份。均为其第一大股东，连续参股两大保险，这在沪深两市极为罕见。公司还持有清华紫光科技创新投资公司 8% 股权。

十七、化工行业

4. 远兴能源（股票代码：000683）

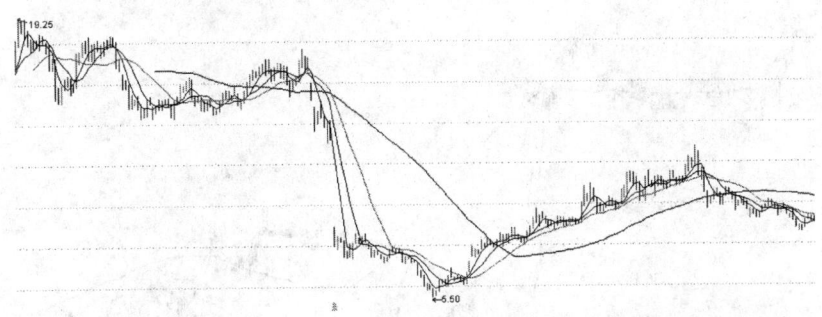

图 308

远兴能源是一家以新能源为主导，天然气化工和天然碱化工为两翼，多极产业并存的跨地区、跨行业的大型现代化工企业。

公司主营甲醇、二甲基甲酰胺、合成氨、尿素、甲醛、二甲醚、纯碱、小苏打、烧碱等化工产品。年综合生产能力近200万吨，是全国最大的小苏打生产企业。随着100万吨甲醇投产，公司将成为国内最大的甲醇生产企业。公司技术力量雄厚，拥有国家级企业技术中心，近年来取得了50多项科研成果，其中17项获国家或自治区科技进步奖。企业主导产品的核心技术拥有自主知识产权，国家知识产权局批准发明专利11项，实用新型专利3项。公司所属生产企业均为内蒙古自治区高新技术企业。

5. 双环科技（股票代码：000707）

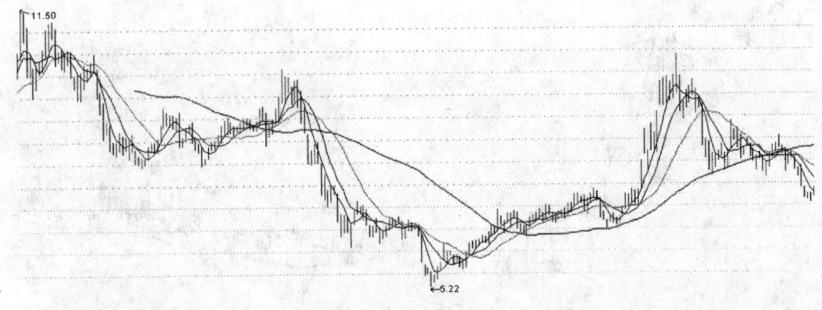

图 309

双环科技通过收购拥有了湖北双环科技（重庆）碱业投资有限公司100%股权和重庆宜化化工有限公司100%股权的所有权和收益权，公司权益产能达到了年产纯碱和氯化铵各180万吨，成为全国最大的纯碱企业之一。这极大增强了公司的整体竞争力，有利于提高其盈利能力。

6. 新和成（股票代码：002001）

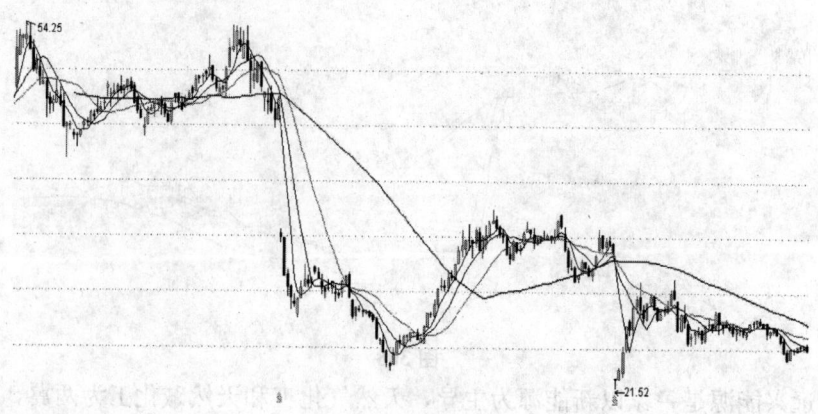

图 310

新和成是一家高科技、高成长、高效益的国家重点高新技术企业，主要从事药品、保健品、医药原料药的生产和销售，公司的维生素 E 中间体三甲基氢醌和异植物醇产量居全国首位。随着维生素 E 市场价格的景气度回升，公司维生素 E 的收入将同比大幅增长。

7. 鑫富药业（股票代码：002019）

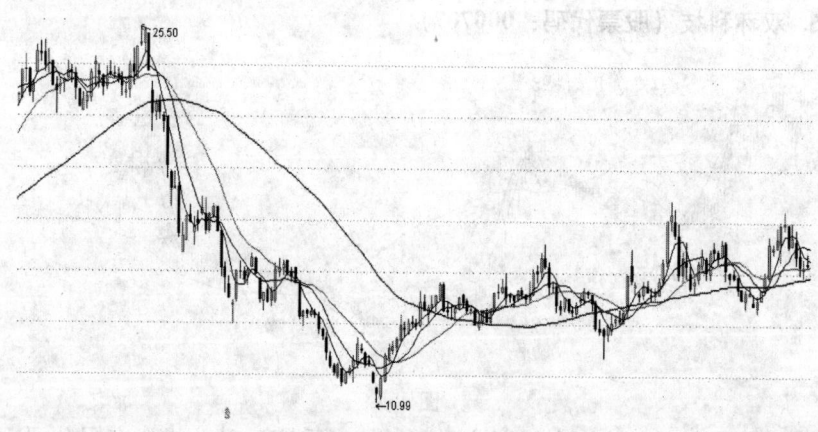

图 311

鑫富药业从事精细化工与新材料相关业务的生产销售，全生物可降解塑料 PBS 项目发展迅速，PVB 项目也在 2010 年建成投产，未来业务增长可期。

十七、化工行业

8. 德美化工（股票代码：002054）

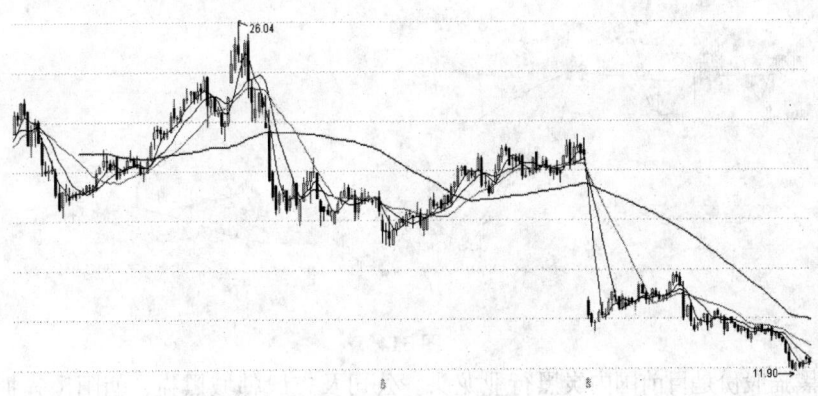

图 312

德美化工为纺织助剂市场龙头企业，生产的涤纶超细旦纤维匀染剂 3630 获国家重点新产品证书、纯棉织物耐久压烫整理剂被列入国家重点新产品计划和国家火炬计划项目等。由于行业集中度提高，公司议价能力进一步增强，毛利率提升成为公司业绩增长的最大动力。

9. 江山化工（股票代码：002061）

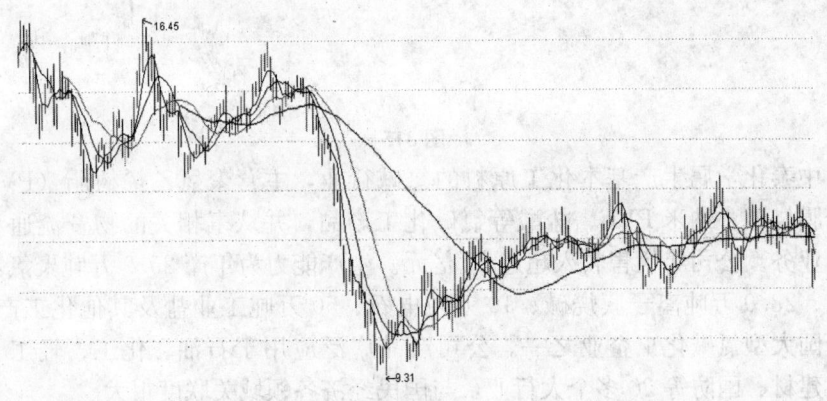

图 313

江山化工的主要产品是二甲基甲酰胺 DMF 和二甲基乙酰胺 DMAC。公司是全球最大的 DMF 企业和中国最大的 DMAC 企业。公司与内蒙远兴能源合资建立内蒙远兴江山化工有限公司，将具有长远潜力，建议逢低关注。

10. 黑猫股份（股票代码：002068）

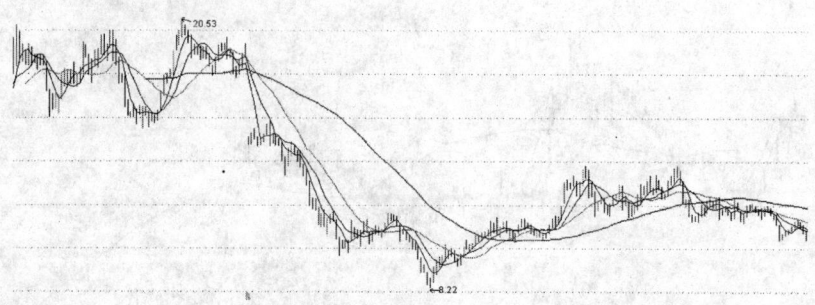

图 314

黑猫股份是目前国内炭黑行业龙头。公司及控股韩城黑猫、朝阳黑猫拥有 2 条湿法软质和 7 条湿法硬质炭黑生产线，可生产六大系列 21 个品种软、硬质湿法炭黑、4.5 万吨/年湿法软质炭黑、15 万吨/年湿法硬质炭黑，居全国同行业第一位。

11. 中泰化学（股票代码：002092）

图 315

中泰化学属生产基本化工原料的氯碱行业，主营聚氯乙烯树脂（PVC）、离子膜烧碱、纳米 PVC、盐酸等氯碱化工产品，并从事相关的物资流通和进出口业务。公司年销售收入超过 20 亿元。生产能力为年产 25.9 万吨聚氯乙烯树脂、23.9 万吨离子膜烧碱、10 万吨电石、50 万吨工业盐及其他化工产品，是全国大型氯碱化工企业之一。公司产品广泛应用于石油、化工、轻工、纺织、建材、国防等 20 多个大行业，与国民经济各领域关联度很大。

公司成长性和市场状况良好，超额利润主要来源于新疆资源优势。随着氯碱产业竞争的进一步加剧，公司资源优势将会逐步显现出来。

在二级市场上，该股经过连续调整，预计后市仍有望向上拓展，建议投资者关注。

十七、化工行业

12. 红宝丽（股票代码：002165）

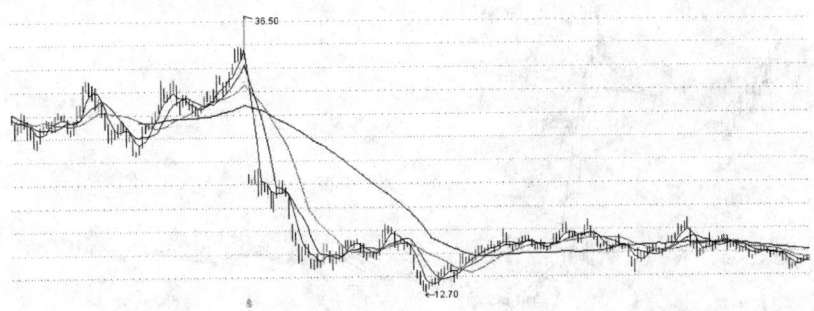

图 316

红宝丽主要从事聚氨酯硬泡组合聚醚和异丙醇胺系列产品的技术开发、生产与销售，是国内生产该产品的领先企业。

公司主要产品聚氨酯硬泡组合聚醚可广泛用于制备冰箱、冰柜、保温管道、太阳能热水器、汽车、建筑、包装等领域，下游涉及冰箱保暖层和建筑节能等，前景不错，国家投资力度大。而且红宝丽是国内同类企业中规模最大的一家公司，技术、质量好，与同业其他企业比竞争力比较强。

13. 联合化工（股票代码：002217）

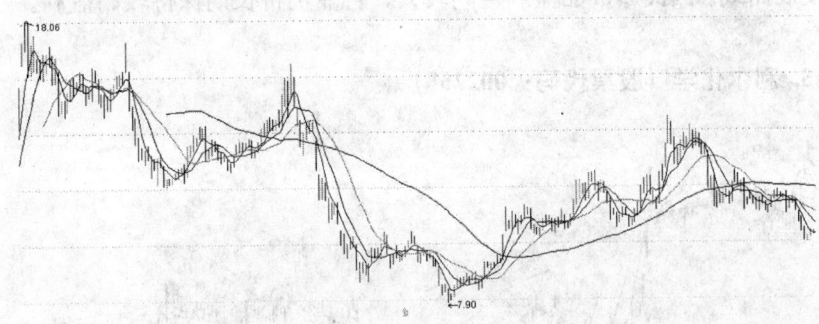

图 317

联合化工主要产品为浓硝酸、硝酸铵和液氨，具备 7 万吨浓硝酸、7 万吨硝酸铵和 13 万吨合成氨年生产能力，所生产工业硝酸铵为山东省独家生产，是采用国家标准和国际标准"双采标"产品，多年来在民爆行业中享有盛誉。公司产品链较长，品种结构丰富，互补型产品较多，具有很强市场应变能力和极大产品结构调整升级空间，是国内合成氨行业产品结构最为合理的企业之一。

公司募投的 3 万吨/年三聚氰胺资源综合利用及节能技术改造工程项目已正式投入试生产运行，将成为新增长点之一。

14. 江南化工（股票代码：002226）

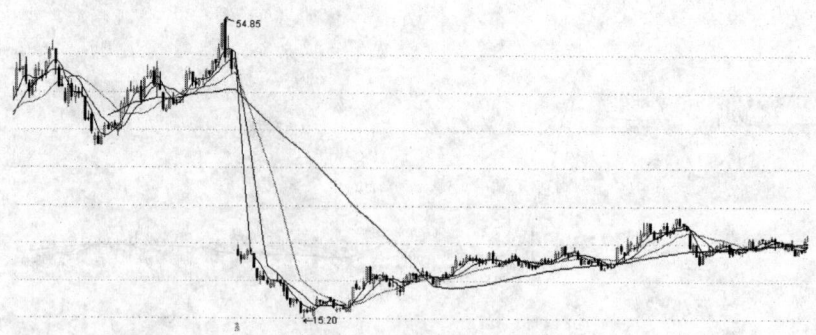

图 318

江南化工乳化炸药生产规模居全国乳化炸药生产企业第一位。公司乳化炸药是民爆行业鼓励发展用以替代含锑炸药优质炸药品种，具有安全性好、抗水性好、爆炸性能优良、机械感度低以及环境污染小等优点；已经开始实施的炸药现场混装车和地面制备站建设项目能够为马钢集团、海螺水泥等大型企业矿山和大型爆破工程提供现场混装炸药服务。

公司与浙江盾安集团、盾安化工的资产重组进度稳健，如果重组成功，公司的销售区域将从安徽省扩展至包括中西部地区的 7 个省份，形成民爆集团性质的发展路线。因民爆产品盈利空间较大，行业仍将长期保持较高盈利。

15. 利尔化学（股票代码：002258）

图 319

全球领先的吡啶类化合物催化氯化系统集成技术是当前利尔化学保持高毛利的主要依托。公司现为国内最大的毒莠定、毕克草等氯代吡啶类除草剂生产商，是继美国陶氏益农之后全球第二家成功掌握吡啶类化合物催化氯化系统集成技术的企业，拥有氰基吡啶氯化、氨化、选择性氟化等 5 项核心专有技术，是迄今为止国内能够实现该类产品工业化生产为数不多的企业之一。正是凭借这种较高的技术壁垒,虽然产品价格与 2006 年相比降幅在 30% 以上,但公司依然能维持 40% 左右的毛利。

公司以 1.7 亿元收购江苏快达农化 51% 股权的重大资产购买事项获得中国证监会核准,此举最大的意义在于有助于公司开拓国内市场,充分发挥协同效应,实现跨越式的发展。

16. 华昌化工(股票代码:002274)

图 320

华昌化工是以煤化工为基础的生产复合肥、尿素、甲醇和纯碱的企业,地处张家港地区,辐射长三角。由于尿素等大宗产品具有一定的区域销售半径,作为江苏省内的化肥行业龙头,具有一定区域优势。

目前公司已经形成了复合肥 80 万吨/年、合成氨 30 万吨/年、尿素 30 万吨/年、纯碱 30 万吨/年、氯化铵 33 万吨/年以及甲醇 5 万吨/年的生产能力。公司产品较为丰富,除了复合肥、尿素外,还包括联碱法生产的纯碱和氯化铵等,多元化发展在一定程度上增加公司的抗风险能力,发展前景较为看好。

17. 乐通股份(股票代码:002319)

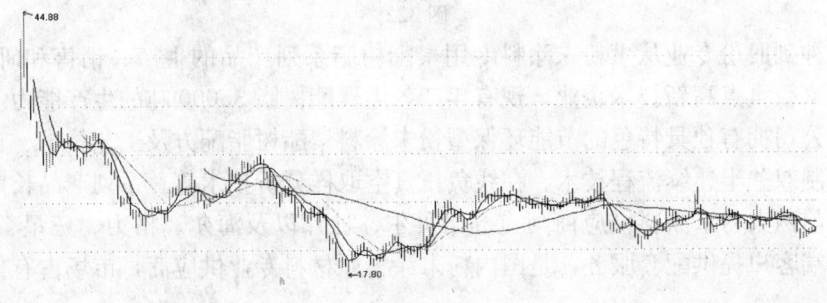

图 321

乐通股份是国内包装印刷油墨行业的龙头企业,我国珠三角地区唯一同时拥有省名牌产品、省著名商标的油墨厂家,美国 Pantone 公司的特许印刷油墨生产商。

公司凹印油墨的产销量连续多年在国内凹印油墨市场中位居本土油墨企业的第一位,且新品在不断研发中。公司在战略上提出向涂料领域延伸,已在手机塑胶涂料、家电粉末涂料、汽车修补漆上形成规模销售额,未来三年涂料业务将高速成长。根据中国包装联合会预测,"十一五"期间我国以塑料、纸为基材的凹印油墨年均增长率至少可达20%。

公司具有十余年研究开发、生产经营包装印刷油墨的历史,产品以中高档凹印油墨为主,目前已有八大系列50多个产品在试制和推广中,随着公司业务规模的扩大,有望形成新的利润增长点。

18. 神剑股份（股票代码：002361）

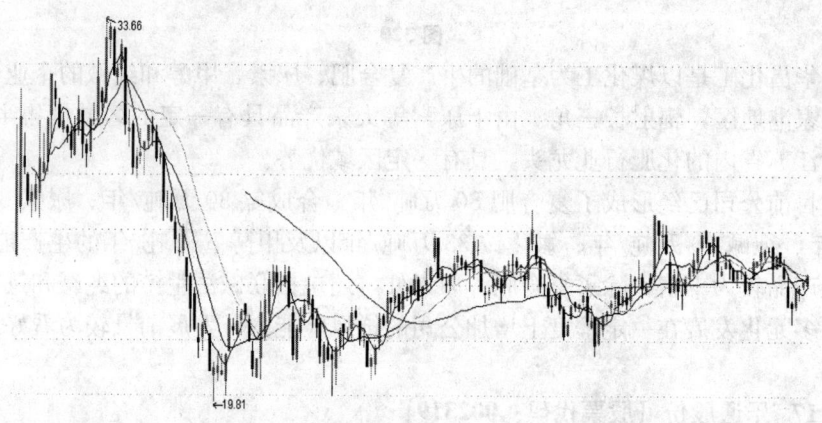

图 322

神剑股份专业从事粉末涂料专用聚酯树脂系列产品的生产、销售和研发,为国家级重点高新技术企业,现有年产各类聚酯树脂35000吨的生产能力。

公司拥有独具特色的节能环保型粉末涂料聚酯树脂配方及工艺技术、自动化控制双釜半连续流程技术、在线负压真空取样分析技术等。系列产品长期为全球前两大粉末涂料供应商阿克苏诺贝尔、杜邦以及海尔、格力、三星、LG等高端客户提供配套服务,是国内粉末涂料原材料专业供应商,市场占有份额第一。

十七、化工行业

19. 双箭股份（股票代码：002381）

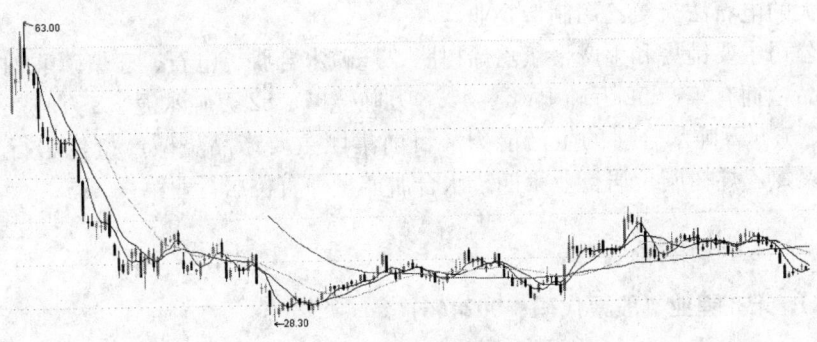

图 323

双箭股份是一家专业生产输送带、平胶带及胶管系列产品的管带行业骨干企业，产量居国内同行排名第二、出口量第一、经济效益第一。公司具有年产输送带 1000 多万平方米、胶管 320 多万标米的生产能力，输送带的主要品种有普通型、强力型、耐酸碱、耐高温、耐燃、耐油、耐热、防撕裂抗穿刺、食品输送带、花纹输送带、管状输送带、挡边输送带等。产品广泛用于冶金、煤炭、化工、建材等行业，畅销全国并远销南非、日本、韩国、澳大利亚、欧洲等国家和地区，年外销量达 40％以上。"双箭"品牌被评为浙江名牌、浙江省驰名商标。

公司拥有良好的品牌形象和突出的市场地位，随着我国经济持续快速增长，各生产领域自动化、机械化水平不断提高，对输送带的需求也将逐年增加。

20. 天原集团（股票代码：002386）

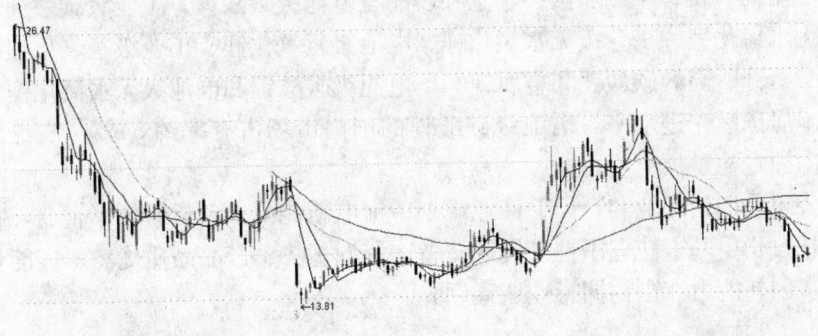

图 324

天原集团是中国最早的氯碱化工企业、中国西部最大的氯碱化工企业、中国最大的电石法聚氯乙烯制造企业。

公司主要销售和生产聚氯乙烯树脂、烧碱水合肼、电石、三聚磷酸钠等系列产品，拥有年产52万吨PVC、41.8万吨烧碱、82万吨水泥、8万吨三聚磷酸钠、1.5万吨水合肼的生产能力。目前集团主要产品烧碱产量位居行业第八，聚氯乙烯树脂位居行业第四，水合肼产量一直位居行业第一。

21. 天齐锂业（股票代码：002466）

图 325

天齐锂业是国内最大的锂电新能源核心材料供应商，国内锂行业中技术领先、综合竞争力较强的龙头企业，全球最大的矿石提锂生产商。公司致力于锂系列产品的研发、生产和销售，主导产品有电池级碳酸锂、工业级碳酸锂、电池级无水氯化锂、工业级无水氯化锂、电池级氢氧化锂、工业级氢氧化锂以及磷酸二氢锂、高纯碳酸锂和金属锂等。电池级碳酸锂和电池级无水氯化锂等生产技术居国际先进水平，电池级碳酸锂的国内市场占有率约54%，广泛应用于国内锂电池正极材料行业。

公司是四川工业"7+3"产业规划中锂电新能源、新材料领军企业，在四川省甘孜州甲基卡建立了锂矿资源储备，资源优势、产品品质优势、产能优势和技术创新能力在国内同行业遥遥领先。

十七、化工行业

22. 金正大（股票代码：002470）

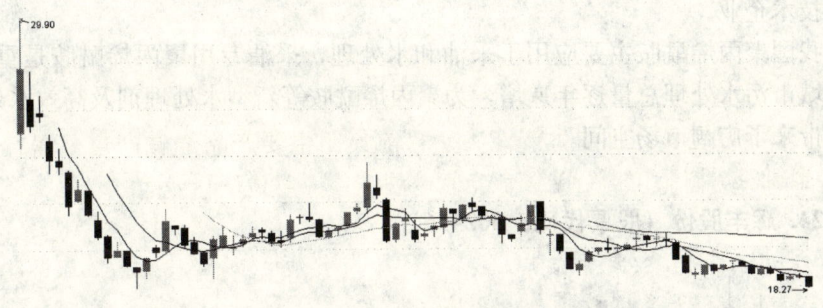

图 326

金正大是一家从事复（混）合肥、缓控释肥及其他新型肥料的研发、生产和销售的国家重点高新技术企业及亚洲最大的缓控释肥生产基地，旗下产品"金大地"、"沃夫特"、"嘉安磷"、"金正大"等均是国内知名品牌。

公司是缓控释肥细分领域龙头企业，同时复合肥产销能力国内领先，并享受国家免征增值税的优惠政策。公司先后承担了《缓控释肥料》行业标准和《缓控释肥料》国家标准的制定工作，填补了国内空白。公司先后与美国6所大学、美国农业部3个试验站等国外科研机构建立合作关系，产品畅销全国，并出口美国、德国、荷兰、马来西亚、澳大利亚等国家和地区。

23. 宝莫股份（股票代码：002476）

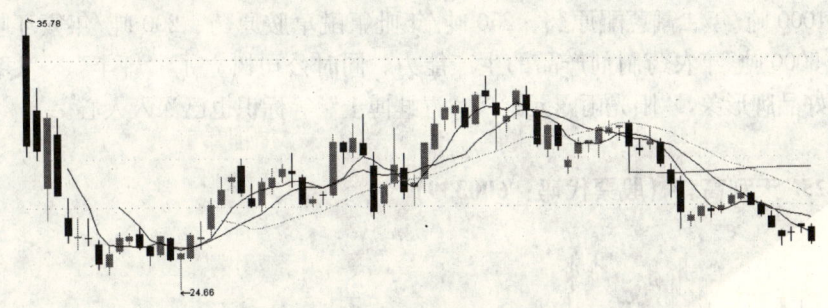

图 327

宝莫股份是国内大型聚丙烯酰胺供应商之一，也是我国第二大采油专用聚丙烯酰胺制造商，致力于丙烯酰胺、聚丙烯酰胺及其衍生物的开发和生产。

公司被中石化列为一级战略供应商，与其形成了牢固的合作关系。公司先后承担了三项国家级研发项目，荣获"科技进步一等奖"、"杜邦科技创新奖"等，年产1.3万吨超高分子量阴离子型聚丙烯酰胺项目列入国家发展计划会"十五国家高技术产业化示范工程"。2007年公司被评为国家火炬计划重点高新技术企业。

我国聚丙烯酰胺主要应用于采油和水处理,采油专用聚丙烯酰胺是重点。我国城市污水处理总量逐年递增,为聚丙烯酰胺等新型水处理剂及高效水处理材料带来了广阔市场空间。

24. 辉丰股份(股票代码:002496)

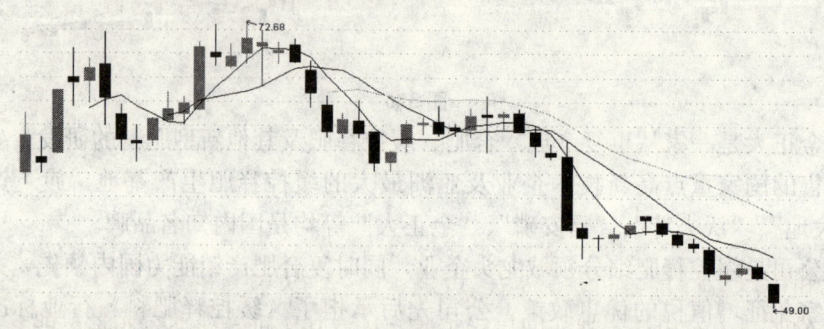

图328

辉丰股份是国家农业部定点的农药生产经营企业,已成为全球最大的咪鲜胺原药生产企业,国内最大的辛酰溴苯腈原药、氟环唑原药生产企业。公司共有杀虫剂、杀螨剂、杀菌剂、除草剂、植物生长调节剂五大系列,产品畅销全国并远销世界各地。公司具备3800吨/年咪鲜胺原药、2000吨/年辛酰溴苯腈原药、1000吨/年二氰蒽醌原药、250吨/年吡氟酰草胺原药、200吨/年氟环唑原药及5000吨/年农药制剂产品的生产能力。同时公司树立了"辉丰"、"UFA"等良好品牌形象,"阳光雨露元素"、"青蛙博士"等标识也已深入人心。

25. 天利高新(股票代码:600339)

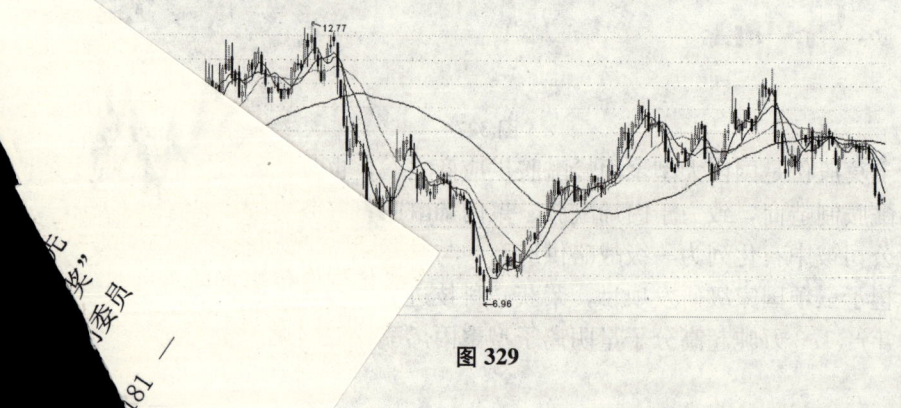

图329

天利高新属于新疆板块，主营产品已二酸。公司受新疆经济振兴利好政策的出台和未来增发扩大产能预期的影响，股价具有一定的上涨空间。

26. 云维股份（股票代码：600725）

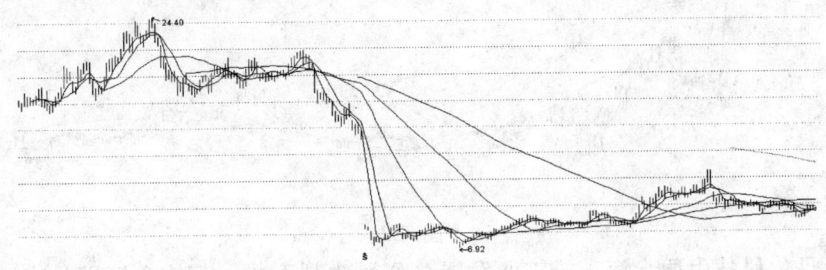

图 330

云维股份是国内煤化工产业链最完整的企业之一，目前拥有煤焦化、煤电石化和煤气化三条产业链，且各产业链之间的关键环节产品已打通，技术和成本优势明显。公司作为独立的焦化企业，优势在于部分产业链完整，能够避免焦炭单一周期的影响而降低经营风险，同时化工产品盈利能力上升，盈利弹性十足。

在二级市场上，预计后市仍有上升潜力，建议关注。

27. 江苏索普（股票代码：600746）

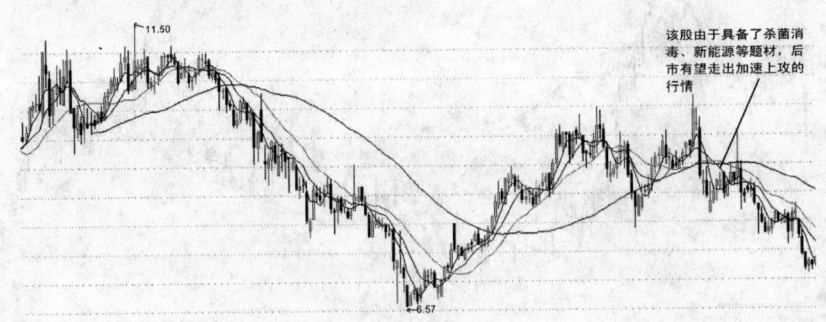

该股由于具备了杀菌消毒、新能源等题材，后市有望走出加速上攻的行情

图 331

江苏索普是国内最大的醋酸、ADC发泡剂、漂精粉和橡胶硫化促进剂生产企业，其水合肼提纯分离中试技术已投产，双氧水氧化法ADC技术也已实现稳定生产，4万吨/年离子膜烧碱及新增液氯化冷冻机组也已投产。值得注意的是，公司主导产品漂粉精属于高效杀菌剂，可用于家庭、餐饮及公共场所的杀菌灭毒。此外，该股的锂电新能源概念也不容忽视。

28. 丹化科技（股票代码：600844）

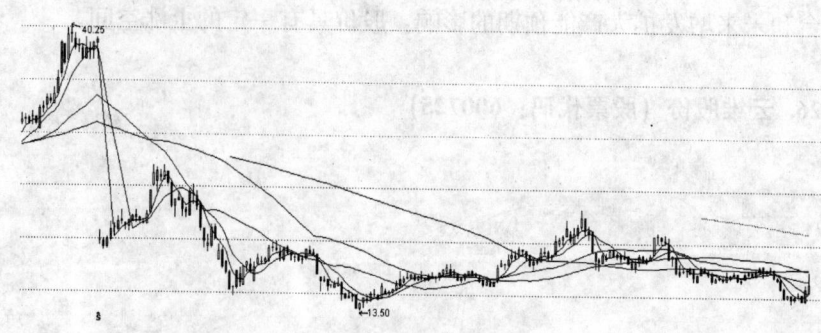

图 332

丹化科技由原上海英雄工业发展总公司改制而成，英雄金笔厂具有 60 多年的历史，1989 年首批进入国家一级企业行列。公司现已成为世界上自来水笔出口数量最大的制造商，市场占有率相当高，产品远销世界 60 多个国家和地区。

公司通过定向增发收购通辽金煤 51% 的股权，改变公司产品过于单一的劣势。进入乙二醇生产领域，可丰富产品结构，进一步增强公司盈利能力。

29. 滨化股份（股票代码：601678）

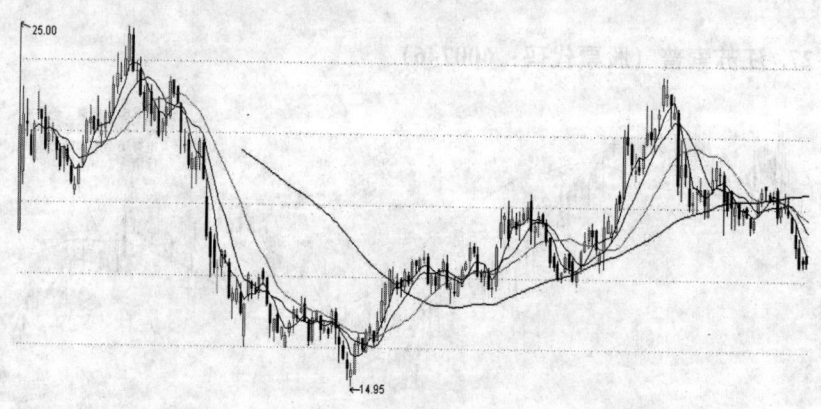

图 333

滨化股份具有循环经济优势，副产品利用好，具备可持续发展的能力。公司是国内第二大环氧丙烷生产企业，产品销售量处于全国第一，将长期受益于国内聚氨酯行业快速增长。国内聚氨酯硬泡主要应用于冰箱保温，所以公司产品在建筑节能领域前景非常广阔，长期受益于我国建筑节能产品的推广。

十八、煤炭行业

1. 国际实业（股票代码：000159）

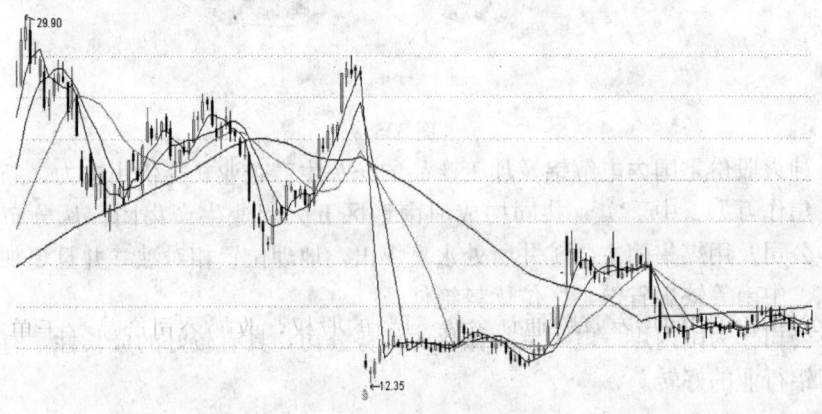

图 334

国际实业与铸管集团、铸管股份、铸管资源共同签署《重组协议》。协议约定由各方对铸管资源进行增资，同时对新疆国际煤焦化有限公司进行重组。通过出售煤焦化公司，参股铸管资源，与铸管股份、铸管集团合作打造钢焦一体化经营模式，公司今后将继续享有焦炭行业的增值收益和钢焦产业整合的协同收益。

新疆是我国最后一个焦煤富产区，公司紧紧抓住地缘优势，通过收购整合拜城地区的煤炭资源，直接或间接控股14家煤炭生产经营企业，拥有矿井16个，原煤销售在拜城地区市场占有率约85%，区域垄断优势相当明显。

公司与新疆拜城和库车两县签署协议，分别投巨资建设年产150万吨的焦煤项目与年产100万吨的原煤生产基地，并且县政府承诺不与其他任何主体就煤炭整合签订合作合同，这意味着公司将垄断新疆最大一个煤炭富产区的煤炭资源。

2. 神火股份（股票代码：000933）

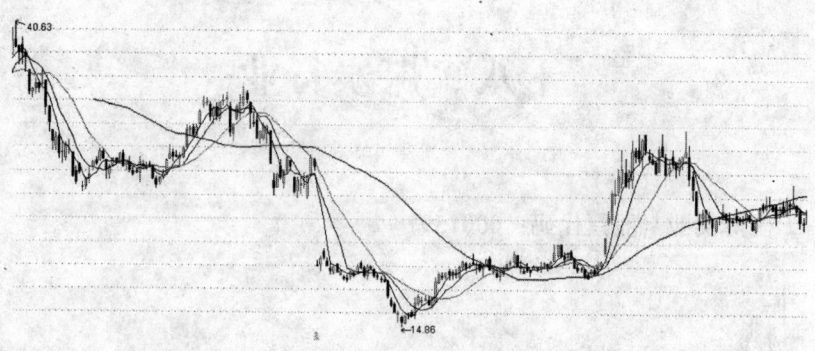

图335

神火股份是国内电解铝及加工产品的龙头生产企业，与伊川电力、新安电力、焦作万方、中孚实业共同构成河南地区五大铝业生产集团。从分布情况看，公司及用煤集团主要矿井所处永夏煤田，地理位置相对独立并且更加靠近华东、中南等缺煤省份，区位优势绝佳。

公司作为国内煤—电—铝一体化的优势公司，具有较好的成长性，有望获益于铝行业的好转。

3. 西山煤电（股票代码：000983）

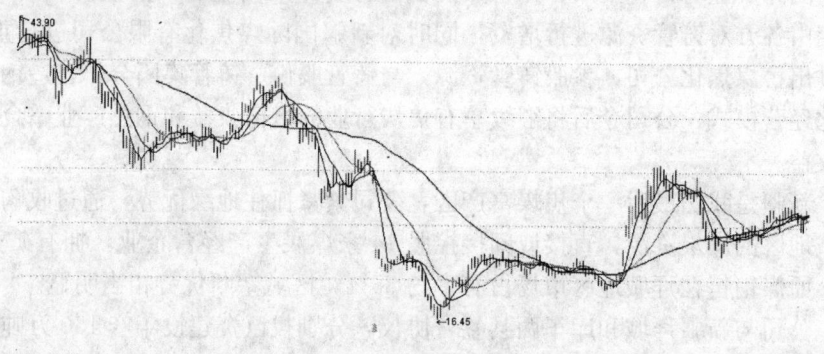

图336

西山煤电作为焦煤企业龙头，将长期受益于我国城市化进程的推进。公司积极拓展煤炭资源，完善煤焦化产业链，且存在整体上市预期。

公司高成长仍可持续，主要来自兴县二期项目、整合技改项目、后备资源扩张和集团资产注入。公司积极获取后备资源，将保证公司中长期可持续发展。

4. 国阳新能（股票代码：600348）

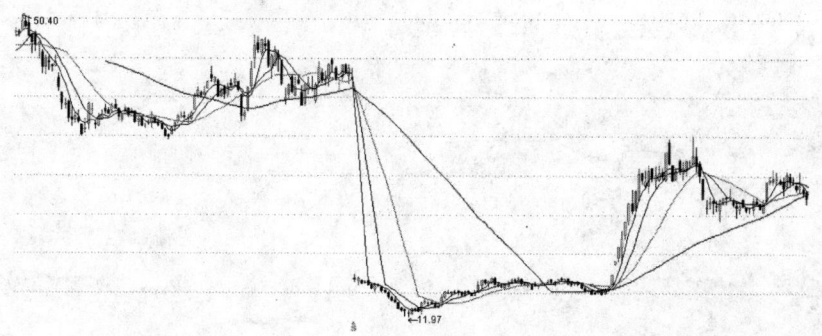

图 337

国阳新能是全国重要的优质无烟煤生产基地，所产煤炭属于年轻无烟煤，具有低灰、低硫、挥发分适中、可磨性好、发热量高的优点。公司的煤炭开采量及管理技术水平均居全国领先水平，也是我国最大的煤炭工业生产基地之一。公司还率先在全国试验成功并推广使用了当今最先进的"综采放顶煤技术"。

在二级市场上，该股基于良好的基本面，其后期仍有上升空间。

5. 安泰集团（股票代码：600408）

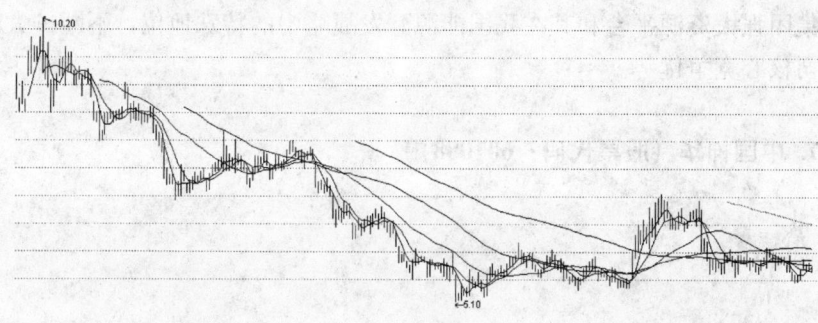

图 338

安泰集团是山西省重点支持的三大焦化龙头企业以及国家循环经济试点企业。公司目前两大主导产品焦炭和生铁年产能分别为 175 万吨和 100 万吨，其中焦炭 80% 出口国际市场，毛利率 20% 左右。公司设备技术水平处于国内先进水平，符合煤焦行业的发展方向。

公司未来还是主要立足焦炭主业，积极向上下游延伸。随着焦炭行业内部整合格局渐变，再结合公司作为民营企业成本控制方面更具灵活性，其具有持续关注的价值。

6. 大同煤业（股票代码：601001）

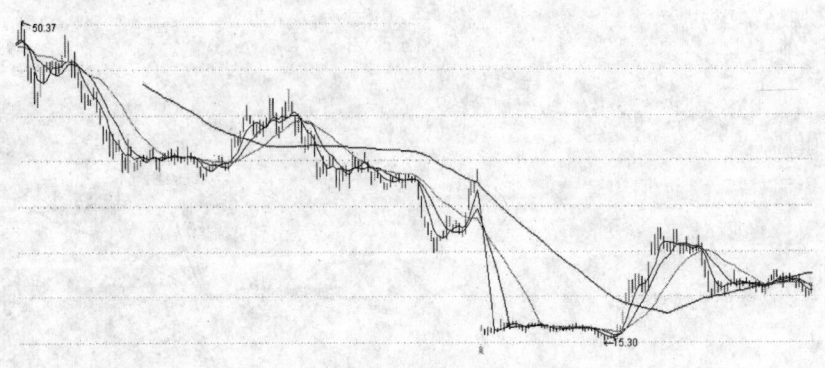

图 339

大同煤业作为国内优质动力煤生产企业，在煤炭产运销等各个环节受到上级部门的大力支持，随着煤炭关井压产和资源整合的不断深入及公司新建项目的逐步投产，公司的行业地位将日益突出。

国家批准太原、大同等城市享受振兴东北老工业基地政策，最近又批准山西省为生态省建设试点和发展循环经济试点省份，这些政策、资金、平台的效应会不断释放出来，对于公司的发展将是长期利好。

公司将充分利用自身资源、品牌、区位、管理等方面的优势，依托或借助同煤集团强大资源平台和其在我国能源开发战略中的特殊地位，不断扩大和提升公司核心竞争优势。

7. 中国神华（股票代码：601088）

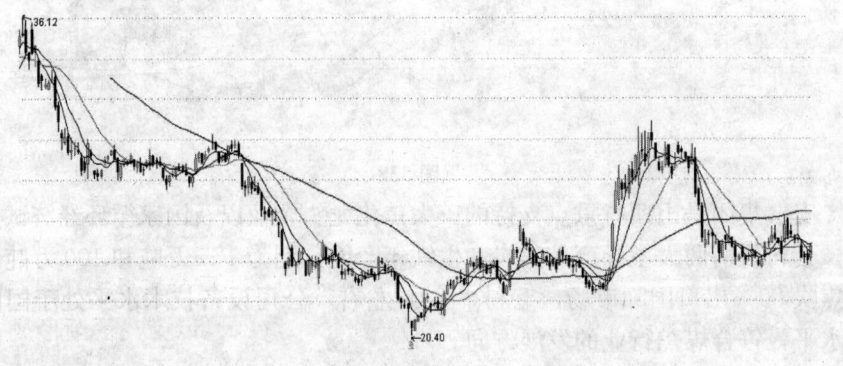

图 340

中国神华是世界领先的以煤炭为基础的一体化能源企业，拥有独一无二的煤炭、铁路、港口、电力一体化商业模式。公司是中国最大的煤炭生产商

十八、煤炭行业

和最大的煤炭出口生产商,并拥有中国最大规模的优质煤炭储量。公司独享的4条自有煤炭运输专用铁路、1个专用海港和3个专用港口泊位,既可以将煤炭源源不断销往中国各地和世界上多个国家,也可以有充分的空间调控煤炭产量,占领以中国沿海地区为主的目标市场,为客户提供稳定、充足的煤炭供应。

公司作为行业龙头,在资源获取、运销等方面具有明显优势,业绩也有稳定的增长保障。目前该股估值最低,具有较高的安全边际,且盈利具备超预期的空间,建议关注。

8. 平煤股份(股票代码:601666)

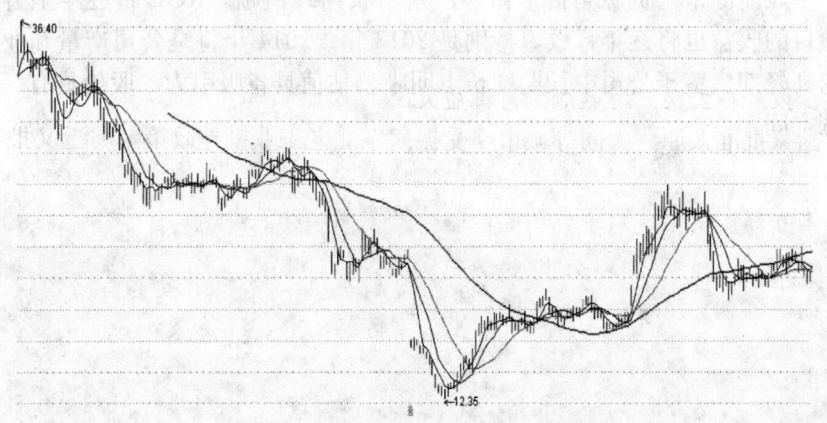

图 341

平煤股份位于中原腹地,紧邻华东和中南经济发达缺煤省份,是中南地区最大的炼焦煤生产基地。公司所产煤炭产品能满足电力、冶金、化工、建材等多个行业的需要。

公司具有较强的研发能力,拥有先进开采技术,一直专注于提高机械化水平和生产集约化程度,生产装备科技含量、综合机械化程度与煤炭洗选加工程度较高。

公司长期坚持"与客户一起成长"的营销理念,注重与重点用户建立长期的战略合作伙伴关系,使重点用户的销售量上升到80%以上,逐渐形成了集资源、区位、运输等优势为一体的营销核心竞争力,促进了煤炭销量的稳步增长。

9. 中煤能源（股票代码：601898）

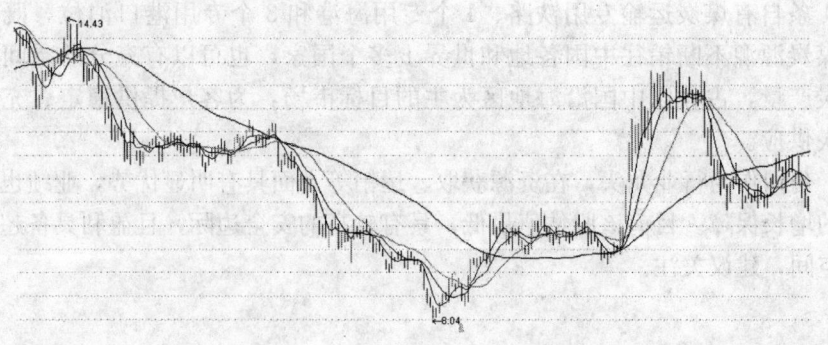

图 342

中煤能源未来资源储备丰富，产量增长路线清晰，ROE 将逐年上升，投资项目的收益也将逐年释放，特别是 2013 年、2014 年将是公司产量和业绩展现的高峰期。鉴于公司中长期增长点明晰、估值具备吸引力，股价具有一定的上涨空间。

十九、建筑建材

1. 深天地 A（股票代码：000023）

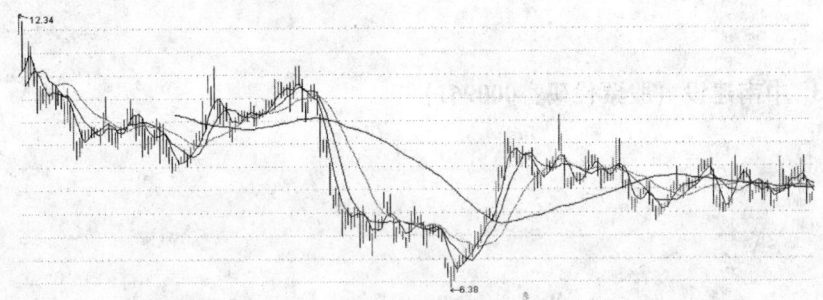

图 343

深天地是全国唯一的一家从事商品混凝土生产经营的上市公司，在国内商品混凝土市场上享有较好的声誉，其品牌价值得到用户和行业的广泛认同。目前，公司碎石生产量及储量为深圳市第一，混凝土产量在深圳市的市场占有率达 20%，在深圳同行业名列前茅。全国每年的房地产开发投资、城市建设、交通等领域的投资总额金额巨大，其中，商品混凝土是必需产品，市场空间大，行业发展前景广阔。

公司实际控制人实力雄厚，虽然定向增发失败，但不改公司重组预期。

2. 北方国际（股票代码：000065）

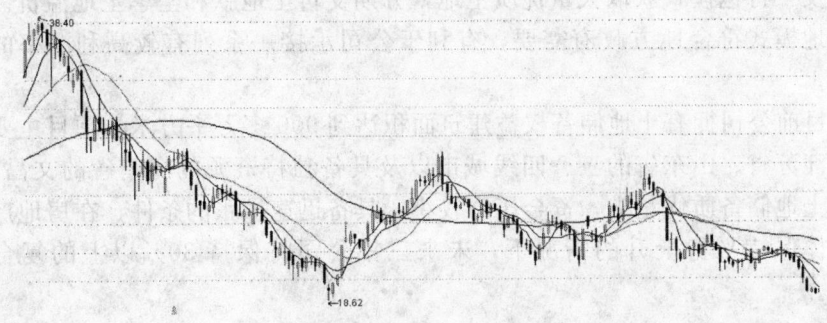

图 344

北方国际是国际工程承包,各类型工业、能源、交通、民用工程建设项目的施工及铝业、房地产开发等多元发展的上市公司。公司具有航天军工背景,实际控制人为中国兵器工业集团,是中国最大的武器装备制造集团,其子公司北方工业公司主要经营性资产涉及武器装备、运动器材、车辆制造、稀有矿产和石油资源等。

公司是国内主要的国际工程承包商之一,随着公司国际工程市场开发和市场多元化取得一定成效,未来前景较好。

3. 中南建设（股票代码：000961）

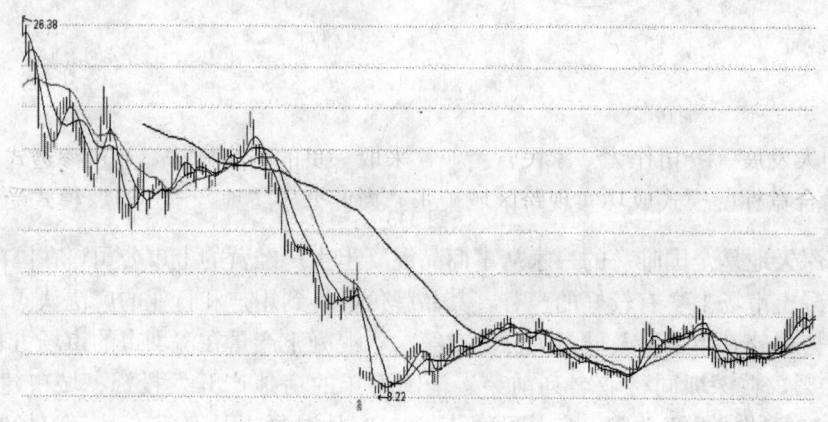

图 345

中南建设是江苏省最具知名度的民营企业之一,以建筑起家,立足地产,在发达的三线城市布局大盘开发,区域竞争优势明显。"建筑+地产"模式下公司项目开拓和管理控制能力突出。公司凭借"公建工程施工+房地产开发"打包模式获取大量优质土地,分期支付土地款和坐享土地溢价。这种拿地模式符合地方政府需要,有利于公司承接一系列有较高利润率的大项目。

目前公司拥有土地储备权益建筑面积达到900多万平方米,项目主要分布于江苏省、山东省的三、四线城市以及具备独特资源的海南省的文昌市。公司土地储备质优量丰,资金压力较小,具备迅速扩张的条件,在房地产市场整体保持平稳上升的情况下,未来三年公司将保持30%以上的复合增长率。

十九、建筑建材

4. 宏润建设（股票代码：002062）

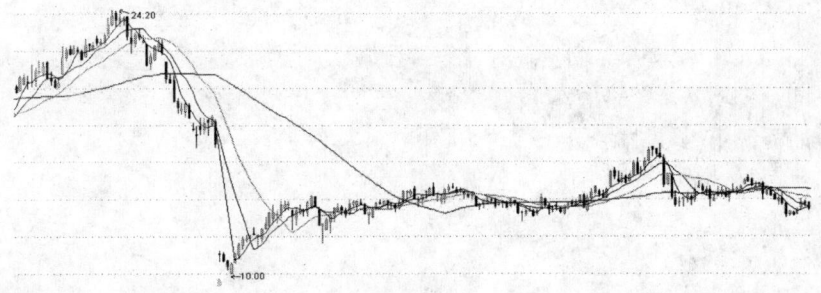

图 346

宏润建设具备市政设施及房屋建筑工程施工的技术和经验，同时是国内第一家进行城市轨道交通盾构施工的民营企业。

根据测算，未来 10 年，轨道交通市场投资额将达 2.5 万亿元，其中土建市场的投资规模超过 1.3 万亿元，年均投资额 1300 亿元，公司将受益轨道交通的大发展。公司作为一家民营企业，采取一贯的务实做法，通过渗透式发展与联合竞标的模式成功实现跨区域扩张。当前公司"地产＋建筑"模式受到考验，公司适时进入太阳能光伏产业，尽管投资金太阳电力尚停留在财务投资层面，却凸显公司危机意识和跟随政策导向进行转型的战略意图，未来有可能谋求建筑业与太阳能的产业结合，此次尝试或能帮助公司实现华丽转身。

5. 东方雨虹（股票代码：002271）

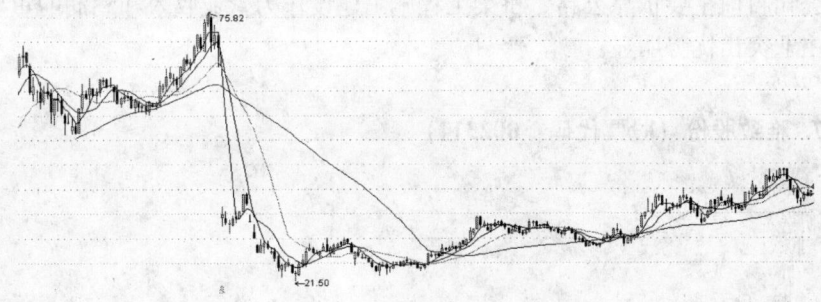

图 347

东方雨虹是国内第一家建筑防水材料行业上市公司，处于细分行业龙头地位。随着房屋防水和基础设施防水越来越受到重视，未来几年行业维持 10%以上增长的概率较大，公司未来仍将有较大的成长空间。公司历史上承接了人民大会堂、中央储备粮库、奥运世博工程、京沪高铁等一大批重点工程，品牌和技术实力明显。

6. 北新路桥（股票代码：002307）

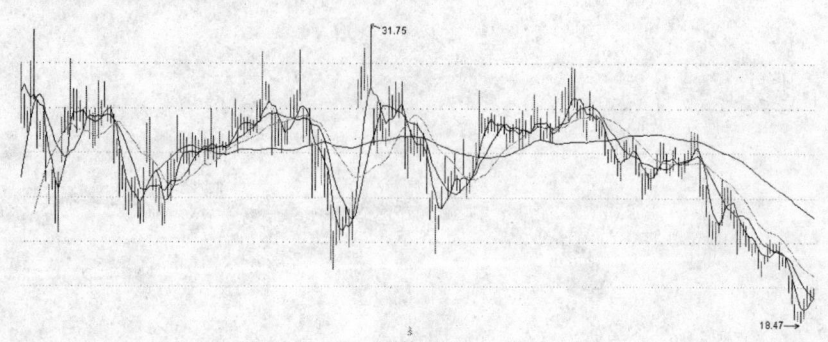

图 348

北新路桥是新疆具备一级公路施工资质的唯一一家上市公司，也是施工规模最大的一家。作为新疆地区的建工龙头企业，公司将受益新疆产业振兴计划。

在目前拥有公路工程施工总承包一级资质的基础上，公司争取用 3 年左右的时间取得公路工程施工总承包特级资质，并将通过参股、控股等方式参与和控制其他目标市场中的同类企业，以推动经营规模和市场份额的快速扩大。

在市场和业务拓展方面，公司一方面将重点加强国内中西部重点地区如新疆、陕西、重庆、四川、内蒙古、甘肃等公路建设市场的开拓力度；另一方面将借助政策优势、地缘优势、成本优势以及多年在国外施工积累的品牌优势等有利条件稳定巩固现有的国外市场。

公司目前主要依靠公路、桥梁工程施工建设作为营业收入和利润的重要来源，主业突出优势明显。

7. 雅致股份（股票代码：002314）

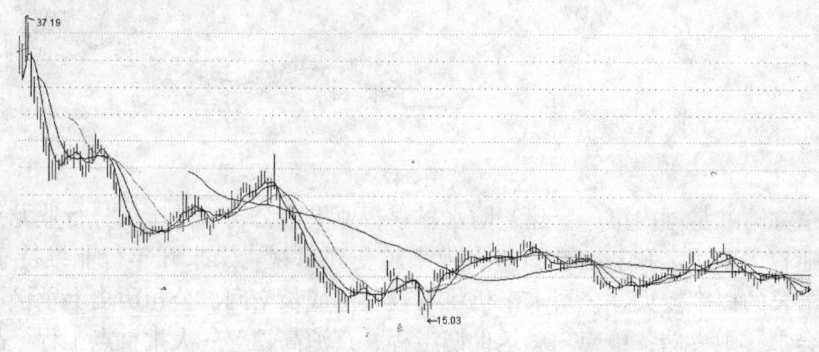

图 349

雅致股份是国内集成房屋的龙头企业,主要从事集成房屋的生产、租赁和销售业务。公司集成房屋产品具有节能环保、安装便捷、可移动和循环使用、减少资源浪费等优点,在临时建筑、重大灾害重建等方面应用广泛,同时符合国家建设节约型社会的要求。

公司集成房屋产品在国内正处于推广应用阶段,市场需求增长迅速并且前景广阔,已初步建立起以深圳、苏州、廊坊、成都、武汉等地为中心的全国战略布局,行业地位日益增强。"雅致"品牌被评为"中国驰名品牌"和"中国政府采购首选品牌"。

8. 艾迪西（股票代码：002468）

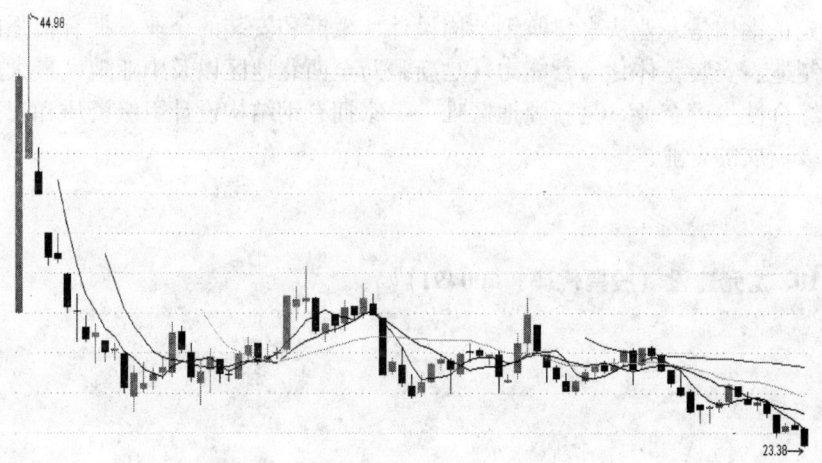

图 350

艾迪西是一家铜制阀门、水暖洁具与管接头的专业生产企业和出口导向型企业,致力于水暖器材（阀门、管件等产品）的研发、制造、销售与服务。公司主要产品取得了欧美主要发达国家主要认证机构的认证,涵盖英国 WRAS,德国 DVGW,荷兰 KIWA,法国 ACS,美国 UPC、NSF、UL 和加拿大 CSA,阀门、管件和卫浴附件等产品共有 294 个系列,超过 3000 种获得这些认证机构的认证。公司销售市场涵盖欧洲、美洲、中东、亚洲等十几个国家和地区,通过多年 OEM/ODM 模式经营,公司拥有了一批稳定的国外客户资源。

9. 光正钢构（股票代码：002524）

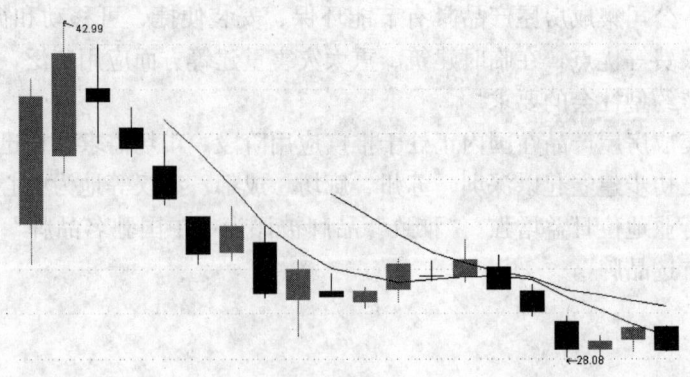

图351

光正钢构是专业从事建筑钢结构设计、生产和安装的企业，拥有很强的设计、制造、安装一体化经营能力，是新疆乃至西北地区以及中亚地区最大的钢结构综合性生产企业，是新疆地区唯一一家拥有钢结构设计甲级资质和工程承包一级资质的企业。

10. 龙元建设（股票代码：600491）

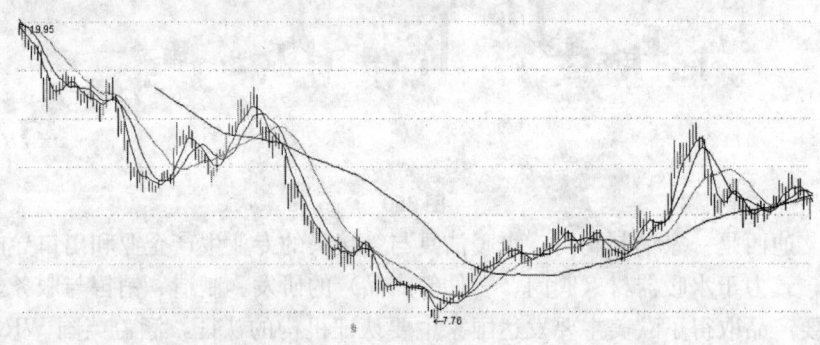

图352

龙元建设是长三角建筑市场最大的民营施工企业之一，是工程建筑行业民营企业龙头，拥有房屋建筑工程施工总承包特级资质。

公司主营业务为民用、工业、市政及公共设施等各类工程的建筑施工、工程安装，拥有房屋建筑工程总承包特级资质、市政公用工程总承包一级资质、机电安装工程总承包一级资质、地基与基础工程专业承包一级资质、建筑装修装饰工程专业承包一级资质和园林古建筑工程专业承包一级资质。

11. 腾达建设（股票代码：600512）

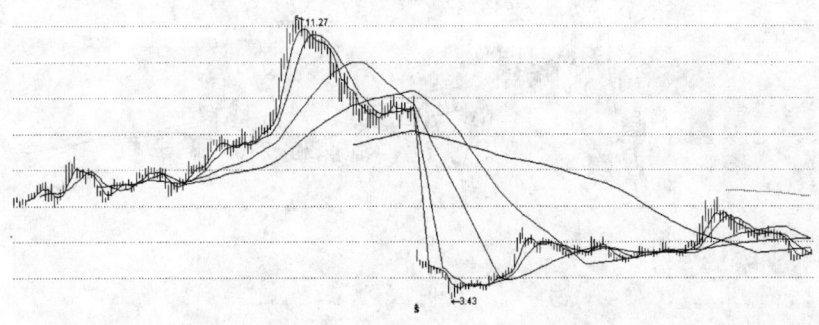

图 353

腾达建设主营业务为市政工程和公路工程建设。公司被浙江省政府授予"省重点骨干企业"称号，连续 8 年被上海市建委评为"进沪优秀施工企业"，是建设部认定的市政建设施工总承包特级及公路工程施工总承包一级企业。

公司相继中标吴江市学院路西延工程、无锡市新华路工程 Q1 标段、杭州地铁 2 号线一期工程（SG2-6 标段）、上海轨道交通 11 号线北段二期（北二）GT-13 标段等工程项目。

12. 中铁二局（股票代码：600528）

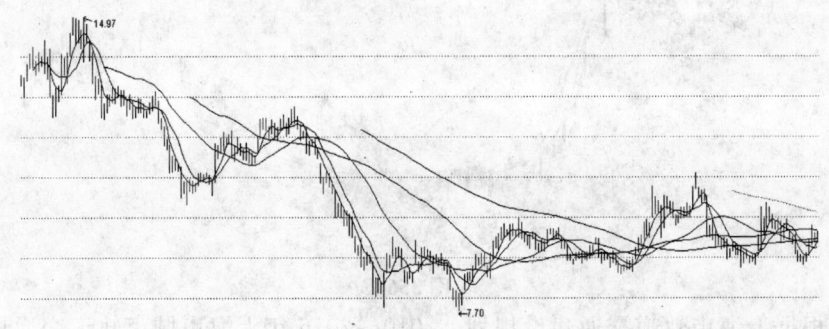

图 354

中铁二局"十二五"期间将持续收益西部铁路建设。到 2020 年，西部地区铁路网营业里程将增长 70％，极大高于全国整体路网 50％左右的增幅水平。公司将是这轮铁路建设高峰的主要受益者之一。

公司铁路基建面临良好发展机遇，订单及收入正进入快速成长期。同时随着铁路集中开工因素的缓和，公司毛利率也显露出稳步的改善趋势。

13. 新疆建设（股票代码：600545）

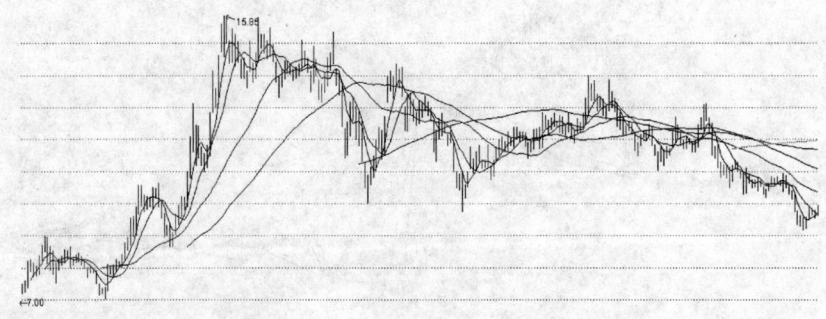

图 355

新疆建设是乌鲁木齐市土木工程领军企业之一，不断推进疆内建材行业产业升级。在建的年产 20 万立方大孔洞烧结砖项目，产品具有优异的保温性能及价格优势，符合国家"十一五"规划中对建材行业发展的核心指导方向。公司市政基础设施建设业务颇具竞争力，根据国家的宏观政策及乌鲁木齐市未来发展规划，公司基础设施建设业务面临较好发展机遇。

14. 隧道股份（股票代码：600820）

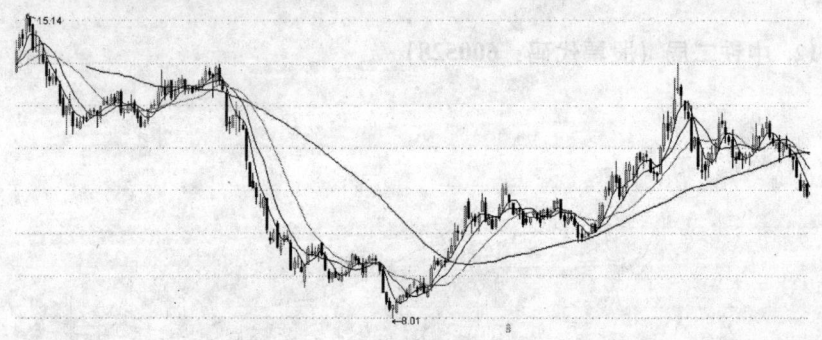

图 356

根据上海市轨道交通建设规划，2010～2016 年上海市城市轨道交通里程数计划再建设 125 公里，到 2025 年，城市轨道交通里程总数达到 987 公里。隧道股份是目前沪深两市唯一一家专业从事地下隧道工程的上市公司，具有 30 年以上软土盾构隧道施工经验，在国内市场同行业中具有较强的竞争优势。

公司下属企业隧道工程股份有限公司机械厂现已成为目前全球最大的专业性盾构设备制造基地，具有自主知识产权的"先行号"盾构国产化率达到 70%，具备年产 20 台产品的产能。

15. 中国铁建（股票代码：601186）

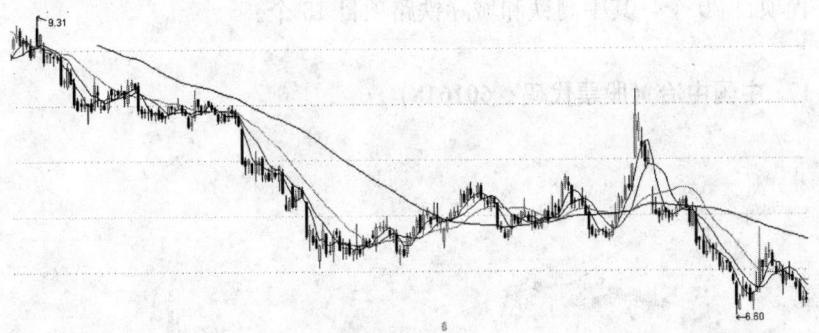

图 357

铁路大开发是中国经济发展阶段的必然产物，《中长期铁路网规划》展开了我国铁路投资的十年规划。在巨大的需求驱动下，未来十年中国铁路的基建投资规模将在 3.77 万亿元到 15.23 万亿元。

在能源日趋紧张的 21 世纪，铁路这个古老的产业被赋予了低碳经济新概念。不仅是中国，包括欧美在内的全世界掀起了新一轮铁路建设高潮。我国铁路基建凭借劳动力等成本优势已经跨出国门，走向世界。

公司是我国铁路基建行业两大寡头之一，必将充分享受行业十年规划的超长景气。未来五年，公司铁路基建业务年均增长潜力在 20% 以上。

16. 中国中铁（股票代码：601390）

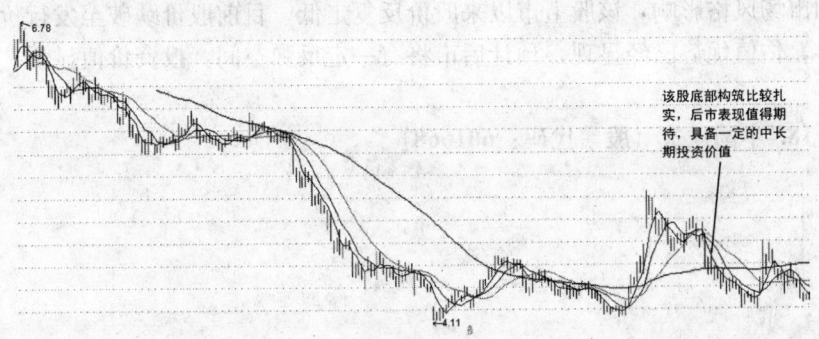

图 358

中国中铁是铁路建设施工的龙头企业之一，未来将持续受益于国内外高铁项目的建设。按照《中长期铁路网规划》，"十二五"期间，铁路基本建设投资额有望达到 3.5 万亿元以上，年均达 7000 亿元，相比"十一五"期间的 2.2 万亿元投资增加了 1 万多亿元。其中，"十二五"期间将建成 16448 公里高铁，平均每公里造价 1.14 亿元计算，高铁的总投资约为 1.875 万亿元。2011 年新开工程项目 70 个，其中高铁和城际铁路项目 15 个。

17. 中国中冶（股票代码：601618）

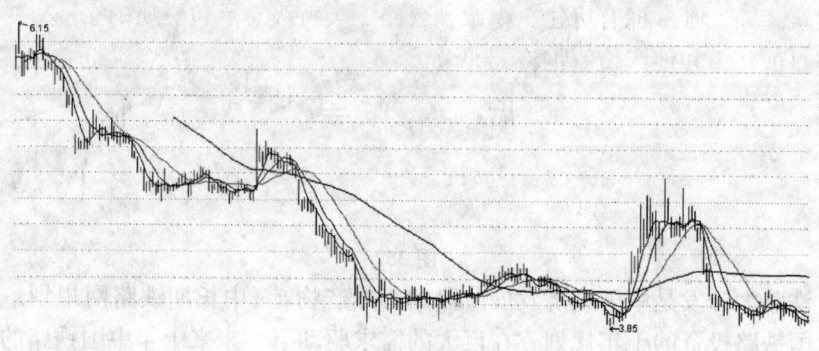

图 359

中国中冶是全球最大的冶金工程承包商，冶金工程行业技术壁垒高，毛利率可达 11%～15%。公司拥有多种金属矿产资源，其中铁矿石总资源量超过 20 亿吨、铜矿总资源量约 4 亿吨、镍矿总资源量约 0.74 亿吨，均位居国内同类企业前列。

公司以冶金工程承包业务为主导，是我国市场份额较大的工程建设综合企业集团之一，拥有矿山开发及矿产资源采、选、冶的一体化产业链。

公司拥有多种金属矿产资源，具备长线投资价值。由于受前期大盘持续调整和市场风格影响，该股上市以来股价反复走低，目前股价跌破至发行价格的一半，估值优势已经显现，预计后市将有一定反弹空间，投资价值显现。

18. 中国建筑（股票代码：601668）

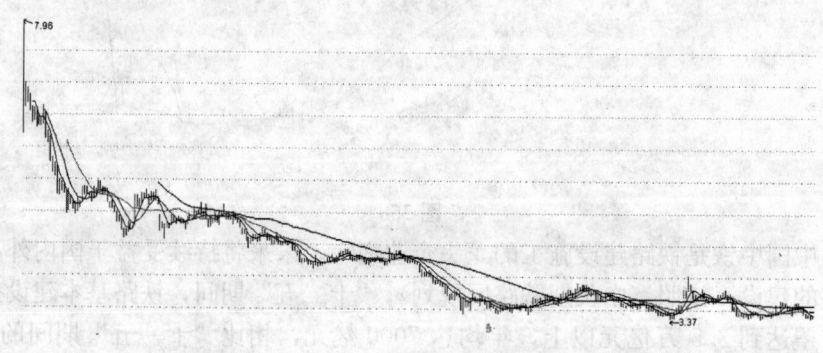

图 360

十九、建筑建材

中国建筑是中国最大的建筑房地产综合企业集团、中国最大的房屋建筑承包商，在工业与民用建筑工程建设、大型公共设施建设以及大型工业设备安装等领域积聚了雄厚的技术优势。公司以房屋建筑承包、国际工程承包、地产开发、基础设施建设和市政勘察设计为核心业务，是唯一一家拥有三个特级资质的建筑企业，唯一拥有房建、市政、公路三类特级总承包资质的企业。

目前建筑和地产估值均在最低点，加之公司未来三年30%的增速具有比较高的确定性，该股投资价值显著。

二十、水泥行业

1. 同力水泥（股票代码：000885）

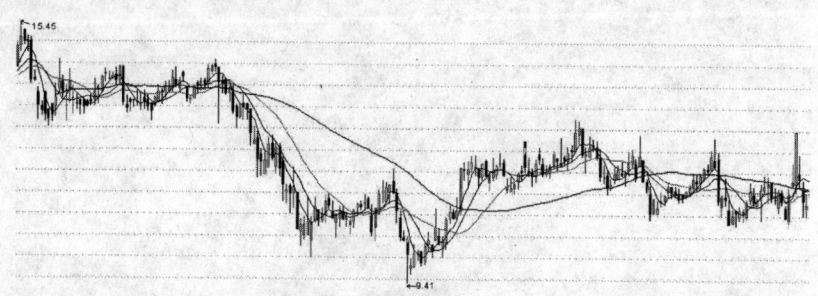

图 361

同力水泥以水泥生产及销售为主营业务，是两市典型的区域水泥龙头企业。公司采用新型干法生产技术，技术实力较强。同力牌水泥具备强度高、碱含量低的质量优势，在河南省重点工程领域有较高知名度。公司与河南建筑材料研究设计院共同成立河南同力水泥股份有限公司技术中心，以进一步加强公司的研发实力。此外，公司还以节能减排为工作重点，注重资源的综合利用。公司正积极探索在并购整合、发展商混、固废处理等领域开发新的增长点。

河南地处中原，是沟通南北、联系东西的交通要道，省内水泥需求处于持续增长阶段。

2. 西部建设（股票代码：002302）

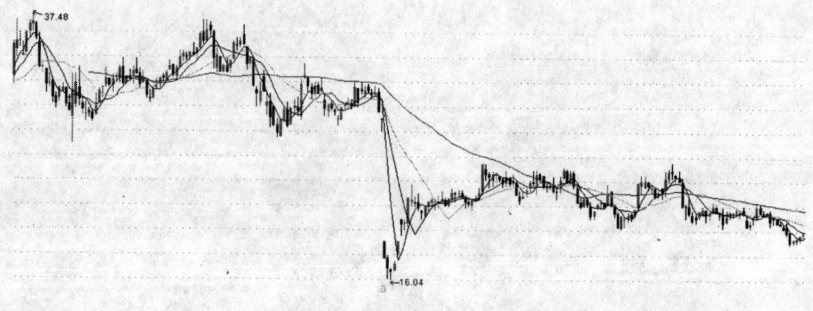

图 362

二十、水泥行业

西部建设是新疆地区最大的商品混凝土提供商,中长期增长较为稳定。此外,随着中国建筑成为母公司,旗下混凝土资产、新疆房地产资产等存在和西部建设重组整合的预期,该股后市值得长期关注。

3. 西水股份(股票代码:600291)

图 363

西水股份是内蒙古地区最大的水泥生产企业,位于资源富集的鄂尔多斯高原,已探明的各种原燃材料现有储量可供百万吨水泥生产规模的企业开采使用100年以上。到目前为止公司已占据陕北市场水泥需求量的70%左右。

公司控股包头西水科技有限公司90.01%、控股上海益凯国腾信息科技有限公司90%。国腾科技是一家专门从事计算机软件及系统集成的高科技公司,凭借雄厚的实力,获得 IBM Rational 中国大陆的一级代理、CMM 认证咨询及服务等。

4. 青松建化(股票代码:600425)

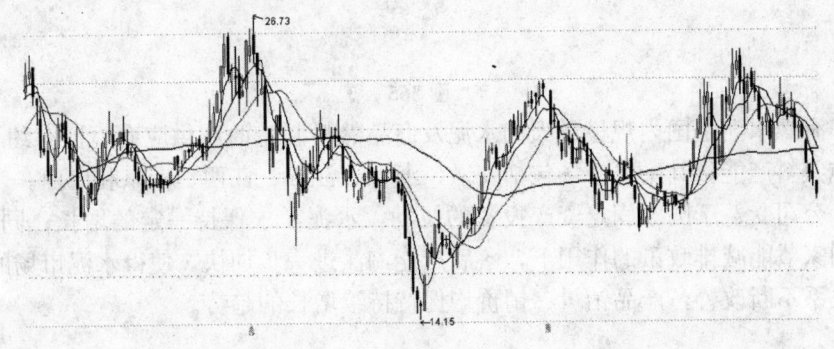

图 364

青松建化是新疆唯一一家生产 H 级油井水泥企业,同时公司和中石油塔里木油田分公司签署了战略联盟合作协议,加强双方在油井水泥产品产销领域的合作。此外,公司地处的阿克苏市已成为塔里木油气开发的主战场和"西气东输"的主气源地。

公司拥有储量丰富的各种矿产资源开采权,矿产原材料品种全、品位高、运输距离短,降低了产品生产成本,资源成本优势相当明显。

公司是兵团最大工业企业之一,享有兵团特殊体制和经济结构调整所赋予的产业政策扶持优势和各种优惠政策优势。

伴随新疆区域开发,"十二五"期间新疆的固定资产投资将超过两万亿元,即使在每万元投资拉动水泥需求 0.8 吨的保守假设下,新疆未来五年的水泥需求也将较"十一五"期间翻一番,新疆的水泥行业将进入黄金发展时期。

5. 海螺水泥(股票代码:600585)

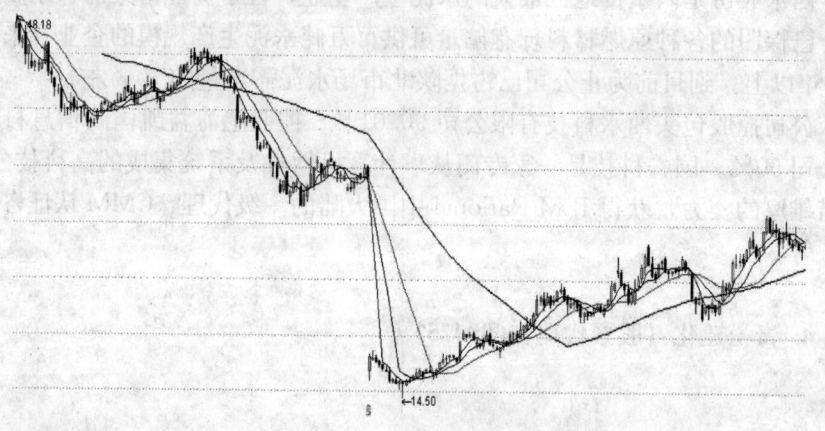

图 365

海螺水泥是国内规模最大的水泥及商品熟料制造商和供应商,拥有约 1.2 亿吨熟料产能。其主要市场包括安徽、浙江、江苏、江西、广东和广西。

公司受益于国家固定资产投资的拉动,水泥需求保持一定的增长;同时,在国家节能减排政策的作用下,落后产能淘汰进一步加快,使得水泥市场的供求关系不断改善,产品销量、销价均保持持续增长的趋势。

6. 亚泰集团（股票代码：600881）

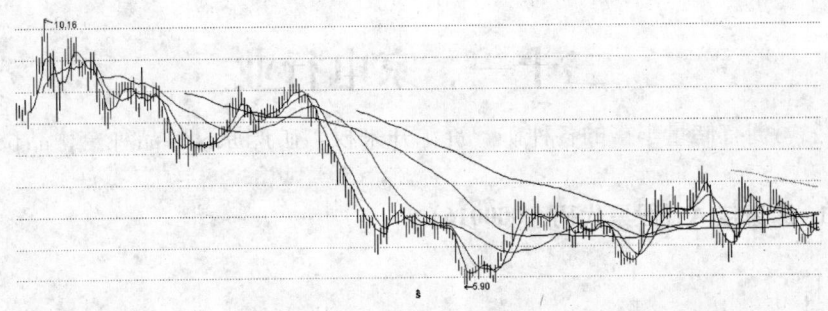

图 366

亚泰集团是东北地区最大的建材生产基地，形成了以石灰石开采、熟料生产、水泥生产、商品混凝土生产、水泥包装制品和水泥销售为一体的完整产业链，规模效应明显。

公司是东北地区唯一一家被列入首批国家循环经济试点工作试点单位的上市公司，所属子公司每年综合利用工业废弃物近100万吨，是东北地区水泥企业中处理工业废弃物的第一大户。公司在成为试点单位后将会在项目投资、原燃材料价格、税收等方面享受各级政府的优惠政策。

爱尔兰CRH购买公司所属全部水泥企业26％股权，并将拥有在3年以后进一步收购公司所属全部水泥企业股权至49％的选择权。CRH公司以基础原料、建筑材料和销售为核心业务，业务覆盖三大洲25个国家，拥有2600多个销售网点、超过66500名员工，在都柏林、伦敦和纽约三地上市，位列国际建材行业前5名。目前该事项已获商务部通过。

二十一、家电行业

1. 深康佳A（股票代码：000016）

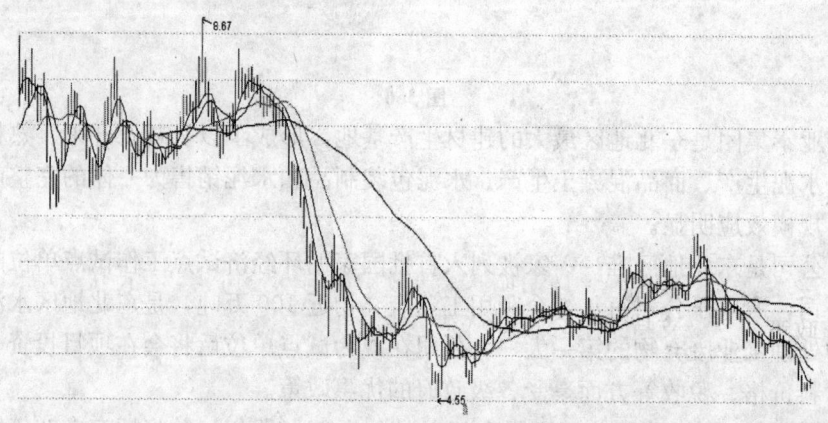

图367

深康佳是国内彩色电视著名品牌之一，在高清液晶和国产平板电视领域的市场份额遥遥领先。在"家电下乡"政策利好作用下，公司销售和业绩有较好增长。

公司的视讯业务不仅成为国内最大的酒店电视供应商之一和最有影响力的品牌之一，而且在电视台监视器系列上也保持着领先优势；公司数网业务在理顺业务流程的基础上，稳定了技术平台，健全了供应链体系，实现了产品销售的实质性突破；公司坚持价值经营的策略，在精品工程的推动下，涌现出I－sport36、MINI668等系列彩电精品，明显改善了产品结构，有力地提高了高端产品的市场占有率；为应对业务快速增长对供应链管理的挑战，公司专门成立了供应链优化项目组，库存同比大幅下降，使得供应链的效率得到大幅度提升。

二十一、家电行业

2. 华意压缩（股票代码：000404）

图 368

华意压缩是国内最大的无氟冰箱压缩机供应商之一，产品具有环保功能。公司主营业务为制冷压缩机的生产与销售，属专用设备制造业。

受"家电下乡"和"以旧换新"等政策影响，公司业绩保持快速增长。在国家政策的积极支持下，公司业绩有望继续获得较快的增长。

3. 美菱电器（股票代码：000521）

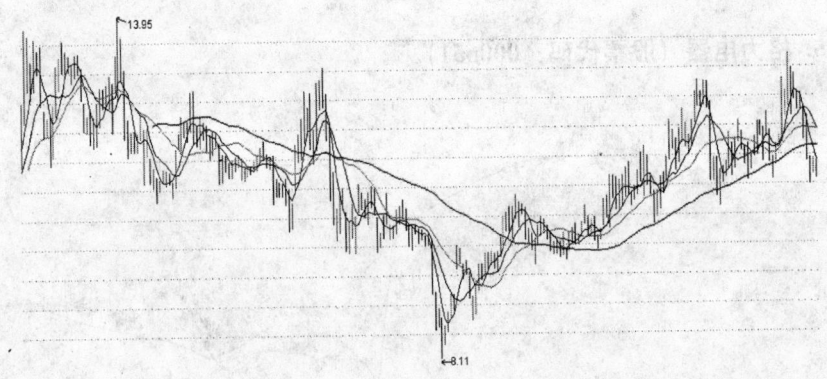

图 369

美菱电器的主营业务为冰箱、冰柜、空调、洗衣机的研发、制造和销售，本次募集资金投资项目实施后，公司主要产品的结构和品种范围进一步优化和扩大，有利于提升公司的市场竞争力和盈利能力，增强公司抵御风险的能力。同时，受国家有关"家电下乡"、"以旧换新"、"节能惠民工程"等宏观政策的驱动，公司产品销售规模将大幅增加。该股具有一定的上升空间，值得关注。

4. 美的电器（股票代码：000527）

图370

美的电器作为国内家电行业龙头，看好其在渠道整合下冰、洗、空业务的协同发展。目前公司洗衣机及冰箱业务仍处于整合上升期，未来市场占有率仍会得到进一步提升。

公司非公开增发A股计划发行35000万股，募集资金投向为中央空调、冰箱、压缩机和家用空调4个大类，共6个项目。此次募集资金也将投向空调压缩机项目和家用空调项目。公司的空调压缩机在市场上占据了较大的市场份额，此次募投项目将新增600万台空调压缩机产能，进一步强化公司的产品配套能力。家用空调项目则新增450万台的产能，强化公司在空调上的优势。

5. 格力电器（股票代码：000651）

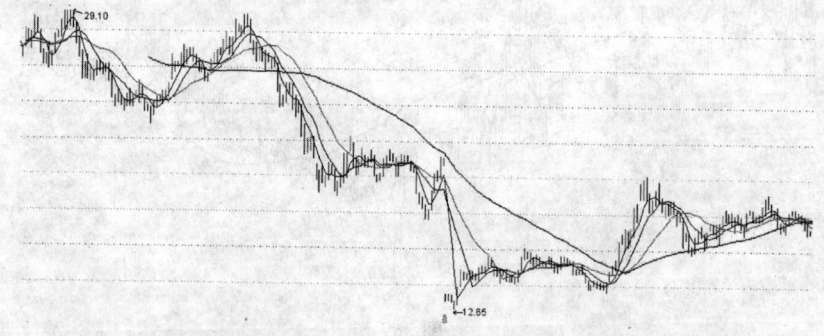

图371

格力电器一直致力于中央空调技术的开发与应用，目前已具有涵盖大、中、小型中央空调项目的10大系列1000多个品种的中央空调产品，年产能达400万台（套），年产值100亿元，是国内规模最大、设计制造工艺最先进的中央空调生产厂商。

二十一、家电行业

公司未来将受益于中央空调产能的大幅释放，产品盈利能力有望得到强化。在消费升级背景下，空调市场的更新需求将呈现加速态势，而公司将凭借技术创新优势获取更多份额。

公司近年来盈利水平的不断提升主要还是得益于空调市场品牌集中度提升后形成的双寡头市场格局，如此低估值以及看好行业未来增长下，该股具有极大的投资价值。

6. 数源科技（股票代码：000909）

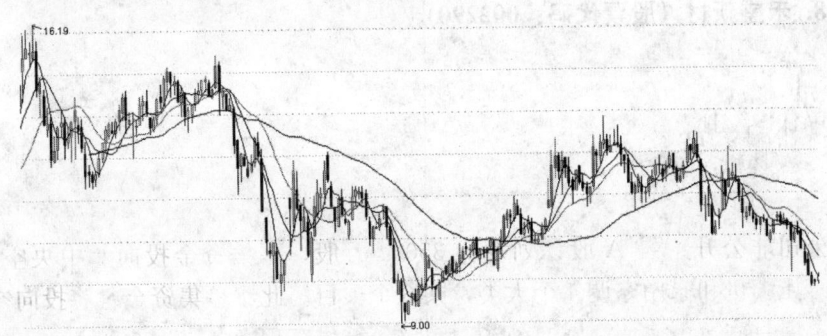

图372

数源科技是浙江省高新技术企业，在国内上市的高清数字彩电、娱乐机顶盒、电视一体机等高、精电子信息、通信产品，技术性能处于国内领先、国际先进水平。MID"口袋电脑"被视为革命性创新产品，具有广阔的行业应用前景。

7. 九阳股份（股票代码：002242）

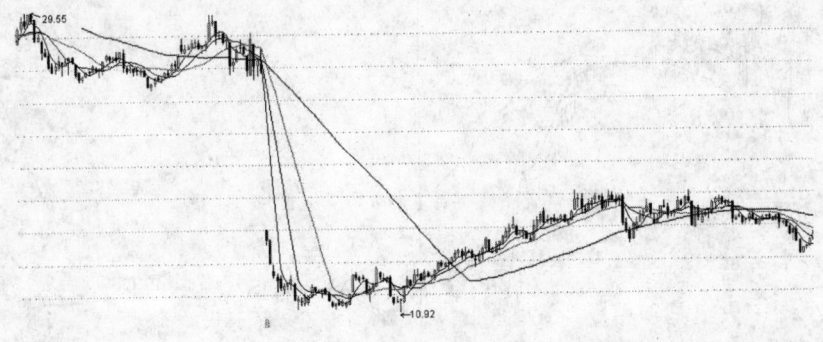

图373

九阳股份拟收购生活小家电净水器项目——海狼星。本次收购战略意义重大，净水器市场行业空间巨大，九阳凭借品牌和渠道优势、新品开发和推广经验，有望成为净水器市场黑马，3～5年后有望新增收入50%以上。目前净水器市场分散，假设九阳3～5年后达到10%的市场份额，保守估计贡献20～30亿元收入，相当于现有收入的50%。

豆浆产业的深度挖掘是公司长期的增长动力。以目前公司较低的估值水平而言，具有显著的投资价值。

8. 禾盛新材（股票代码：002290）

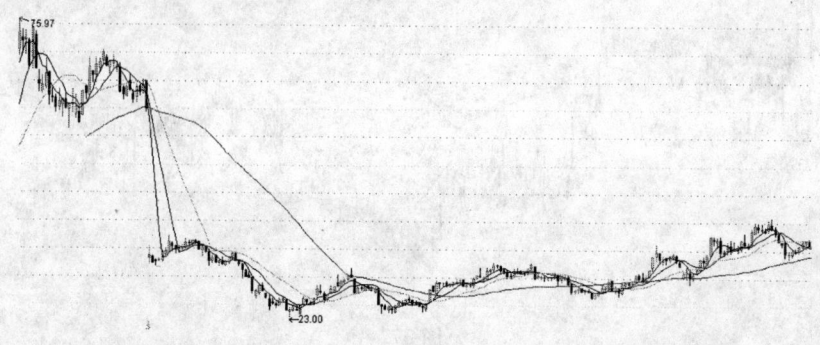

图374

禾盛新材为家电彩板独立供应商龙头，受益于家电新增产能触发的替代率提升，行业景气度高。新增翻番产能即将投产，单位毛利额较稳定，业绩增速可与产量增速相当。

9. 海信电器（股票代码：600060）

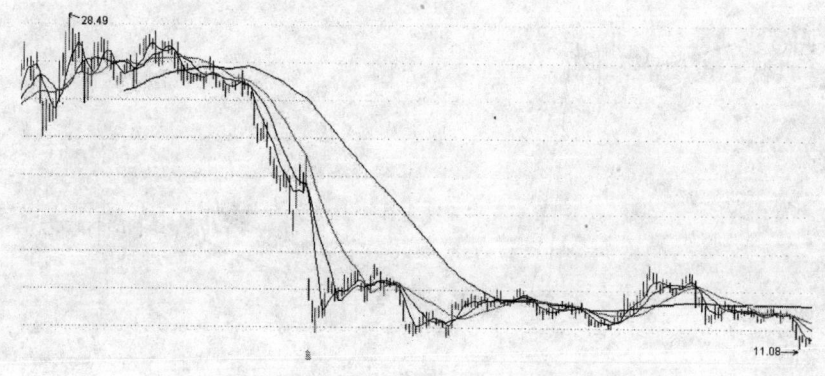

图375

海信电器主要从事电视机、数字电视广播接收设备及信息网络终端产品的研究、开发、制造与销售。公司还拥有中国最先进数字电视机生产线之一，年彩电产能1610万台，是海信集团经营规模最大的控股子公司。

在行业内，公司首家推出环保电视、互动电视、数字环保背投电视等具有国际领先水平的产品，是国内真正掌握等离子核心技术企业之一。同时公司也是国内最早进入平板电视行业的彩电企业之一，在市场份额等多项数据中位居行业榜首。

10. 宁波富达（股票代码：600724）

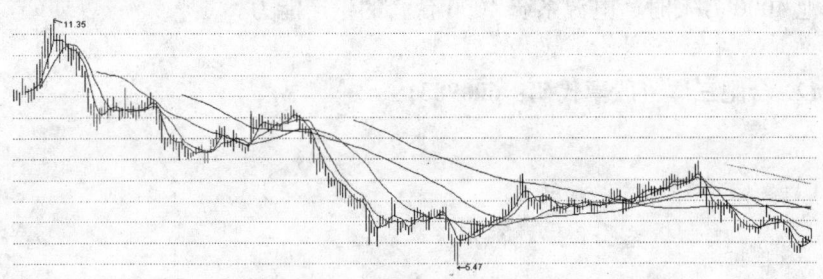

图376

宁波富达已成为江浙、西南大型的水泥生产企业，并对原有的水泥建材业务继续实施扩张。此外，公司持有宁波自来水净水有限公司股权，具有水务概念。

公司大股东宁波城投向公司注入宁波市优质的商业地产，目前水泥业务和商业地产业绩贡献明显。鉴于公司良好的发展前景和城投背景，后市具有一定的上升空间，注意关注。

11. 四川长虹（股票代码：600839）

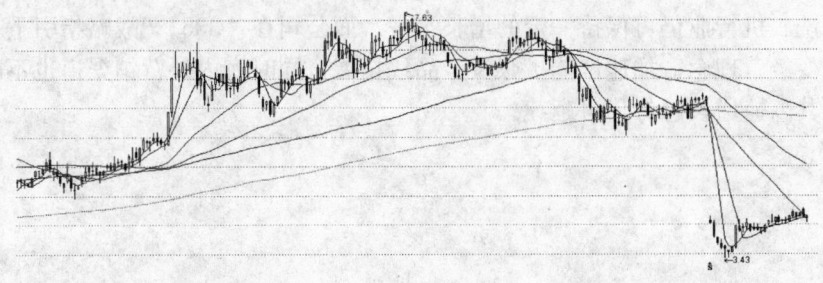

图377

四川长虹围绕"产业价值链方向、产业形态方向、商业模式方向"的三坐标战略,始终坚持技术创新,依托自主创新和核心技术整合黑白电产业链,已经取得卓越成效。

根据公司的战略布局、新能源产业发展需要,公司全资子公司四川长虹电源有限责任公司计划进行产业拓展及生产经营场地搬迁,长虹电源公司整体搬迁至绵阳市经开区长虹工业园,并启动动力锂离子电池一期及搬迁扩能改造项目,新建锂离子电池、军品及工业电源系统生产线。该项目投资总额不超过4亿元,项目建成达产后,可达到蓄电池产能约1.1亿伏安时、电源系统产品产能5000套以上规模的生产能力,其中新增锂离子电池1500万安时及镉镍袋式蓄电池4000万安时、电源系统4000台套的生产能力。

12. 合肥三洋(股票代码:600983)

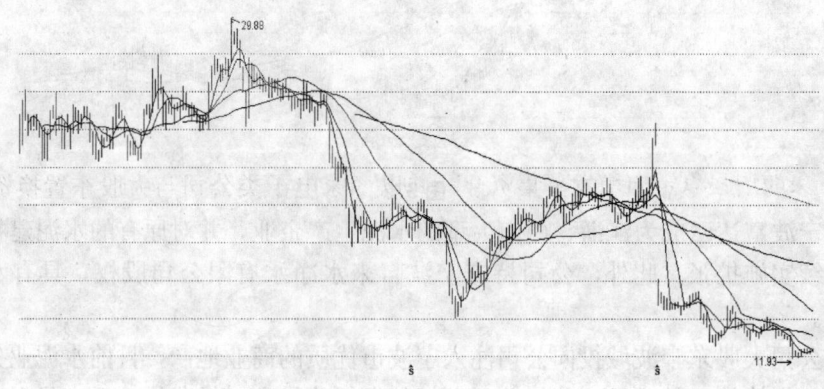

图 378

合肥三洋主要从事全自动洗衣机、电子程控器、离合器、微波炉及其他相关产品的生产、销售和服务等。

变频技术是未来发展趋势,而公司在变频领域已经占据了优势。未来几年,洗衣机行业仍可保持一定的增长水平。而公司在"3351"战略指引下,积极转变经营理念,加速产能扩张及产品线拓展,同时海内外营销渠道也不断深化,其高速增长趋势仍可延续。

二十二、电子信息

1. 深圳华强（股票代码：000062）

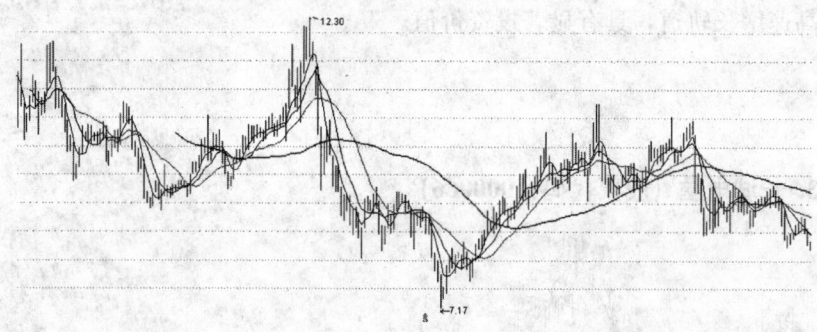

图 379

深圳华强以定向增发募集资金，并以 3 家电子类公司与大股东置换资产，获得大股东旗下的华强发展 100％的股权，而华强发展作为一家投资控股型公司，旗下资产主要是位于深圳黄金地段的电子专业市场和配套商业地产。随着定向增发的完成，公司此前以电子产品为主业也将随之变更，华强电子市场在当地的市场地位和品牌效应使得公司有望在未来获得稳健增长的收益和现金流。

2. 中兴通讯（股票代码：000063）

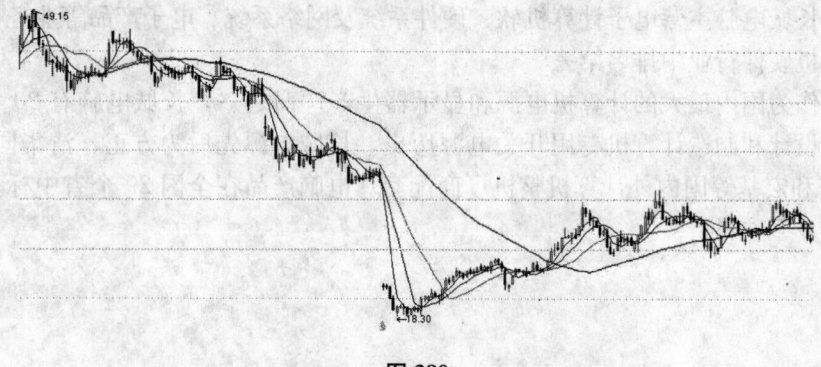

图 380

价值洼地藏宝图

中兴通讯主营电信网络设备和系统集成,是本土最大的CDMA系统供应商,也是海外销售规模最大的中国CDMA设备厂商之一。作为通讯行业龙头公司,3G技术的发展和应用给公司带来了千载难逢的发展机遇。

在3G市场中,公司能够独立提供TD-SCDMA、CDMA2000、WCDMA三种制式全套设备,市场份额稳步提升,继续领跑TD通信设备市场。在国内3G设备多个招投标大会上公司始终保持较大份额,优势地位明显。

在良好外部环境下,随着中兴通讯整体竞争力的不断提升,其2011年将重回高速增长轨道,具有显著投资价值。

3. 长城电脑（股票代码：000066）

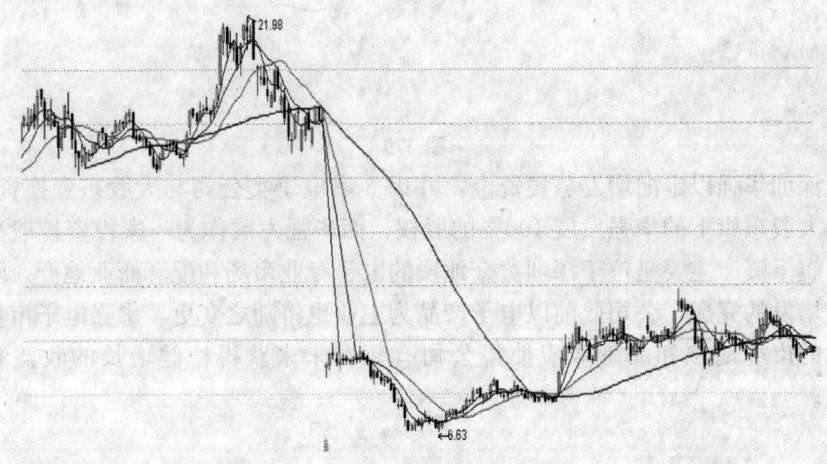

图381

长城电脑主营电子计算机软、硬件系统及网络系统、电子产品等业务,在计算机硬件行业中排名第三。

作为国内最大的计算机电源和显示器生产厂商之一,长城电脑有20年开发、设计和制造计算机专用开关电源历史。长城电源先后为方正、清华同方、IBM和宏基等国内外计算机整机厂商配套。电脑产品在全国29个省中标"电脑下乡"项目。

二十二、电子信息

4. 烽火电子（股票代码：000561）

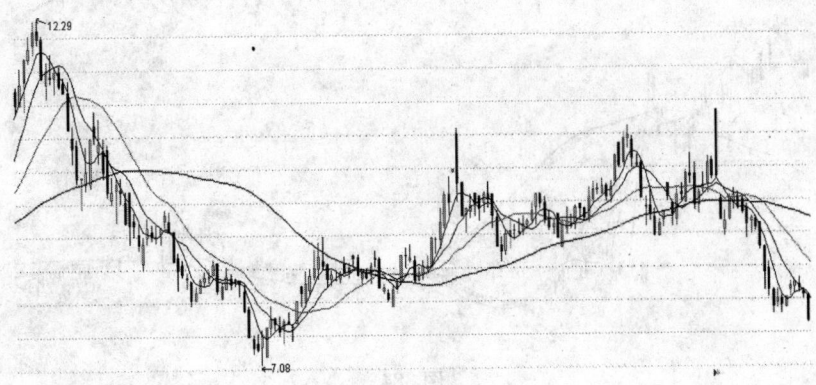

图 382

2010年烽火电子完成重大资产重组，转型为以电子通信设备、电声器材为主业的企业。

5. 同洲电子（股票代码：002052）

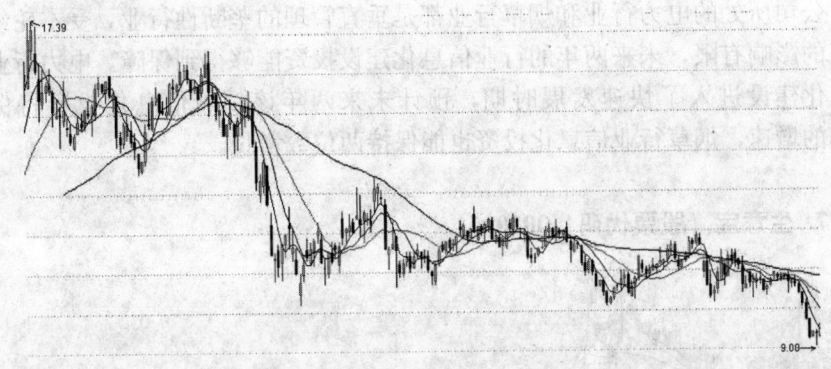

图 383

同洲电子是我国数字电视龙头企业，亚洲最大的机顶盒制造商，同时又是IPTV机顶盒市场的龙头公司之一。公司的产品以中高档的双向、高清机顶盒为主，其中双向占91%，高清占5%。尽管现在市场上仍然是以单向的机顶盒为主，但是三网融合将推动全业务竞争的到来，双向和高清机顶盒肯定是大势所趋。未来三年，广电和电信运营商的高端电视用户之争会拉动高清机顶盒市场的快速增长，从而使得公司的总体产品价格和毛利率得到明显的提升。

在二级市场上，该股作为三网融合概念股的龙头之一，经过连续调整后有上升空间，具有投资价值。

6. 金智科技（股票代码：002090）

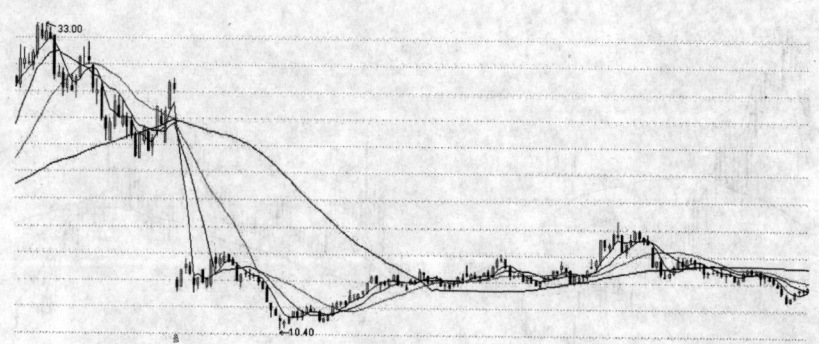

图 384

金智科技是国内目前唯一获得三个关于电网企业安全应用相关产品 SAP 评测认证的 IT 企业，同时也是少数在电力行业拥有与 SAP 公司 ERP 融合的安全生产管理系统实用化案例的公司之一，在行业内具有明显的先发优势。

公司的平台优势将有助于公司在电力行业的拓展，同时也为竞争对手制定了新的行业进入技术标准。

公司所处的电力行业和烟草行业都是垂直管理的垄断性行业，受本轮经济危机的影响有限，未来两年的行业信息化建设投资能够得到保障。电力行业的信息化建设进入了快速发展时期，预计未来两年该领域信息化投资将保持20%的增速，烟草行业信息化投资也能保持两位数增长。

7. 生意宝（股票代码：002095）

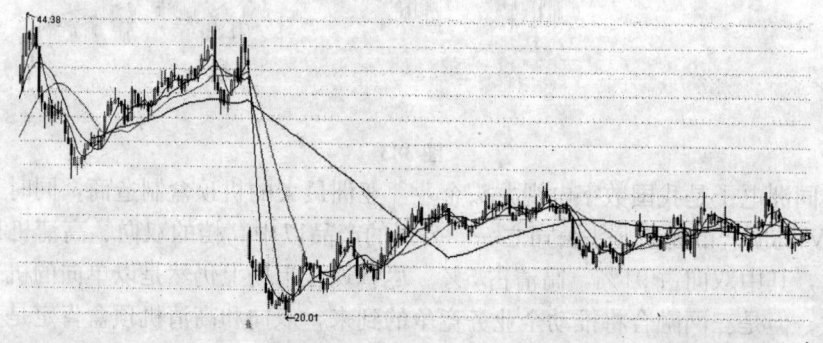

图 385

生意宝是中国领先的第三方 B2B 电子商务平台。公司是"小门户＋联盟"战略的实行者，在化工、纺织服装等行业具有优势地位。生意宝平台收费客户数量稳步增长，公司立足于内贸，逐步向外贸领域扩展，未来前景看好。

二十二、电子信息

8. 恒宝股份（股票代码：002104）

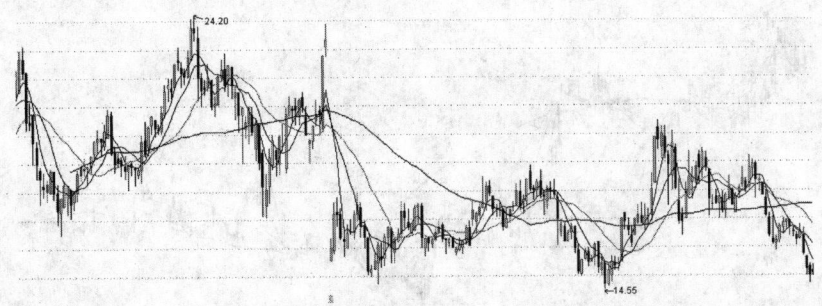

图 386

恒宝股份是国内最大的银行卡和 SIM 卡供应商。3G SIM 卡、移动支付和 EMV 迁移将打开公司业绩增长空间。公司在银行卡、通信卡、移动支付、物联网等领域均有所布局，并逐步开拓海外市场，建议投资者保持关注。

9. 三维通信（股票代码：002115）

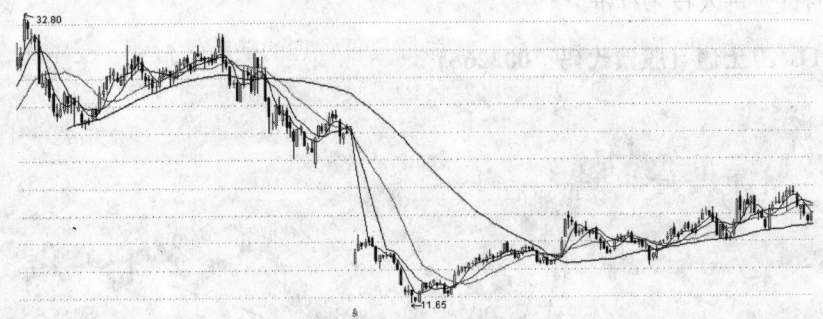

图 387

三维通信拟实施非公开增发，投资网优服务支撑系统项目，又获得国家科技部颁布的《国家火炬计划重点高新技术企业证书》，有利于公司品牌度和未来业绩的确定性。同时，随着网络复杂度增加，网络优化服务景气将持续向上，有利于公司未来业绩的成长，此外公司的"设备＋服务"的模式也有利于其在该细分行业确立领先地位。

公司在无线覆盖行业中处于第二梯队"领头羊"地位，市场占有率6％左右，仍有较大成长空间。公司在行业内具有一定技术优势，在RRU及光纤直放站方面具有很强的竞争优势。

考虑到行业景气度较高、公司业务已顺利开拓到网优服务领域以及公司未来业务增长率将保持较高水平等，该股具有一定投资价值，建议关注。

10. 武汉凡谷（股票代码：002194）

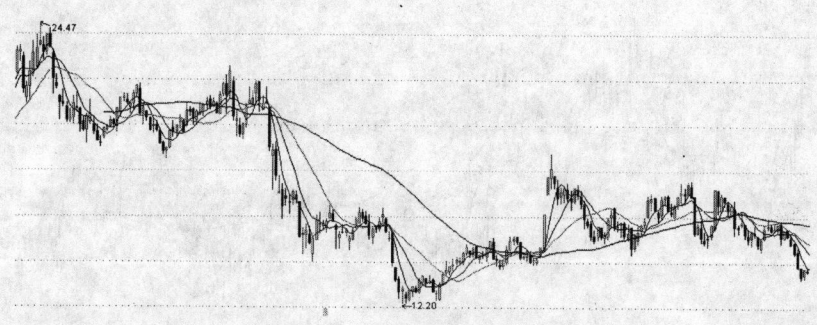

图 388

武汉凡谷是国内移动通信天馈系统射频配套器件行业的龙头企业，主要产品包括移动通信射频子系统、双工器和滤波器，主要应用于 GSM、CDMA 及各种 3G 系统，产量位居中国第一、世界第四。

公司的用户都是规模巨大的移动设备制造商，包括华为、中兴以及诺基亚、爱立信、摩托罗拉等公司，其中华为一直以来是公司最大的用户。

11. 卫士通（股票代码：002268）

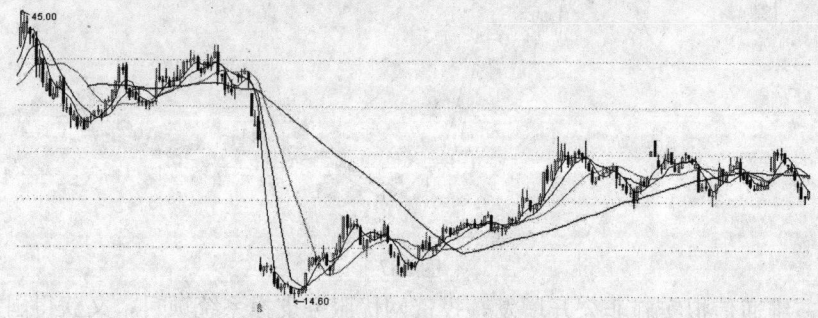

图 389

卫士通主要从事信息安全设备、系统产品的生产、销售及安全集成服务业务，是中国银联认可的第三代移动支付试点单位之一。卫士通移动支付平台是公司遵循中国银联第三代移动支付标准开发的手机支付平台。作为该平台的安全支付服务运营商，公司主要收入来源是手续费、代理费及增值服务费等，移动支付平台为公司业务的发展提供了更为广阔的空间。长期来看，考虑到政府、军工、电信和金融等行业对信息安全的要求较高，对信息安全产品有刚性、稳定的需求，且公司产品在信息加密领域具有明显的技术优势，预计公司的信息安全业务收入将保持长期稳定的增长，建议投资者适当关注。

二十二、电子信息

12. 久其软件（股票代码：002279）

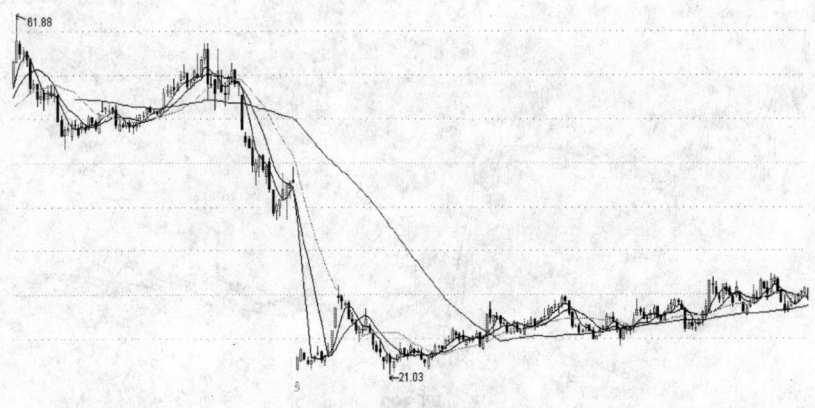

图 390

久其软件是国内领先的报表管理软件供应商，主要从事报表管理软件、电子政务软件、ERP 软件和商业智能软件的研究与开发。公司的发展具有行业优势、技术优势和客户优势，在国内企业管理信息化服务方面最具实力。根据 CCID 预测，报表管理软件领域未来三年将保持 19%～21.5% 的增长。

13. 新世纪（股票代码：002280）

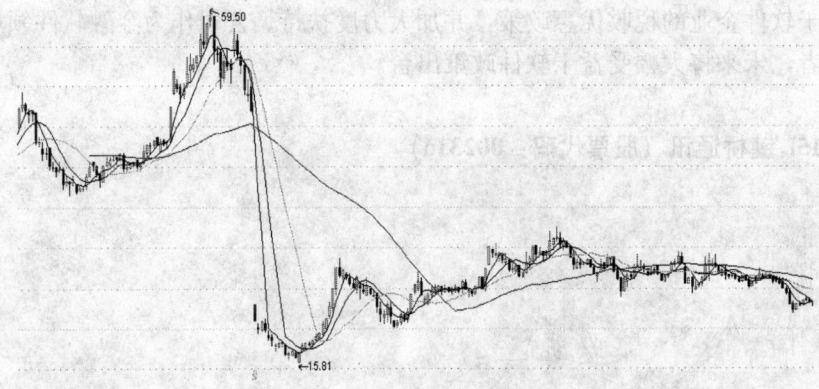

图 391

新世纪在电力行业为客户提供以电网设备资源管控、岗位绩效提升、实时数据综合利用为核心的电力安全生产管理的全面解决方案，已经在浙江电力、上海电力等单位得到推广应用。IPO 募资投入的项目均是以现有产品技术为基础，符合行业信息化规划。

14. 三泰电子（股票代码：002312）

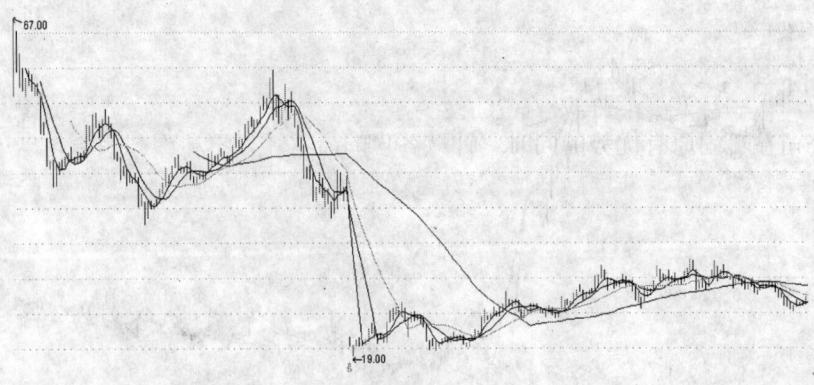

图 392

三泰电子是国内领先的金融电子产品与服务提供商，专注于金融电子设备及系统软件的研发、生产、销售和服务。同时，公司也是国家密码管理局认定的商用密码产品生产和销售企业，拥有计算机信息系统集成、安防产品生产及安全技术防范工程设计、安装、维修资质。目前产品主要包括电子回单系统、ATM监控系统和银行数字化网络安防监控系统。

随着银行信息化程度进一步提高，且大家对金融安全的关注度提高，银行在安防方面的支出将有望进一步提高，公司未来营业收入有望继续保持快速增长。随着市场对于软件与服务优惠政策看好，预期软件业"十二五"规划将延期对于软件企业的税收优惠政策，并加大力度扶持。公司作为金融软件领域的领先者，未来将大幅受益于软件政策出台。

15. 键桥通讯（股票代码：002316）

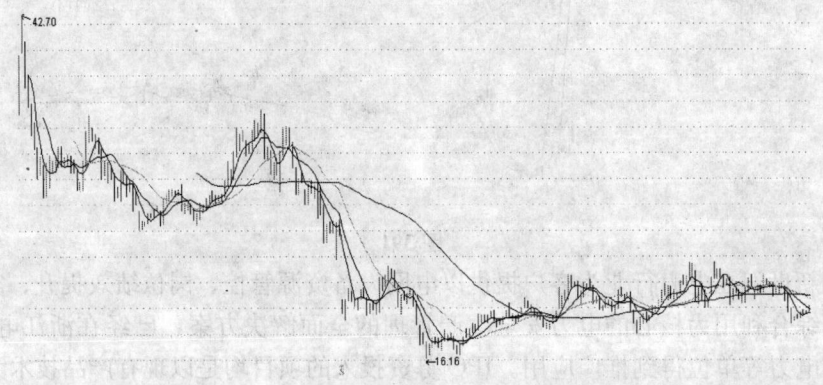

图 393

二十二、电子信息

键桥通讯是专业从事能源交通领域通讯技术解决方案的服务商,其将通信技术与工业控制相结合,提供的主要产品包括调度通信、RPR工业数据、工业多媒体监控等解决方案,核心技术有智能交叉复接(PCM)技术、RPR工业级数据传输技术和数据透传时隙复用技术。

公司在巩固原有优势的同时,针对客户的需求,寻求新的利润增长点,智能电网、智能交通、节能减排产品及能源服务类产品将成为公司的一个销售重点。

16. 皖通科技(股票代码:002331)

图394

皖通科技是国内高速公路系统集成、应用软件领域唯一上市公司,是专业化从事高速公路信息系统集成的一流综合性企业,少数具有高速公路信息系统建设高端核心软件企业。

公司从事高速公路信息化建设领域的系统集成、应用软件开发及运行维护业务,具有丰富的高速公路信息化研发和建设经验。公司是安徽省唯一一家拥有住房和城乡建设部颁发的"公路交通工程专业承包通信、监控、收费综合系统工程资质"的公司,也是安徽省首批获得工业和信息化部颁发的"计算机信息系统集成二级资质"的公司,拥有"建筑智能化工程专业承包二级资质"、"安全技术防范行业一级资信等级证书"等。

17. 汉王科技（股票代码：002362）

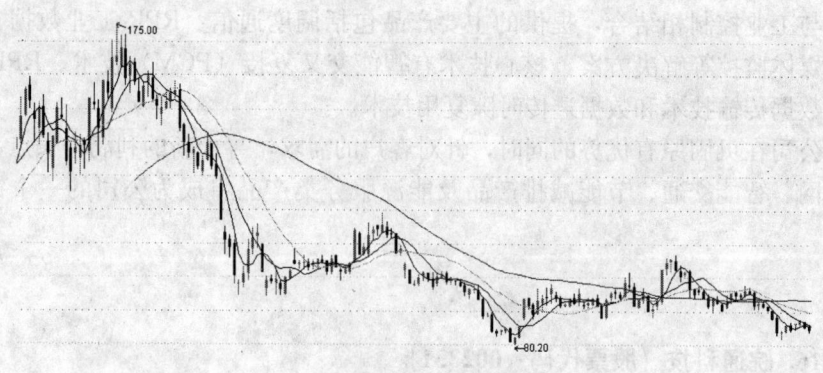

图 395

汉王科技是模式识别领域技术领先的软件开发商与供应商，长期以来一直致力于手写识别技术、OCR 以及其他智能人机交互技术与产品的开发和市场推广。

公司技术一直处于国际国内领先水平，先后与微软、PLAM、商务通、联想、名人、快译通、好易通、神宝等全球 40 余家掌上电脑企业开展了技术合作，将汉王手写识别技术应用于 PDA 产品中，成功地启动了一个生机勃勃的数字产品市场。此外，汉王的手写识别技术还广泛应用在 NOKIA、三星、索尼爱立信、联想、TCL、多普达等品牌的手写手机产品中。

18. 联信永益（股票代码：002373）

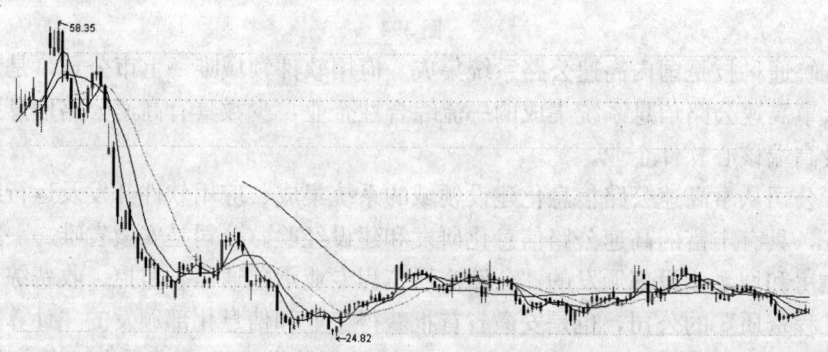

图 396

联信永益是一家主营行业应用软件开发、计算机信息系统集成和专业技术服务高新技术企业。公司获得国家计算机信息系统集成一级资质、国家保密局颁发的涉及国家秘密的计算机系统集成甲级资质、国家计算机信息系统软件企

二十二、电子信息

业认证、CMM3 认证、高新技术企业认定证书。公司已经与国内主要电信运营商、烟草行业主流企业、电力企业、政府医疗等重点客户建立了长期稳固的合作关系。围绕电信运营商、行业客户和大中型企业客户等目标客户的 IT 基础设施及信息化需求，公司致力于打造 IT 服务连锁模式，建立 IT 服务连锁企业集团。

19. 兆驰股份（股票代码：002429）

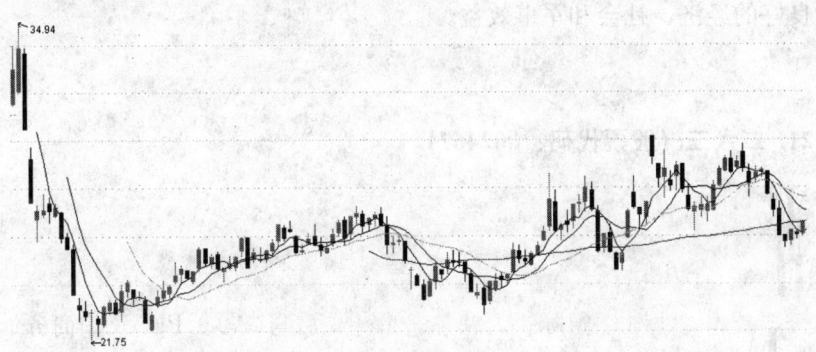

图 397

兆驰股份是一家专业从事家庭视听消费电子产品研发、设计、生产和销售的国家级高新技术企业。现拥有液晶电视、数字机顶盒、视盘机和多媒体音响四大系列 300 多个型号的产品。随着数字技术和显示技术的快速发展，全球正进入一个全新的数字高清时代，家庭视听类电子产品将经历一次大规模的产品升级换代，数码产品的市场规模将继续扩大。

20. 海格通信（股票代码：002465）

图 398

海格通信是一家专业从事通信和导航设备研发、生产、销售的现代高科技企业集团，主要为国内各军兵种提供通信设备和导航设备。

公司是我国军用无线通信、导航领域最大的整机供应商，行业内唯一一家同时拥有短波、超短波、中长波、系统集成、导航专业技术、成熟产品、成套工艺流程和众多产品的企业；是行业内通信整机厂家中唯一一家承担全天候覆盖我国疆土的军方大型通信科研项目的总体单位。公司多年来为我国陆军、海军、空军、二炮等各军兵种以及武警、人防等提供通信、导航装备和服务，取得了良好的经济、社会和军事效益。

21. 二六三（股票代码：002467）

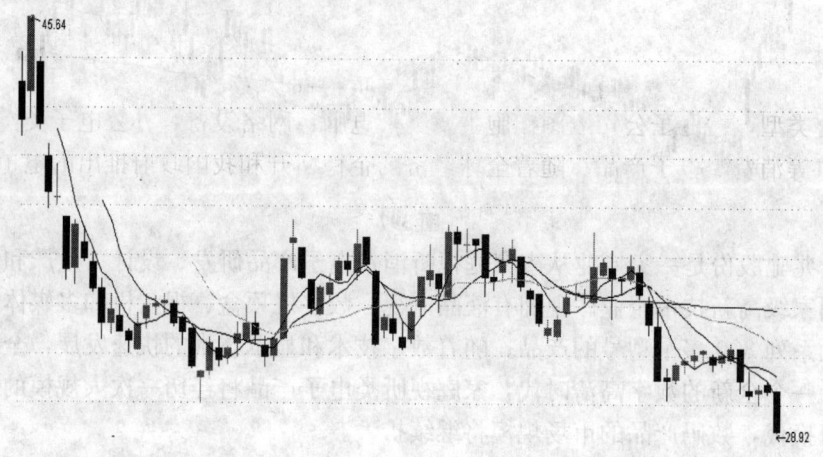

图399

二六三是一家国内领先的主要面向中小企业和商务人士的综合通信服务提供商，专注于增值电信行业中的通信服务业务，致力于为用户提供功能丰富、成本低廉的商务级通信交流服务。

公司的通信业务涵盖语音通信、语音增值和数据通信三大领域，均处于领先地位，成为通信服务领域内多项新业务的开拓者。公司首创了按主叫计费的拨号上网模式，成为国内除基础运营商之外规模最大的拨号上网接入提供商。公司曾经是国内最大的免费电子邮箱服务提供商，成为国内首家电信级专业电子邮件服务提供商，并引领企业邮局市场由 M 邮局向 G 邮局转变。

二十二、电子信息

22. 宏图高科（股票代码：600122）

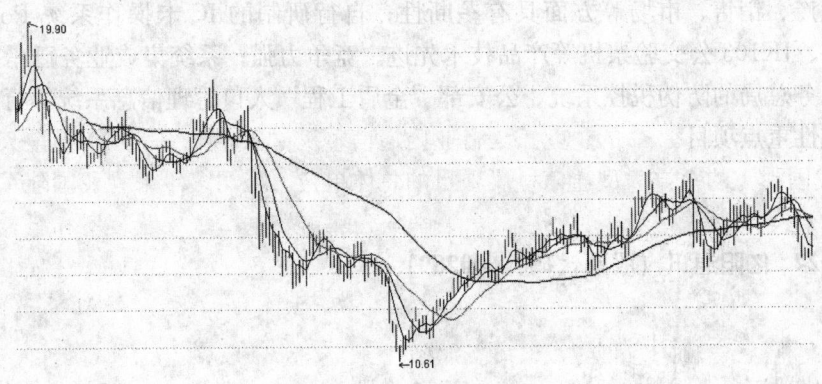

图 400

宏图高科主营计算机、软件、系统集成及网络设备、激光影碟机产品、通信设备以及光电缆等产品的开发、生产与销售。公司的连锁业务属于IT连锁零售类型，控股子公司宏图三胞主要经营电脑、网络设备、办公电子类产品和手机等消费类电子产品。随着全球经济的企稳回升和我国政府推出的电子信息产业振兴规划的实施，电子类产品市场有复苏迹象。

23. 航天信息（股票代码：600271）

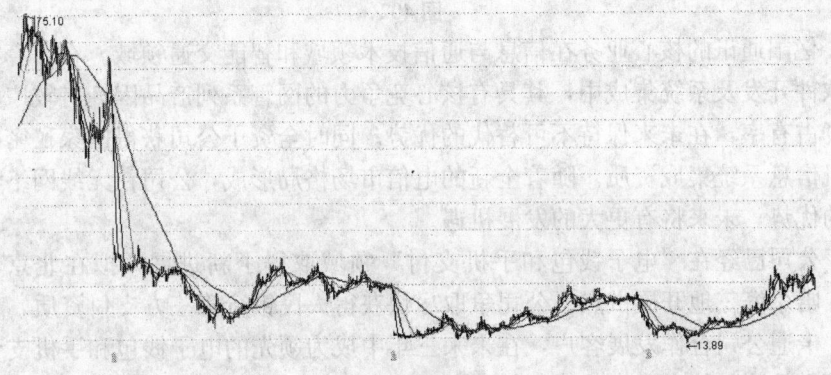

图 401

航天信息控股股东中国航天科工集团注册资本720326万元，主要业务包括各类型导弹武器系统、航天产品、卫星地面应用系统与设备、雷达、数控装置、工业控制自动化系统及设备及计算机应用等的研制、生产和销售。

控股股东中国航天科工集团依法向公司提议将航天科工集团拥有的且符合公司发展战略的有关资产在适当的时机以公允的价格和合理的方式注入。

公司防伪税控系统获国家科技进步二等奖，在该产品的技术及其核心部件的生产、销售、市场等方面具有垄断性；自行研制的 IC 卡操作系统 Power-COS、JK103 公交验票机等产品技术先进、竞争力强；系统集成业务已承担国家税务总局的防伪税控系统、公安部"金盾工程"人口管理信息系统等行业或区域性重点项目。

24. 亿阳通讯（股票代码：600289）

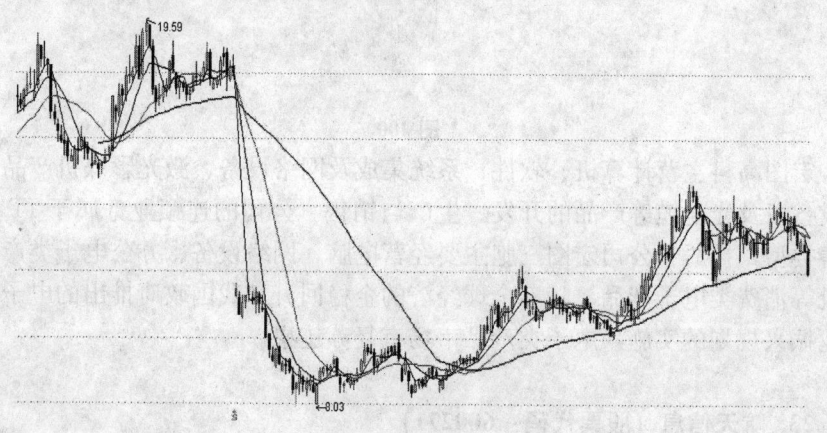

图 402

亿阳通讯的核心业务在信息与通信技术领域和智能交通领域。在计算机应用软件开发及系统集成中，其具有核心竞争力的网管系列产品因拥有较广泛的市场占有率，在未来保持不可替代的优势。同时全资子公司获得国家秘密的计算机信息系统集成资质。随着全新的电信市场格局形成，公司在无线网络管理上的优势，未来将有更大的发展机遇。

公司已经在"电子钱包和手机支付"领域取得了新进展，拟在北京、武汉、哈尔滨三地开展试点。公司争取尽快获得人民银行第三方支付资质，与各省一卡通公司合作发展客户，在未来三年中成为领先的电子钱包和手机支付运营领导品牌，使之成为公司新的利润增长点。

公司加强物联网领域的探索和试点，成立了"物联网北京市技术转移中心"，依托这一平台，在北京市政府的高效推动下，通过市场、技术、产品、服务等共享，参与到物联网领域具体工程项目的建设，取得先发优势，得到快速的发展。

二十二、电子信息

25. 用友软件（股票代码：600588）

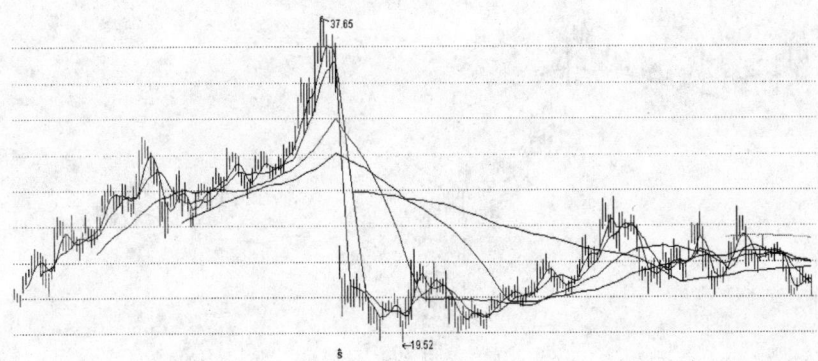

图 403

用友软件是中国最大的管理软件、ERP 软件、财务软件、客户管理软件、财政软件、金融企业管理软件、资产管理软件供应商之一。公司在中国管理软件市场的市场占有率较高，其正迎来加速发展期。预计公司还会采取一系列并购行动，使业绩增长更快，作为软件行业龙头企业，公司的市盈率估值一向高于其他软件企业。

26. 上海金陵（股票代码：600621）

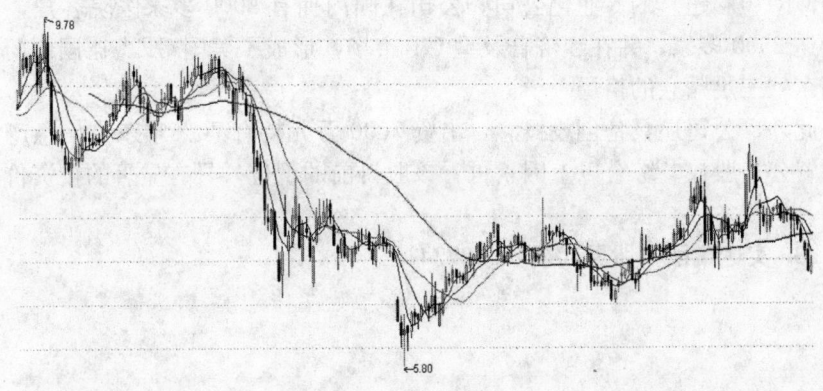

图 404

上海金陵是一家多元化的公司，经营高新技术产业投资、印刷电路板、网络产品与工程、电子设备、物业经营等。从 2009 年起，公司一直在计划重组变身为地产公司，寻求项目投产，业绩转增值得期待。

27. 东软集团（股票代码：600718）

图 405

东软集团是目前国内行业最大的软件提供商之一，在通信类软件及解决方案中更是独占鳌头。公司一直与联通、移动和网通等国内大型电信运营商有着密切及长期的合作关系。

公司与 NEC 集团签署合作协议，面向中国市场推进云计算服务业务。数据显示，中国云计算市场规模预计以每年 30% 的速度增长，2012 年行业规模将达到 160 亿元以上。鉴于行业前景具有极大的发展机会，因此，预计公司也必将从中产生巨大收益。

公司还是国内市场规模最大的医疗系统与设备提供商，其技术水平和收入规模已经位居国内第一，是国内唯一能够生产四大医学影像设备（CT、X 线机、MRI、彩超）的专业化公司。公司在国内拥有 2000 多家医院客户，总装机量达 2500 多家，并在经济普及型 CT 市场，形成了美国 GE、德国西门子和中国东软三足鼎立的格局。

此外，公司还具备创投概念，出资 7000 万元持有 70% 宁东方信息产业创业投资公司股权。综合以上因素再看该股目前的价位，具有显著的投资价值。

28. 实达集团（股票代码：600734）

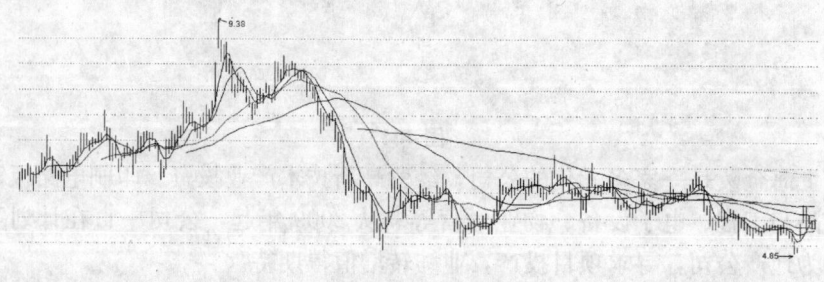

图 406

二十二、电子信息

　　实达集团是自有品牌产品线齐全、行业应用和服务经验丰富的中国电脑供应商和中国电子政务服务商之一。

　　公司重组交易完成后,房地产开发与销售将成为公司主营业务的核心,实现控股股东昂展置业以及中兴鸿基房地产业务资产的整体上市。

29. 东方通信(股票代码：600776)

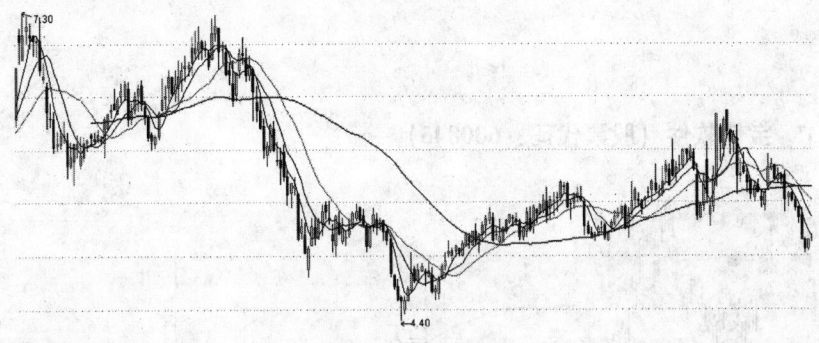

图 407

　　东方通信作为国内移动通信龙头,技术开发和综合实力强劲,受益 3G 牌照的发放,未来业绩有望进一步快速提升。同时公司通过近年积极的战略转型,已成为光电领域的主力军,未来发展空间极为广阔。

　　公司在光通信网络、激光照排系统、金融电子网络和信息系统集成、技术开发和设备制造领域独具特色,拥有国家级技术开发中心。"十二五"期间我国 3G 将全面普及,物联网、三网融合取得实质性进展,同时公司拥有"新一代宽带网络"概念,未来业绩有一定的想象空间。

30. 鹏博士(股票代码：600804)

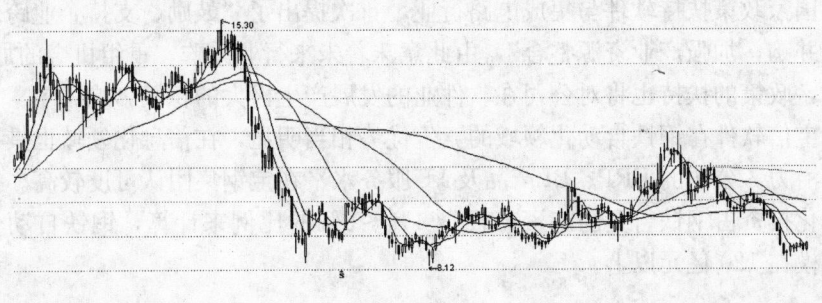

图 408

鹏博士是一家以电信增值业务为主要盈利点的企业,该行业未来的发展潜力较大。公司拥有的城域光纤网已超过10000公里,覆盖整个北京城区与18个区县,有效地支撑了其主要业务的发展。

国内安防监控市场正处于高速发展期,各地政府、相关机构和行业需求旺盛。安防监控业务将是公司成长性最好的业务板块,有望驱动未来三年公司整体业绩的快速增长。

31. 宝信软件(股票代码:600845)

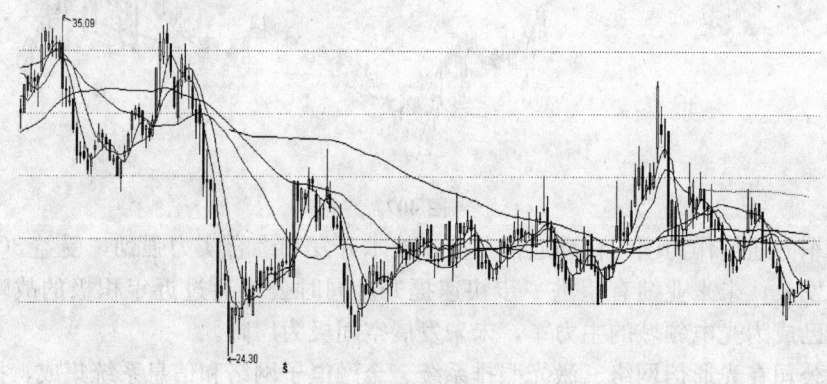

图 409

宝信软件作为宝钢股份控股的上市软件企业,主要为钢铁行业的过程自动化和企业信息化提供软件、解决方案和系统集成服务,拥有构建最佳性价比的网络技术、提供决策平台系统的软件技术等,产品与服务业绩遍及冶金、石化、电力、交通等多个行业。

国家政策扶持软件与集成电路行业,首次提出了"鼓励、支持企业跨地区重组并购,加强产业资源整合",由此意味着未来行业并购、重组机会的加大,同时,政策的扶持也将对公司在软件业的发展产生极大的积极影响。

宝信软件在钢铁自动化领域的竞争优势相当明显,在信息化领域也具备很强的潜力。公司的ERP、BI产品及IT服务水平在宝钢集团认可度较高。按照自动化投资占钢铁行业固定资产投资4‰~5‰的比例来计算,钢铁自动化市场规模在120亿元以上。

二十二、电子信息

32. 四创电子（股票代码：600990）

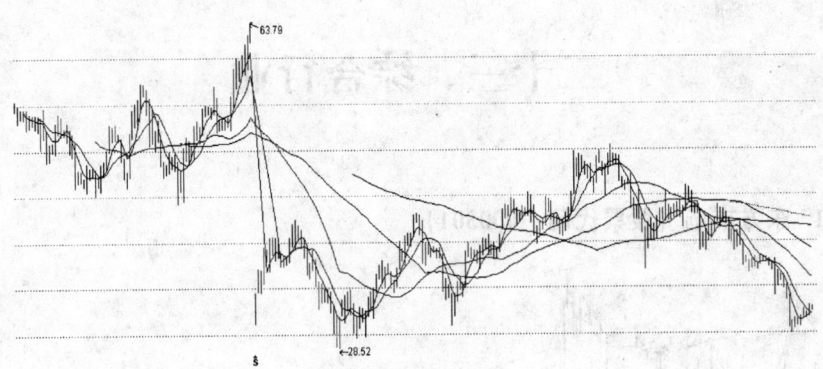

图 410

　　四创电子是国内最优秀的民用雷达供应商之一，建有国家气象雷达生产基地。公司所在行业独特，行业背景显赫，其大股东是国内知名的军工科研机构华东电子工程研究所。公司产品可广泛运用于军工、民用等多个领域，由于产品科技含量很高，有着较强的行业壁垒保护。公司未来发展重点为气象电子、通信导航、广播电视三大产业方向，业务领域将实现大的拓展，发展前景较好。

　　公司获中国民用航空局颁发的《民用航空空中交通通信导航监视设备临时使用许可证》，该许可证的取得标志着公司空管一次雷达产品具备了中国民航空管领域的市场准入资格。未来航管雷达业务有望成为公司快速发展的助推器。

　　随着我国航管雷达技术实力的不断增强，国家政策有意向国产化方向倾斜，同时国内机场大建设也将拉动对航管雷达的需求，我国航管雷达市场正处于大发展的前期。

二十三、综合行业

1. 东方市场（股票代码：000301）

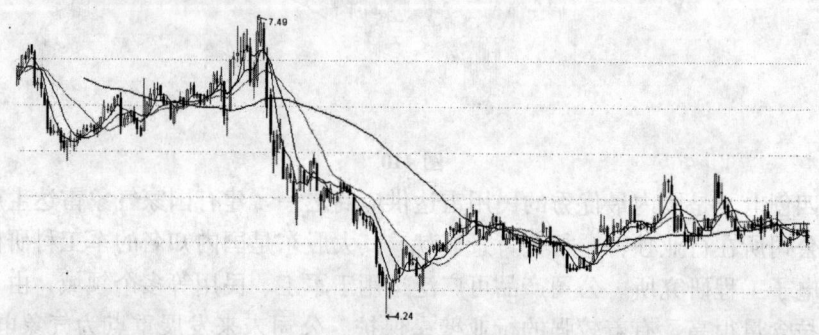

图 411

东方市场是丝绸行业龙头企业之一，初步形成纺织、热电、城市化服务业三大产业。公司地处四大绸都之一的江苏省吴江市盛泽镇，当地同时也是国家级丝绸星火技术密集区，在国内丝绸、纺织行业占有举足轻重的地位。

2. 力合股份（股票代码：000532）

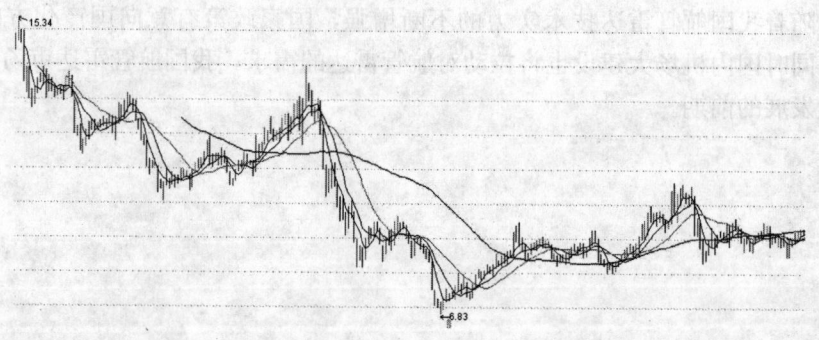

图 412

力合股份第一大股东清华力合创业投资公司，是深圳清华大学研究院的全资子公司，主营业务包括微电子、电力电子、环境保护产品的开发、生产及销售，科技含金量高，并先后控股了多家极具潜力的高成长性科技企业。

二十三、综合行业

公司在创投概念股中处于领军者行列，拥有子公司珠海清华科技园创业投资公司 57.15% 的股权，后者主要从事珠海清华科技园的建设和经营、风险投资和高技术企业孵化，在珠海已经建立起了高新技术企业孵化基地。

3. 三木集团（股票代码：000632）

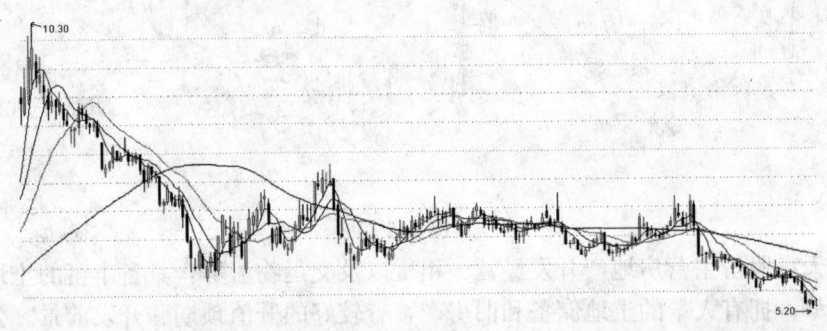

图 413

三木集团为一家从事基础设施投资建设、房地产开发以及国际贸易的综合类上市企业。依据集团的发展规划，基础设施投资建设领域是公司今后几年内的发展重点之一，公司称将逐步加大对城市基础设施综合开发业务的投入力度。

公司具有"海西"概念，拟非公开发行股票，向不超过 10 名特定投资者发行不超过 17000 万股，发行价格为 6.04 元/股，募集资金净额不超过 10 亿元。募集资金计划全部投资于三木集团胶州湾产业新区大市政基础设施建设项目。

在二级市场上，目前该股股价低于拟非公开发行价格，具有一定上涨空间。

4. 中体产业（股票代码：600158）

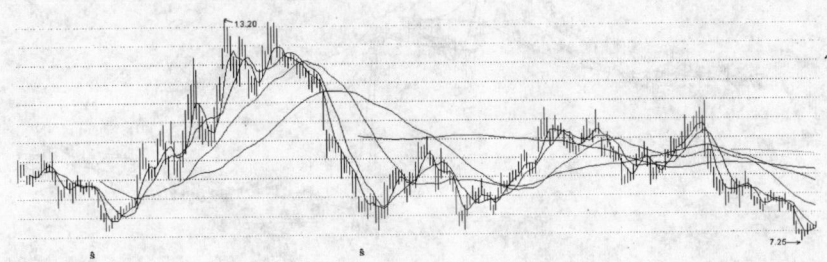

图 414

中体产业是体育产业第一股，是中国体育产业规模最大的股份制企业，也是国家体育总局下属的唯一上市公司，公司具有丰富的业内运作经验和雄厚的资金支持。

5. 天宸股份（股票代码：600620）

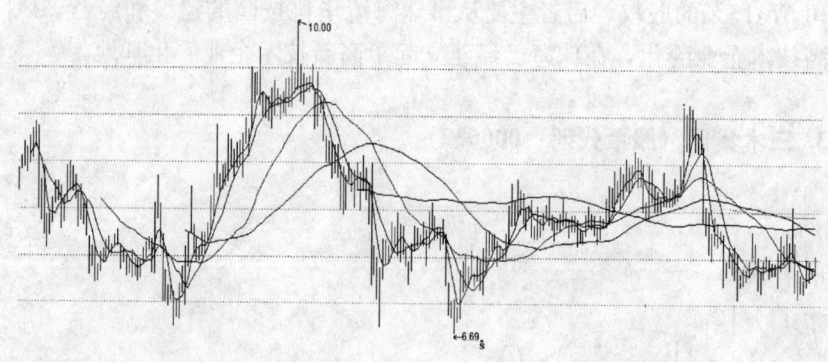

图 415

天宸股份主营房地产开发经营、租赁以及交运物流等，具备丰富的土地储备优势，拥有大量的土地储备和旧房产，有较好的升值预期和开发前景。公司作为上海浦东国资委旗下少数几个上市壳资源之一，有望借助上海国资整合再提速契机，达到做大做强的目的。

作为一家资产隐蔽型公司，公司有诸多看点和可售巨额地产资源，而最值得关注和期待的是公司在上海闵行高端物业新河湾周边有 400 亩可开发土地，潜在获利惊人，随着迪斯尼的开工，将为公司带来巨大的增值收益。

6. 同达创业（股票代码：600647）

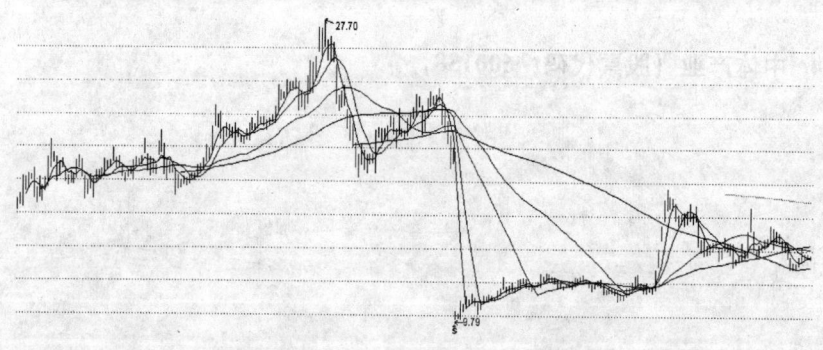

图 416

同达创业属上海本地股，股本较小。公司主营贸易和资产管理业务，通过控股股东信达投资的扶持，开始涉足房地产业。此外，公司业务目前还涉及数字电视、广告传媒业务，而这或许将是公司未来发展的潜力所在。

二十三、综合行业

7. 海博股份（股票代码：600708）

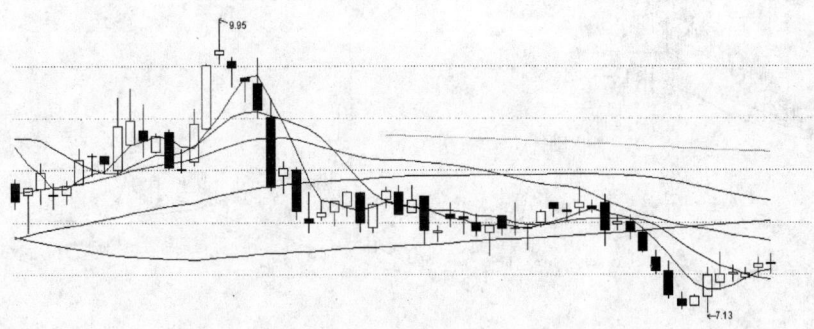

图 417

海博股份是一家以经营出租车客运和现代物流等服务业为主的企业。公司依托上海国际航运中心和洋山港物流保税区的建设，大力发展现代物流业，未来发展前景值得期待。

8. 东方明珠（股票代码：600832）

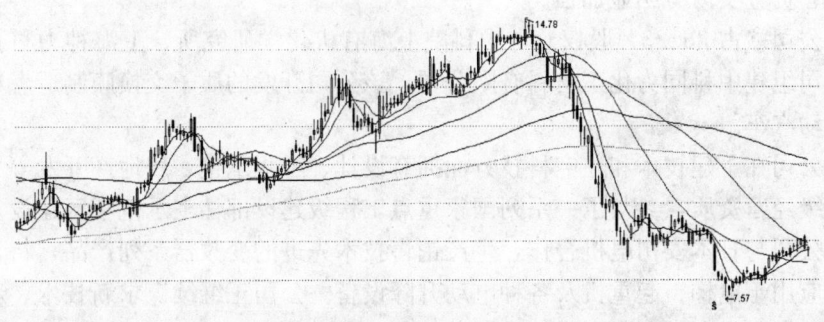

图 418

东方明珠是国内最大的宽带高速数据和有线电视电缆生产基地之一，开发生产的高物理发泡电缆可满足国际国内有线电视双向网改造的最新需求，国内大部分电视台，如上海有线台、北京有线台、哈尔滨有线台等均采用此产品，产品全国市场占有率第一。

公司是国内第一家文化类上市公司，承担着整个上海地区无线广播和电视发射以及数据传输等任务，保持了在全国同行业的先进水平。公司还率先在中国推出了移动数字电视这一全新媒体，创下了中国第一、全球第二的纪录。随着世博会效应的显现，公司业绩大幅提升，未来还将长期受益于三网融合的不断推进。

9. 同济科技（股票代码：600846）

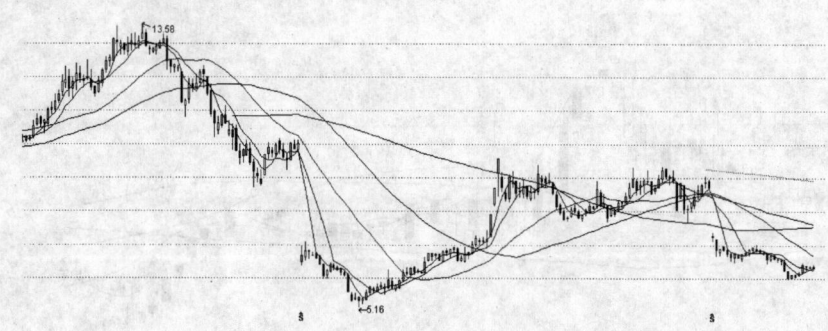

图 419

同济科技现已形成工程总承包、建筑设计、工程监理等土建一体化，以及产品研发、生产、销售等服务一条龙的格局，在土建技术和住宅科技方面位于国内前列。受益于国家政策的扶持，公司的发展前景十分乐观。

公司对科技园进行了重组，将上海杨树浦科技创业园有限公司与原上海同济科技园进行吸收合并，并对续存公司增资，新组建的上海同济科技园的管理团队、资金实力有明显加强。

公司（占36.23%股权）与中科院上海有机化学研究所、上海神力科技有限公司组建中科同力化工材料有限公司，该公司开发的质子交换膜制造燃料电池电动汽车。

公司在土建技术和住宅科技方面拥有设计、工程承包、房地产开发等专业的高级经营资质，参与了一系列国家重点工程级建设部住宅示范小区建设。

公司与日本安川电机合作，生产销售技术先进的变频器系列产品，将其广泛地应用于电梯、起重机及各种电动升降设备。公司正继续谋求新技术、新产品，以做大做实机电产业。

二十四、机械行业

1. 中联重科（股票代码：000157）

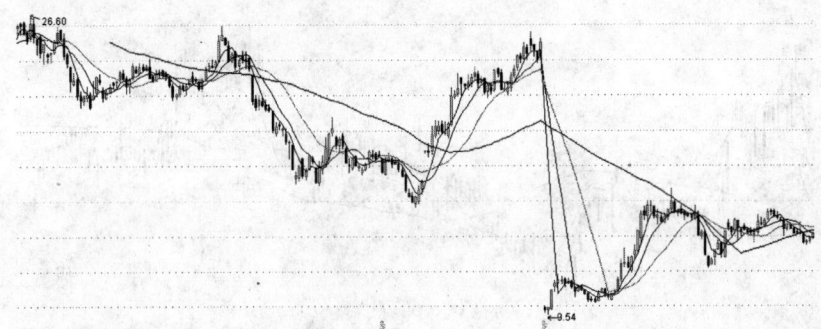

图 420

中联重科是世界第十大工程机械企业，产品涵盖混凝土机械、起重机械、环卫机械、土方机械、路面桩工机械等 13 大类别、28 个系列和 450 多个品种，是全球产品链最齐全的工程机械企业。目前公司已成为全球最大的混凝土机械制造商。

2. 潍柴动力（股票代码：000338）

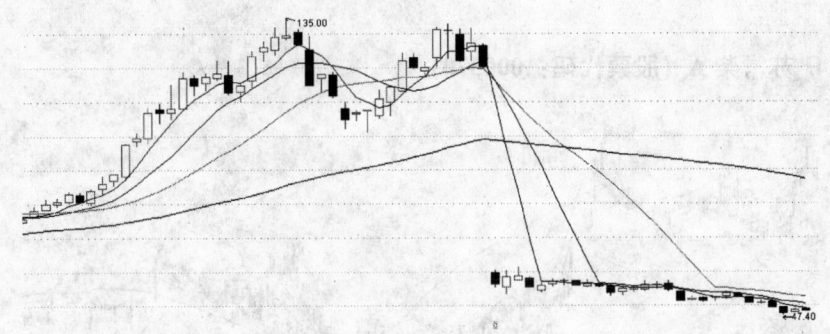

图 421

潍柴动力是国内重型发动机龙头企业，产品线的扩充将提升增长潜力；同时公司具有成本控制能力，2010 年市盈率仅为 12 倍，明显低于工程机械 15

倍的平均水平。

公司是国内重卡市场增长的最大受益者。主要体现在两个方面：一是公司具有国内最具竞争力的重卡产业链，发动机和变速器市场份额分别达到35％和80％以上；二是公司盈利的80％是由发动机业务来贡献的，发动机毛利率高达30％，附加值高，相比毛利率较低的重卡整车生产，其盈利的稳定性更强。

3. 沈阳机床（股票代码：000410）

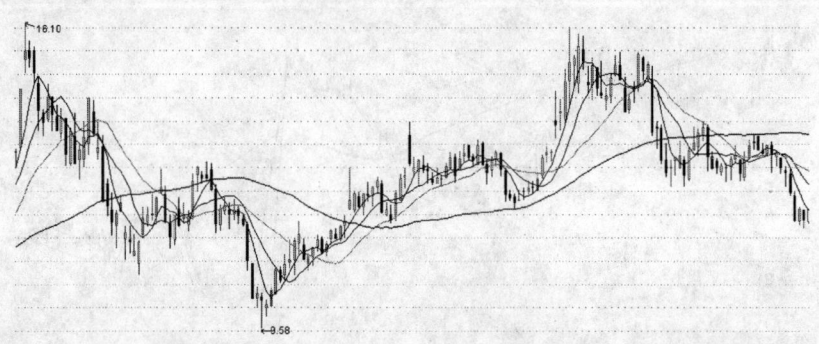

图 422

沈阳机床是国内行业的龙头企业，产品种类齐全，具备为国家重点项目提供成套装备的能力，其数控机床技术处国内领先地位。

公司是沈阳市重点机床制造公司，且公司的普通车床在业内具有良好的口碑，国内市场占有率处于领先地位。在南京召开的"第六届中国数控机床展览会"上，公司历时两年半研制的世界首款自动镗床 AH100 受到了业界的关注，该产品是世界机床史上第一个由中国人开发的机床品类。

4. 苏常柴 A（股票代码：000570）

图 423

苏常柴是我国农机行业最大的生产中小功率柴油机厂家,国内市场占有率居行业第一。目前公司主要生产单缸、多缸中小功率柴油机,是全国小柴行业中产品品种最全、功率覆盖面最广、主导产品均有自主知识产权的企业。在二级市场上,该股中长期投资价值显著。

5. 山河智能（股票代码：002097）

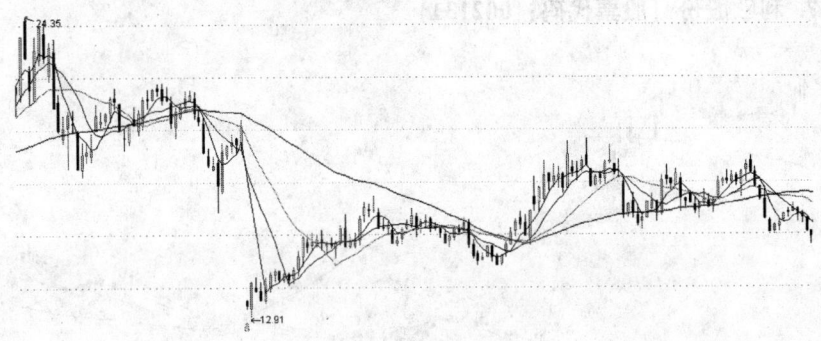

图 424

山河智能是中小板中工程机械行业的龙头企业,主要生产销售桩工机械、小型工程机械、凿岩机械三大类具有自主知识产权工程机械产品。其中,液压静力压桩机在国内同类产品市场占有率为40%以上;多功能小型液压挖掘机国内市场占有率及产品出口率在内资生产企业中列第二;一体化潜孔钻机填补国内空白、替代进口。

公司已注册编入《中国人民解放军装备承制单位名录》,具备中国人民解放军装备承制单位资格,军需概念使得公司未来经营收益的高速增长预期得到加强。

6. 天马股份（股票代码：002122）

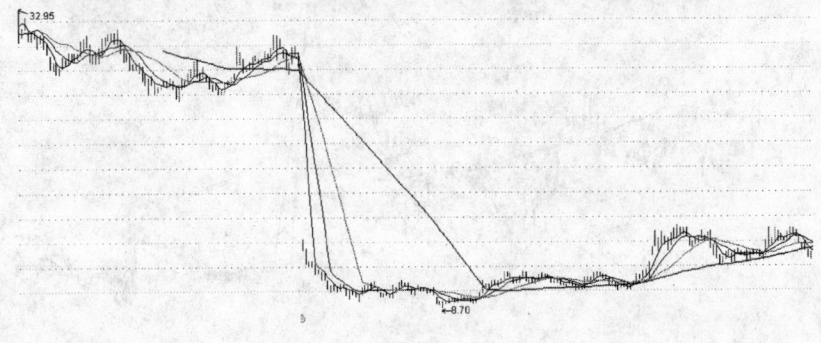

图 425

天马股份是重型机床与轴承行业双龙头，受益政策扶持，各项业务迅速增长。公司向高端装备制造业进军也将提升公司未来价值。

在"十二五"规划提到要大力发展铁路基建的前提下，铁路基建概念将成为各路资金持续关注的热点。公司受益风电、铁路基建大发展和产业升级效应，各项业务有望继续快速发展。

7. 利欧股份（股票代码：002131）

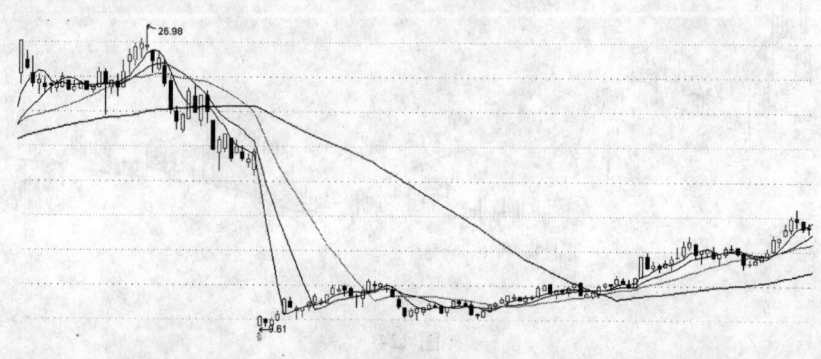

图 426

利欧股份主营微型小型水泵和园林机械的研发、设计、制造和销售，主攻中高端产品，产品外销比例在98%以上。公司是国内最大的微型小型水泵制造商和出口商，同时也是最大的碎枝机出口商，经营模式以ODM/OEM为主。

国务院强调要加强节能减排工作，并要求出台细则措施支持节能产品推广。节能环保产业在我国经济转型的大步调下，蕴涵着巨大的市场机会。公司可变频水循环系统成为推动公司水处理行业发展的闪亮点。

8. 华东数控（股票代码：002248）

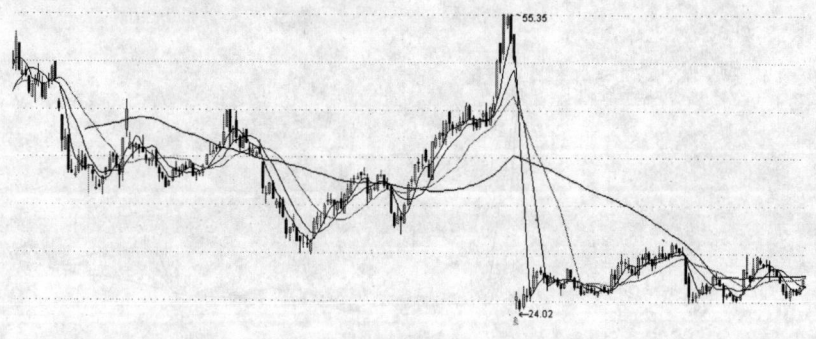

图 427

华东数控以研制、生产制造数控机床、数控机床关键功能部件及普通机床为主营业务，是目前国内同时具有先进的龙门磨床和龙门铣床的设计和生产能力的少数企业之一。

公司是国内唯一一家具有高铁 CRTSII 型专用数控磨床生产厂商，在全球也只有德国博格机床厂一个竞争对手，但公司售价是德国博格机床售价的 1/3 左右，技术垄断和价格优势使公司充分分享高铁投资机遇。

公司作为受益高铁、风电和核电建设的高端数控机床厂商，产品结构不断优化升级，积极进入的零部件加工业务有广阔发展空间，看好公司的中长期成长性。

9. 法因数控（股票代码：002270）

图 428

法因数控是我国最大的以型钢为加工对象专用数控成套加工设备制造商，专业从事机电一体化专用钢结构数控成套加工设备开发、制造和销售，是国内第一家数控角钢钻孔生产线制造商。

公司是国内钢结构数控加工龙头，是全球最主要钢结构数控成套加工设备制造商意大利菲赛普公司的战略合作伙伴。由于铁塔钢结构数控成套加工设备受益电网建设拉动而市场需求旺盛，公司订单饱满，生产目前处于满负荷，业绩处于稳步增长阶段。公司募投项目达到预定可使用状态，届时受制于产能瓶颈的经营业绩有望获得提升。

10. 万马电缆（股票代码：002276）

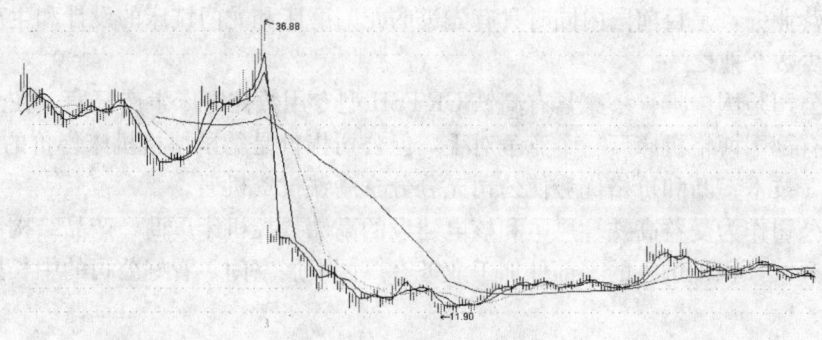

图 429

万马电缆是专业从事电力电缆的研发、生产和销售的国家大型企业，现已发展成为国内集电线电缆研发、生产、销售和售后服务于一体的骨干企业。

公司的投资亮点主要来自以下三个方面：第一，公司拥有从德国特乐斯特公司引进的超高压生产线，是目前国内少数拥有 2500 平方毫米大截面电力电缆生产能力的企业；第二，公司是目前国内仅有的 10 多家取得国家电网公司 110kV 交联电力电缆供货资格的企业之一；第三，公司自获得高新技术企业认定后 3 年内可享受按 15％的税率征收企业所得税的税收优惠政策，对公司发展十分有利。

公司将设立新公司进入电动汽车充电设备领域。新公司的成立将使万马电缆进入电动汽车充电缆、充电桩、充电机及相关配套设备领域，并为电动汽车充电站提供整体解决方案，从而促进在智能电网领域的进一步发展。

11. 神开股份（股票代码：002278）

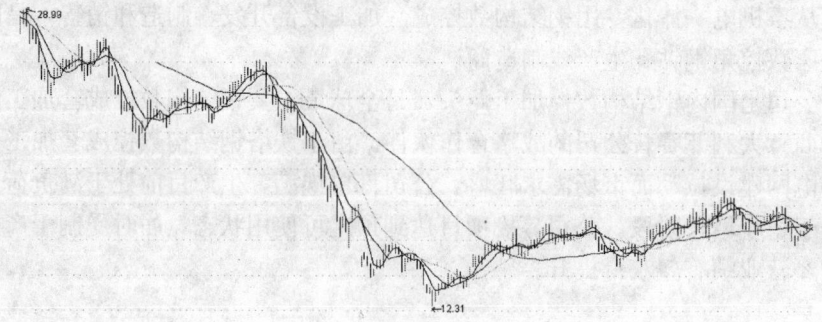

图 430

二十四、机械行业

神开股份是一家研究、开发和制造石油勘探仪器、钻探井控设备、采油井口设备以及石油产品规格分析仪器的高新技术企业,其产品包括综合录井仪、钻井仪表、防喷器和防喷器控制装置、井口装置和采油树以及汽油辛烷值测定机等。

石油钻采设备制造业容易受经济波动影响,是典型的周期性行业,随着全球经济复苏动力的加强,产品出口量也出现了明显回升。同时,国内油企的"走出去"战略,进一步推动出口量的迅猛增加。

12. 赛象科技(股票代码:002337)

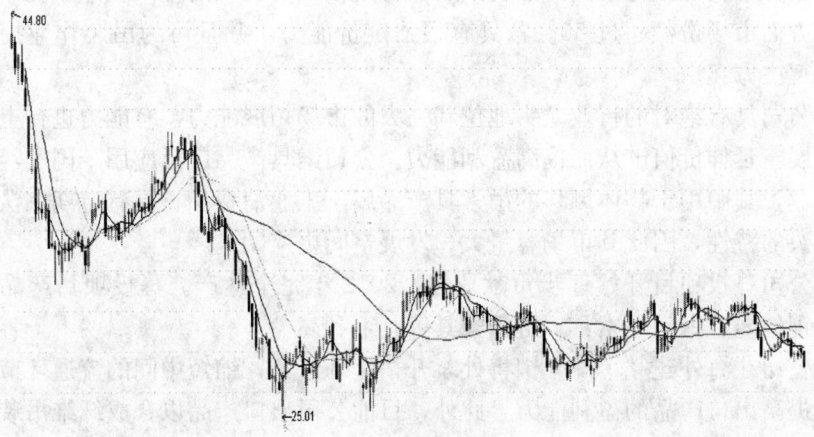

图 431

赛象科技主营子午线轮胎制造设备的生产和销售,是国内橡胶机械设备制造行业的龙头。公司目前一方面通过募集资金投向传统主业以保证其市场竞争力;另一方面也在积极寻求其他相关的投资领域以培育新的利润增长点。

就前者而言,受益于近年来国家大规模的基建投资,重卡行业的持续景气使得载重胎设备持续增长,而巨型工程胎虽然近期收入有所下滑,但是其在国际市场上的地位使其具备了较高的毛利率。就后者来说,公司积极利用区位优势和天津空客签订了《A320工装夹具合同》,为其未来在该领域的拓展奠定了基础。

13. 巨力索具（股票代码：002342）

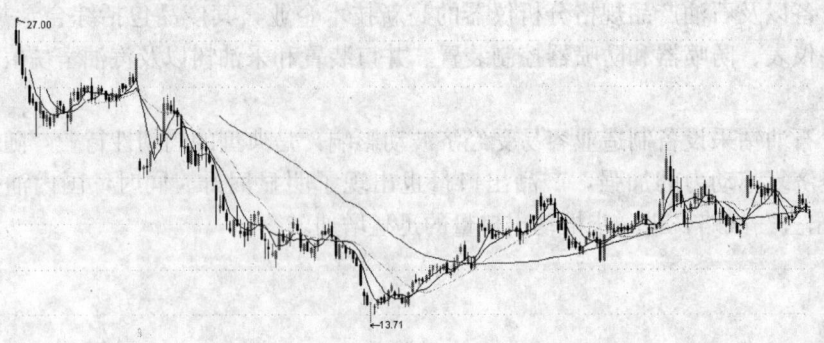

图 432

巨力索具是全球索具产品类别、品种规格最为齐全的生产企业，在中高端索具方面市场份额超过 50%，具有很强定价能力，并且可为吊装作业提供全套的解决方案。

公司具有绝对的行业龙头地位和强大的市场拓展能力，有能力进行上下游的拓展，延伸价值链从而提高盈利能力。公司索具产品广泛应用于国民经济各个行业，其中用于物体挪移的吊索具产品属于工业消费品，具有定期淘汰、重复购买的特性，因此其市场容量大，发展空间更广阔。

公司募投项目开始逐步贡献业绩，2012 年完全达产。募投项目产品为高端的钢丝绳、钢丝绳索具、链条索具等，毛利高。

公司在海外建立了 5 个销售处，开拓海外市场，缩短中间的流通环节，有利于提高出口产品的盈利能力。此外，目前公司出口产品以合成纤维吊装带为主，随着海外销售渠道的逐步完善，未来其他几项产品出口也有望放量。

14. 丹甫股份（股票代码：002366）

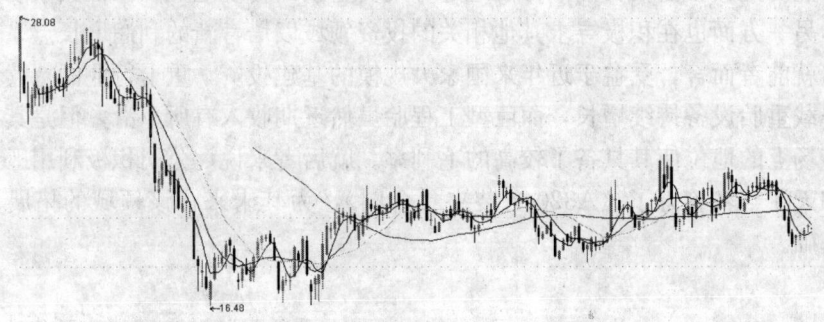

图 433

二十四、机械行业

丹甫股份主要从事气候环境试验设备和小型全封闭压缩机设计、研究、生产制造,其产品主要应用于饮水机、冰箱等家电产品中,是小型节能、环保、高效制冷压缩机细分领域的龙头。

公司主要生产销售制冷压缩机、冷冻冷藏设备、冷气工程和环试设备,是中西部冰箱压缩机的龙头企业,是目前20多家压缩机生产企业中能生产高效节能产品的8家企业之一,生产的小规格压缩机在国内高档饮水机市场上占有率达50%以上。目前公司年产能达400万台压缩机,产品也从单一型发展到7大系列80多个品种,广泛应用于电子、航空、航天、兵器、船舶、机械制造、科研等行业部门。

15. 天业通联(股票代码:002459)

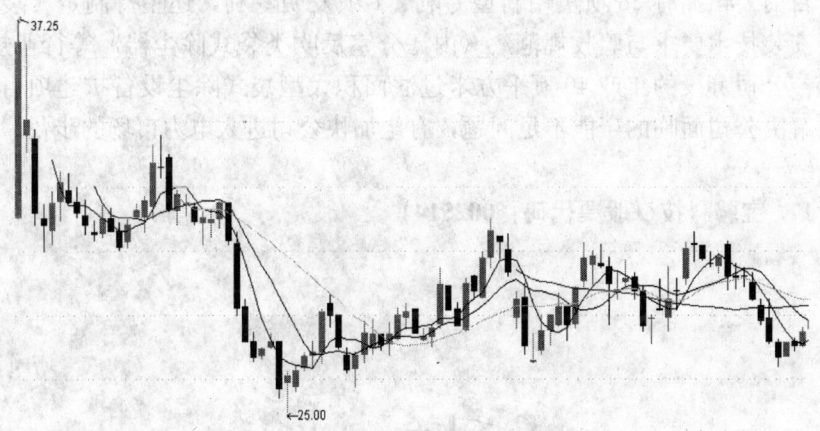

图434

天业通联是一家集研发设计、制造安装、销售服务为一体的重大装备制造骨干企业,以铁路、公路桥梁架运设备、非公路运输设备、起重设备、无砟轨道铺装设备、隧道掘进设备等为主导产品。公司自主研发制造的900吨高速铁路架桥机、900吨轮胎运梁车、900吨轮胎式、轮轨式提梁机等系列产品,广泛应用于哈大、京沪、京津城际、京石、郑西、武广等客运专线;900吨桥式起重机、2650吨造桥机应用于长江苏通大桥、北京四丰桥、杭州湾跨海大桥等;公司研制的架桥机、龙门吊、平板动力车等产品相继出口到韩国、沙特阿拉伯、阿尔及利亚、波兰等。

随着"十二五"高铁建设高峰期的临近,公司的铁路桥梁施工起重运输设备业务将继续呈现快速增长,该股股价具有进一步上升的空间,建议关注。

16. 科林环保（股票代码：002499）

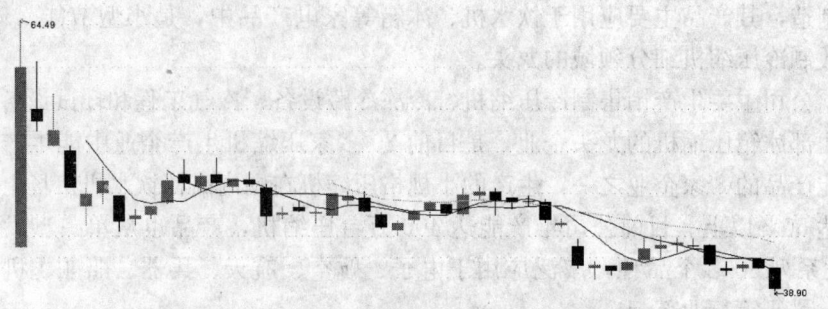

图 435

科林环保主营袋式除尘器，是国内最大的袋式除尘设备专业制造企业之一，在目前袋式除尘替代电式除尘的趋势下，公司发展空间广阔。

目前公司拥有 28 项实用新型专利、1 项发明专利，还主持制定《袋式除尘器安装技术要求与验收规范》、《内滤分室反吹类袋式除尘器》等行业规程、规范。公司募投的年产 40 万平方米过滤面积大型袋式除尘设备扩建项目，将有效解决公司面临的产能不足问题，有望加快公司进入电力市场的步伐。

17. 宝馨科技（股票代码：002514）

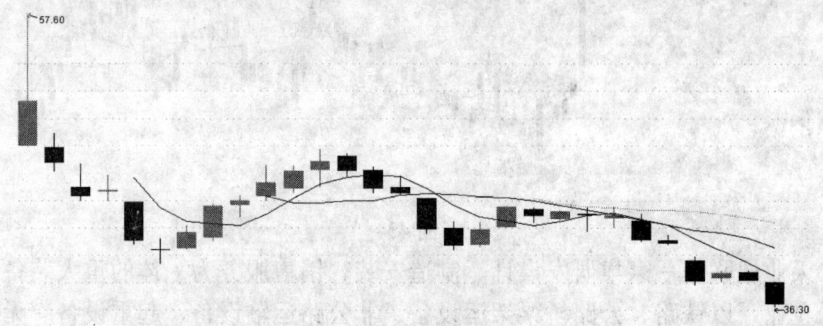

图 436

宝馨科技是一家集研发、设计、生产、销售工业级数控钣金结构产品为一体的大型高新技术企业，致力于为客户提供包括结构设计、样品开发、结构性能测试、结构件制造、结构组装、售后维护等钣金结构产品及技术支持的全方位解决方案。公司定位于为世界知名企业提供产品和服务，并在客户中享有良好声誉。

公司导入了 ISO9000 质量管理体系、ISO14000 环境管理体系和 TS16949 汽车行业质量管理体系，实行欧盟的 RoHS 管理，并与用友软件合作开发了

二十四、机械行业

应用于数控钣金行业的 ERP 管理系统，将公司各个方面都纳入系统化管理，大大提高了公司运营的效率，对保证公司产品品质和交期、降低成本、增强快速反应能力起到了重要的推动作用。

18. 日发数码（股票代码：002520）

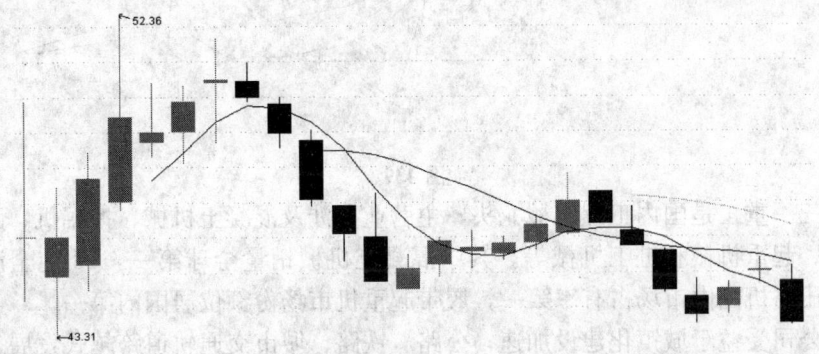

图 437

日发数码是生产数控机床的专业厂家，产品数控化率100％，主要产品包括数控车床、数控磨床、立式加工中心、卧式加工中心、龙门加工中心、数控落地铣镗加工中心六大系列。公司主营业务为数控机床、机械产品的研制、生产、销售；经营进出口业务。

19. 天桥起重（股票代码：002523）

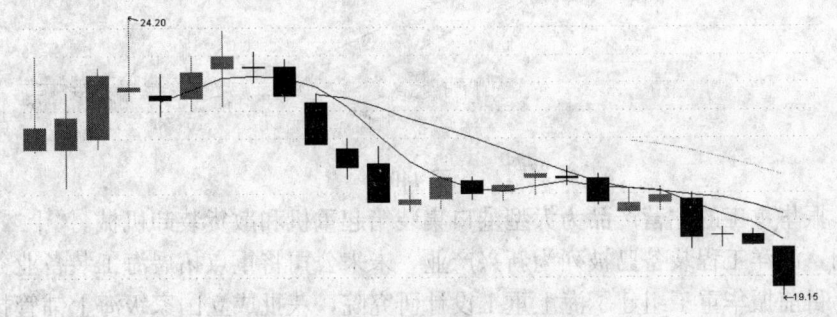

图 438

天桥起重是我国南方地区最大的桥、门式起重设备制造商，是国内两大铝冶炼专用起重设备制造商之一和钢铁行业起重设备重要制造商之一。公司产品定位高端，技术"门槛"及附加值较高，主要用于钢铁、电解铝、机械、交通运输和电力等行业，26％的毛利率领先于同行其他企业。

20. 三一重工（股票代码：600031）

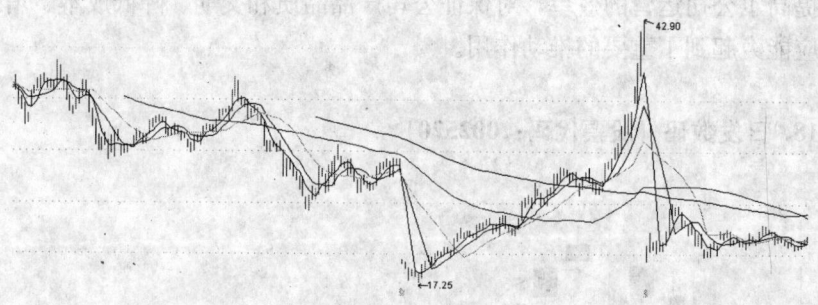

图 439

三一重工是国内工程机械龙头，主营业务涉及混凝土机械、挖掘机、路面机械、起重机械和桩工机械等。其中混凝土机械销量全球第一，18 吨全液压振动压路机国内市场占有率第一，履带起重机市场份额位居国内第一。

公司受益于城镇化建设加速，公路、铁路、城市交通轨道跨越式发展，保障性住房推出等因素；公司在完成注入三一重机的挖掘机业务后，产品覆盖大中小挖掘机，在国内市场处于领先地位。

21. 振华重工（股票代码：600320）

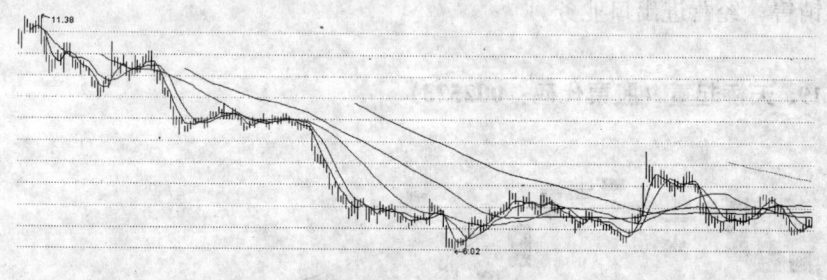

图 440

振华重工的主营产品为大型港口集装箱起重机和散货装卸机械。"十二五"期间，海洋工程装备已被列为新兴产业，未来公司将重点拓展海工装备业务。

目前振华重工组建了海上重工设计研究院，获批成立国家级海上铺管技术研究中心，通过自主研发和消化吸收国外先进海工技术，相继推出了海洋石油铺管船铺管设备加工线、动力定位系统和重型锚机。

公司在铺管船、起重船、海工大型钢结构等领域是有优势的，目前已经提交了 3 艘铺管船。此外，在市场前景看好的钻井平台方面，利用已收购的 F&G 公司的设计能力，2011 年公司将推出 300 尺的自升式海洋钻井平台。

22. 昆明机床（股票代码：600806）

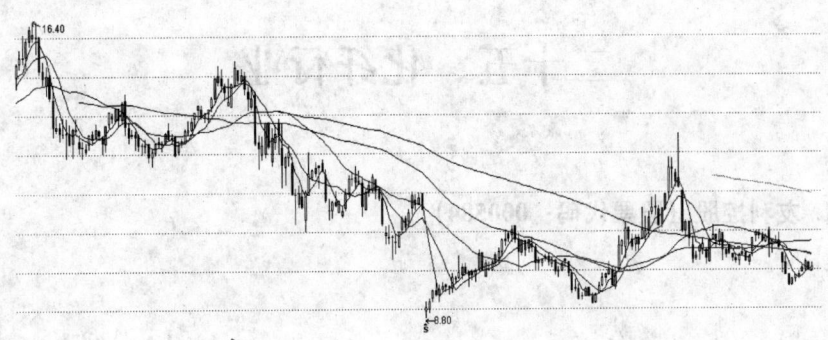

图 441

昆明机床主导产品镗床国内规模居第二位，且抗风险能力强，在装备制造业受金融危机冲击非常大的情况下，仍然保持非常好的盈利水平。随着我国经济复苏，加快民生工程和基础设施建设及新增投资启动重点项目都给机床业提供广阔市场，使其具有明显的估值优势。

23. 杭齿前进（股票代码：601177）

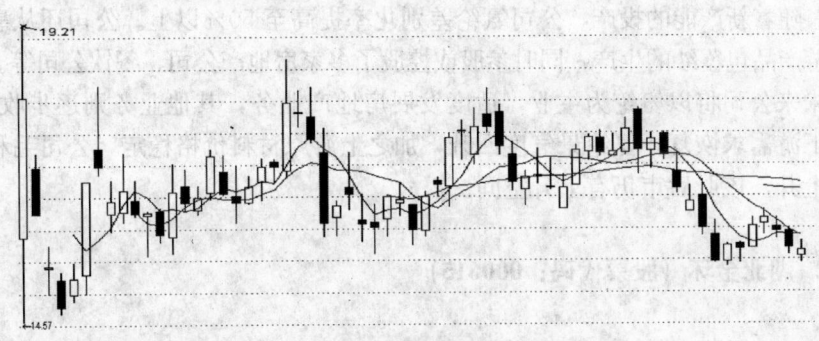

图 442

杭齿前进主营齿轮传动装置，应用于船舶、工程机械、汽车、风电四大领域，在行业内具有一定的优势。

公司主要从事各类齿轮传动装置的生产，产品覆盖船舶、工程机械、汽车、风力发电等多个行业，成为中国齿轮行业产品线最长、应用领域最广的大型骨干企业。齿轮行业产品是装备制造业中成套设备的重要基础件，将受益"十二五"装备制造业振兴规划出台。

二十五、化纤行业

1. 友利控股（股票代码：000584）

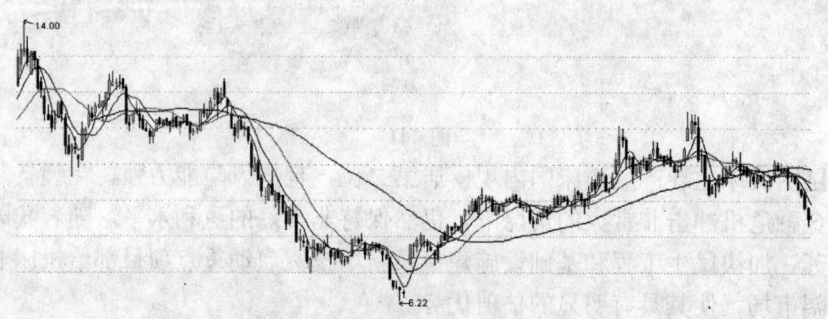

图 443

友利控股是国内主要的氨纶生产企业之一，目前产能为 2.05 万吨。在公司 1.2 万吨/年新产能投产后，公司氨纶产能将仅次于华峰氨纶，成为国内第二。同时，随着新产能的投产，公司氨纶差别化率提高至 50% 以上。公司还从事氨纶下游产品包覆纱的生产，同时参股或控股了多家房地产公司、餐饮公司等。

未来公司将以氨纶为主业，适度发展房地产业务，其他业务则逐步收缩。随着下游需求恢复，氨纶景气度回升，加之上游原材料价格稳定，公司毛利将有所上升。该股后市仍有上升空间。

2. 湖北金环（股票代码：000615）

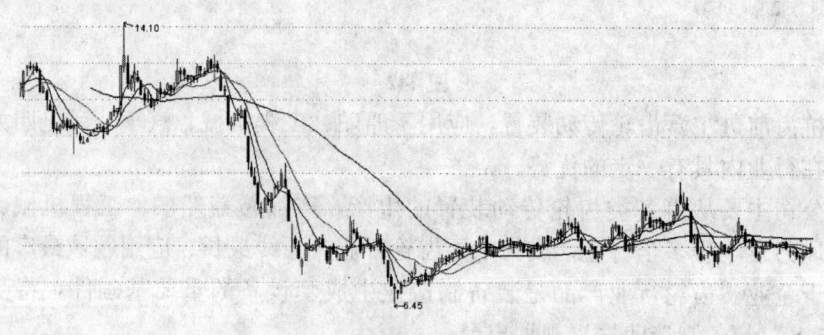

图 444

湖北金环经营包括粘胶纤维制造销售与房地产开发等。目前国内经济正在复苏，汽车、化工等行业的销售回升明显，将拉动其上游化工品的需求。

3. 山东海龙（股票代码：000677）

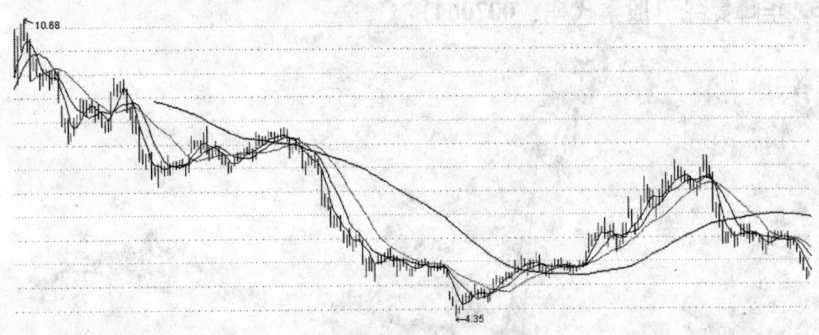

图 445

山东海龙是国内最大的粘胶生产企业之一，粘胶短丝业务是公司主打。公司主营业务为粘胶纤维、棉浆粕、帘帆布、无纺布的生产与销售，目前粘胶短纤维、棉浆粕、帘帆布和高模低缩工业长丝的生产规模以及产品质量均居全国同行业领先地位。同时，公司通过自主研发成果的应用，各类产品原料消耗不断下降。

4. 华西村（股票代码：000936）

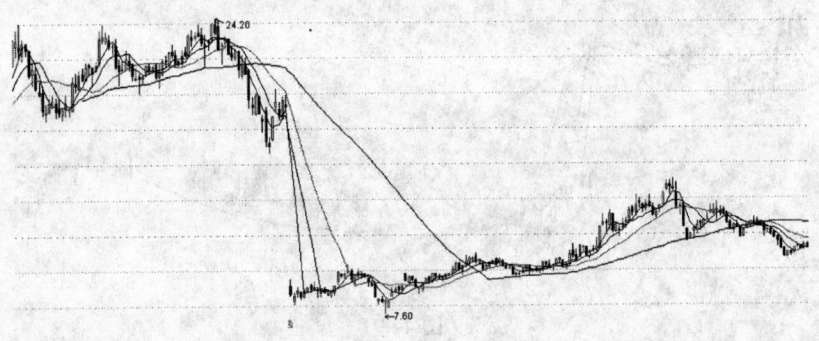

图 446

从公司仓储业务扩容，到置出重资产、低附加值的纺织、热电业务，置入金融资产，可以看出华西村正朝着轻资产、高收益的现代综合服务业进军。

此次资产置换仅是公司战略转型的开始，未来公司将继续依托资本市场和大股东华西集团的支持，围绕现代综合服务业的发展方向，对主营业务不断进行转型和优化。公司此次资产置换成功的可能性较大。考虑到未来江苏银行上市，以及公司产业转型、主营结构优化存在超预期的可能，公司股票估值仍然有提升空间。

5. 华峰氨纶（股票代码：002064）

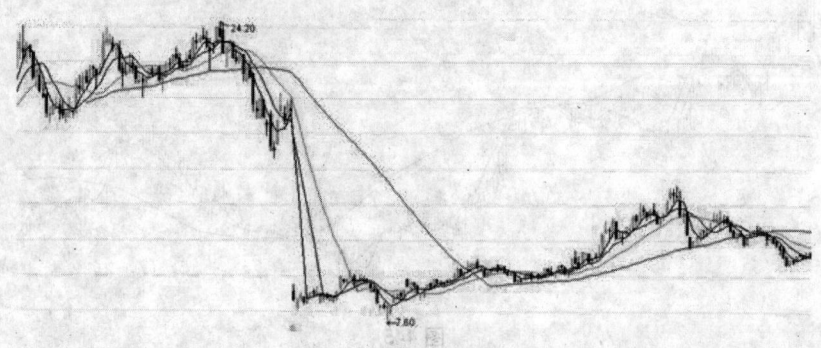

图 447

华峰氨纶是国内最大的氨纶纤维制造企业之一，主要经营氨纶产品的加工制造、销售、技术开发，公司业绩弹性十足。

6. 澳洋科技（股票代码：002172）

图 448

澳洋科技主要从事粘胶短纤、棉浆粕的生产经营和销售，以及蒸汽电力供应。目前粘胶短纤收入占公司主营收入的90%。

2010年公司非公开发行股票募集的资金投向均与粘胶短纤业务相关，募集资金项目完成后，公司粘胶短纤权益产能将进一步提高，日常运营能力和生产组织能力都将得到提升，差别化粘胶短纤方面的研发力量也将得到增强。

7. 海利得（股票代码：002206）

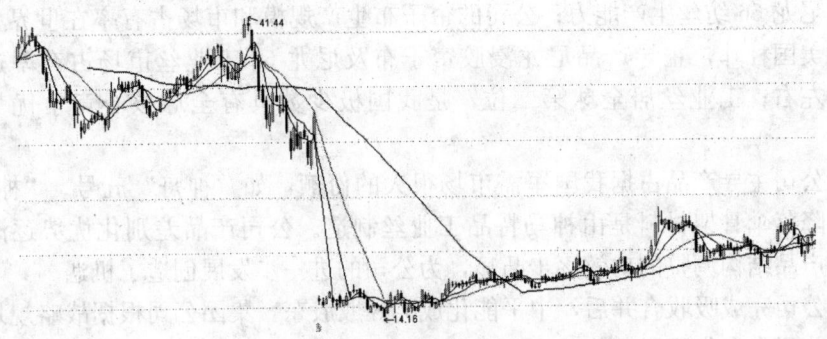

图449

海利得是全国最大的涤纶工业长丝和灯箱布制造企业之一，国家火炬计划重点高新技术企业。公司主营电脑喷绘胶片布、高速公路专用格栅布、PVC涂层材料、聚酯工业长丝、高分子材料及产品的研究开发、生产、销售。公司的"海利得"商标为"浙江省著名商标"，"海利得"牌柔性灯箱布为浙江名牌产品，高模低收缩涤纶工业长丝、高分子数码喷绘网格材料为浙江省高新技术产品。

公司战略明确，做大车用涤纶工业丝，享受双重壁垒。在公司现有的12万吨涤纶工业丝中，车用丝约5万吨，此外公司还将通过增发的形式募集资金建设3万吨轮胎帘子布和3万吨高模低缩丝，以进一步提高车用丝占比。车用丝一旦获得双重壁垒保障，其竞争优势将很难在短期内被同行复制。笔者认为公司重视车用丝的发展战略将引导公司走向一个非常有利的竞争格局。

8. 神马股份（股票代码：600810）

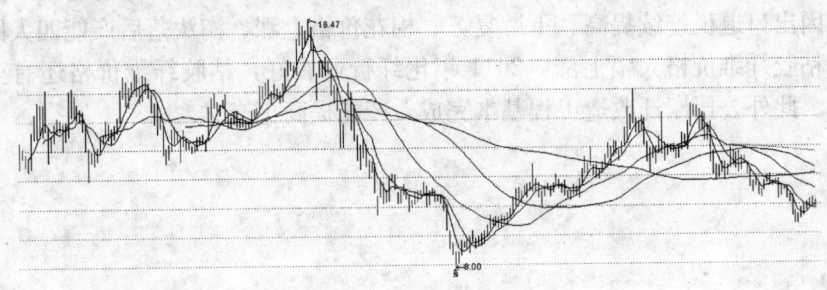

图450

神马股份主营尼龙66浸胶帘子布、工业丝及烧碱和PVC的生产和销售，在国内工业丝产业中技术、产能规模均居领先优势。

公司拥有亚洲第一、世界第二的尼龙工业丝（布）生产基地，具备10万吨的尼龙66纺丝生产能力；公司的帘子布生产规模和市场占有率在世界上仅次于美国杜邦，主导产品尼龙浸胶帘子布及尼龙66工业丝市场占有率达到30%左右；工业丝居全球第二位，是我国极少数具有全球核心竞争优势的企业。

公司主导产品占据我国军需市场很大的份额，如"神舟"五号、"神舟"六号降落伞骨架材料是由神马特品工业丝制造。公司产品差别化优势逐渐显现，产品结构调整的功效逐步凸显，为公司的进一步发展创造了机遇。

公司完成吸收合并后，中平能化成为控股股东，集团公司根据战略规划将支持公司整合集团尼龙化工产业，同时支持公司解决与集团的氯碱化工产业同业竞争问题，这将有助于实现公司的可持续发展和盈利能力的提升。

9. 南京化纤（股票代码：600889）

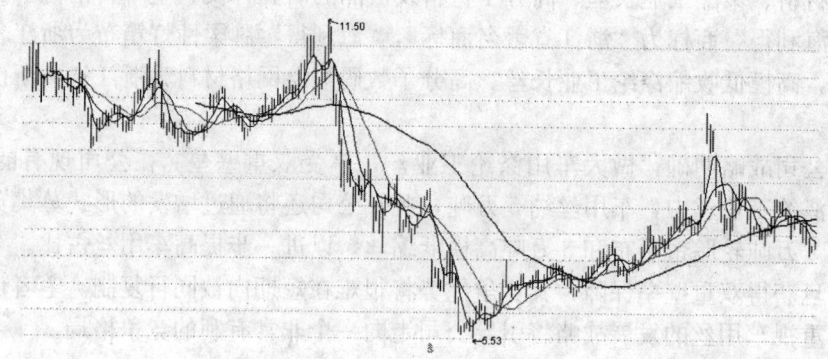

图 451

南京化纤主产品是金羚牌粘胶纤维，产品除供国内销售外，还远销欧美等国。因出口退税连续提高、下游复苏、棉花价格上涨、淘汰落后产能四大因素造成粘胶纤维价格大幅上涨，2011年化纤行业看好，粘胶纤维价格还有上升空间。此外公司搬迁改造工程基本完成，产能提高正逢时。

二十六、农药化肥

1. 四川美丰（股票代码：000731）

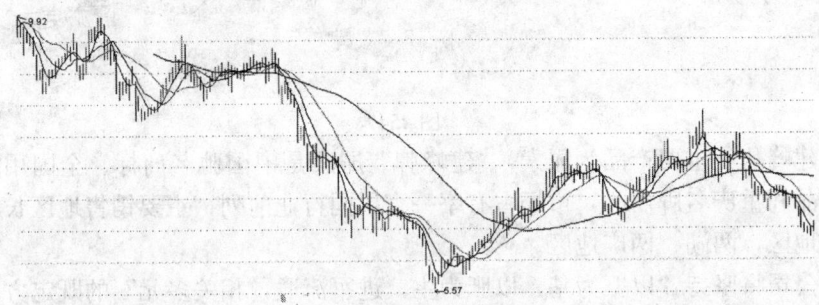

图 452

四川美丰是国内重要的尿素生产基地，四川省第二大尿素生产商。美丰是氮肥类第一个中国驰名商标，而美丰尿素获国家免检产品，产品市场竞争力进一步增强。

2. 沪天化（股票代码：000912）

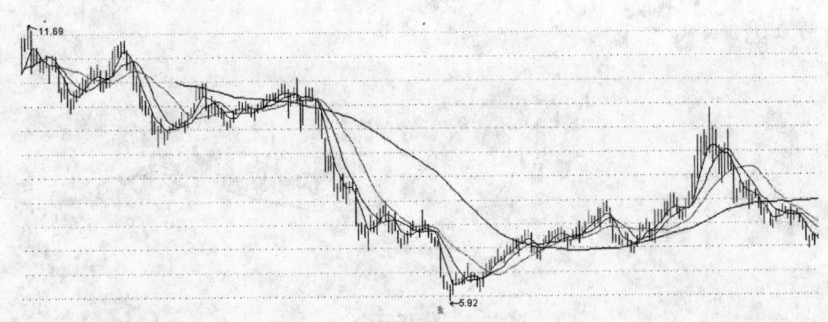

图 453

沪天化是我国历史最悠久、最大尿素生产企业，属国家政策重点扶持的特大型化工基地和我国西部地区国家重点鼓励发展的产业，且大股东资产整合预期强烈，相关资产的剩余股权有望陆续注入上市公司。

3. 建峰化工（股票代码：000950）

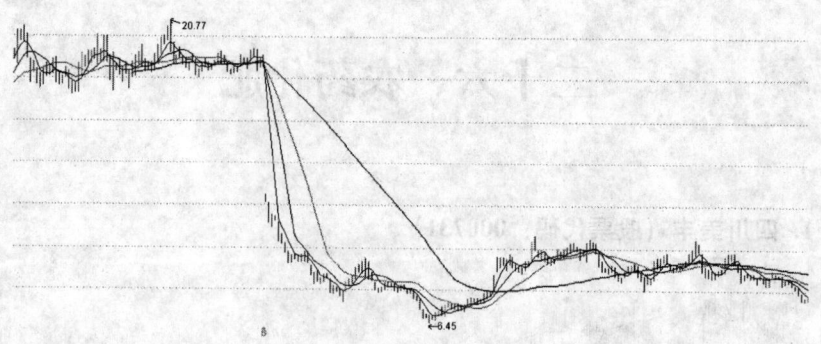

图 454

建峰化工主要产品为尿素，"建峰牌"尿素是中国驰名商标、全国用户满意产品和重庆名牌产品，市场占有率一直居同行业前列，主要销售地区长江中下游地区，两湖、两广地区。

公司将坚持"以氨为基、以肥为主，进军流通，相关多元"的既定方向和"建成全国一流化肥生产基地"的目标，努力推进跨越发展、科学发展、和谐发展，进一抓好现有装置的优质运行和技术改造，完成第二套大化肥建设，提升行业位势，同时积极培育新的经济增长点。

4. 华星化工（股票代码：002018）

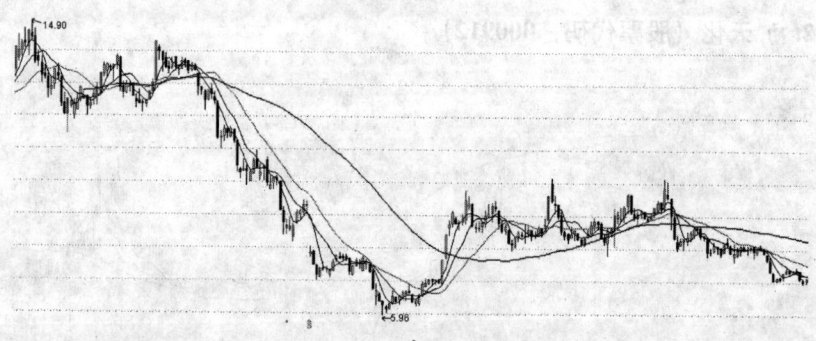

图 455

华星化工主导产品为草甘膦和杀虫剂系列，未来值得期待。公司在皖江示范区内有大面积工业用地，烧碱、三氯化磷等上游项目建设将提升公司成本优势，草甘膦制剂若顺利获得美国登记将提升除草剂业务盈利能力，农产品价格上涨也将致使农化产品需求上升。

二十六、农药化肥

5. 长青股份（股票代码：002391）

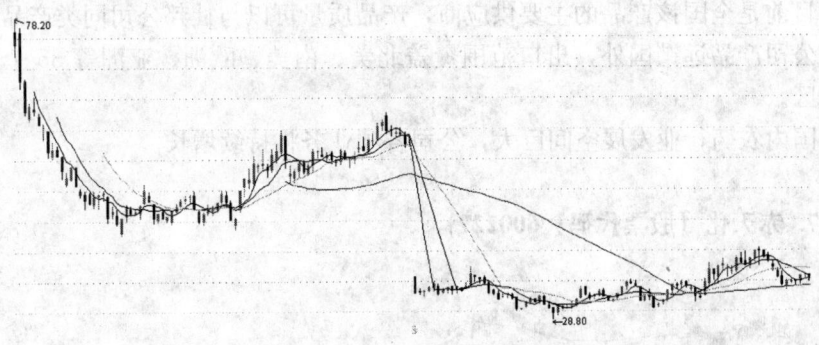

图 456

长青股份是江苏省的国家火炬计划重点高新技术企业，是农药细分领域的龙头，产品包括除草剂、杀虫剂、杀菌剂三大系列共20种原药、61种制剂，是国内主要农药生产商之一，生产规模达到年产6500吨原药和8000吨制剂。公司与国际农药商建立了长期的合作关系，一半产品销往美国与巴西。

6. 蓝丰生化（股票代码：002513）

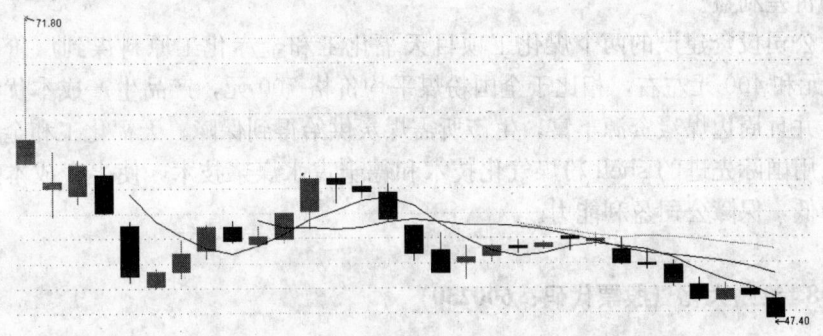

图 457

蓝丰生化是国内大型综合性农药生产企业，拥有89项农药产品登记证，主要从事杀菌剂、杀虫剂、除草剂三大类农药原药、制剂和精细化工中间体的研发生产和销售。

公司的农药产品具有高效、广谱、低毒、低残留的特点，其中杀菌剂产品甲基硫菌灵、多菌灵、除草剂产品环嗪酮的生产工艺达到世界先进水平。

公司在国内率先研发和生产甲基硫菌灵，是国内最大的甲基硫菌灵生产企业。公司是国内多菌灵原药的主要供应商，产能居全国三甲；也是国内为数不多的可生产精胺的企业，生产能力位于全国前列。公司是国内环嗪酮的攻关单位，目前是全国该产品的主要供应商，产品质量可以与杜邦公司同类产品相媲美。公司产品远销国外，出口范围覆盖北美、南美、欧洲、亚洲等35个国家和地区。

国内农药行业发展空间巨大，公司各项业务将持续增长。

7. 赤天化（股票代码：600227）

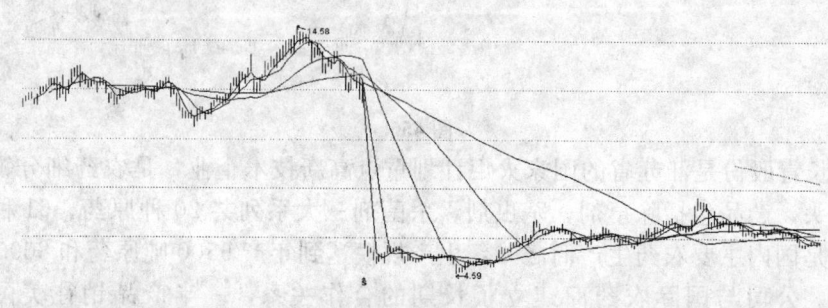

图 458

赤天化是贵州地区最大的气头尿素生产企业，目前拥有72万吨尿素生产能力，产品在贵州地区市场占有率达到60%以上，能够充分享受区域优势带来的价差利益。

公司投资建设的两个煤化工项目天福化工和金赤化工原料煤到厂价仅为550元和400元左右，相比于全国粉煤平均价格700元，产品生产成本优势明显，并且周边煤炭资源丰富，生产所需煤炭供给得到保障。天福化工和金赤化工采用国际先进的shell粉煤气化技术和德士古水煤浆技术，使生产成本进一步降低，保障公司盈利能力。

8. 沧州大化（股票代码：600230）

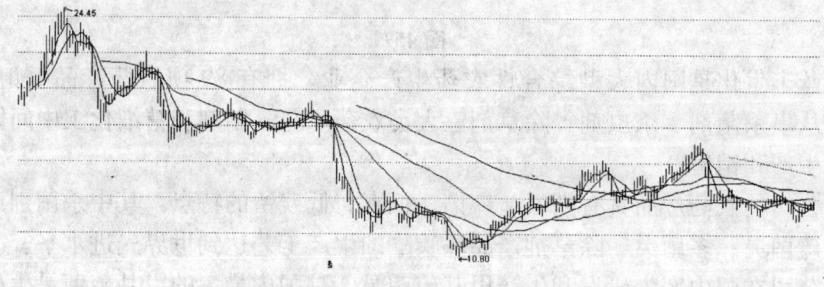

图 459

沧州大化的主要产品是尿素，在河北区域市场是龙头，约占河北省化肥市场需求总量的12%左右。在国内同行业中，公司尿素生产规模位居前列。我国尿素价格在2010年7月底触底反弹之后稳中有升。

公司是国内TDI产品（TDI主要用于沙发和床垫的制造）的主要生产厂家，市场分布比较广泛。公司10万吨TDI项目正分期建设，未来企业重心有望从尿素生产为主向TDI生产转型。

9. 柳化股份（股票代码：600423）

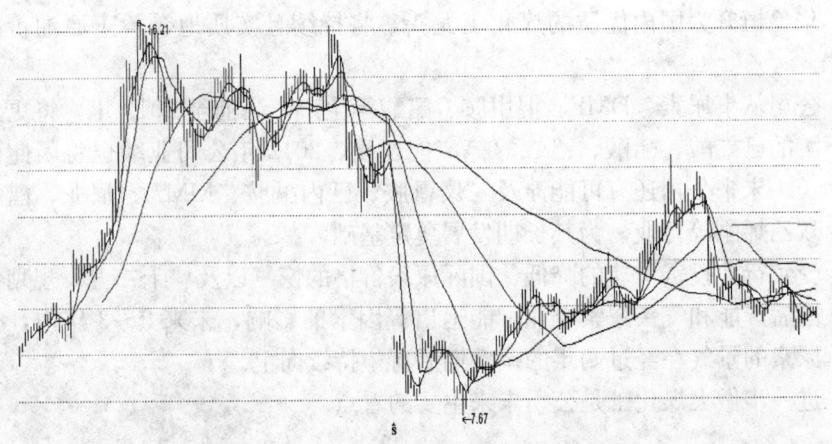

图460

柳化股份是国内具有先进清洁煤气化技术装置的煤化工企业，一直致力于打造上下游一体化的产业链条。目前公司的煤化工产业链较完整，可依据市场的需求变化及时进行产品结构调整，有效抵抗市场波动风险。

贵州兴义凹子冲煤矿（无烟粉煤）目前已进入生产阶段，公司煤炭自给率将逐步提升，公司尿素和硝酸铵等产品的综合毛利率将进一步提升。

未来如果中成化工成功并入柳化集团后，将形成中成化工与柳化集团控股的盛强化工的双氧水同业竞争的可能，因此，未来为解决同业竞争，将中成化工资产注入上市公司的预期强烈。

10. 华鲁恒升（股票代码：600426）

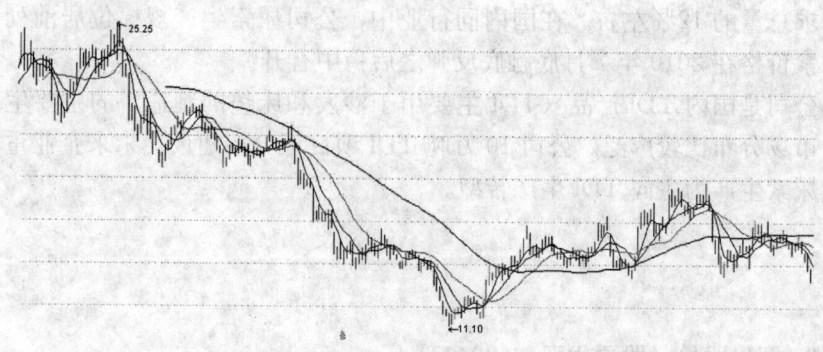

图 461

华鲁恒升为国内优质的煤化工龙头，将持续且实质地受益于原油价格的上涨。

公司从事尿素、DMF、混甲胺、醋酸等生产，当前至2012年，将更加注重下游的己二酸、醋酸、乙二醇等产能建设，2012年公司业绩也将因此而大幅增长。未来公司还有可能涉及三聚氰胺、己内酰胺、MMA、尼龙、醋酸乙烯、双乙烯酮等行业，为其长期发展奠定基础。

受到行业投资增速的降低、国际尿素价格的恢复以及"十二五"规划有望淘汰落后产能和气头尿素企业可能退出等因素的影响，未来2～3年内，公司主营尿素的景气在经过两年的调整期后有望持续向上。

进一步做大煤化工是公司未来主要的看点。

11. 扬农化工（股票代码：600486）

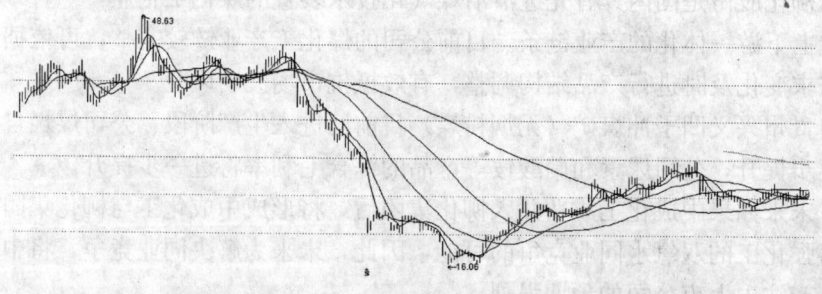

图 462

扬农化工是菊酯原药龙头，国内唯一以拟除虫菊酯杀虫剂为主导产品的上市公司。国内卫生杀虫剂市场占有率达到70%，全球销量排名第二，看好其长期发展。

12. 新安股份（股票代码：600596）

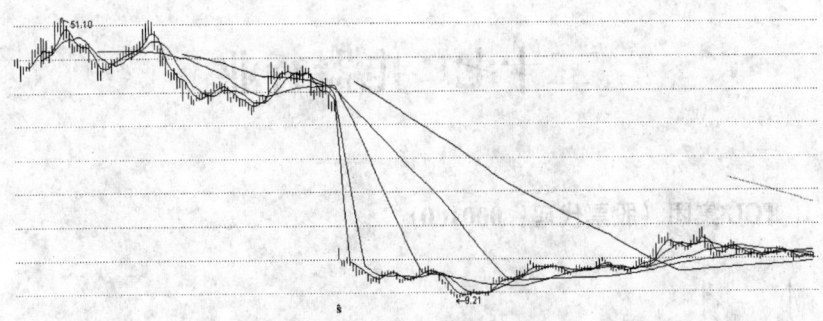

图 463

新安股份是我国最大的除草剂草甘膦生产企业，同时还生产以有机硅单体为主的有机硅系列产品，是国内有机硅产品的两大龙头企业之一。公司主营农药、有机硅材料及精细化工，共 100 余个产品，主要产品有以除草剂草甘膦为主的农药原药及制剂，以高品质磷酸为主的磷化工系列产品，以及以有机硅单体为主的有机硅系列产品。公司拥有自营进出口权，出口销售收入占总销售收入的 50％以上，产品畅销欧美、澳洲、东南亚等海外几十个国家和地区。

随着公司定向增发项目的逐步投产，公司将基本完成对有机硅产业的布局，形成从上游工业硅、硅粉，到中游单体、中间体，再到下游深加工产品的完整产业链。

长期以来，公司的农化业务单纯依靠草甘膦规模的增长发展，而草甘膦价格的波动，增加了公司业绩的波动风险，不利于其长期的发展。公司对宁夏天喜公司的收购，将有利于其迅速进入除草甘膦之外的其他除草剂，以及杀虫剂和杀菌剂等领域，便于公司完成对其农药业务的产业布局。未来宁夏天喜将成为公司一个重要的业绩增长点。

二十七、电器行业

1. TCL 集团（股票代码：000100）

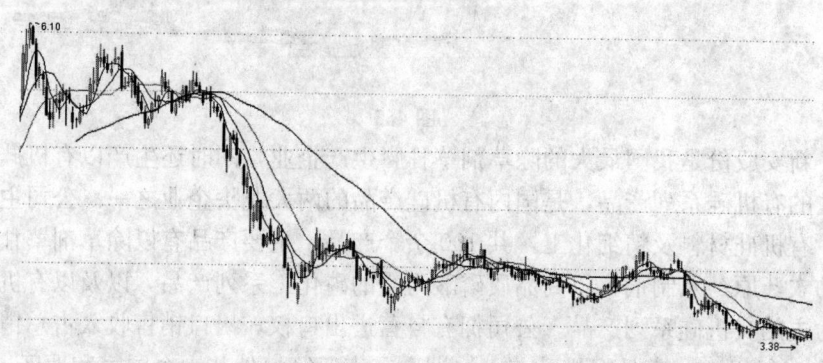

图 464

　　TCL 集团是国内为数不多的打造"面板—模组—整机—内容"一体化的企业，公司通过投资模组生产线、整机一体化和投资 8.5 代线 TFT-LCD 面板生产线构筑了彩电产业链垂直体系，也保障了产业链的安全和完整，有利于公司长期竞争力的提高，也符合国家的产业扶持政策，从而将推动公司的业绩稳定和长期增长。

2. 德豪润达（股票代码：002005）

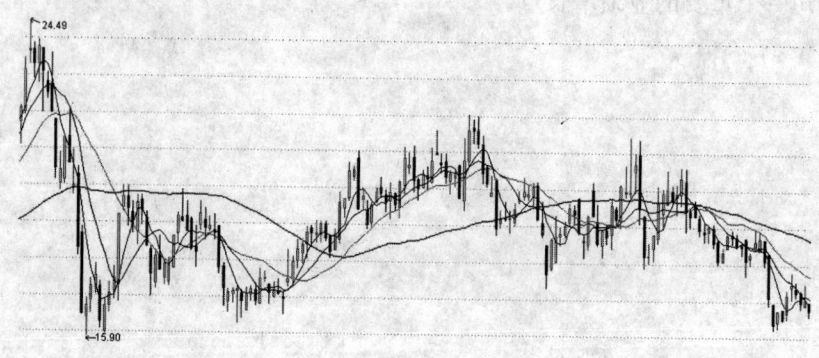

图 465

二十七、电器行业

德豪润达是面向国际的小家电供应商,其主导产品如面包机、烤箱、电炸锅等在全球小家电市场,尤其是美洲市场的占有率均名列前茅。2010 年 1 月公司出资 1125 万美元(占 75%)与韩国 Epivalley 及 MaxAlpha 设立生产 LED 晶圆和芯片公司,有利于公司该领域长期发展。

3. 大洋电机(股票代码:002249)

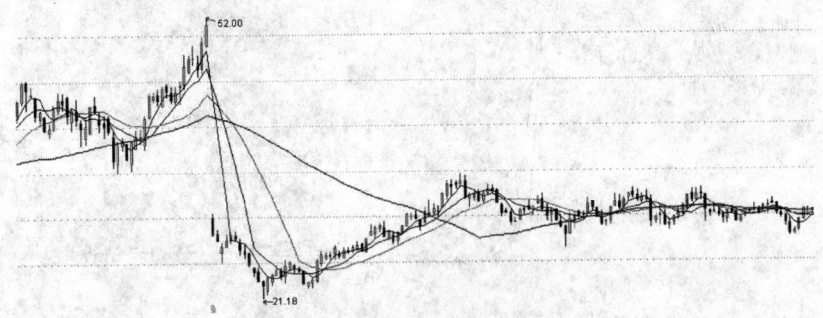

图 466

大洋电机主要从事微特电机的开发、生产和销售,为空调电机龙头。公司主导产品为空调配套用风机负载类电机,国内市场占有率约 20%列第二位,主要客户是国内外家电企业,出口占比约为 50%。此外,公司与北京理工大学签署了《纯电动及混合动力车辆整车控制系统研发及产业化》合作协议。项目目标为研发并生产符合国家产业政策要求、技术领先的纯电动及混合动力车辆整车控制系统。

公司是新能源汽车驱动及控制系统龙头,将受益于新能源汽车的高速发展,是最具业绩弹性和壁垒的标的。

4. 鑫龙电器(股票代码:002298)

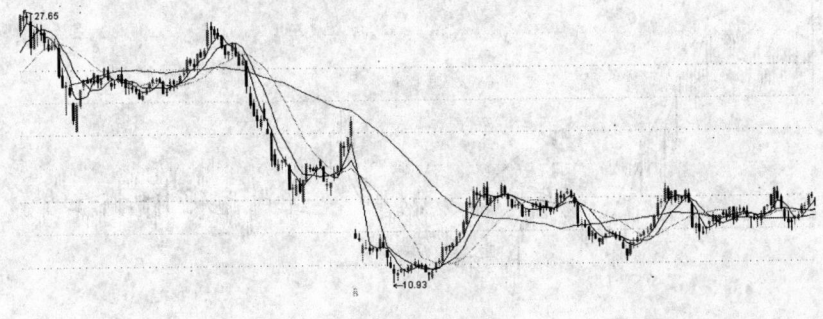

图 467

鑫龙电器主营业务为高低压成套开关设备、元器件和自动化产品的生产与销售，公司产品盈利能力强，各产品毛利率较高，大部分产品毛利率均在35%以上。公司主要市场在电网和铁路电气化，未来仍有较大发展空间。

5. 中利科技（股票代码：002309）

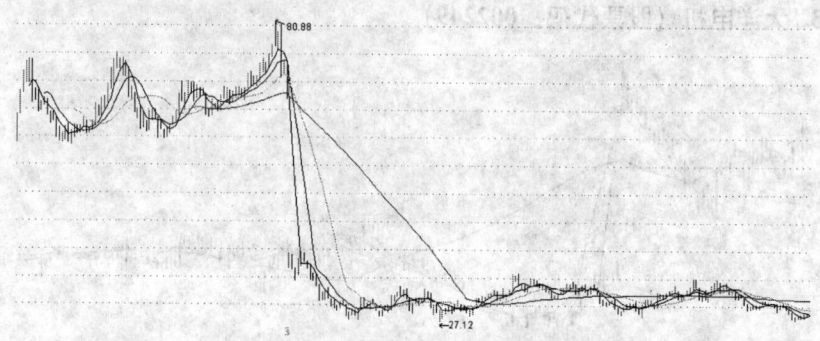

图 468

中利科技主营特种电缆的研发、生产和销售，主导产品阻燃耐火软电缆主要应用于通信电源领域，客户为通信运营商和通信设备制造商，公司在这一细分市场处于行业绝对龙头地位。三网合一工程的逐步展开，对通信电缆需求增加，将为公司发展创造契机。

随着3G网络通信技术逐渐推行以及2G网络的改造和维护等需求，阻燃耐火软电缆的市场前景广阔。除原有通信市场外，公司正逐步推广阻燃耐火软电缆在铁路与轨道交通、电力、建筑等市场的应用，已初步进入机车电缆和通信信号电缆领域。随着城轨建设的景气向好，公司未来增长态势相对明确。

6. 中恒电气（股票代码：002364）

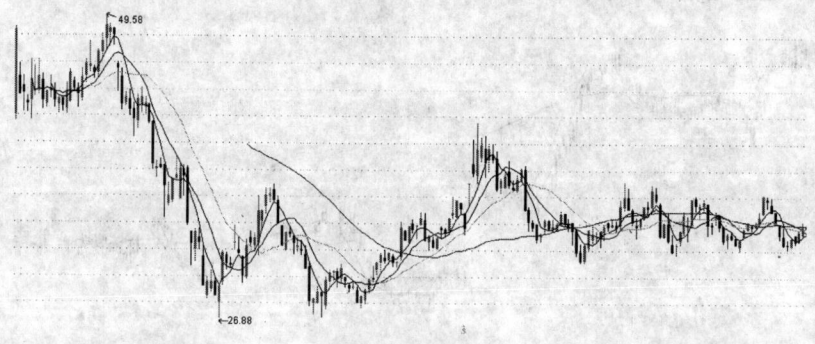

图 469

二十七、电器行业

中恒电气是一家专注于电力电子领域,致力于为通信网络、电网、电厂、铁路、城市轨道交通、采矿、冶金、化工等提供高质量的高频开关电源技术产品、解决方案与系统集成高新技术企业。公司是国内 1000MW 机组业绩最多的电力操作电源系统生产厂家,有实力参与 500kV 及以上变电站、超超临界 1000MW 机组等重大项目电力操作电源系统竞争的 5~6 家企业之一。公司拥有一批优质稳定的核心客户,赢得业内的优势竞争地位,保持高速稳定发展。

公司通过自主研发掌握了高频开关电源系统的核心技术,是国内少数几家能满足客户个性化定制要求、提供成套电源系统产品及综合解决方案的企业之一。连续多年公司产品的市场占有率居同行业前列,"中恒"被评为浙江省著名商标,公司高频开关电源系统产品通过国际 CE 安全认证。

7. 科远股份(股票代码:002380)

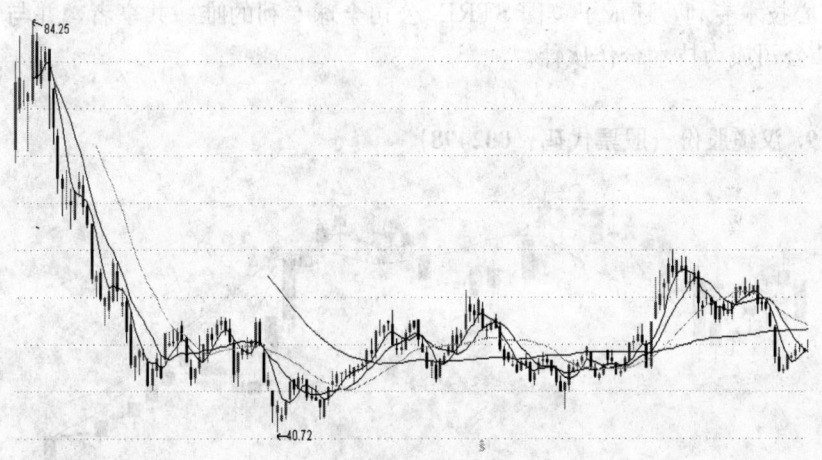

图 470

科远股份是国内唯一一家专注于电厂信息控制的上市公司,主营产品包括热工自动化系统和电厂信息化系统两类。公司成功开发出一系列具有自主知识产权的国内外领先产品,拥有专利及软件著作权 80 多项,是国家火炬计划江宁电力自动化产业基地核心骨干企业。

8. 圣莱达（股票代码：002473）

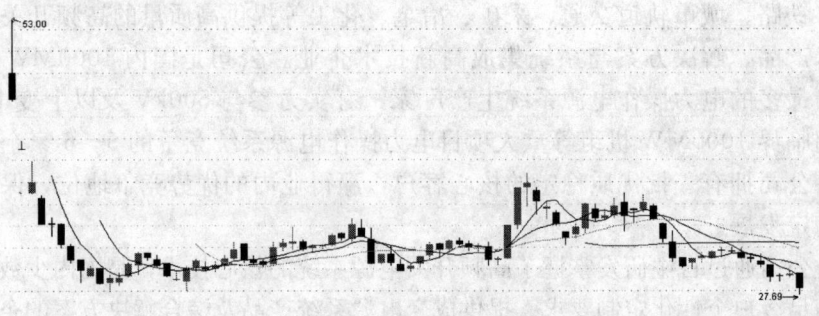

图 471

圣莱达为温控器行业全球三大寡头之一。公司专业从事水加热生活电器核心零部件及整机的研发、生产和销售，目前主要产品为温控器和电热水壶整机。电热水壶温控器是目前水加热生活电器所有零部件中唯一具有较高知识产权壁垒的零部件。目前该产品的研发技术主要掌控在英国的 STRIX 公司、OTTER 公司和圣莱达公司 3 家手中，圣莱达通过走自主创新路线也拥有了自主核心技术专利，还成了英国 STRIX 公司全球专利的唯一共享者，并与 OTTER 公司成为技术合作伙伴。

9. 汉缆股份（股票代码：002498）

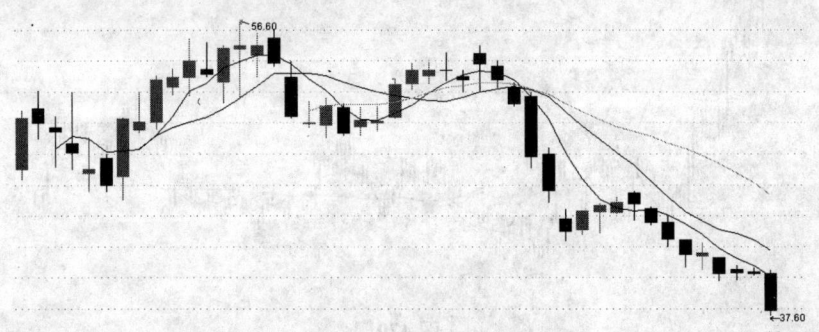

图 472

汉缆股份是一家从事电线电缆高新技术研发和生产经营的国家重点高新技术企业，是原电力部和机械部定点生产电线电缆的专业厂家、原国家经贸委首批推荐的全国城乡电网建设与改造所需设备产品生产企业。公司重点新产品包括 500kV 交联聚乙烯绝缘电力电缆、220kV 电缆附件、110kV 海底复合光纤电缆以及耐热和高强度铝合金导线。公司拥有省级企业技术中心和市级科研机构——青岛电缆研究所；产品档次和综合效益位居同行业的领先水平。

二十七、电器行业

10. 老板电器（股票代码：002508）

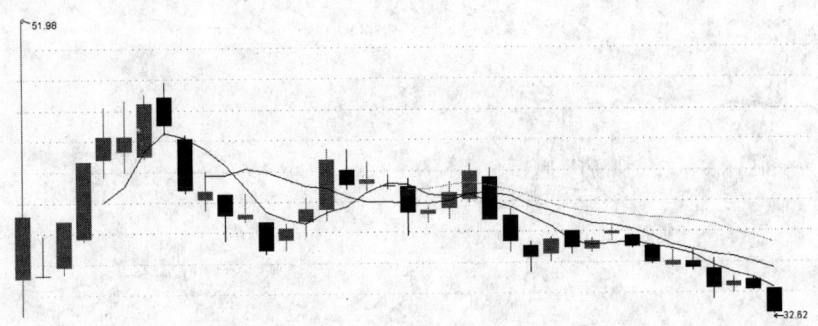

图 473

老板电器是国内厨房电器行业发展历史最长、生产规模最大、产品类别最齐全、销售区域最广的龙头企业之一。公司主要致力于厨房电器产品的研发、生产和销售，主要产品包括吸油烟机、燃气灶、消毒柜，以及电压力煲、电磁炉、电热水壶、食品加工机等配套厨房小家电产品。

11. 科士达（股票代码：002518）

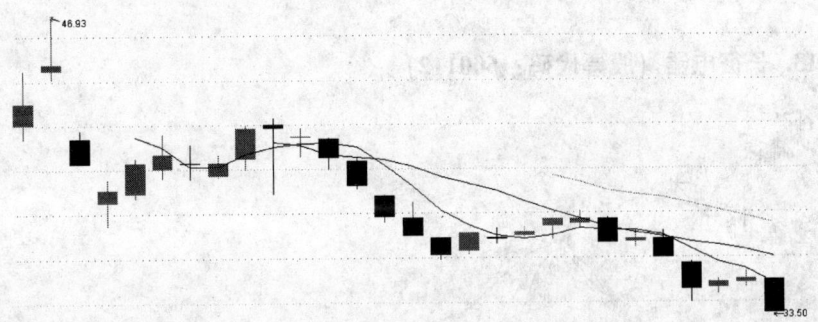

图 474

科士达主要从事不间断电源（UPS）以及配套的阀控式密封铅酸蓄电池的研发、生产、销售和配套服务。

公司作为国内领先的提供商，是销售量位居国内 UPS 行业前列的本土品牌之一，也是 UPS 主要消费行业（政府、金融、电信）客户的主流供应商之一。

依托自身的技术与研发优势，未来三年，公司将继续强化在 UPS 高端产品领域的开发，并积极向 UPS 同源性技术领域横向拓展，为持续发展奠定坚实基础。

12. 冠城大通（股票代码：600067）

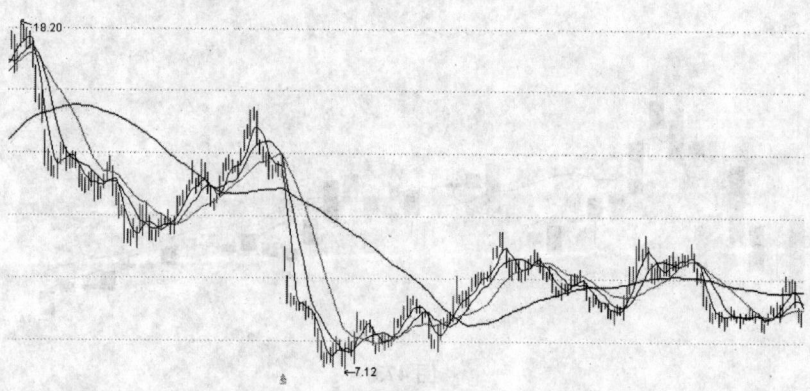

图 475

冠城大通业务主要由漆包线业务和房地产开发业务构成。

公司持有北京太阳宫房地产开发公司开发的太阳星城 85％股权，由于项目定位为中档普通住宅，所以受宏观调控政策的影响较小；公司特种漆包线技术、产量和质量均处于国内领先，是国内品种最全、产量最大的电磁线及架空导线生产基地之一。

13. 长征电器（股票代码：600112）

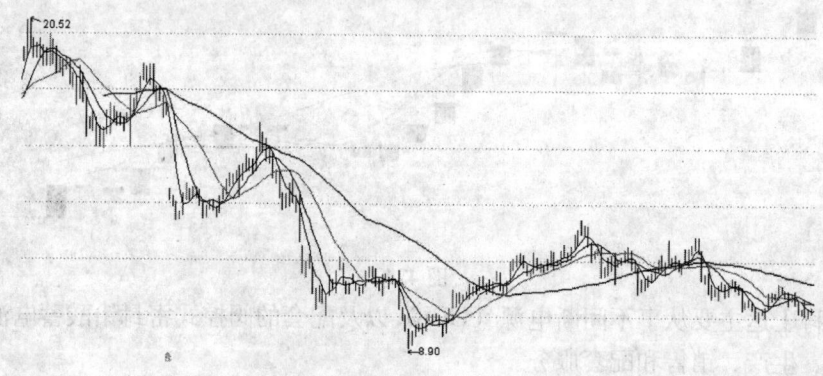

图 476

长征电器是机械电工行业全国大型电器生产企业之一，也是西南地区电器生产企业的区域龙头。公司主营 500kV 及以下电压等级的高低压电器元件、继电器保护及成套电器设备等。

随着风电并网装机的不断增加，我国风电将进入高速发展阶段，作为风电设备领域的领先企业，公司有望从风电建设持续推进中获益。

14. 哈空调（股票代码：600202）

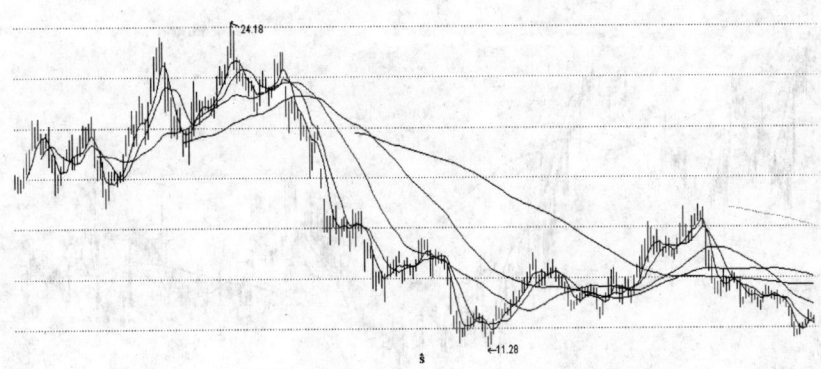

图 477

哈空调是我国最大的电站空冷器、电站空气处理机组专业生产厂家。作为重大技术装备国产化的主力军，公司产品一直具有较高的市场占有率。同时，公司已成为中国核工业总公司的定点生产企业，随着我国核电建设规模的扩大，未来核电空冷将成为公司业绩增长的亮点之一。

15. 方正科技（股票代码：600601）

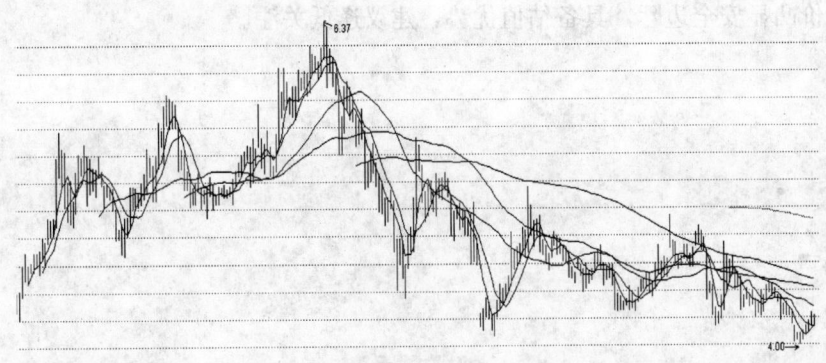

图 478

方正科技是我国个人电脑生产的龙头企业之一，稳居国内市场前两位。近年来公司与微软、英特尔、AMD 等国际大公司都进行了合作，从而极大地提升了公司在 PC 市场中的竞争实力。

16. 上海机电（股票代码：600835）

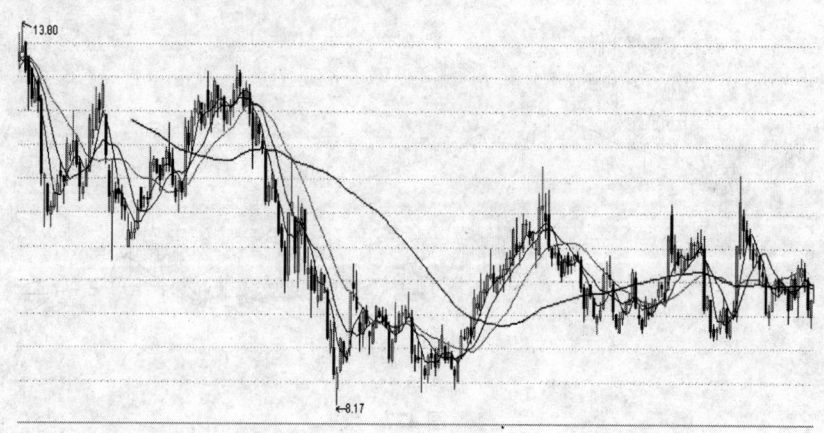

图479

上海机电确定了围绕电梯与自动扶梯、印包机械、液压气动产品、工程机械四大主业做大做强的发展战略，对于焊接器材、人造纤维板等非主业资产开始分步剥离，旗下几大参股公司均已步入高速增长期。

资产优化与四大主业的发展壮大以及投资收益的大幅提升，是公司实现高增长的主要驱动因素，预计未来三年公司净利润复合增长率为19.34%。公司依托品牌效应，有望在国家大规模的经济适用房和廉租房建设中博得较大的市场份额，进而达到超额拟补商业地产建设可能出现下滑所带来的压力。公司当前股价凸显安全边际，具备估值优势，建议逢低关注。

二十八、摩托车

1. 新大洲A（股票代码：000571）

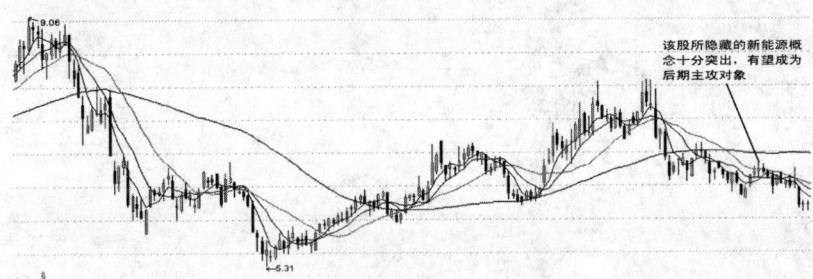

图480

新大洲是一家以电动车、煤炭及房地产三大业务为主的知名企业。

新能源已经被国家列入六大新兴产业。新大洲控股的新源动力已在江苏省和上海市投资设立了两家全资子公司，主攻新能源电池研发生产。新源动力不久的将来将建成可年产5500kW燃料电池堆用关键部件的批量生产线，这也将成为我国第一个燃料电池材料及部件的产业化生产基地。

2. 宗申动力（股票代码：001696）

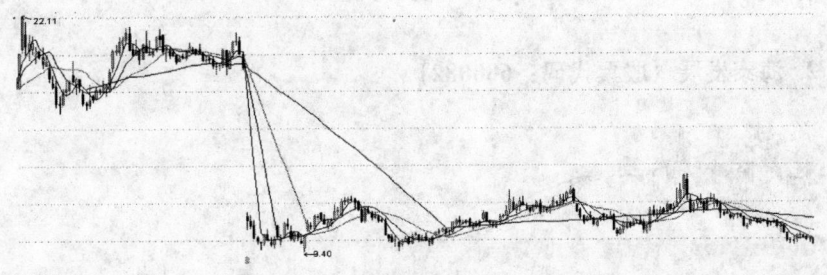

图481

宗申动力是目前国内最大的摩托车发动机和通用发动机制造企业之一，近年来公司业绩保持稳定增长的良好态势，其中摩托车发动机整机产销量及出口量均居行业龙头地位。日前公司携手美国波士顿电池公司，将在动力电池包和动力系统集成领域展开合作，前景看好。

二十九、开发区

1. 南京高科（股票代码：600064）

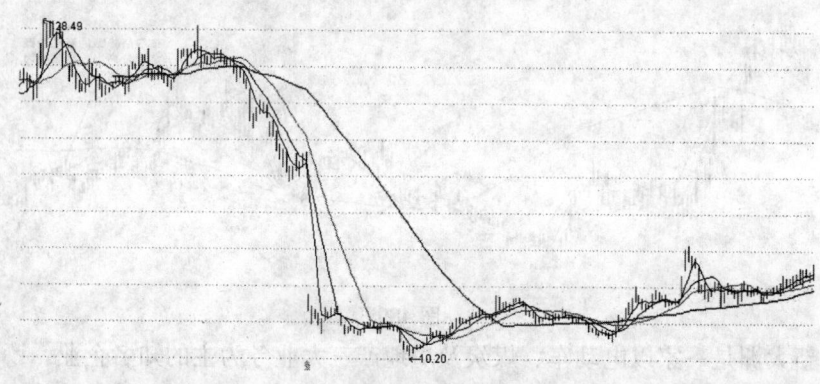

图 482

南京高科主营高新技术产业投资、开发，市政基础设施建设、投资及管理，土地开发等，旗下现有包括高科置业、高科建设、臣功制药、新创投资等10家控股子公司、13家参股子公司，产业横跨房地产、市政公用、股权投资等多个领域，初步搭建了投资控股型集团公司模式。

在二级市场上，该股较低的估值值得关注。

2. 海泰发展（股票代码：600082）

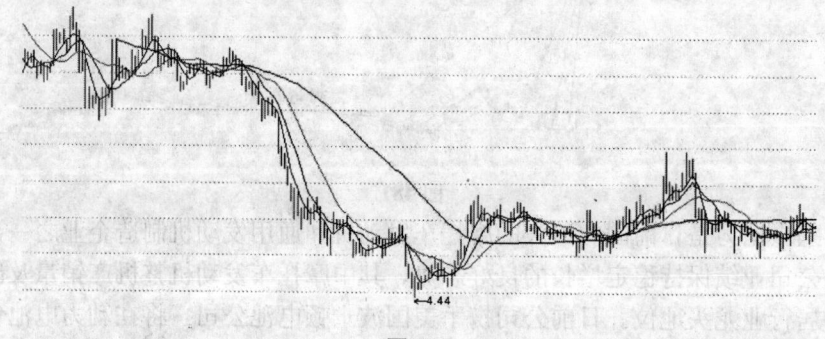

图 483

二十九、开发区

海泰发展为滨海高新区国有资产运营者海泰控股集团旗下唯一的上市公司。公司以园区开发运营服务为主营业务，构建了以工业地产为主体，以工业园类综合地产开发为支撑，以资本运作与运营服务为承载的经营发展模式。国家宏观区域经济政策促使天津市经济快速发展，公司业绩受益于区域经济的兴起。公司目前也是一家以孵化器为主营业务的上市公司，一直致力于孵化服务行业的发展，海泰绿色产业基地是公司2002年自行规划和投资建造的全国最大孵化器群。公司还借助其成功的孵化器和高科技产业运营经验进入快速增长的软件产业。

3. 东湖高新（股票代码：600133）

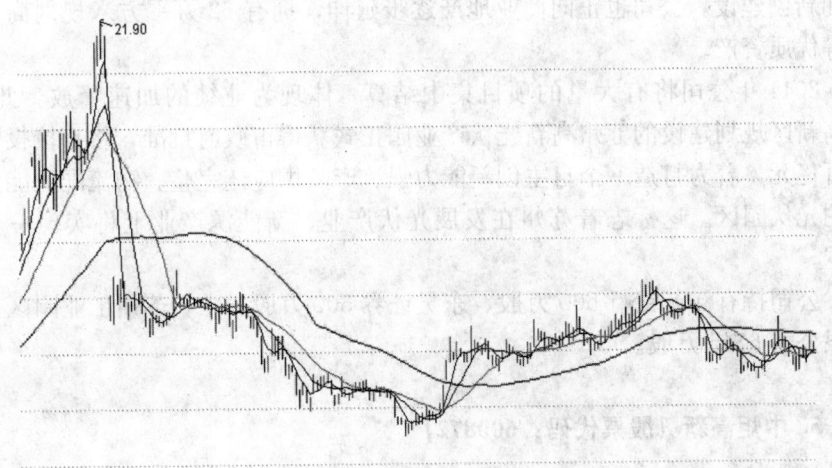

图484

东湖高新是一家以科技园区开发和维护为主业的上市公司，预计在未来相当长一段时间内将会受益于三网融合的推进，因此目前来看公司具备较高的投资价值。

公司具有以下三大投资亮点：一是业绩步入上升通道。公司的园区、住宅和烟气脱硫业务将拉动业绩进入上升通道。二是环保概念。公司有烟气脱硫和环保发电等环保概念业务，并且烟气脱硫业务已进入成长期。三是重组预期。湖北国资委下属的、服务于武汉都市圈建设的政府投融资平台——湖北联发投成为公司第二大股东，加之从公司原大股东高折价转让的动机和湖北联发投与东湖高新在业务上的匹配等方面来看，公司的资产注入是值得期待的。

4. 苏州高新（股票代码：600736）

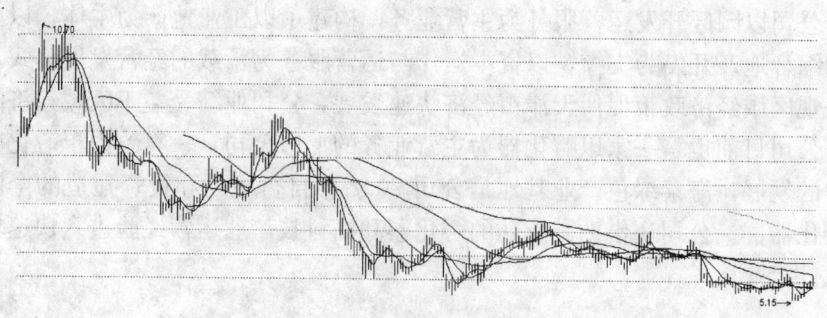

图485

苏州高新拥有三家一级开发资质的房地产企业，分别是新港建设、永新置业和新创建设。公司也正向商业地产逐步延伸，拥有62万平方米规划商业物业等优质资产。

2011年公司将有大量的项目集中结算，体现为业绩的加速释放。此外，由高新区规划建设的苏州高新光伏产业园正式获得市政府批准，将直接投资超过百亿元，着力打造一个自主创新能力强、产品供应链完整、物流配送能力高效的光伏园区。这标志着苏州在发展光伏产业、新能源产业上将实现一个新跨越。

公司持有江苏银行500万股、东吴证券500万股、中新苏州工业园区开发有限公司6745万股。

5. 中炬高新（股票代码：600872）

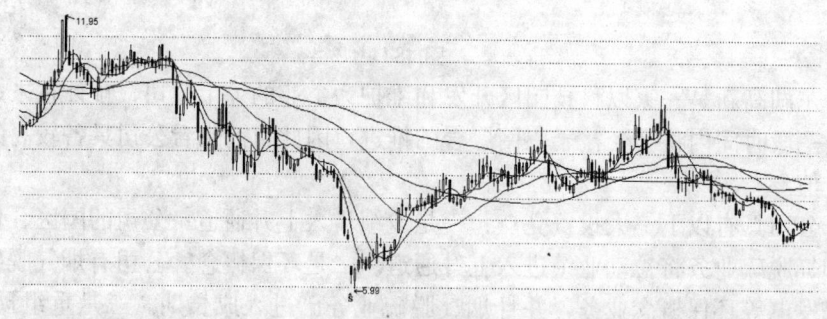

图486

中炬高新是全国国家级开发区的首家公司，属于园区开发及产业投资型公司，在园区开发上积累了十多年的经验，具有品牌优势，产业集聚效应日益明显，到目前为止形成了汽配、化工以及电子信息三大产业群。

二十九、开发区

公司前期在广州至珠海轻轨铁路中山站出口处购置了大量的商业用地，目前每亩价格飙升幅度较大，土地增值幅度很大。其投资收益将大大提升公司的内在价值。

公司研发镍氢动力电池多年。中钜森莱子公司是研制和生产高新技术镍氢系列电池的专业公司，其产品不仅获得过国家专利，还广泛应用于通信、手机、电动工具等领域，未来发展空间良好。公司在动力电池领域的先发优势决定了公司未来将充分分享到节能与新能源汽车大规模推广的收益。

6. 张江高科（股票代码：600895）

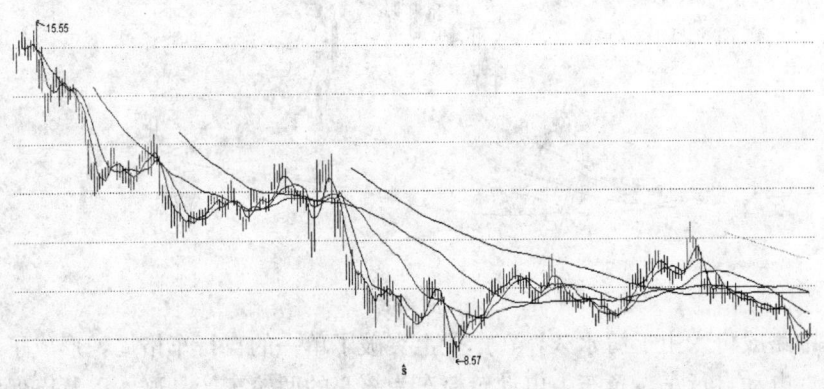

图 487

张江高科已形成集成电路、软件、生物医药三大主导产业的规模集聚，并且不断开发周边衍生产业，形成了完善的产业链，持续吸引众多国内外高端客户入驻园区。不断增加的优质客户为公司的特色房产、专业化创新服务、高科技产业投资三大产品提供了广阔的增长空间。

公司利用园区大发展带来的历史机遇和商机，将房地产开发、物业建设和高科技项目有机结合，充分利用股权经营、政府回租、杠杆收购、增资扩股等金融工具和信息资源优势，促进其快速发展。同时公司紧邻将落户的迪斯尼地块，未来随着迪斯尼项目落定和川沙新市镇建设启动，面临重新调整的机遇。

三十、自行车

中路股份（股票代码：600818）

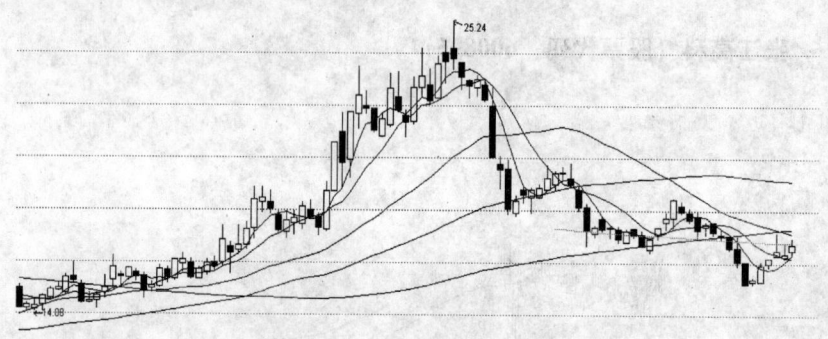

图 488

中路股份入主上海永久，在产业上突破了单一的自行车格局，形成了以自行车、电动自行车、童车、电动轮椅车为核心的两轮车产品群，以及以保龄球设备、棋牌桌、塑胶跑道为核心的康体产品群。公司现已形成以上海为中心、六家核心生产企业和众多上下游生产企业组成的完整产业链格局。

迪斯尼主题乐园落户上海浦东川沙地区，该地区发展将加快速度，土地价格持续上涨，将会给邻近的公司及全资子公司占地近 700 亩的经营地带来更多的发展机遇。公司拥有该地区数百亩土地资源，进行房地产开发，资产升值。

三十一、造船业

中国船舶（股票代码：600150）

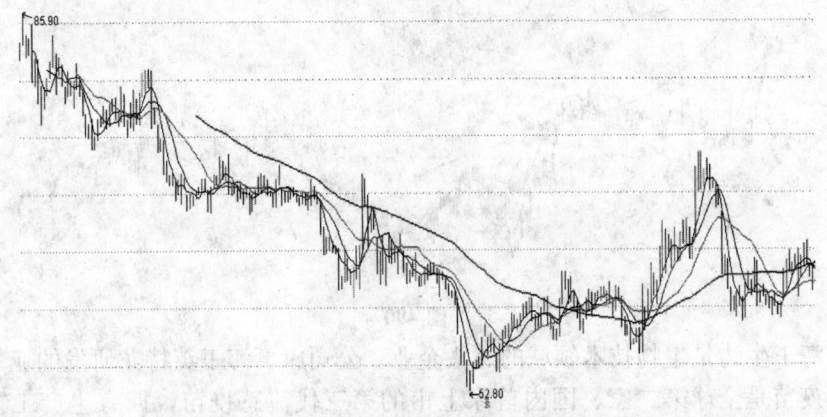

图 489

中国船舶大股东实力雄厚，具有军工背景，是国内最大的造船企业。公司产能现已达到 700 万载重吨，仅次于韩国现代重工为全球第二大造船企业，未来或有大订单。

公司与中海油、708 所合作建造的 3000 米深水半潜式钻井平台是目前世界上最先进的第六代钻井平台，它的交付对国内的海工业务具有里程碑式的意义。

三十二、生物制药

1. 海王生物（股票代码：000078）

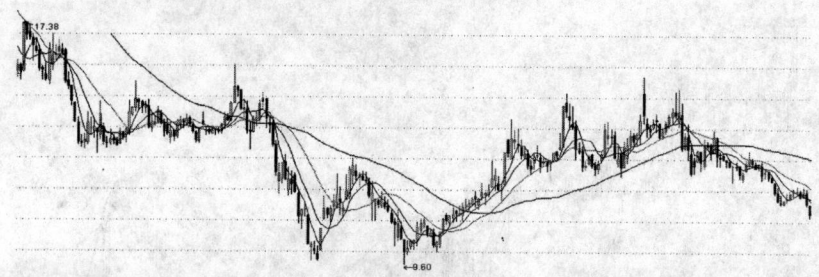

图 490

海王生物是生物技术领域的龙头企业。公司旗下海王英特龙研发的亚单位流感疫苗是全球第二家、国内首家上市的第三代流感疫苗，拥有生产工艺专利，并且拥有亚洲最大的生产规模。

2. 吉林制药（股票代码：000545）

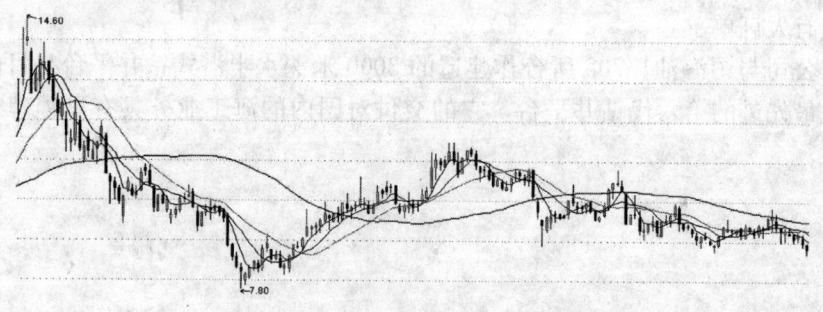

图 491

吉林制药以生产经营原料药、医药中间体、西药制剂为产体，是集化工产品、医药包装、医疗器械、保健用品于一体的综合性制药企业。

央企广电集团为公司第一大股东，公司拟定向增发购买广电地产100%股权，本次交易完成后上市公司的主营业务将转变为房地产开发与经营，且广电地产承诺业绩，优资资产注入将使得公司盈利能力发生质的飞跃。

3. 东北制药（股票代码：000597）

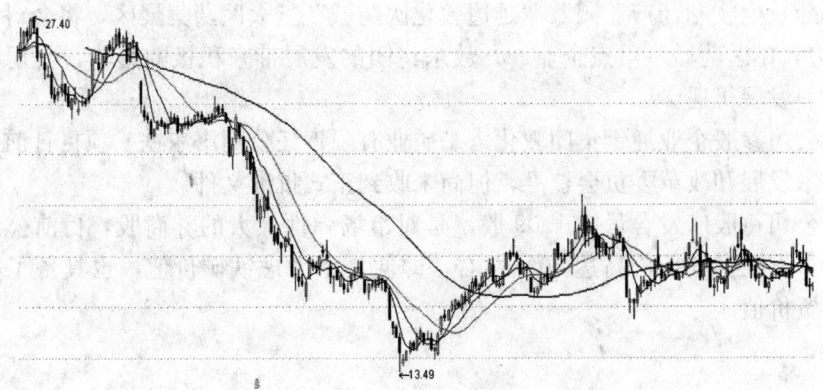

图 492

东北制药是我国四大维生素 C 龙头企业之一，其具有 2.5 万吨维生素 C 的生产能力。公司主营制造和销售化学原料药品、制剂药品。

公司是以化学原料药为主，兼有生物发酵、中西药制剂和微生态制剂的大型综合性制药企业，拥有明显的原料药规模优势；公司主导产品维生素 C 继续保持行业领导者地位，出口份额居世界首位。公司首创的维生素 C 两步发酵法及其他专有技术，使其在质量、成本、技术上具有明显优势。

4. 吉林敖东（股票代码：000623）

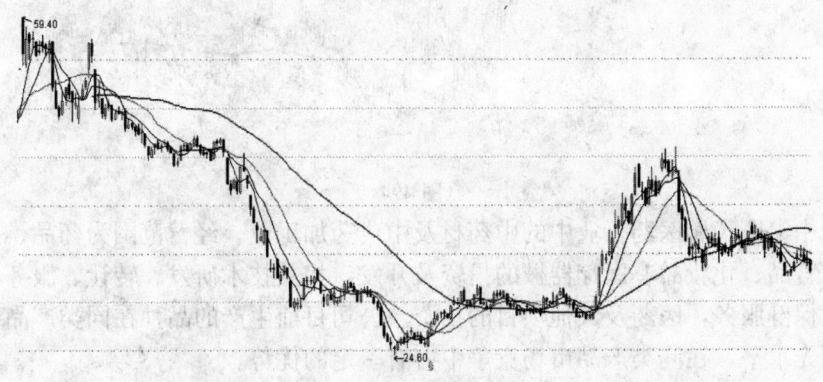

图 493

吉林敖东是国家医药局重点扶持的 50 强企业之一，拥有丰富的药业资源和国内多家制药工厂，其主打产品安神补脑口服液是我国首批中药保护品种，畅销国内和东南亚市场。

吉林省将医药产业作为重点行业来发展。准备建设的"通化医药城"、"长春中药及生物制药产业园"、"延边敦化医药城"三大医药集聚区，将会对作为"延边敦化医药城"重点企业——敖东集团的发展带来积极的影响，公司将抓住这一发展机遇。

公司参股企业通钢集团敦化塔东矿业有限责任公司塔东铁矿项目日前已获得国家发展和改革委员会核准，但尚未收到正式批准文件。

公司每股广发含量为1.09股，是对市场弹性最大的券商股，目前公司相对于广发证券的折价高达50％左右，即便是不考虑铁矿价值，也具备了明显的投资价值。

5. 中汇医药（股票代码：000809）

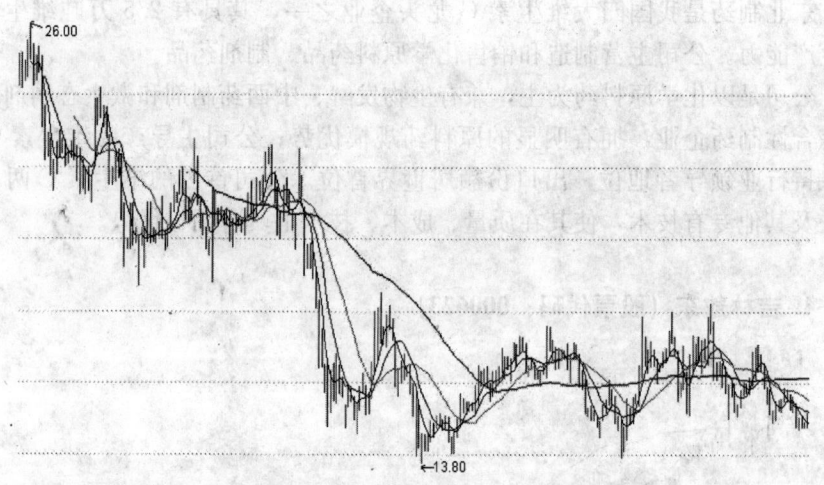

图494

中汇医药属医药行业中的中药材及中成药加工业。经营范围为药品、保健品、食品、化妆品、医疗器械的投资及开发，相关技术研发、转让、服务，医疗、保健服务，医药及其他项目的投资。公司目前生产的品种在同类产品中处于领先水平，在同类产品市场竞争中占有一定的优势。

随着人民物质文化生活水平的提高，民众健康意识的增强，糖尿病、痛风病等代谢类药品市场潜力巨大；同时政府将加大对医疗卫生的投入，建立覆盖全国的医疗保险体系，这将启动广大农村及城市社区医疗市场，行业需求增加，公司面临较好发展机遇。

三十二、生物制药

6. 广济药业（股票代码：000952）

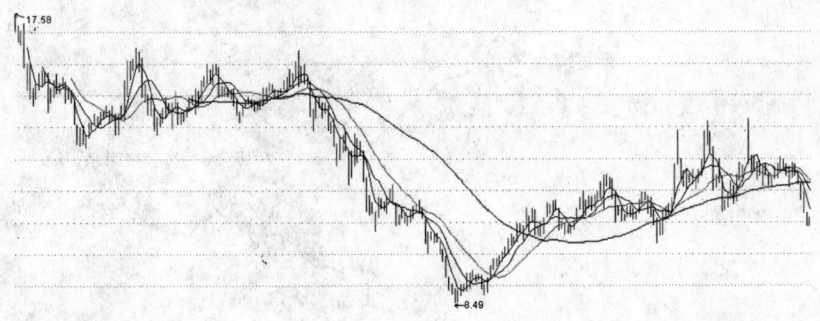

图 495

广济药业通过革命性技术变革，攻克了利用大米代替糖蜜生产维生素 B_2 的难题，生产效率大幅提高，成本大幅降低，产量超过 2000 吨，超过世界医药巨头巴斯夫公司和罗氏药厂，由世界第三跃升为世界第一。

公司将充分发挥生物发酵技术优势，培育新的利润增长点，加大 β-胡萝卜素项目实施力度。公司还将加大制剂新产品开发力度，提高制剂产品的盈利能力，做强做大制剂产品板块，进一步增强公司的综合竞争实力。

7. 华兰生物（股票代码：002007）

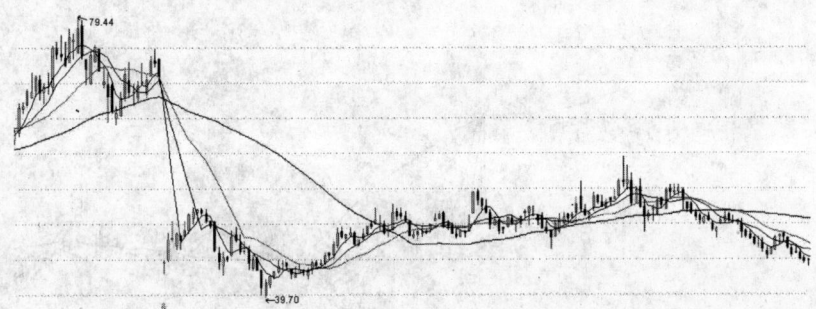

图 496

华兰生物是中小企业板首家生物制药股，是国内最大的流感疫苗企业，且所属生物制药行业享有所得税 15% 的税率优惠政策，公司业绩稳中有升。

在国内同行业中，公司是拥有血液制品品种最多的生产企业之一。公司在保持血液制品领先的同时，高起点、高标准地进入了疫苗领域，这将为公司增加新的利润增长点。目前公司疫苗产品线在逐渐丰富，具有甲型 H1N1 流感疫苗、四价流脑疫苗和乙肝疫苗三大疫苗产品，后续在研产品不断上市。

公司是血制品龙头，且疫苗储备产品较多，销售转型成功，看好公司长期发展。

8. 科华生物（股票代码：002022）

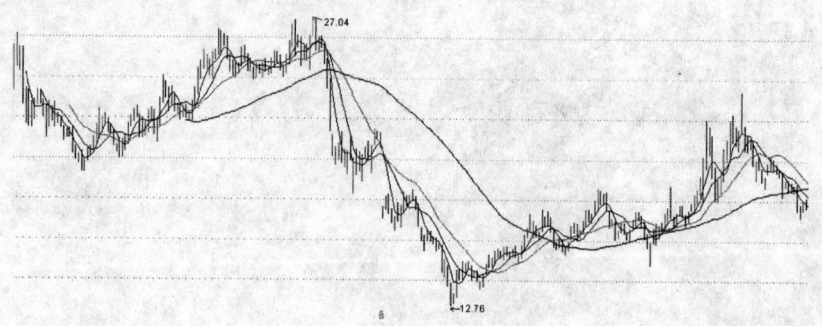

图 497

科华生物是国内生产量最大、市场占有率最高、品种最齐全、报批量最大的体外诊断试剂生产企业。公司的禽流感检测试剂是政府拨款项目。公司开发的胱抑素 C 定量测定试剂盒（免疫比浊法）产品和 α-L-岩藻糖苷酶试剂盒（CNPF 速率法）产品，取得了上海市药监局颁发的《医疗器械注册证》；"甲型流感病毒抗原检测试剂盒（酶联免疫法）"符合医疗器械产品市场准入规定，准许注册会为诊断试剂的稳定扩大提供一个良好基础。

9. 沃华医药（股票代码：002107）

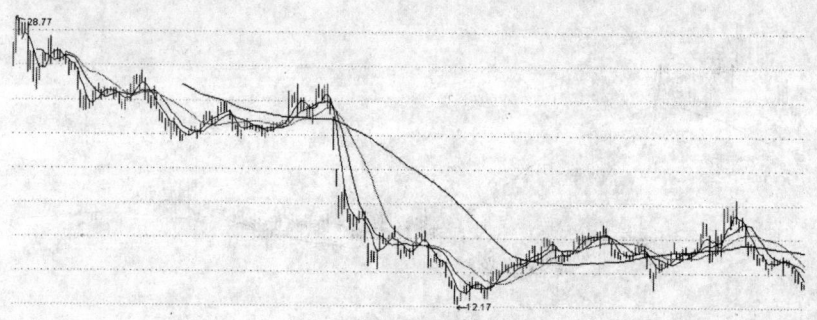

图 498

沃华医药主营中药行业，逐步形成了以独立自主研发为主的研发模式。公司主导产品心可舒片为纯天然植物配方，独家国家中药保护品种，居国内纯天然植物类心脑血管成方药销售额第一位。

公司还独家生产和销售"通络化痰胶囊"。该胶囊拥有国家发明专利，为治疗缺血性脑中风的独家产品。新药研究资料表明，该产品修复神经功能缺损的总有效率达 84.36%。在脑血管用药中，中成药总体市场份额达 30% 左右，市场规模在 25 亿元左右。

三十二、生物制药

10. 嘉应制药（股票代码：002198）

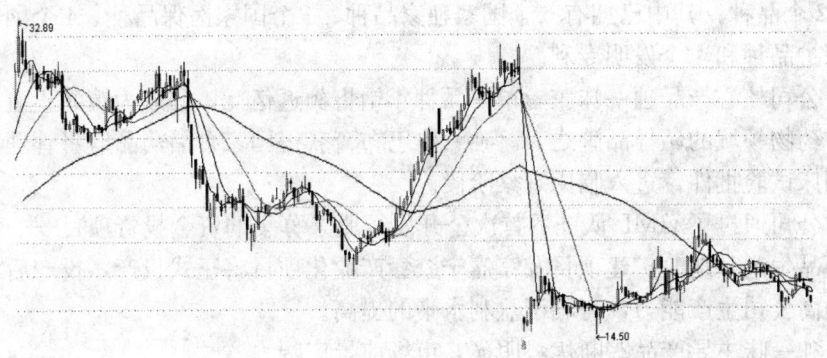

图499

嘉应制药以治疗喉科、感冒类中成药为主导产品，其双料喉风散和重感灵片为国家中药保护品种，此两项产品占比主营收入90%。目前公司拥有5个剂型65种药品品种，其中OTC品种48种，列入国家医保目录的品种26种。现公司独家生产的药品有双料喉风散、双料喉风含片、吐泻肚痛胶囊、固精参茸丸等，市场空间较大，产品毛利率较高。其中，双料喉风散毛利率高达75%。随着公司对市场的拓展，生产品种逐渐增多，其中胃痛片、金菊五花茶冲剂等品种的市场份额逐年增加，公司主营收入持续增长。同时，公司拥有金沙药业35.53%的股权，投资收益增长稳定，对公司业绩贡献明显。

公司是国内中成药龙头之一，业绩持续增长，在医药产业结构调整的大背景下，公司有望通过并购重组做大做强主业，未来成长空间较大。

11. 独一味（股票代码：002219）

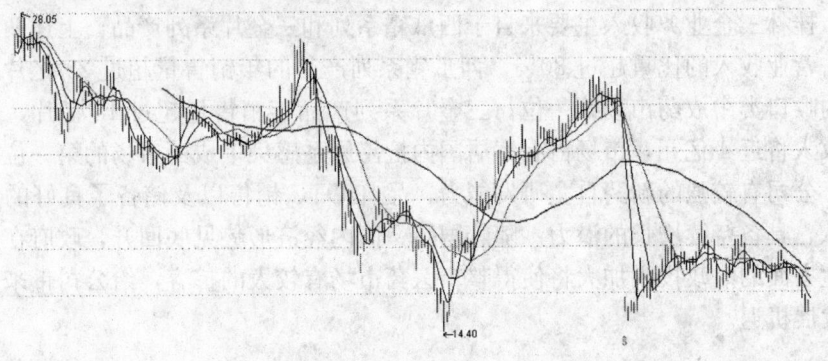

图500

独一味始终致力于研发具有独立自主知识产权现代化中药产品,主要产品有32个品种,其中已拥有6个国家独家品种、4个国家医保品种、4个国家中药保护品种和4个发明专利。

公司核心产品独一味胶囊单一品种年销售额近亿元,已成为镇痛止血天然处方药物领域的领导品牌之一。独一味巴布膏获得国家食品药品监督管理局药物临床试验批件,进入临床观察阶段。

公司通过了GMP认证后首次公开发行股票募集的资金投资项目——独一味药品生产基地改扩建项目及宫瘤宁胶囊产业化项目将正式投产,投产后将逐步提高公司生产能力,有利于盈利水平的提高。

独一味主导产品垄断优势明显,市场前景广阔。

12. 桂林三金(股票代码:002275)

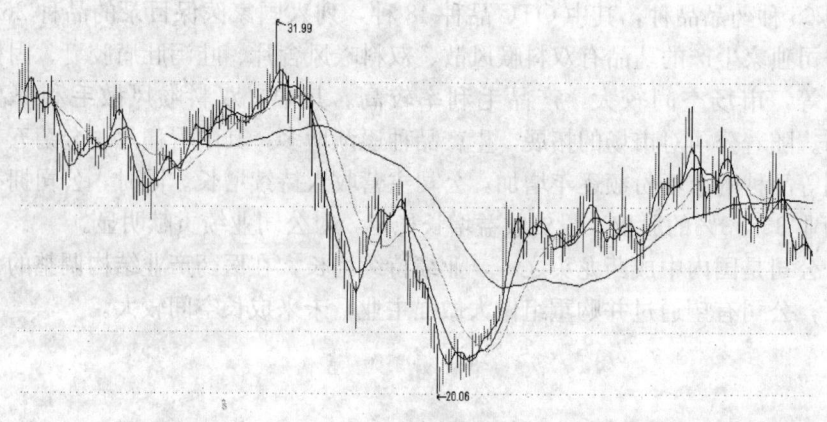

图 501

桂林三金业务收入主要来自于西瓜霜系列和三金片系列产品,上述两类产品占营业收入的比重超过80%。西瓜霜系列产品的年销售量超过25亿片,居国内喉口类中成药市场第一位;三金片系列产品年销售量超过18亿片,年销售收入将近4亿元,市场占有率居国内抗泌尿系感染中成药市场的第一位。

公司有较强的新药自主研发能力、品牌OTC销售以及储备了良好的产品梯队,具备持续增长的潜力。随着国际、国内经济形势见底回升,政府在医疗卫生方面的财政投入加大将使得整个医药市场有较大的扩容,给公司带来良好的发展机遇。

三十二、生物制药

13. 信立泰（股票代码：002294）

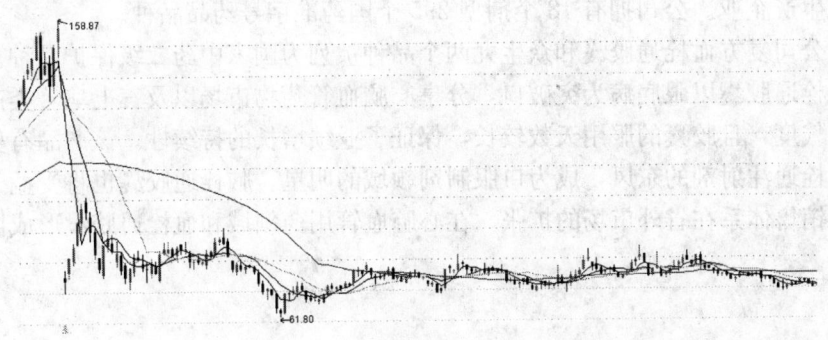

图 502

信立泰主营心血管类、头孢类抗生素、骨吸收抑制剂类等药物的研发、生产和销售，产品有制剂和原料药两大类，其中有13种进入国家医保目录，2种进入广东省医保目录。

公司的核心竞争力表现在两个方面：一是以硫酸氢氯吡格雷片（主要用于心脏搭桥手术的术前和术中）为主导的抗血栓类；二是以注射用盐酸头孢吡肟为主导的头孢类抗生素。公司的主要营业收入来自于硫酸氢氯吡格雷片为主导的抗血栓类，而且心血管类药业毛利率高达88.76%。公司独家产品硫酸氢氯吡格雷片现阶段销量大增，未来增长潜力依然很大。

公司未来看点在于扩产项目建设快于预期，新增产能提前释放；在研产品头孢呋辛钠、舒巴坦钠是国家一类新药，预计将于2011年上市，未来前景广阔；增资信立泰生物医疗工程有限公司，将拓宽公司主营业务领域，高端医疗器械是未来利润增长点。

14. 众生药业（股票代码：002317）

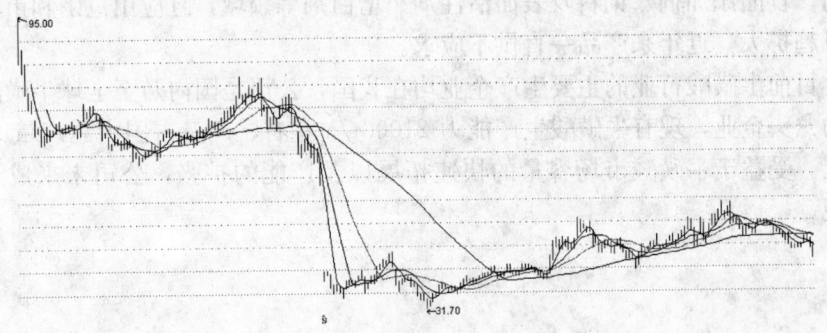

图 503

众生药业是重点涉足心脑血管疾病、眼部疾病及咽喉肿痛等细分领域的专业化生产企业。公司拥有18个剂型295个国药准字号药品品种。

公司复方血栓通胶囊和众生丸两个品种被列为国家中药二级保护品种。复方血栓通胶囊以眼底病为突破口，分享心脑血管药物市场以及三七皂苷类产品的景气度，且胶囊的服用天数较长，保证了业绩增长的持续性。该产品有望借助血栓通注射剂的东风，成为口服制剂领域的明星。脑栓通胶囊也将受益于在公司销售体系在省外市场的扩张，在心脑血管用药领域和血栓通胶囊形成协同效应。

15. 永安药业（股票代码：002365）

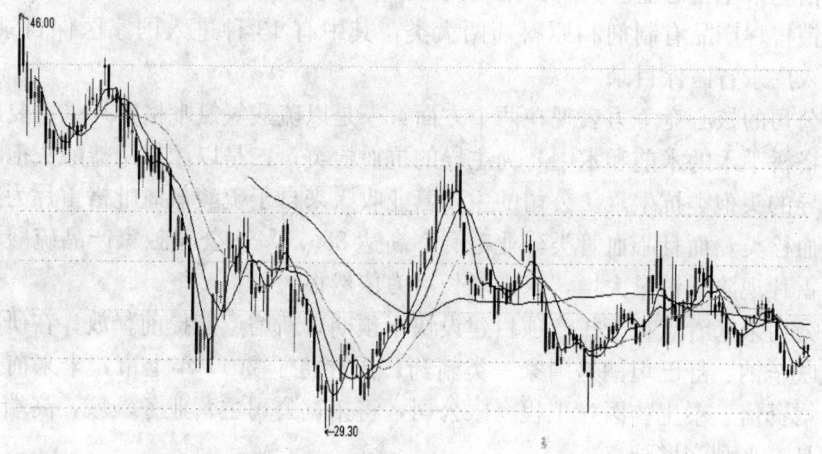

图504

永安药业主要从事牛磺酸产品的研发、生产和销售。牛磺酸被广泛应用于医药、食品添加剂、饲料及表面活性剂、增白剂等领域，且应用范围和市场需求日趋扩大，近年来产品一直供不应求。

目前牛磺酸行业的主要生产企业均在我国，公司是国内乃至全球牛磺酸行业的龙头企业，现有牛磺酸生产能力21000t/a左右，产量占国内总产量50％以上。受益于牛磺酸市场容量的快速拓展以及产能的扩张，公司未来成长性乐观。

三十二、生物制药

16. 海普瑞（股票代码：002399）

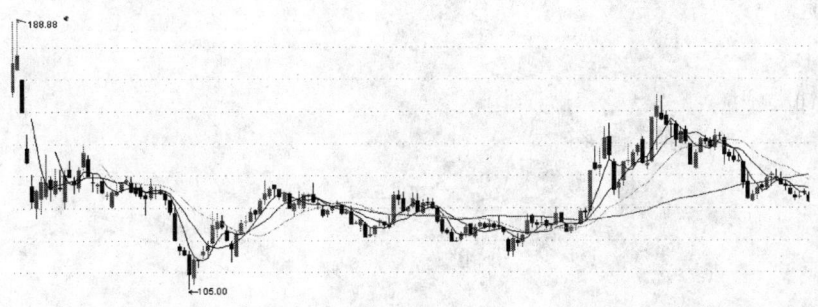

图 505

海普瑞是全球最大的肝素钠原料药生产企业，销量占全球销量的 30% 以上，绝大部分原料药出口至国外，并成为 FDA "零缺陷" 认证的唯一原料药厂商。

公司作为国内肝素原料药出口行业的龙头，受益于肝素类药物需求的持续增长、"百特肝素钠" 事件后行业集中度的加强及肝素原料药价格的飙涨，业绩高速增长。

17. 贵州百灵（股票代码：002424）

图 506

贵州百灵是我国最大的苗药生产、研发企业，在苗药领域的综合实力较强，随着 IPO 后公司品牌及资金实力的提升，公司已经具备整合苗药行业及相关资源的能力，且公司日前处于良好的外延式扩张契机，未来存在较大的苗药整合预期。

公司上市超募的 11 亿元资金正在稳步进行贵州省内苗药资源的并购与整合，整合后，公司将获得更多品种，利用其强势的销售网络完成品种销量的跨越，今年公司的高增长值得期待。

公司 OTC 苗药产品销售额和拥有苗药产品的发明专利数排名第一。

18. 中国医药（股票代码：600056）

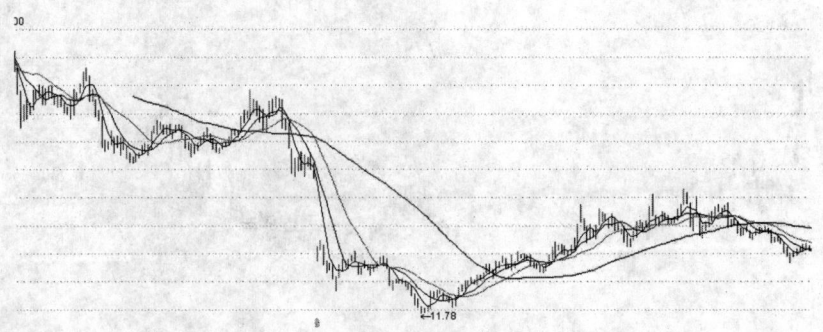

图 507

中国医药主要从事医药保健品进出口业务，主营业务包括工程施工及医药、医疗器械销售等，是我国较大的利用国外贷款对外采购医疗设备的公司，也是目前国内盈利水平较高的医药类外贸公司。公司通过不断扩张战略实现业绩大幅增长，前期出资收购通用美康医药股权和海南通用三洋药业股权，完成向医药行业的转型。

19. 太极集团（股票代码：600129）

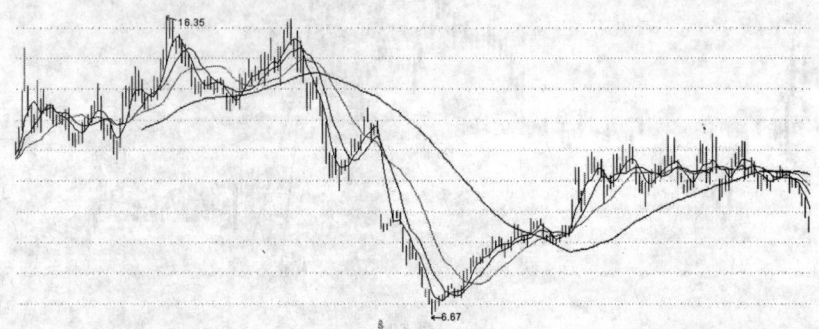

图 508

太极集团主要从事中成药、西药、保健用品的生产和销售，拥有国内最为完整的医药产业链。"太极"已成为中国驰名商标，公司中药保护品种多达40多个，目前销售过亿的品种包括急支糖浆、曲美、紫杉醇、藿香正气液。公司旗下桐君阁和西南药业分别是西部最大的医药商业企业和西药生产企业。

公司主营业务质地良好，其巨大的商业土地资源价值使其拥有改善资产负债表降低财务费用的能力。太极集团系以太极集团为平台进行产业整合预期明确。

三十二、生物制药

20. 天坛生物（股票代码：600161）

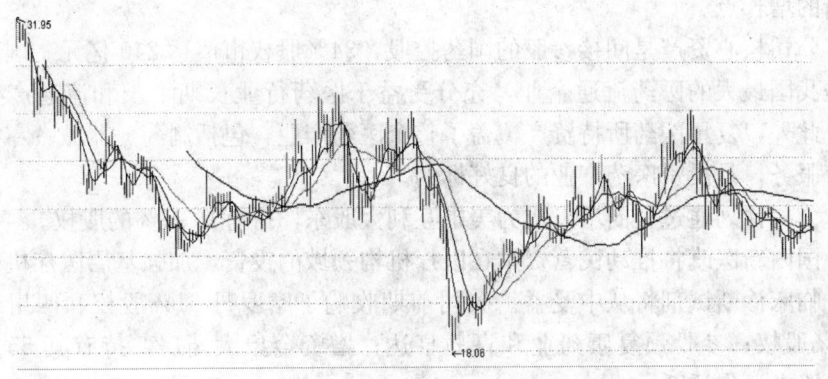

图 509

天坛生物是国内疫苗的龙头企业，也是生产疫苗品类最多的企业。公司的疫苗既有国家计划免疫内的一类疫苗，也有计划外的二类疫苗。受益于甲流疫苗的快速增长，公司整体疫苗收入仍出现了较快的增长。

公司已经完成了对成都蓉生的收购，未来成都蓉生将与公司本部的血液制品业务进行整合，成为公司的血液制品业务平台。与此同时，静注丙球产品价格在部分省份价格提高，未来人血白蛋白也有可能提价，因而公司血制品业务有望迎来较快的增长速度。

21. 复星医药（股票代码：600196）

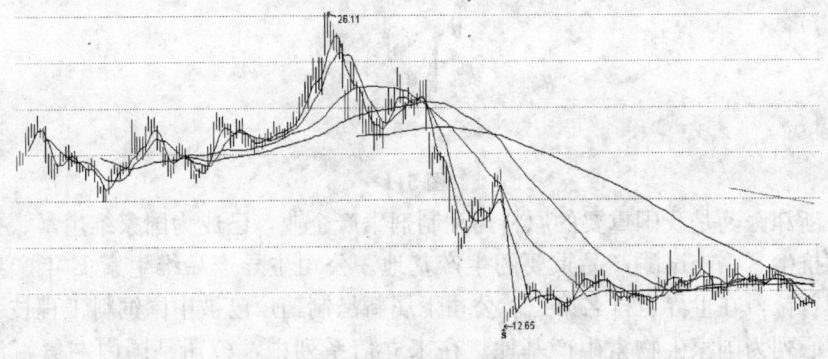

图 510

复星医药是我国医药行业上市公司的龙头企业，重点发展制药业务、医药商业（分销和零售）、医疗服务、医学诊断与医疗器械和消费品等领域，并长期致力于股权投资领域。

公司通过参股美中互利的方式积极介入高端医疗市场，未来这块将成为公司新的增长点。

公司核心资产是间接参股的国药控股，34％股权市值达240亿元。国药控股是我国最大的医药流通企业，充分受益于医药行业长期增长和流通产业整合。此外，复星医药所持资产覆盖了整个医药产业，包括制药、器械、零售和医疗服务，是投资医药产业的良好标的。

公司计划通过定向增发成为美中互利大股东，持有其25％的股权。

国内新医改将推动民营资本在医疗机构领域的投资，加强基层医疗机构建设，临床诊断试剂将从中受益。公司前期收购了摩罗丹61％股权和四川合信100％股权；参股颈复康药业和青岛亨达；增资金象大药房，持有其55％股权，资本运作活跃。

22. 浙江医药（股票代码：600216）

图511

浙江医药是我国重要的原料药和制剂生产企业，已成为国家维生素、抗耐药菌抗生素、喹诺酮产品重要的生产基地。公司主导产品维生素E年产量居全国首位，在世界也排名第三。公司下属新昌制药厂已被中国饲料工程技术研究中心列为国家生物素生产基地。在来立信系列中，公司是国内左氧氟沙星"三强"之一。公司的新型辅酶类添加剂FED产销量居全球第三，是国内唯一一家使用发酵法生产的企业。此外，公司还是我国目前唯一生产苯芴醇的厂家，行业垄断地位十分突出。

三十二、生物制药

23. 中新药业（股票代码：600329）

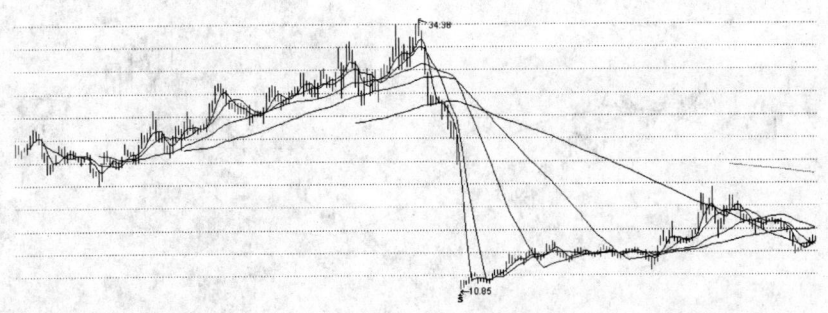

图 512

中新药业是以生产中成药为主的医药企业，拥有多个老字号品牌和 80 多个独家品种。新的管理层到岗后进行了一系列改革，公司经营业绩逐年好转。

24. 亚宝药业（股票代码：600351）

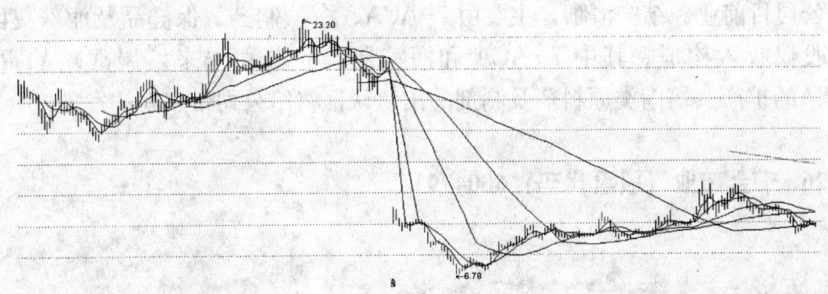

图 513

亚宝药业以中药现代化生产为主体、生物药和化学药为两翼，主要生产中西药制剂、原料药等 11 个剂型的 300 多个产品，形成了治疗心脑血管病用药、妇女用药、儿童用药等几大系列产品群，是全国中成药重点工业企业 50 强之一，全国最大的透皮制剂生产基地。公司六大生产基地所有生产线生产的药品剂型全部通过 GMP 认证，其中丁桂儿脐贴属国家专利保护产品，是公司的拳头产品和主要利润来源，产品市场占有率 100%。

在亚宝药业的各个板块中，注射剂的增长最快。注射剂的主要产品为花红注射液、清开灵注射液等中药注射剂。中药注射液这两年行业增长较快，在这种背景下，与北京中医药大学的合作将会推动公司中药板块的持续高增长。

亚宝药业的重点募投项目缓控释类制剂生产线丁桂儿脐贴全自动生产线目前都在安装调试中，预计今年能够正式投入生产，从而推动业绩增长。

25. 健康元（股票代码：600380）

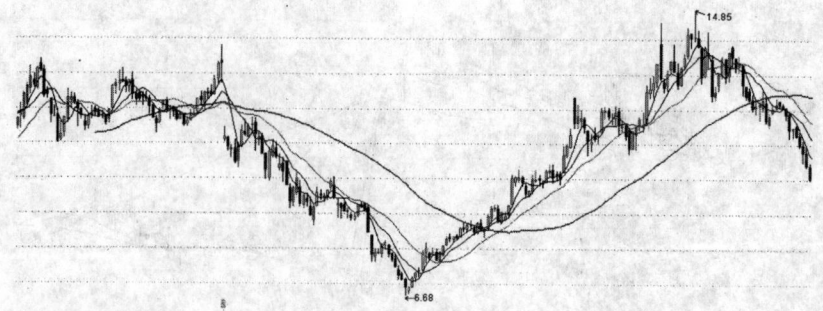

图 514

健康元是国内大型综合性药业集团，旗下拥有太太药业、丽珠医药、海滨制药和健康药业等众多知名医药企业，产品涵盖处方药、OTC 和保健品三大领域。公司主要产品太太牌口服液、静心牌口服液及鹰牌系列产品的毛利率都在 70% 以上，在国内保健品市场占有较大的份额，具有一定的品牌效应。

公司目前业务结构清晰，主要由 7-ACA、海滨制药、保健品及丽珠集团的部分股权收入构成。其中 7-ACA 和海滨制药是公司未来发展战略的重心，7-ACA 的扩产、培南类原料药及制剂的出口认证将给公司带来新的发展机会。

26. 千金药业（股票代码：600479）

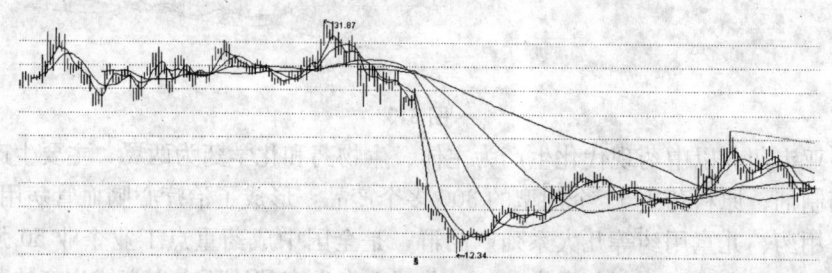

图 515

千金药业的拳头产品千金片（胶囊）是公司的独家品种，也是国家基本药物目录中清热除湿妇科用药的独家品种，在妇科炎症中药领域处于领先地位，并形成了依托千金品牌的妇科系列中药。

公司是妇科中药龙头企业，主要产品妇科千金片是国家基本药物、国家中药保护品种和《国家基本医疗保险药品目录》中的甲类药品，该产品畅销全国绝大部分省市。

今年很可能是基本药物放量的拐点，千金药业将是其中弹性最大的品种。

27. 国药股份（股票代码：600511）

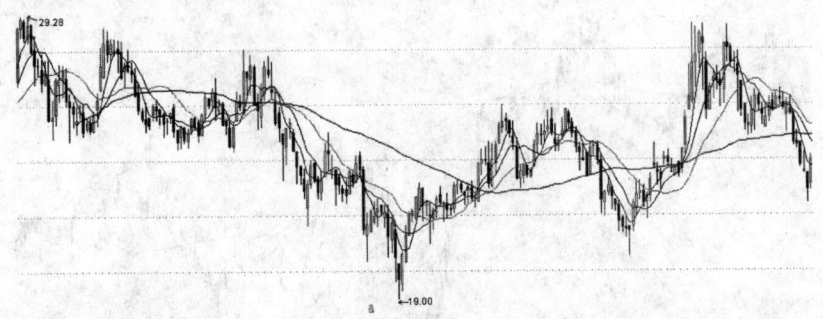

图 516

国药股份控股股东国药控股由中国医药集团与上海复星产业投资公司合资成立，为目前国内最大医药流通企业；国药控股拟将国药控股北京分公司的资产注入公司，使公司成为国药控股在北方地区的药品采购中心、分销中心和物流中心。国药控股还是工信部制定全国唯一甲流收储和调运单位，公司为具体执行单位。公司是国家制定的麻醉药品、一类精神药品唯一的一级经销商，具有很强的垄断性。公司通过收购青海制药、宜昌人福药业，逐步控制了麻醉药上游原料。此外公司还持有联环药业部分股权。

看好公司未来作为国控回归 A 股平台的价值，目前估值处于医药股中相对低位，具备投资价值。

28. 华海药业（股票代码：600521）

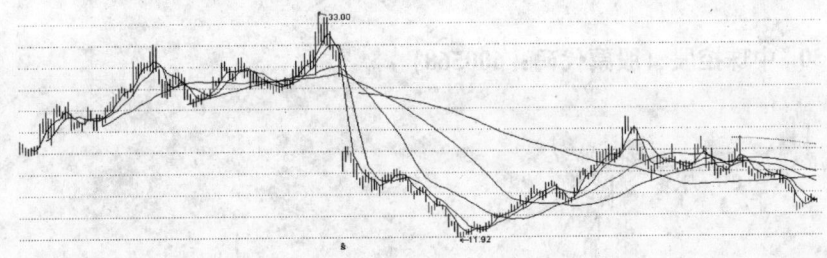

图 517

华海药业是国内为数极少的获得美国 FDA 原料药认证、FDA 仿制药 ANDA 认证、EHS 认证和 cGMP 认证的企业。同时公司目前业务范围达到 25 个国家，在国际上具有一定的网络优势和品牌优势。

公司将成为国际制药产业转移的最大受益者和可以预见的产业升级先行者，未来发展潜力巨大。

29. 康缘药业（股票代码：600557）

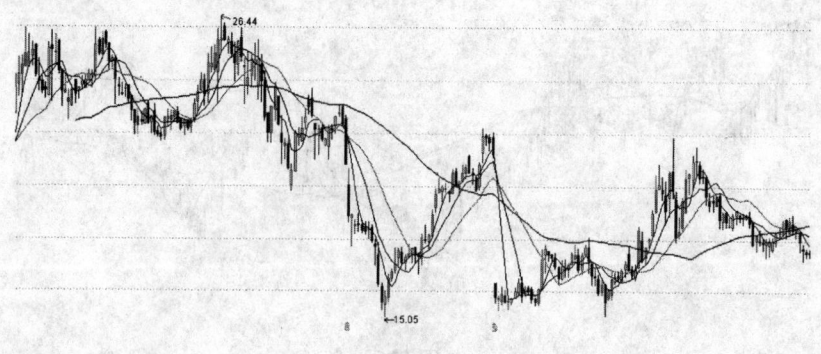

图 518

康缘药业所处医药制造业为朝阳产业，中药产业规模虽小，但产品附加值高，利润率高出医药行业平均水平，且新医疗体制改革方案将中医中药作为重点发展领域。

公司生产的痛安注射液是用于治疗中、重度癌症疼痛的纯中药注射剂，具有自主知识产权，公司计划通过有效的推广，使之在数年内成为国内癌症疼痛治疗药物的一线品种。

独家品种桂枝茯苓胶囊和热毒宁注射液（均进医保）疗效显著，且被官方认可，具有重磅炸弹潜质（10年销售7亿元），已是拉动公司业绩增长的双核心。腰痹痛、散结镇痛胶囊等其他品种成为盈利的有力补充，新并入的南星药业将完善公司的骨科和心血管产品线，未来还有藤黄酸、银杏内酯注射液等多个值得期待的新品种上市。

30. 中珠控股（股票代码：600568）

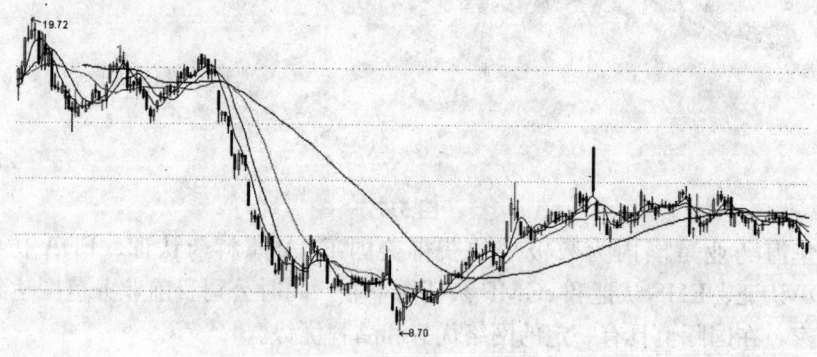

图 519

三十二、生物制药

中珠控股是中国眼科药业第一家上市公司,作为国家眼科用药生产基地,在国内制药企业独具优势。公司眼科用药全国市场占有率达到11％以上,而滴眼液的需求量以每年25％的比例增加,白内障、青光眼等严重眼病的患者数量也因人口老龄化日趋严重而患者数量每年以百万数的增长,公司作为眼药行业的龙头企业,面临难得的发展机会。

公司是由*ST潜药资产重组而来,重组后被注入优良资产,实行房地产和医药双主业经营格局,置入优质的房地产及商品混凝土业务有效提升公司盈利能力。

31. 南京医药（股票代码：600713）

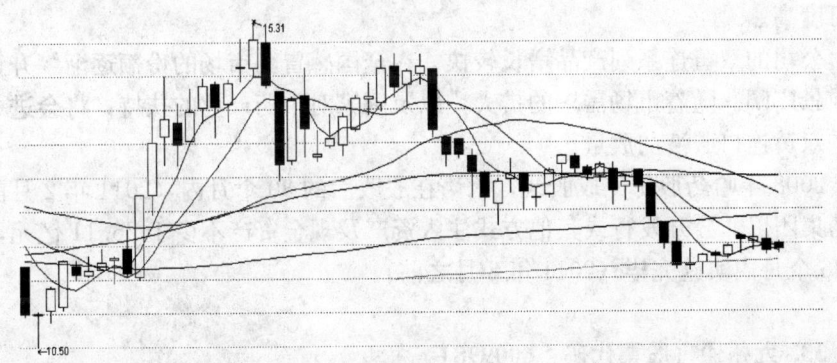

图 520

南京医药是一家年销售额超过百亿元的大型医药流通企业,主要从事医药产品的研发和流通领域的构建,销售渠道覆盖东部沿海和新疆、河南等中西部人口集中地区。公司近期的投资优势主要在于药房托管业务和基金积极参与定向增发。

公司的最大特色在于药房托管业务的开展。该业务为公司构建进驻医院的药物销售渠道提供了较好的机会,目前已经走出江苏省,积极向全国多个地区延伸,未来具备较大成长空间。

公司本次定向增发获得华夏基金的积极响应,实施定向增发的价格为10.9元,市场现价与定向增发价格相差不远,后期空间值得看好。

该股股价经过一段时间的调整后,投资价值值得关注。

32. 三精制药（股票代码：600829）

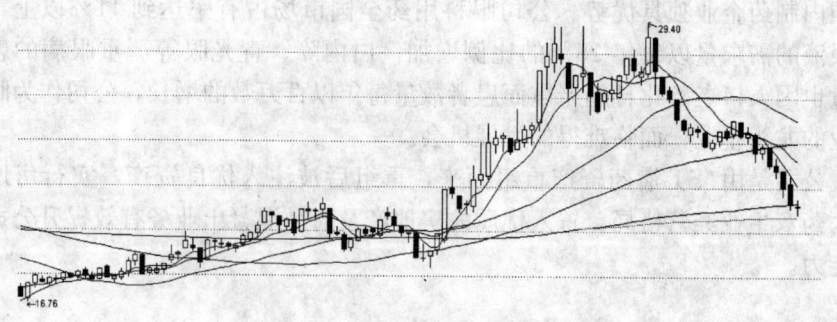

图 521

三精制药三大主打产品为葡萄糖酸钙口服液、葡萄糖酸锌口服液以及双黄连口服液，除葡萄糖酸锌为保健品外，其他两种医院与OTC均有销售，市场认可度高。

公司的双黄连系列产品增长较快，在全国感冒药市场的份额逐渐攀升，发展前景广阔。随着市场需求的扩大，以及国家对中药产业的扶持，将会进一步促进双黄连口服液的放量。

2008年哈药股份完成股改，承诺在股改后的30个月内（2011年2月前），哈药集团以非公开发行或其他方式注入资产及现金资产不少于26.11亿元，并在36个月内实施完毕（2011年8月之前）。

33. 九州通（股票代码：600998）

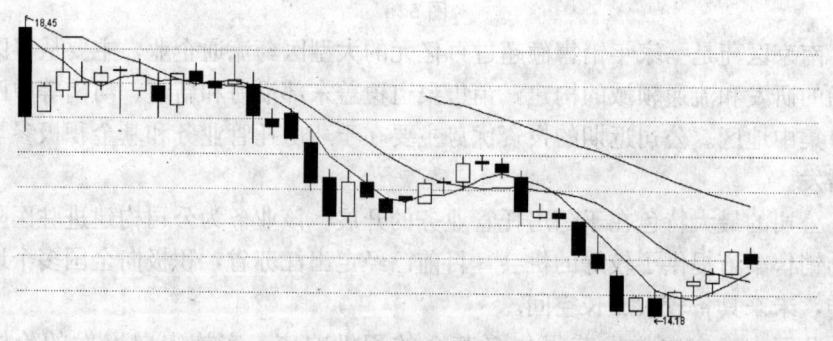

图 522

九州通是全国性民营医药分销巨头。公司销售额2003～2009年连续7年位居行业第3位（仅次于国药和上药），民营医药商业企业第1位，2008年市场份额为4.1%，2009年销售收入达190亿元。公司以医药分销业务为核心、

三十二、生物制药

医药连锁和医药工业为两翼,是国内唯一具备整合物流规划、物流实施、系统集成能力的大型现代医药物流企业。

在新医改的推动下,基层医药市场增速将明显快于医院市场,有望成为行业的一大亮点,这明显利好以基层业务为特色的九州通。

公司在完成融资后,借助募投项目的实施以及外延式并购,将进入一个快速的业务扩张期,市场份额有望显著提升。

三十三、电子器件

1. 深赛格（股票代码：000058）

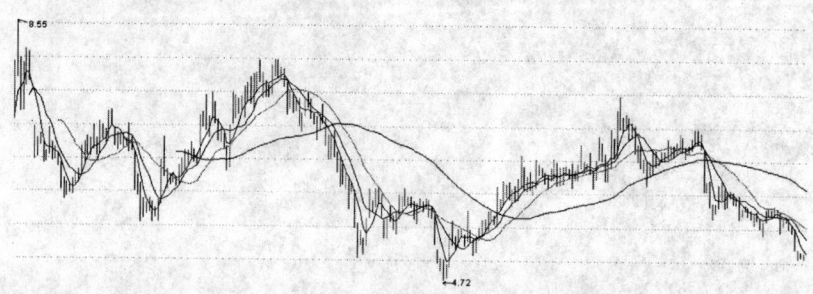

图 523

深赛格是国内电子信息行业的龙头企业，主营业务是电子专业市场经营与管理，及以涉外运输和保税仓储、物业租赁为代表的现代综合物流与服务业务。

公司主要精力集中转移到连锁电子卖场业务上。深赛格的电子卖场不同于目前的 3C 数码卖场，以经营电子元器件为主。公司通过构建电子商务交易平台，创新经营模式和盈利模式，率先进行电子市场商业模式的升级，建立新型商业模式下的行业门槛，实现公司主营业务的跨越式增长，保持行业的领先地位。

三网融合的不断发展为公司在全国拓展电子市场连锁经营业务提供了无限商机，利好显著。

2. 京东方 A（股票代码：000725）

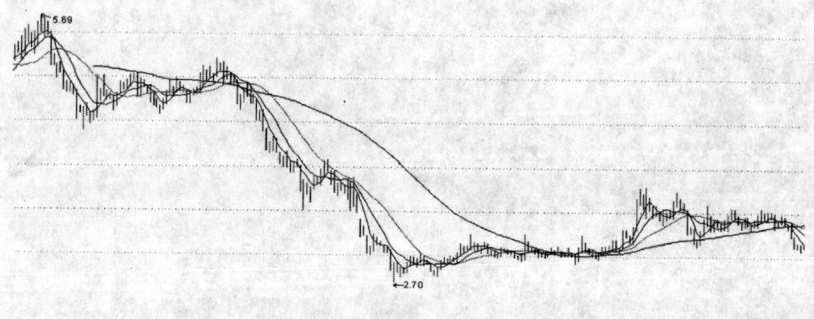

图 524

京东方是中国液晶显示领域领军企业，其所从事的液晶显示产业，被公认为是替代传统显像管产业的战略性新兴产业。国务院曾提出加快经济发展方式转变，重点发展战略性新兴产业，在其后公布的战略性新兴产业七大方向中，液晶显示产业作为新兴显示产业的典型代表被列入信息产业规划。

3. 振华科技（股票代码：000733）

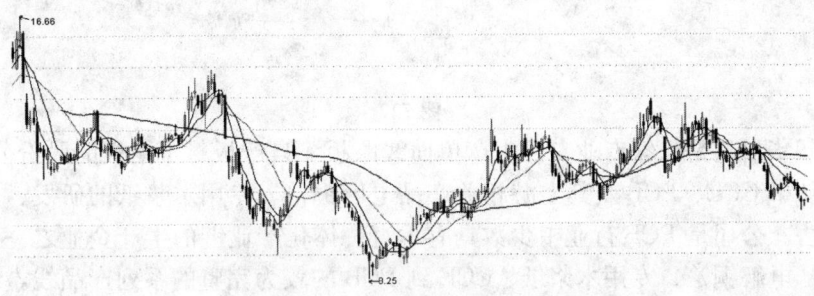

图 525

振华科技的技术力量在国内属领先地位，坐拥我国西部最大的新型电子元器件生产基地，在高端元器件尤其是军工级元器件领域技术优势明显。公司大股东为中国电子信息集团，有动力电池概念。

4. 证通电子（股票代码：002197）

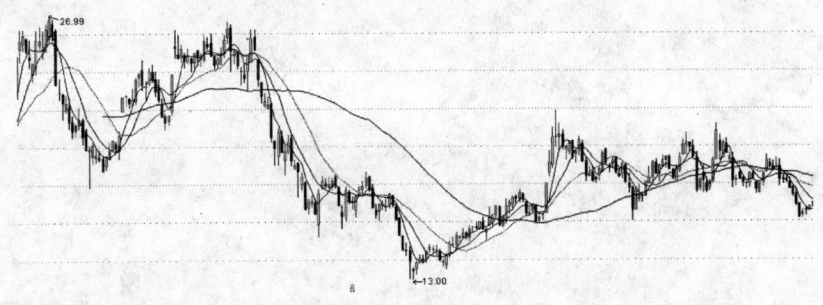

图 526

证通电子是国内从事金融支付信息安全产品的研发、生产、销售的领先企业，主营业务由自助终端、LED照明和电话F-POS组成。近年来营业收入继续保持快速增长，主要原因是公司电话E-POS产品销售同期大幅增长。银联、三大运营商和手机制造商均已进入电话F-POS业务，央行第三方电子支付牌照预计年内出台，产业有望加速发展，预计手机支付产业未来三年将迎来爆炸式增长，公司有望占据10%的市场份额。

5. 超华科技（股票代码：002288）

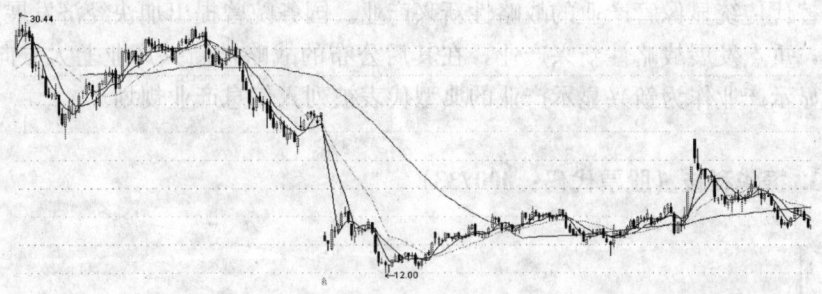

图 527

超华科技是一家专业专注生产单面线路板、自产板材覆铜板的股份公司，主要从事CCL、PCB及其上游相关产品电解铜箔、专用木浆纸的研发、生产和销售。公司是PCB行业中少数具有垂直一体化产业链的生产企业之一，形成了从电解铜箔、专用木浆纸、CCL到PCB的较为完整的系列产品线，综合实力位列国内PCB业的百强。受到"家电下乡"和"三网融合"等政策利好提振，下游消费电子的需求量大幅增长，给公司产业的发展提供了广阔的空间，市场前景向好。

6. 威创股份（股票代码：002308）

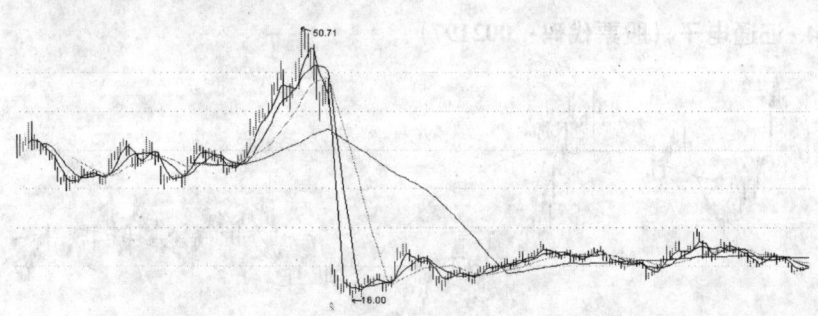

图 528

威创股份是全球领先的数字显示拼接墙系统及解决方案的专业供应商，公司主要从事VW和IDB的研发、生产、销售和服务，为客户提供可视化信息沟通的整体解决方案。其"超高分辨率大屏幕拼接显示系统"被纳入国家火炬计划项目。

公司的营销服务网络遍及我国主要城市，在国内VW市场占有率居首位，全球排名第三位；在能源、军事、公共安全、交通、政务等IT支出确定性高的领域有优质的下游客户资源；其VW产品拥有广阔的市场空间。

三十三、电子器件

7. 漫步者（股票代码：002351）

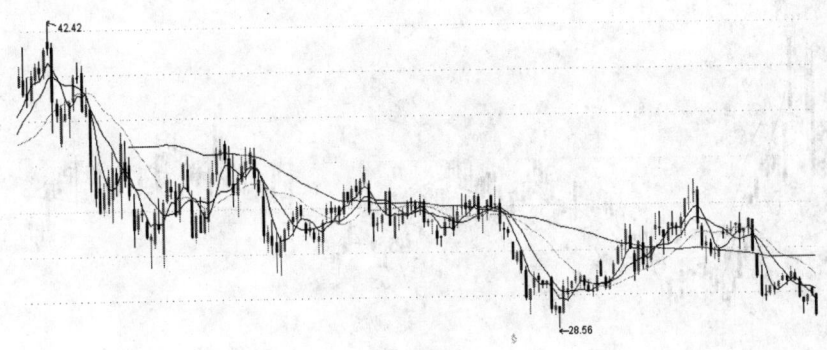

图 529

漫步者为多媒体音箱龙头企业，拥有"一主一辅"（"漫步者"和"声迈"）两个产品品牌，形成了多媒体音箱、耳机、汽车音响 3 大门类、20 多个产品系列、近 100 种规格的产品体系。公司多媒体音箱始终保持关注度第一的地位，国内市场占有率达 25％以上，国内行业第一位，全球排名第三位。"Edifier 漫步者"商标被国认定为"中国驰名商标"。

8. 新亚制程（股票代码：002388）

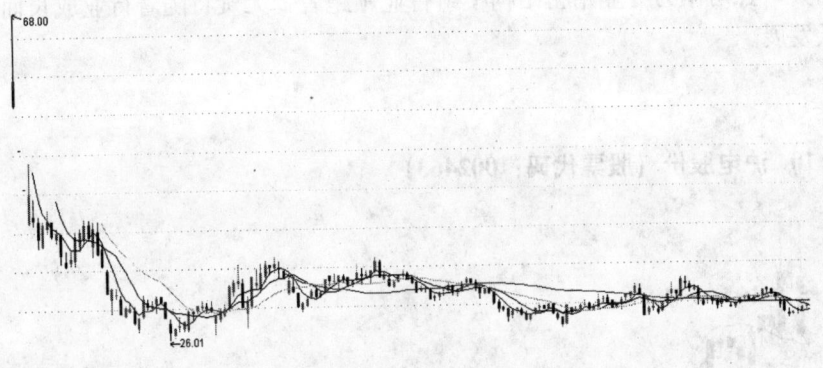

图 530

新亚制程为电子制程系统解决方案服务商，主要是根据客户需求设计制程方案，并依据方案向客户提供电子制程产品。

公司在技术、产品种类、人才、生产能力等方面具备明显的综合优势，其营销网点分布于我国电子产业集中的珠三角、长三角和环渤海湾地区，并已经取得了数十家国际知名大型电子生产企业的合格供应商资格。

9. 胜利精密（股票代码：002426）

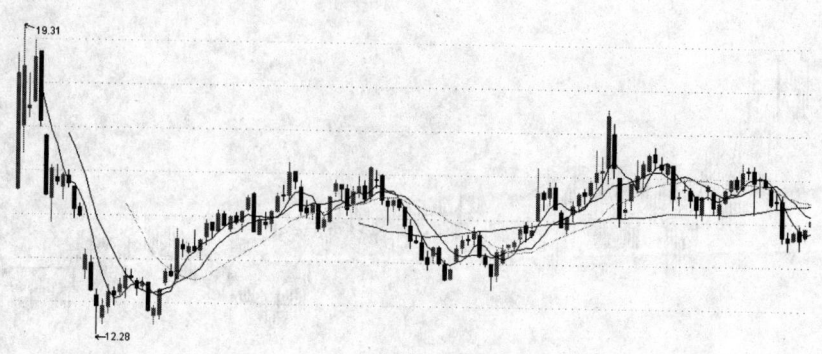

图 531

胜利精密是国内产销规模最大、研发能力最强的专业精密结构模组制造服务商之一，主要从事精密结构模组的研发、设计、生产和后续改进等全流程服务，产品规格全，主要产品包括精密金属结构件、精密塑胶结构件、Base、精密模具等。

公司在中国、欧洲等地设有生产、研发及其他设施，已获得了全球前十大品牌电视厂商中 7 家的供应商资质认定，是全球多家著名品牌电视厂商的供应商。平板电视在画质、外观和节能方面相对 CRT 有较大优势，且随着价格的不断下降，将逐步替代 CRT 成为国内市场电视的主流。随着平板电视出货量的加大，公司作为专业精密结构模组行业领跑者，无疑将随着行业成长而出现飞跃发展。

10. 沪电股份（股票代码：002463）

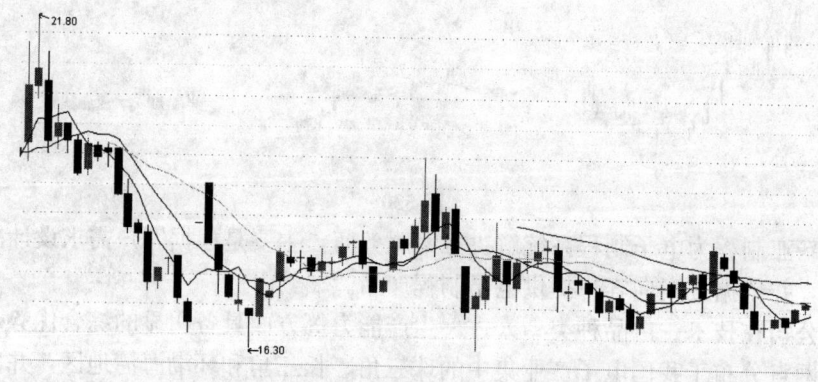

图 532

沪电股份是国内规模最大、技术实力最强的 PCB 制造商之一，从事印刷电路板的制造、销售及相关售后服务，主要产品为印制电路板、组装电路板、电子设备使用的连接线和连接器等。公司目前拥有 160 万平方米印制电路板的生产能力，涉足 PCB 行业多年，经过多年的市场拓展和品牌经营，成为 PCB 行业内的重要品牌之一，在行业内享有盛誉。

11. 东光微电（股票代码：002504）

图 533

东光微电是国家四部委联合认定的第一批国家鼓励的集成电路企业。公司主要致力于半导体分立器件、集成电路的开发、设计、制造和销售。

公司的主要产品包括防护功率器件系列产品、VDMOS 系列产品、可控硅系列产品和 1300X 系列产品。公司设有"南京研究发展中心"，拥有一支能够跟踪和吸收国际先进技术、具备持续创新能力的研发团队。公司集芯片设计、芯片制造、封装测试、直销、售后服务于一体，以自主品牌在国内半导体分立器件和集成电路市场上建立了相当的影响力，VDMOS 产品有望驱动公司未来业绩增长。

12. 达华智能（股票代码：002512）

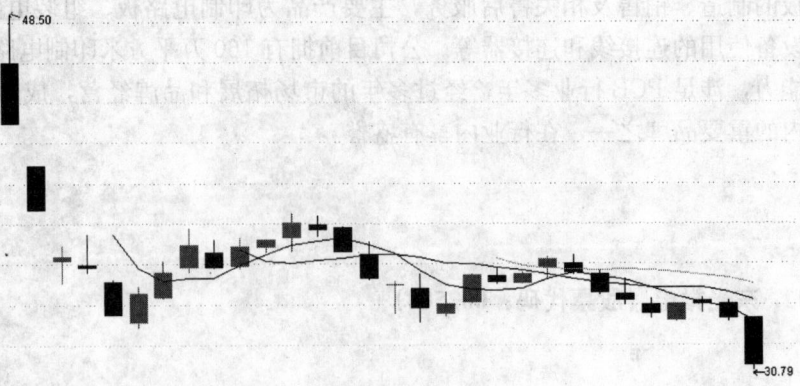

图 534

达华智能主要经营非接触式智能卡及电子标签，2009年国内非接触式IC卡市场占有率19%，份额排名第一。产品主要用于安防、交通、旅游、防伪、金融、校园一卡通等领域，其商标MAGO在业内有较高的知名度。未来如果物联网大规模发展和运用，公司作为电子标签的供应商将直接受益，需求可能会大幅度增长。

13. 英飞拓（股票代码：002528）

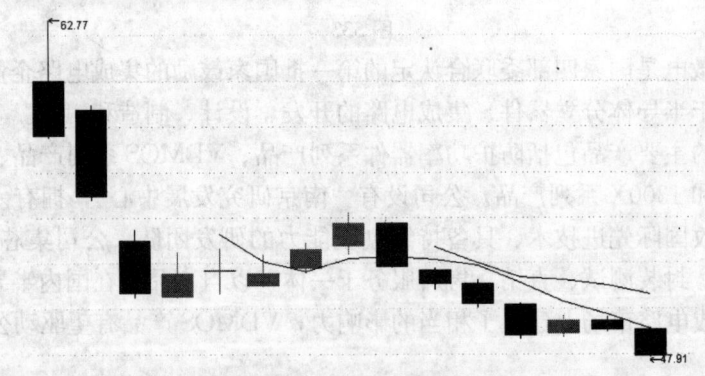

图 535

英飞拓为一家通过技术研发驱动业务发展的高科技电子安防产品供应商。公司一直专注于视频监控系统等电子安防产品的研发、设计、生产和销售，为客户提供集硬件设备和软件平台为一体的安防产品整体解决方案，具有较强的综合实力。公司产品广泛应用于公安、交通、水利、金融、电力等行业领域以及工商设施、市政、社区、家居等领域。公司多次入选"安防十大品牌"，已通过 ISO9001：2000 的国际质量认证，建立了一套严格有效的质量管理体系。公司所处的行业未来发展前景广阔。

14. 三安光电（股票代码：600703）

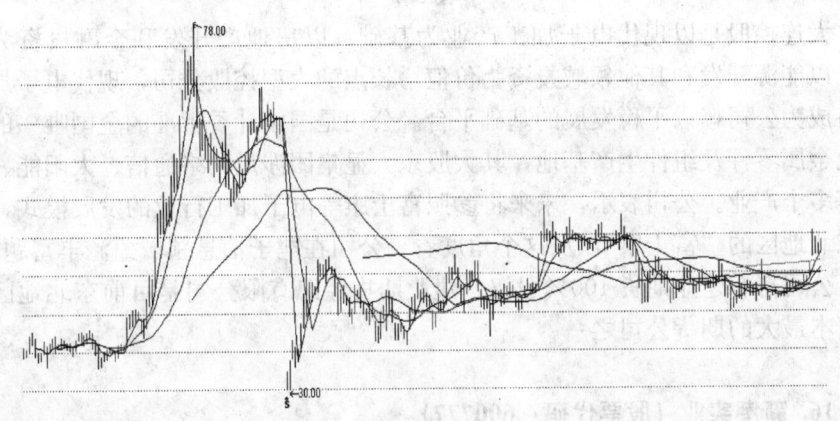

图 536

三安光电是国内最早从事 LED 外延片及芯片制造的企业，拥有 112 台国际一流的 MOCVD 和与之相匹配的芯片制造生产线及检测设备，具备年产外延片 85 万片的生产能力。目前，公司作为国内规模最大的全色系超高亮度 LED 芯片生产企业，能够通过批量生产降低产品成本，获得规模效益，公司规模居国内同行第一。

受到行业发展的带动，并结合产能扩张进程，按照平均单价 3.5 分左右一粒芯片计算，单纯销售芯片公司年收入或将超过 50 亿元。4 年产能将扩 10 倍，LED 龙头地位难撼。

公司目前在积极拓展聚光太阳能电池业务，计划 2011 年聚光光伏太阳能系统的产能达到 100MW，2013 年达到 500MW，2015 年达到 1000MW，预计大规模产业化尚需 3~5 年的时间，届时聚光业务将成为公司新的业绩增长点。

15. 大连控股（股票代码：600747）

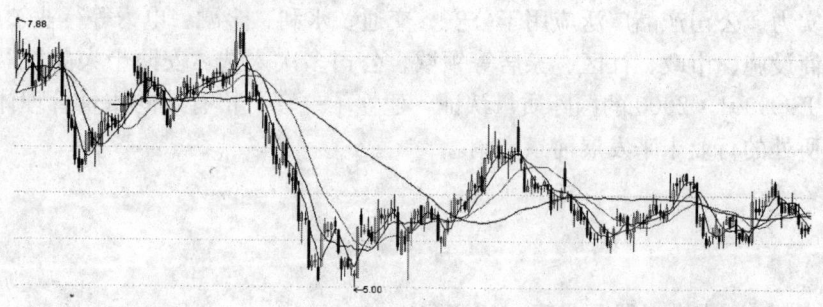

图537

大连控股是以现代电子加工产业为基础，以房地产开发和金融投资为两翼，以能源开发和其他领域投资为价值增长点的大型控股公司，现代电子加工业将成为公司赖以平稳发展的基础平台。公司是国家计委批准的全国唯一的电子枪金属零件及组件生产基地，其大股东大显集团涉足网络通信、太阳能、手机等多个产业。公司表示，未来将参照富士康等电子加工行业的发展模式，打造东北地区的"富士康"，从这个角度看，公司在电子信息领域蕴涵丰富题材。

公司持有建业期货100%股权，建业期货经纪有限公司是目前东北地区注册资本最大的期货公司之一。

16. 新潮实业（股票代码：600777）

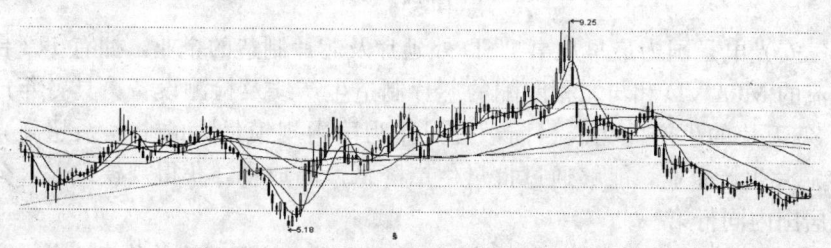

图538

新潮实业是国内最大的宽带高速数据和有线电视电缆生产基地之一，同时也是烟台地区最大的房地产商。公司主营电缆生产、房地产与建筑安装。近期公司出售旗下两大汽车销售服务公司50%股权，进一步向主营业务房地产业集中，受国家房地产政策影响较大。

公司拟投入金额3.45亿元，新上六类高速数据传输电缆项目，项目完成后公司将形成32万公里数据电缆生产能力，届时，公司将成为国内乃至亚洲最大的数据电缆生产基地。

三十四、有色金属

1. 焦作万方（股票代码：000612）

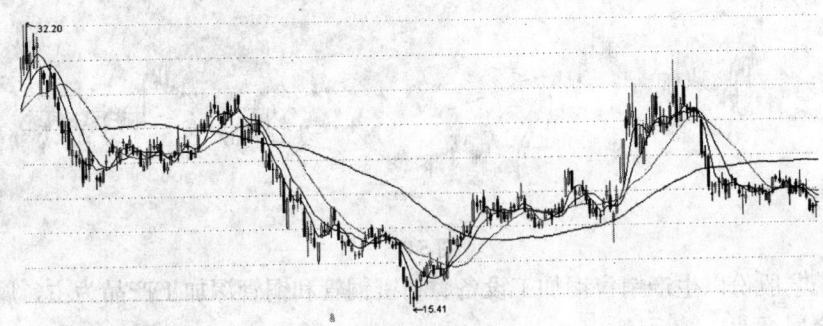

图 539

焦作万方是以生产经营电解铝为主的冶炼及加工、电力、服务为一体的集团公司，是河南省有色金属工业的骨干，主导产品"万方"牌铝锭为伦敦金属交易所注册产品，省重点保护产品、免检产品，产量多年位居全国同行业前列。公司铝锭年产能力位居全国同行业第7位，主要生产设备280KA槽铝电解系列生产线，被国家计委列为高技术产业化示范工程。中国铝业已从焦作市万方集团收购了公司29%股权，成为公司第一大股东。

2. 罗平锌电（股票代码：002114）

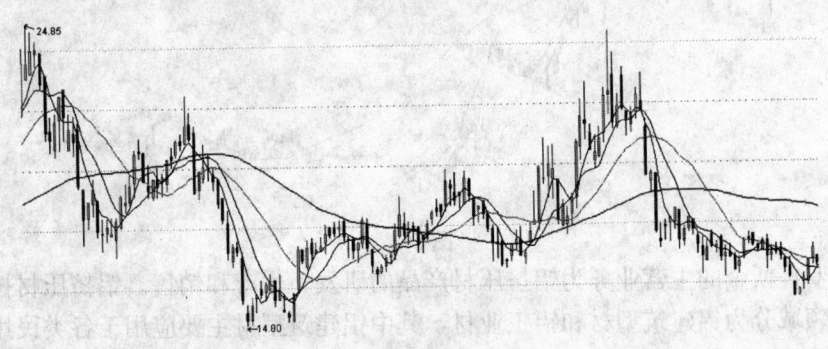

图 540

罗平锌电主要从事锌冶炼、水力发电,核心资产为锌冶炼厂、矿山和水电站,是全国唯一一家"矿—电—冶"一体化的上市公司,能充分利用自有电站、云南省水电资源丰富等特点降低生产成本。

3. 精艺股份(股票代码：002295)

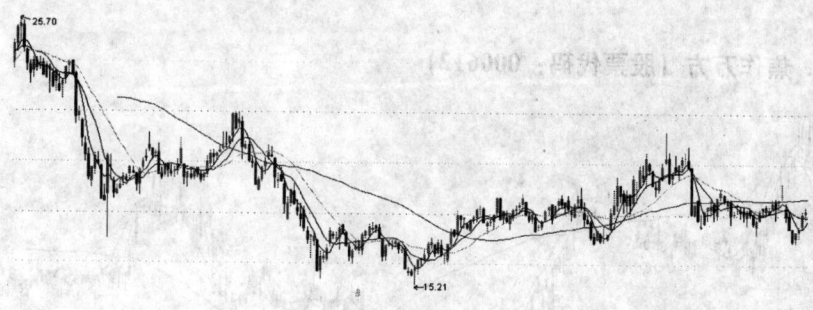

图 541

精艺股份以生产销售铜加工设备、精密铜管和铜管深加工产品为主,属于有色金属行业。

公司能够自主制造有色金属深加工设备,且拥有自己的专利技术,在铜管生产方面具有较大的技术优势。公司铜管深加工产品是顺应下游行业需求而发展的,未来发展前景乐观。公司具有较大的地理优势,将为公司开拓市场奠定坚实的基础。

4. 罗普斯金(股票代码：002333)

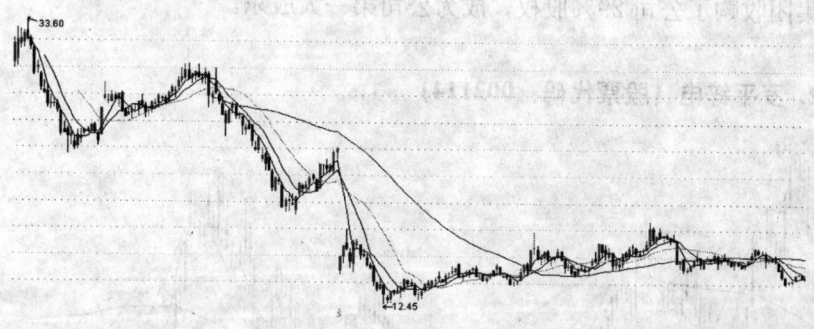

图 542

罗普斯金的主营业务为铝挤压材产品的研发、生产和销售。铝挤压材按其应用领域分为铝建筑型材和铝工业材,其中铝建筑型材主要应用于各类民用及商用建筑领域,铝工业材主要应用于除建筑领域外的其他工业领域。

5. 鲁丰股份（股票代码：002379）

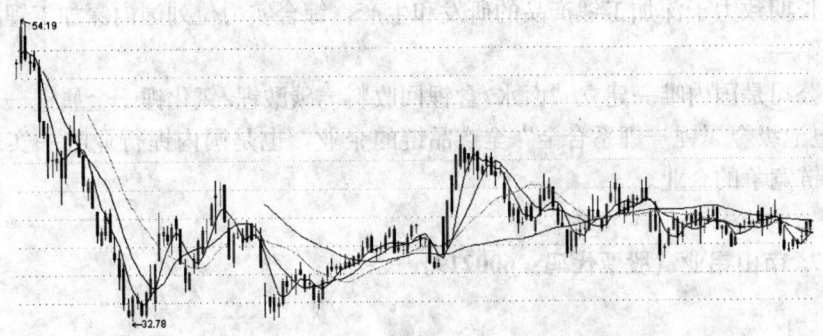

图543

鲁丰股份是一家大型综合性铝板带箔加工企业，主要从事高品质铝板带箔产品的开发、生产和销售，主要产品包括家用铝箔、药用铝箔等，是家用和药用铝箔加工龙头企业。

公司药用铝箔产量全国排名第一，市场份额约占60%；家用铝箔产量全国排名第二。公司自主研发的单面光冷成型复合药用铝箔被国家科技部、国家商务部、国家质量监督检疫总局、国家环保总局认定为重点新产品，双零铝箔被列入国家火炬计划项目，铝箔产品作为食品药品包装材料通过美国FDA认证。公司产品远销欧洲、美洲、澳大利亚、中东、东南亚、中国香港和中国台湾等多个国家和地区。

6. 赣锋锂业（股票代码：002460）

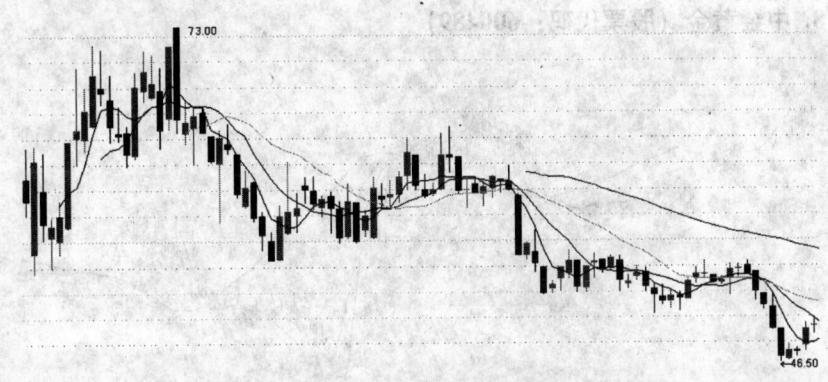

图544

赣锋锂业是国内锂系列产品品种最齐全、产品加工链最长、工艺技术最全面的专业生产商,也是国内唯一的规模化利用含锂回收料生产锂产品的企业。公司长期致力于深加工锂产品的研发和生产,综合实力位列国内深加工锂产品领域第一。

公司是国内唯一建立"卤水/含锂回收料—碳酸锂/氯化锂—金属锂—丁基锂/电池级金属锂—锂系合金"全产品链的企业,也是国内锂行业唯一实现全产品链竞争的企业。

7. 南山铝业(股票代码:600219)

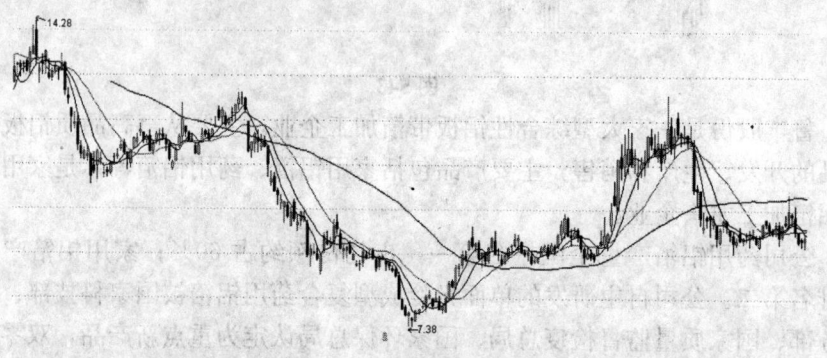

图545

南山铝业已形成从热电—氧化铝—电解铝—熔铸—热轧—冷轧—箔轧的完整铝生产线,是继中国铝业后的第二家全流程铝行业企业,铝型材生产线已达到国内先进水平,铝型材表面处理技术及模具加工能力国内领先。公司完整的产业链在生产过程中的损耗低,参与国内外市场竞争的能力强。

8. 中金黄金(股票代码:600489)

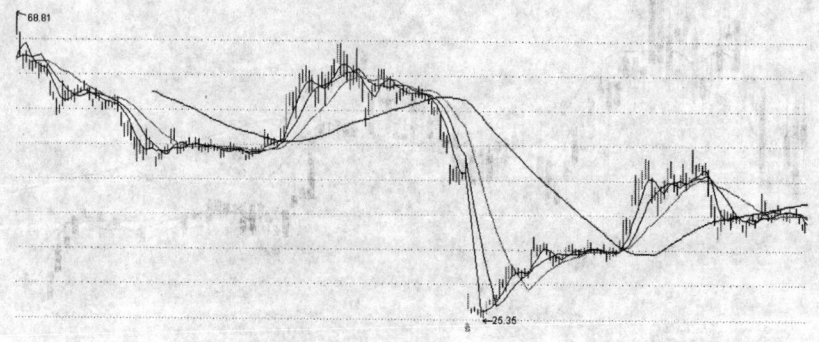

图546

中国黄金集团公司是我国黄金行业中唯一一家中央企业,也是我国最大的黄金企业。中国黄金目前黄金资源控制量超过 1200 吨,名列国内第一位;铜资源储量 800 万吨;钼资源储量 120 万吨。全集团日处理矿石总量达 12 万吨,黄金产量、销量全国第一。

公司的黄金储量有望持续增加,自有矿山挖潜是一种途径,更主要的是集团黄金将会持续注入。2010 年 8 月初,公司公告将通过非公开发行方式收购大股东中国黄金集团公司矿山资产,包括嵩县金牛、江西金山金矿和河北东梁黄金矿业的矿山。目前有关非公开发行相关工作正积极进行中。收购完成后,预计可使公司黄金资源储量增加 150 吨左右,以目前的生产规模,将年增加权益矿产金约 4 吨,从而进一步增强企业盈利能力。

9. 山东黄金（股票代码：600547）

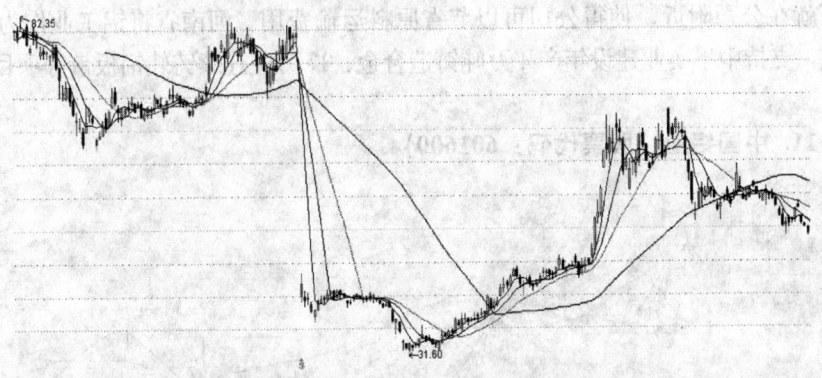

图 547

山东黄金原生产经营主体有两个：一是新城金矿,该矿设计采选生产能力 1250 吨/日,实际达 1600 吨/日;二是焦家金矿,该矿设计采选生产能力 1200 吨/日,实际达 1550 吨/日。上述两个矿山的生产规模、黄金储量、产量、利润等主要生产经营指标均列全国黄金行业前茅。

美元流动性过剩加剧导致贬值趋势,黄金会因避险功能而相应被追捧。此外,中国等高外汇储备国对黄金储备的未来需求也是影响国际期金价格不可忽视的因素之一。

10. 中孚实业（股票代码：600595）

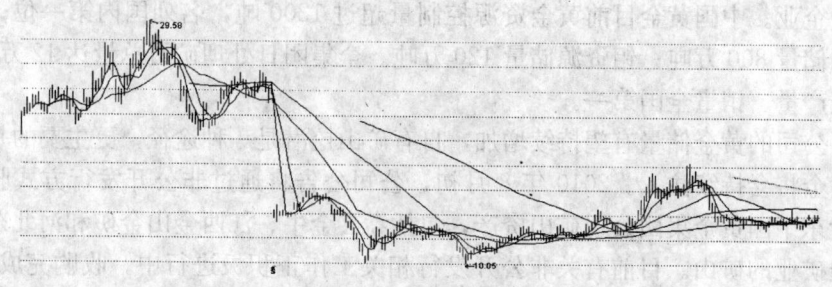

图 548

中孚实业主营轻有色金属冶炼业。

电力是电解铝生产的主要能源，通过中孚电力的成立，将公司铝、电两大核心资产进行完整性调整，保持公司"铝电合一"的综合成本竞争优势，每吨铝耗电成本比一般电解铝厂低 1800 元左右，在行业中具有很大的竞争优势。

公司氧化铝供应优势非常明显，全国现有的 6 家氧化铝厂中，长城及中州铝厂就在公司附近，使得公司可以节省原料运输费用。河南省将铝工业作为支柱产业，支持中孚实业建设年产 4 万吨铸造合金、17 万吨连续铸轧铝板带等项目。

11. 中国铝业（股票代码：601600）

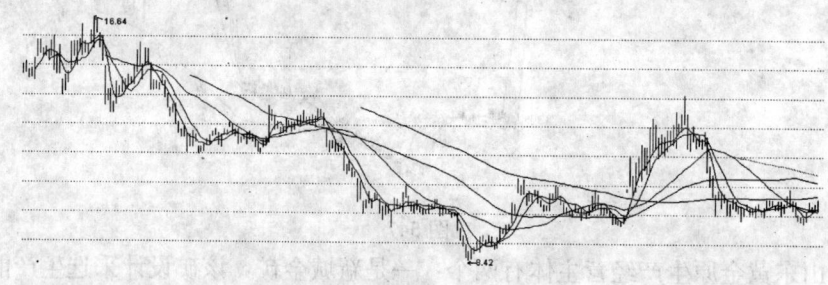

图 549

中国铝业是全球第二大氧化铝和第四大原铝生产商，也是中国规模最大的氧化铝和原铝运营商。

2010 年 3 月，中国铝业母公司中铝公司与力拓签署了非约束性合作谅解备忘录，宣布双方将联合开发力拓持有的位于西非几内亚的世界级铁矿西芒杜项目。业内人士预测，项目首期达产后预计铁矿石产能不低于 7000 万吨/年。2010 年 7 月 29 日，公司与澳大利亚力拓公司签署协议，合作开发位于非洲几内亚的大型铁矿。

三十五、酿酒行业

1. 燕京啤酒（股票代码：000729）

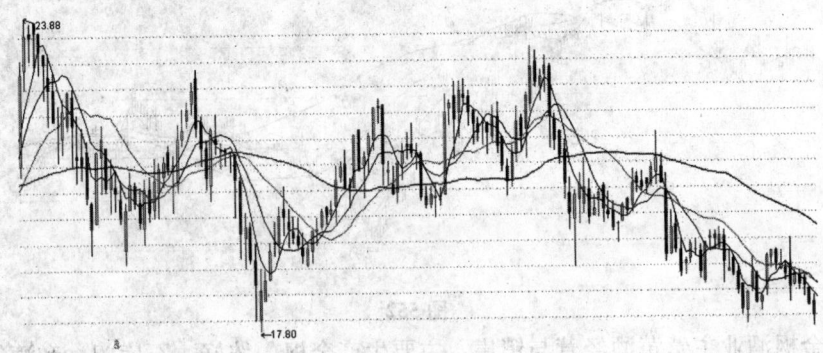

图550

燕京啤酒是我国民族啤酒业的龙头企业之一，"燕京"主品牌日趋强大，规模、渠道、产能、布局等方面具有较强的综合优势，已经形成了"1＋3"（燕京＋惠泉、漓泉、雪鹿）为主的品牌格局。啤酒属于日常消费品，有望继续保持稳定增长的态势。

2. 海南椰岛（股票代码：600238）

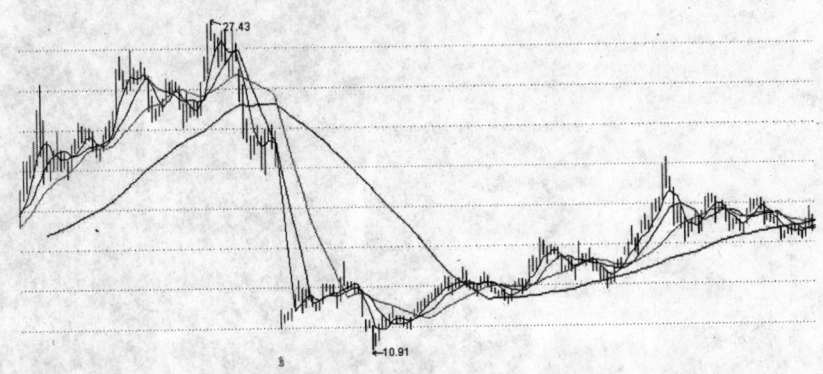

图551

海南椰岛主营保健酒行业，是国内保健酒行业唯一上市公司。目前已形成以椰岛鹿龟酒为代表，包括椰岛海王酒、海口大曲、宝岛白、三椰春酒、川源酒等一系列具有巨大市场潜力的产品群。

3. 金枫酒业（股票代码：600616）

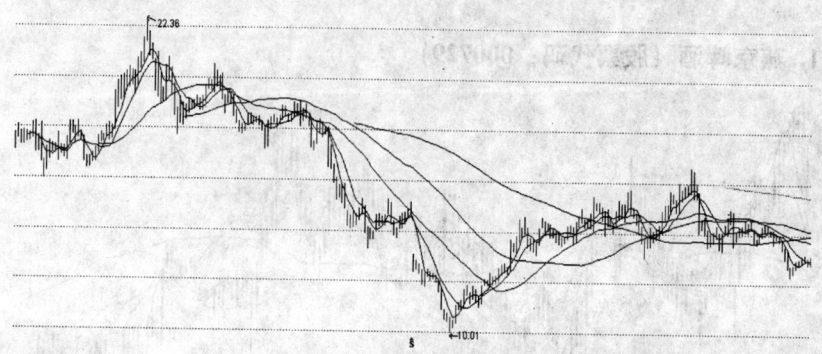

图552

金枫酒业主营黄酒经营与销售，主要生产金枫、侬好、石库门、和酒等品牌，是黄酒行业的龙头企业。公司积极扩张产能，投资建设的高品质黄酒技术改造配套项目将使全资子公司上海石库门酿酒有限公司成为中国最大的黄酒生产基地。

三十六、造纸行业

1. 晨鸣纸业（股票代码：000488）

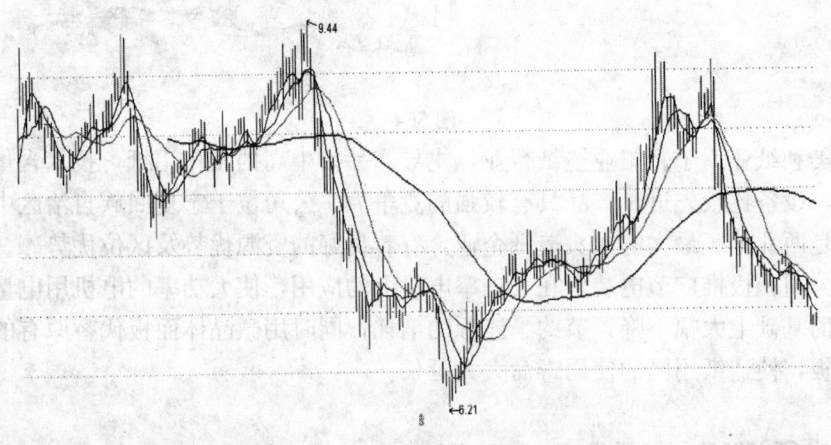

图 553

晨鸣纸业主要以文化纸为主，如铜版纸、轻涂纸、书写纸和新闻纸等，其中轻涂纸为国内最大，铜版纸和书写纸是国内第二大制造商，新闻纸和白卡纸则排名国内第三位。

公司 9.8 万吨中高档生活用纸项目已于 2010 年底投产，以区域销售为主，完善了目前以工业用纸为主的纸种结构。此外公司仍有多个项目在建，预计将于 2011 年投产的包括湛江 70 万吨硫酸盐漂白木浆项目和 45 万吨高档文化纸项目、80 万吨高档低定量铜版纸项目；2012 年投产的有 60 万吨涂布白牛卡项目，多项目陆续释放产能，贡献新的业绩增长点。

公司在议价能力上具备优势，而其市值却没有反映这一优势，随着公司新产能的逐渐投放并达产贡献盈利，未来的利润增长将带动股价上行。

2. 美利纸业（股票代码：000815）

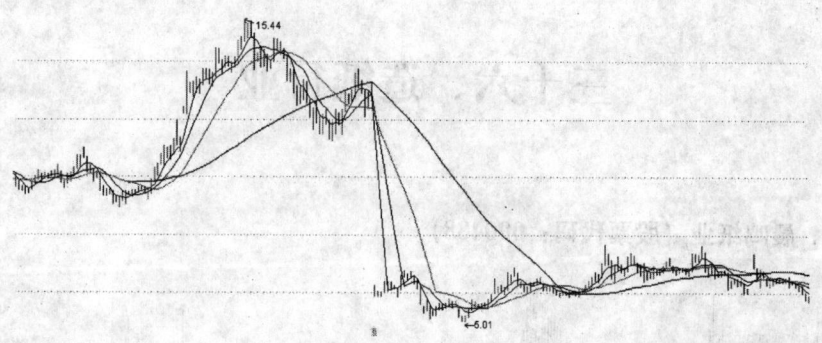

图554

美利纸业属于轻工业造纸行业，主导产品为中高档文化用纸，技术含量比较高，设备比较先进，产品具有较强的竞争力。公司位于宁夏回族自治区中卫市，是西北地区最大的龙头造纸企业，有着良好的资源优势及区位优势。

公司积极推广节电装置在大功率电机上的应用，使大功率的电机用电量在原有的基础上大幅下降，节约了能源的消耗；同时用微晶体面板代替原有的陶瓷面板，使造纸用网的使用寿命大大延长。

3. 景兴纸业（股票代码：002067）

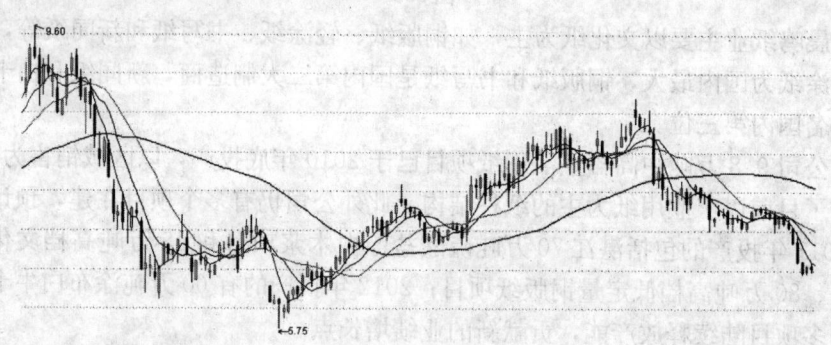

图555

作为高档包装纸行业的专业生产厂家，景兴纸业是国内大型包装纸板生产企业之一，具有年产92万吨高档包装纸（箱板纸＋瓦楞纸）的生产能力，是中国包装技术协会批准设立的"中国包装纸板开发生产基地"，高档牛皮箱板纸和白面牛皮卡纸为公司的主导产品。

公司和玖龙纸业、理文造纸同为中国浆纸商务网指定的"指导价格"信息发布商，在产品定价方面具有一定的市场主导权。

4. 太阳纸业（股票代码：002078）

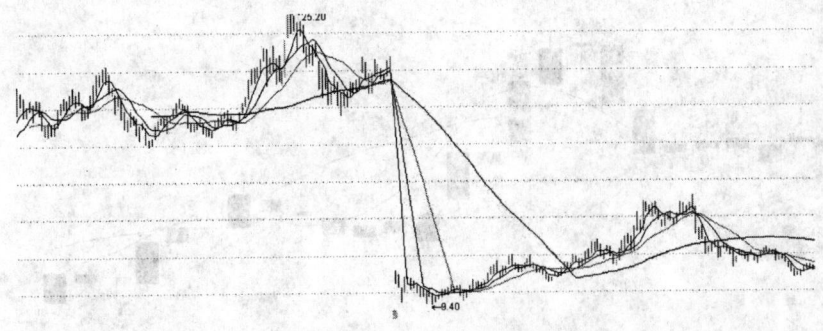

图 556

太阳纸业纸产品的原材料主要为木浆，且多为进口，但近三年公司自制木浆产能急速扩张，这将一举扭转公司单纯造纸的生产模式，在公司向林浆纸一体化的道路上迈出了实质性的一步，为公司的业绩增长奠定了坚实基础。在二级市场上，预计该股后市仍有一定上涨空间，可适当关注。

5. 中顺洁柔（股票代码：002511）

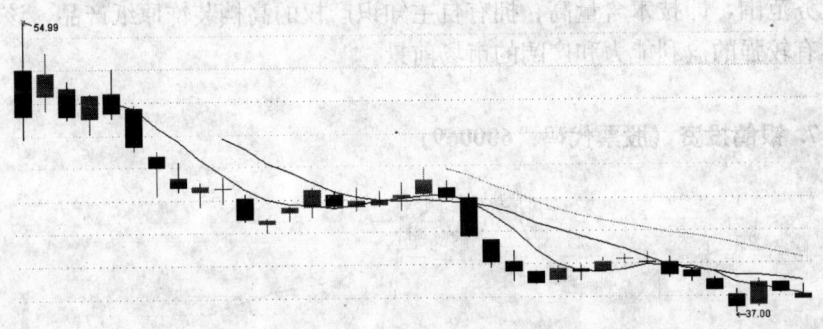

图 557

中顺洁柔属于快速消费品行业。公司是目前A股中唯一产品直接面对消费者的造纸上市公司。公司产品属于快速消费品，具有较强的抗周期能力，2008年金融危机以来，公司盈利能力不仅没有下降反而大幅提升。公司主要产品包括卷纸、软抽纸、手帕纸、盒巾纸等，其中卷纸占比超过一半。

公司属于国内生活用纸第一梯队，公司产能居第四位（年产能18.6万吨），"洁柔"属于中国名牌产品（国内仅3个），"太阳"、"洁柔"均为国内驰名商标。

6. 齐峰股份（股票代码：002521）

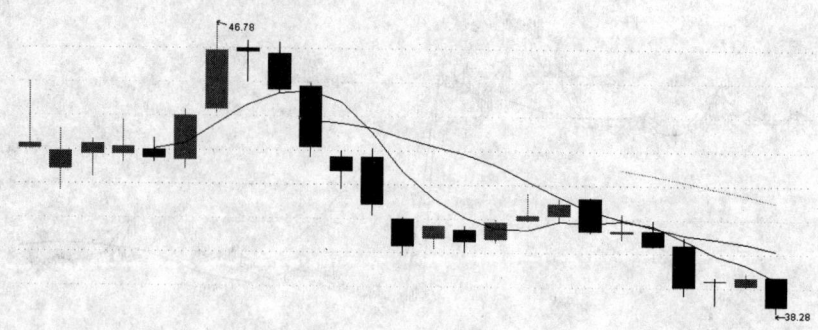

图 558

齐峰股份是我国少数有能力制造高档装饰原纸产品的龙头企业，目前拥有年生产能力 16 万吨，生产规模位居国内行业前列。公司是科技部认定的国家新材料产业化基地骨干企业，拥有国内唯一的装饰原纸院士工作站，同时还是国家发改委和全国人造板标准化技术委员会认定的我国装饰原纸行业标准的主要起草单位。

公司本次募集资金拟投资"年产 15000 吨高清晰度耐磨纸项目"和"年产 10 万吨三聚氰胺浸渍装饰原纸清洁生产示范项目"两个项目，属于公司的主营业务范围，即技术含量高、拥有自主知识产权的高档装饰原纸产品，该类产品具有较强的盈利能力和广阔的市场前景。

7. 银鸽投资（股票代码：600069）

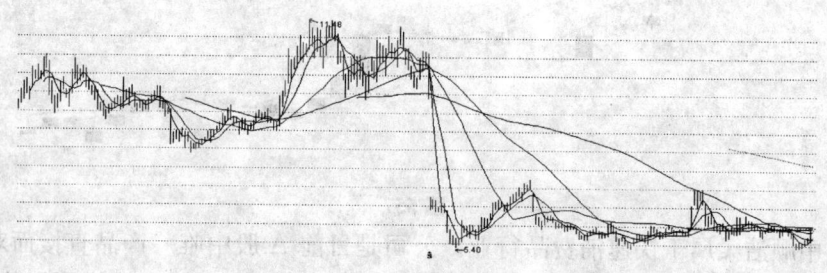

图 559

银鸽投资为中西部造纸龙头企业，以文化用纸、包装用纸、生活用纸、特种纸四大系列为主业，是文化纸第一品牌。

公司拟变更募集资金项目 10 万吨高档文化纸用途为年产 7.5 万吨高档生活用纸项目和补充公司流动资金。在募投 7.5 万吨生活纸项目基础上，公司还将新建 6 万吨生活纸项目，公司向多元化发展。

8. 华泰股份（股票代码：600308）

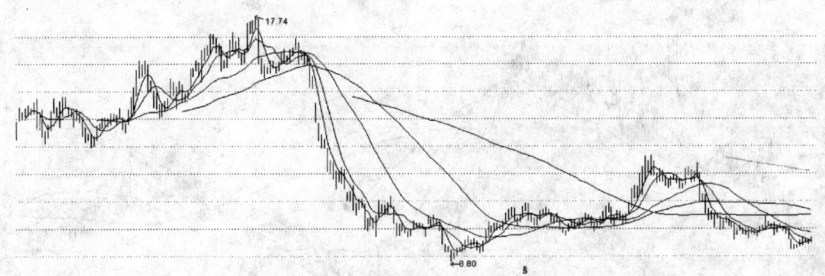

图 560

华泰股份是目前国内最大的新闻纸生产企业，也是新闻纸行业中竞争力最强的企业，主营产品为中高档新闻纸、双胶纸和书写纸。目前公司生产规模达到 160 万吨，包括文化纸 40 万吨和新闻纸年产 120 万吨的产能，主要纸种销量明显提升成为收入增长的主要原因。公司有望在新闻纸行业整合中保持行业领先地位。

化工将是公司未来重要的增长点，根据相关观点，节能减排将会导致公司化工盈利能力的迅速恢复。

公司正处于转型期，新闻纸的布局转型、纸种的扩大、化工的扩张将会给市场带来超预期。

在人民币长期升值的背景下逻辑上公司最受益。业界认为进口废纸的企业在逻辑上更受益于人民币升值，公司是主要纸业上市公司中进口废纸比重最大的。

9. 恒丰纸业（股票代码：600356）

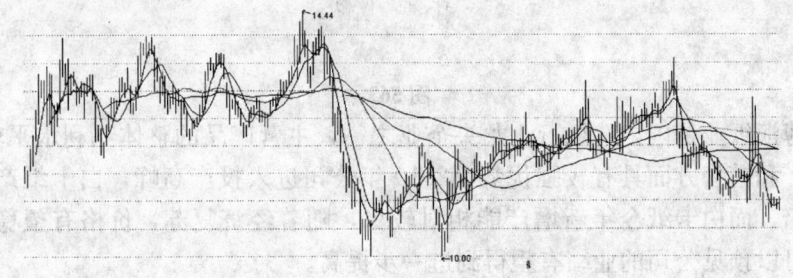

图 561

恒丰纸业属于卷烟纸行业，具有较强的行业进入壁垒。我国卷烟纸和高档纸供不应求，公司在卷烟纸国内市场占有率达到 28%，整体盈利能力较强。

10. 山鹰纸业（股票代码：600567）

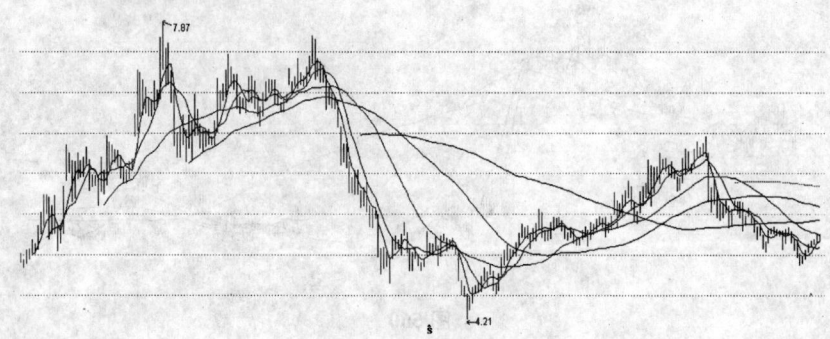

图 562

山鹰纸业拥有固体垃圾焚烧技术及废物综合利用的非专利技术，坚持以废纸为主要原料，辅以商品木浆，减少污染，保护环境，实现经济与环保双赢发展。公司主导产品箱纸板和瓦楞原纸属于包装用纸板，具有经济便宜、重量轻、易加工、废弃物可自行降解且易回收利用等绿色包装材料的特点。

11. 博汇纸业（股票代码：600966）

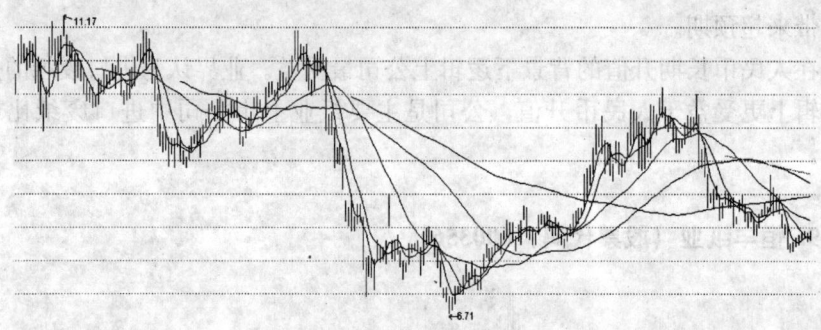

图 563

博汇纸业是国内造纸行业龙头企业之一，主营产品的整体毛利水平较高，在生产和销售方面具有较强优势。2010 年公司进入投产高峰，白卡纸产能实现翻倍，而白卡纸今年新增产能相对较少，随着经济复苏，价格有望稳中有升，可以预见公司的业绩有望得到进一步提高。

公司新增加的 35 万吨白卡纸项目将会成为公司业绩增长的主要来源。公司还计划新建 75 万吨高档包装纸板项目，致力于成为国内白卡纸龙头，这将会为公司未来几年的增长提供保证。

三十七、环保行业

科学城（股票代码：000975）

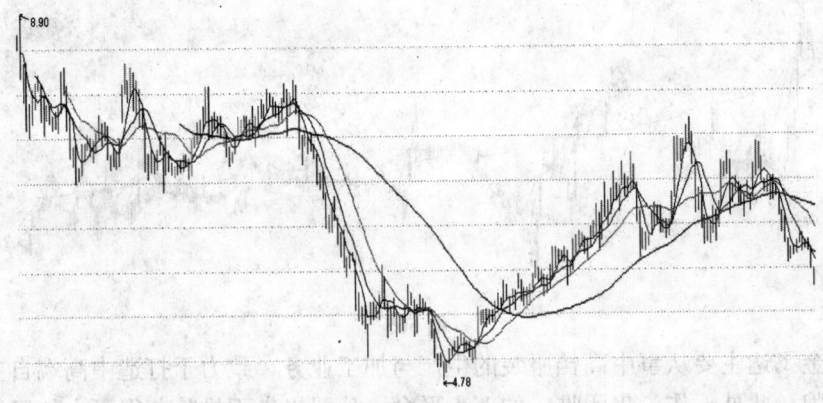

图 564

科学城营业收入主要是北京柏悦酒店餐饮住宿收入和广汉星荣水泥销售收入。根据定期报告资料披露，目前公司正积极寻求新的投资项目，为主业转型不懈努力，并已对相关项目进行了大量的调研和考察，一些优质项目的投资有望成为公司新的看点。

三十八、服装行业

1. 金飞达（股票代码：002239）

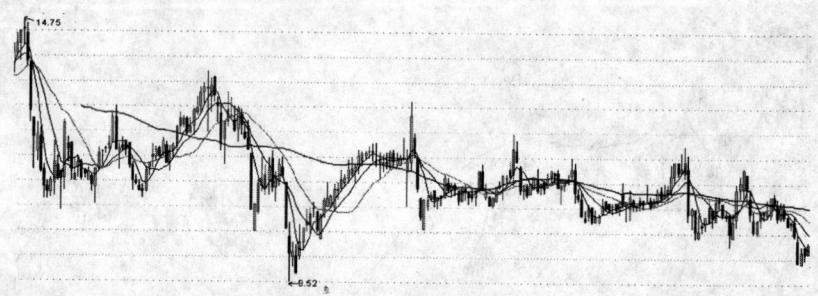

图 565

金飞达主要从事中高档服装的生产与加工业务，致力于打造中高端自主服装品牌。此外，作为集团唯一的上市平台，公司未来不排除获得更大的风电业务资源的可能。

2. 星期六（股票代码：002291）

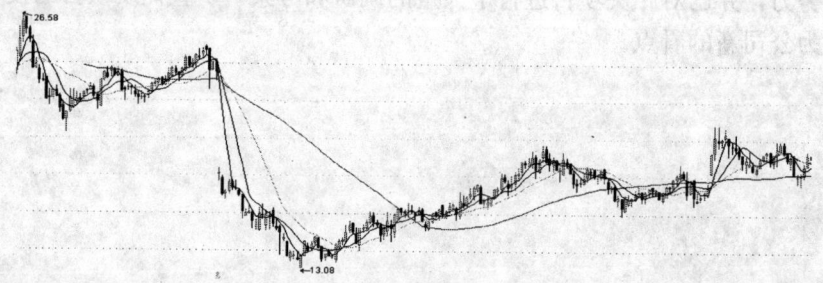

图 566

星期六是国内知名的女鞋品牌零售商。预计未来国内女皮鞋行业仍将保持15%以上的销量增长，销售金额的增长将明显超过销量增长，且中高档女皮鞋行业市场集中度将稳步提升，行业独有的竞争模式使得现有领先企业的先发优势进一步明显。公司将充分分享到国内大消费增长和行业不断伴随百货业态创新及百货渠道下沉带来的巨大增长空间。

3. 华斯股份（股票代码：002494）

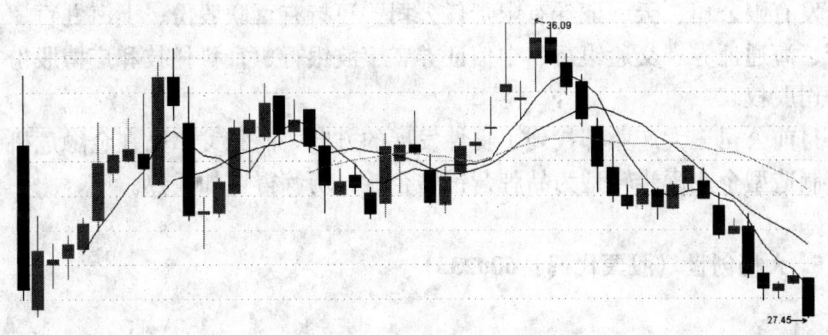

图 567

华斯股份是国内裘皮行业的龙头企业，拥有从原材料采购到裘皮服饰销售的完整业务流程，其主导产品包括裘皮皮张、裘皮面料、裘皮服装和裘皮饰品，其中裘皮服装是公司收入的主要来源。凭借其多年积累的经验与品质，多家世界一流的裘皮服饰品牌商和贸易商选择华斯股份作为生产基地。

看好公司发展前景，认为公司经营模式转型及产品结构调整仍将持续，俄罗斯和中国国内市场是未来主要看点。

4. 雅戈尔（股票代码：600177）

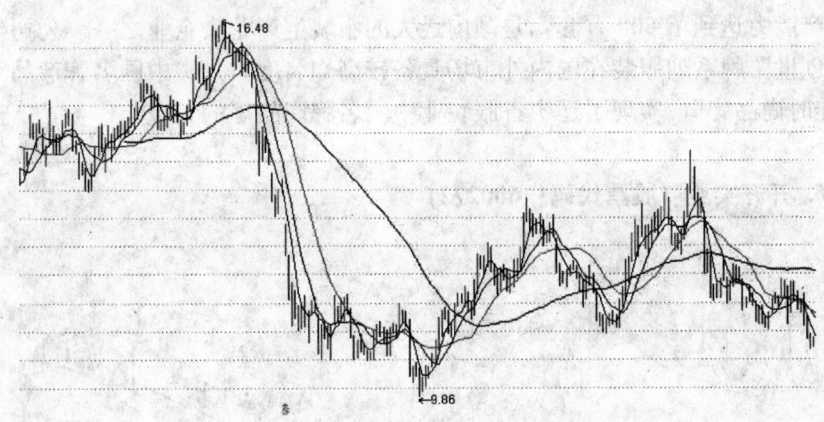

图 568

雅戈尔一直以品牌服装、房地产和股权投资三大主业齐头并进、共同发展作为企业的发展方向。三大产业可在资金和品牌资源上相互取长补短。品牌服装是雅戈尔起家的基础产业，是公司品牌经营的重要载体。

公司较早地介入了股权投资领域，参股苏州网新创业科技有限公司、杭州

创业软件股份有限公司、深圳中欧创业投资管理有限公司、宁波杭州湾大桥投资开发有限公司、天一证券有限责任公司。还持有百联股份、上海九百、金马股份、海通证券、交通银行、中信证券、宁波银行、宜科科技和广博股份等上市公司股权。

目前公司三大产业都找到了良性发展的方向,而雅戈尔已在金融危机中由生产制造型企业逐步转型为品牌营销型企业,历练得更加成熟。

5. 大杨创世（股票代码：600233）

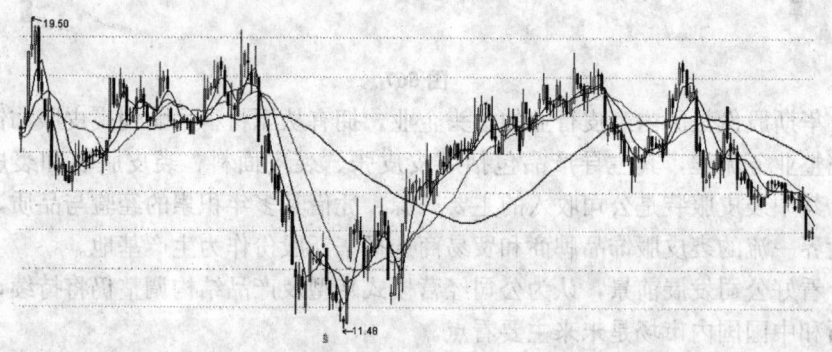

图 569

大杨创世主要从事中高档男西服、女时装、运动装等服装的生产和销售,年生产能力达到了600万套,是国内最大的服装生产龙头企业之一。公司生产的"创世"牌系列服装在国内外市场具备较高知名度,是"中国名牌产品"和"十佳时尚品牌",实现了辽宁省服装业中国名牌产品零的突破。

6. 开开实业（股票代码：600272）

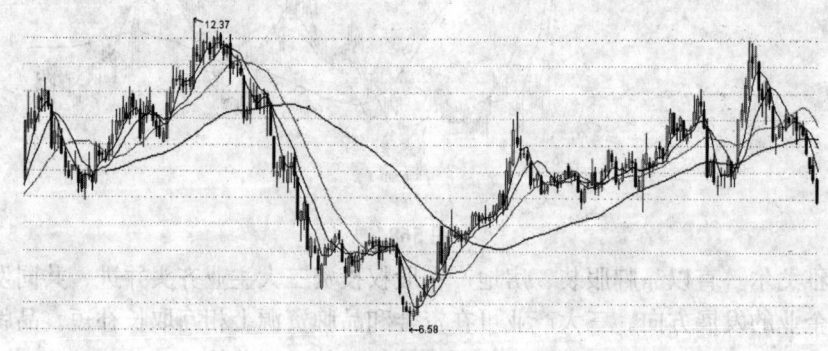

图 570

三十八、服装行业

开开实业是我国服装行业唯一同时荣获"中国十大名牌服装"和"中国十大名牌衬衫"称号的企业。开开品牌在服装行业拥有较高的知名度,"开开"(衬衫)商标被国家工商行政管理总局商标局认定为驰名商标,具有明显的品牌效应。此外公司的重组概念有望给公司的二级市场带来活力。

7. 黑牡丹(股票代码:600510)

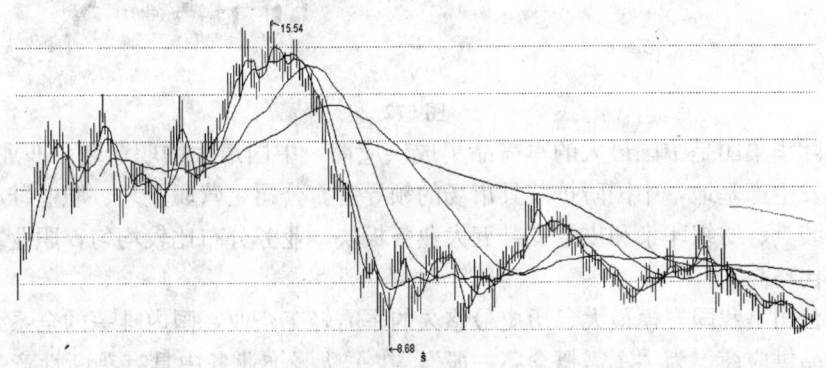

图571

黑牡丹是国内牛仔布行业唯一一家A股上市公司,产品销售区域覆盖国内20多个省市以及海外30多个国家和地区,产品90%远销日本、中国香港和中国澳门及欧美,被外商誉为中国牛仔布第一品牌,成为美国畅销的三大牛仔服装名牌面料之一。目前公司具有年产牛仔布8000万米、牛仔服装800万件、各类色织布800万米、纺纱1.5万吨的产能。

公司计划用5年左右的时间将"黑牡丹纺织工业园"建成世界一流的牛仔产品生产基地,工业园完全达产时,生产规模为年产牛仔布1~1.5亿米、牛仔服装1000万件、色织布800万米、纺纱3.25万吨。

公司不仅通过ISO9002和ISO14000认证,还通过社会责任标准SA8000的认证,牛仔布测试中心也通过LEVI'S(香港)公司和LIZ公司认证,认证的成功为产品进一步开拓国际市场创造了条件。

公司大股东为常高新,其优质资产已逐步注入公司旗下。未来公司主要业务将包括城市综合功能开发、商业房地产开发和纺织服装,基本面将得到很大改观。

8. 际华集团（股票代码：601718）

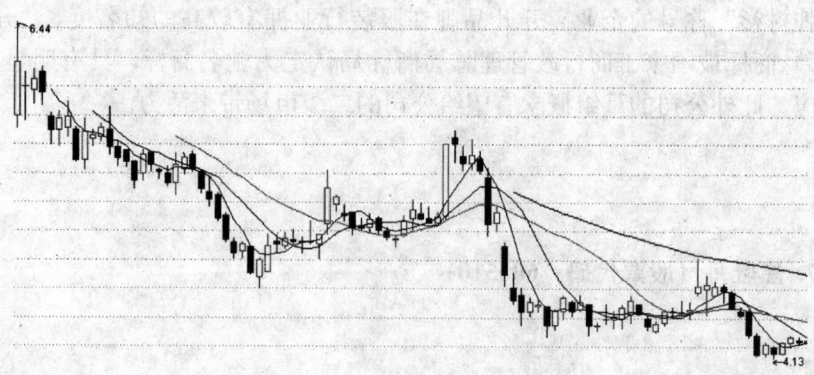

图572

际华集团是中国最大的军需品集成供应商，中国最大的职业装、职业鞋/靴研发生产基地，中国防护装具市场的领导者。公司主营职业装、职业鞋/靴、防护装具、纺织印染和皮革皮鞋五大业务板块，业务分布比较均匀，职业装业务占比略高。

公司是我国规模最大、历史最悠久的军需轻工企业，国内唯一的全系列军需产品供应商，为"军需概念第一股"，在军队服饰业务中具有垄断性竞争优势，且生产太空服，因而具有航天军工概念。

为打造国际一流环保滤材新材料科技产业园，积极培育公司经济增长点，公司拟投资出资4.99亿元建设际华南京新材料产业园项目，该项目由公司全资子公司南京际华三五二一特种装备有限公司（三五二一公司）负责，建设地点为南京市江宁滨江经济开发区，占地427.5亩。

三十九、供水供气

1. 中山公用（股票代码：000685）

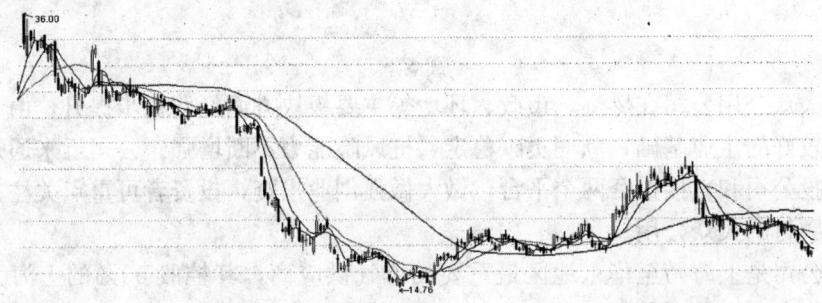

图 573

中山公用目前主要从事生产供应自来水、污水处理和商业地产三大主营业务。公司力争在保持原有业务规模、利润稳步增长的基础上，加大对外投资力度，实现业务规模的突破。公司目前持股广发证券、长安期货等金融资产，这为公司带来了良好的投资收益。

2. 锦龙股份（股票代码：000712）

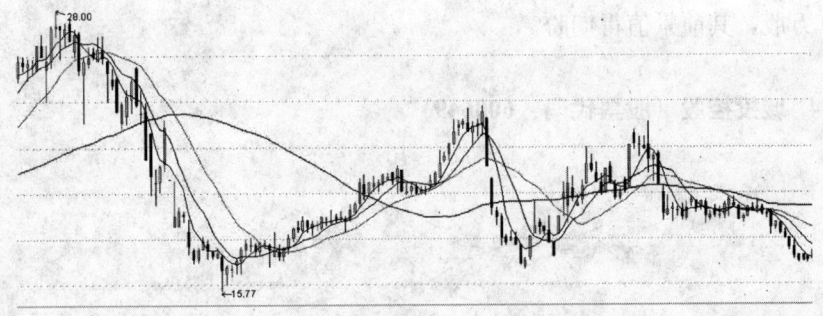

图 574

锦龙股份已形成典型的控股公司架构，自来水主业和参股金融的业务模式已然明晰。鉴于自来水业务的特性，以及公司未来发展重点转向金融业，公司发展具有较大潜力。

3. 大众公用（股票代码：600635）

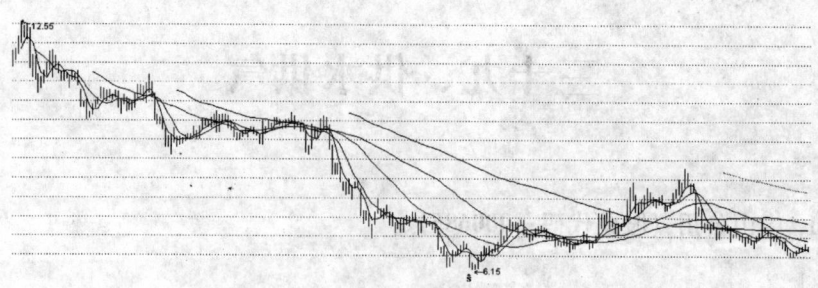

图 575

大众公用公司在燃气、市政、环境等主要板块方面经营稳步提升，由于拥有比较好的主业基础，利润贡献稳定，抗风险能力不断增强。公司近来通过参股创投公司和直接投资两个平台，做大做强创业投资，投资者可重点关注具有创投题材的大众公用。

公司是上海乃至华东地区最重要的燃气供应商，其控股 50％的上海大众燃气拥有上海浦西苏州河以南 8 个行政区的燃气客户 134 万户，占据着上海燃气销售市场 40％的市场份额，"燃气航母"形象已呼之欲出。公司投资建设的上海黄浦江翔殷路越江隧道，是唯一东西贯穿并跨越浦西和浦东快速道路的重要枢纽。公司的水务环保概念也十分突出。

公司还是两市最大的创投企业之一，共斥资 2.75 亿元持有深圳创新投资集团 20％股权，而深圳创新是中国目前最大、前景最好、实力最强的创业投资公司，随着其众多创投项目的孵化成功，公司有望获取巨大的投资收益。公司还持有大众交通 3.2717 亿股，增值 10 多亿元，而大众交通又持有光大证券 6000 万股，其前景值得期盼。

4. 城投控股（股票代码：600649）

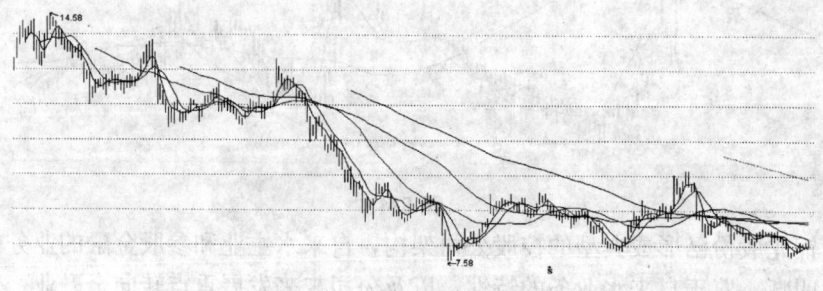

图 576

三十九、供水供气

城投控股是上海地区涉足原水和自来水供应业务的上市公司,已形成以水务、固废处理和房地产三足鼎立的主营业务,业绩保持平稳增长态势。

公司联手美国巨头铁狮门,介入新江湾城开发,可增加公司项目储备,加快公司房地产业务的发展步伐,增加利润增长点,提高盈利能力。

公司环境板块主要包括环境集团从事的垃圾中转、垃圾焚烧发电、垃圾填埋业务,增长潜力很大,是其未来重点拓展的业务。

5. 深圳燃气(股票代码:601139)

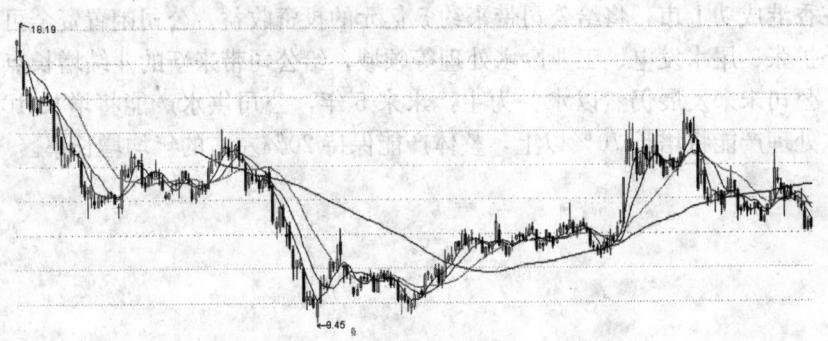

图 577

深圳燃气从事深圳市管道燃气供应、液化石油气批发、瓶装液化石油气零售、燃气投资业务,拥有在江西、安徽、广西各省区共 12 个城市管道燃气 30 年特许经营权。公司地处经济发达地区,天然气需求旺盛,销售情况较为稳定。

6. 重庆水务(股票代码:6011589)

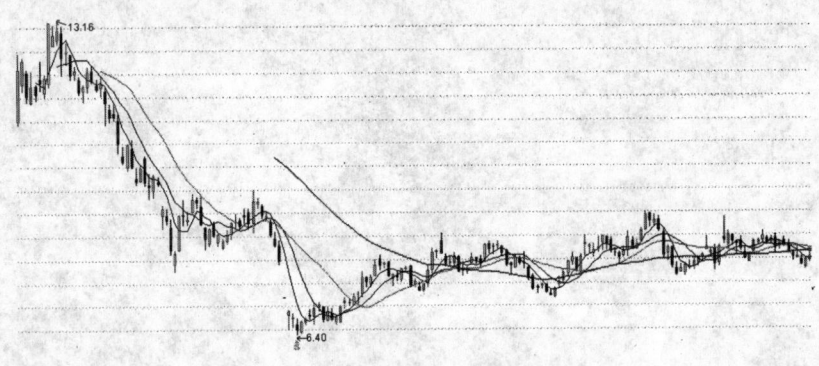

图 578

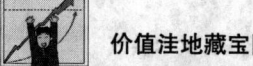 价值洼地藏宝图

重庆水务作为重庆市唯一的供排水一体、厂网一体的水务上市公司,供水业务和污水处理业务在重庆市主城区的市场占有率分别为66%和72%,区域垄断优势明显。随着重庆市"两江新区"计划的逐步实施,公司的供水、排水业务长期发展前景广阔。公司在重庆国际信托公司的投资在当前较好市场环境下有可能取得较好收益并带来业绩惊喜。

公司资金实力雄厚,有望为其带来新的业绩增长点。2010年8月,公司向重庆信托投资22亿元,持股22.96%;重庆信托在重庆市政府的支持下可能会给上市公司带来资本增值。公司持有1.25亿股的重庆市农村商业银行最近在香港成功上市,将给公司带来约5亿元的投资收益。公司闲置资金可用于对外扩张、尾水发电、工业废水处理等领域,给公司带来新的业绩增长点。

公司未来发展仍然以水务为主,未来5年,公司供水产能将增长100%,污水处理产能将增长70%以上,整体产能保持20%左右的年均增长率。

四十、发电设备

1. 东北电气（股票代码：000585）

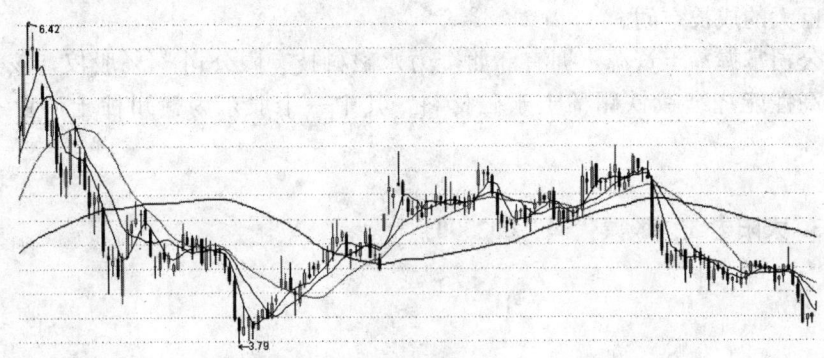

图 579

东北电气及附属公司是中国输变电设备科研、制造、出口的主要基地，国内输变电设备的主要供应商之一。公司主营业务为高压隔离开关、电力电容器及封闭母线等系统保护及传输设备的制造和营销。

随着国家特高压电网建设、电力体制改革、新能源发展、节能减排等政策措施的实施，将使公司有机会不断开发新的技术和产品，获得新的市场机遇。

2. 金风科技（股票代码：002202）

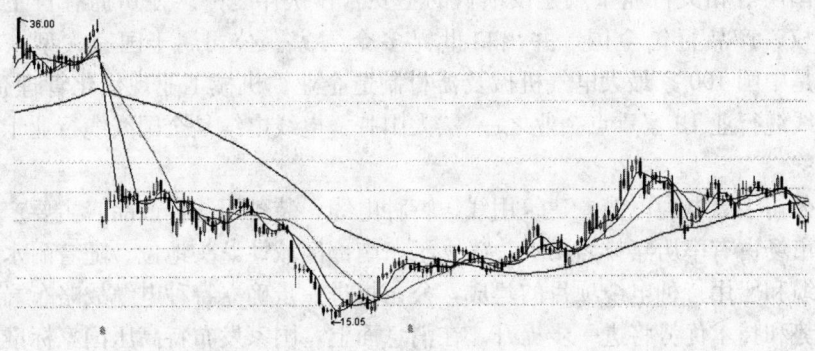

图 580

金风科技作为国内风力发电设备主要制造商之一，占据较大的市场份额，具有明显的地理优势以及相关科研优势，加之国内外对新能源的巨大投入和良好预期，均对股价中长期形成良好的支撑。

公司分别在北京亦庄、内蒙古包头、新疆乌鲁木齐经济技术开发区二期进行基地建设，预计这三个基地建成后，每年的产能单班即可达到1000台以上，双班可以超过2000台，能满足公司MW机组生产的需求。当前市场处于供求失衡的阶段，供不应求，产能充足、技术成熟、资本雄厚、服务优良的厂商将获得巨大的成长空间。

公司掌握稀土资源，拥有江西金力永磁科技有限公司34%股权，该公司生产高性能烧结钕铁硼稀土永磁材料，其中一个股东为赣州稀土矿业有限公司。

3. 太阳电缆（股票代码：002300）

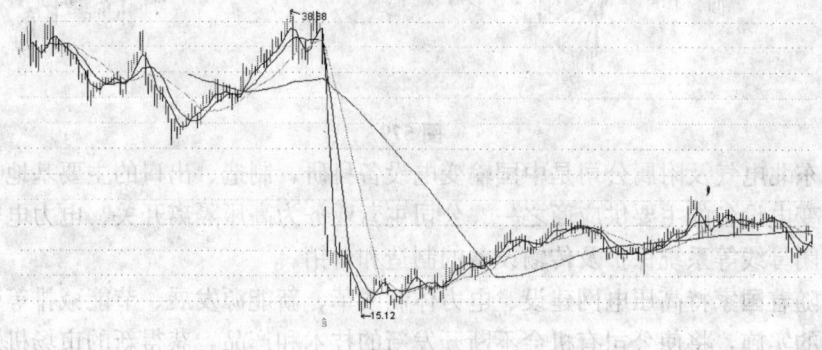

图581

太阳电缆是福建省最大的综合性电线电缆生产基地，是省内外电力、邮电、国防等相关行业重点建设项目的主要合作伙伴之一。公司拥有自主的进出口权，产品行销全国，并出口世界多个国家。公司属于国家大型一类企业，是中国100家最大电气机械及器材制造企业、机械工业现代化管理企业、国家线缆行业19家重点企业之一。"太阳牌"电线电缆是全国线缆行业十大畅销品牌。

公司主营电力电缆、建筑用线、特种电缆、装备用线等产品，主要产品在福建市场占有率历年排名第一，确立了东南部区域性龙头地位。随着耐水树特种电缆和船用特种电缆项目的建成，公司将进一步确立特种电缆战略布局，区域优势和技术优势将进一步提升。在消息面上，国家发布特高压国家标准，将为公司带来盈利点。

四十、发电设备

4. 中联电气（股票代码：002323）

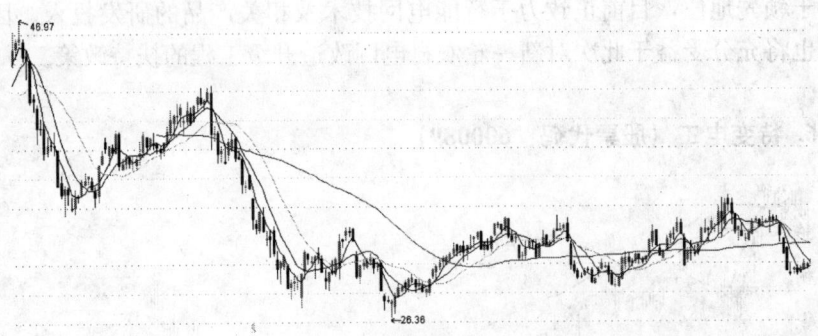

图 582

中联电气是主要生产变压器、移动变电站的电气设备生产企业，是国内最大的矿用隔爆型移动变电站和干式变电器生产商，国内市场份额排名第一。

公司的产品主要用于煤矿，为综合机械化采煤设备、支架电液控制系统、运送设备等用电设备以及照明等装置提供电源。公司与国内主要煤炭生产企业建立了紧密的合作关系，主要客户包括神华集团、大同矿业集团、平顶山煤业（集团）有限责任公司、陕西国华锦界股份有限公司、安徽淮北矿业集团、宁夏煤业集团、山西潞安矿业（集团）有限责任公司、山西平朔安家岭露天煤炭有限公司等。

多年来，公司凭借雄厚的技术实力、领先的市场地位获得了包括"全国煤炭行业机电设备定点生产企业"、"国家火炬计划项目"和大型煤炭生产企业的"优秀供应商"等一系列荣誉，并取得了ISO9001质量管理体系认证等资格认证。

5. 北京科锐（股票代码：002350）

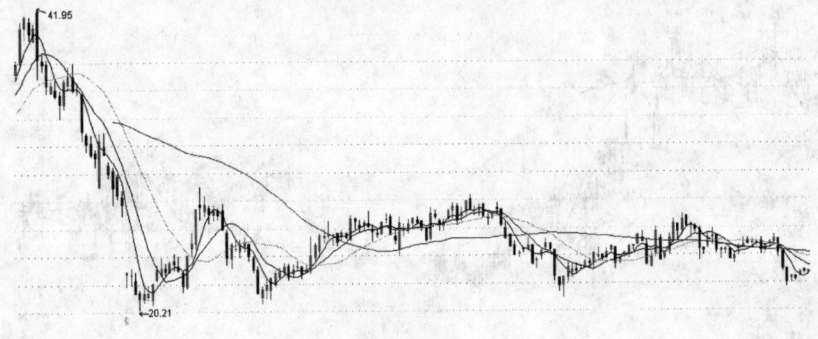

图 583

— 333 —

北京科锐是国内最早从事配电自动化设备开发与生产的企业之一，在行业内处于领先地位，目前正致力于智能电网技术及相关产品的研发投入。因此，公司也将充分受益于此次对新一轮农村电网改造升级工程的扶持政策。

6. 特变电工（股票代码：600089）

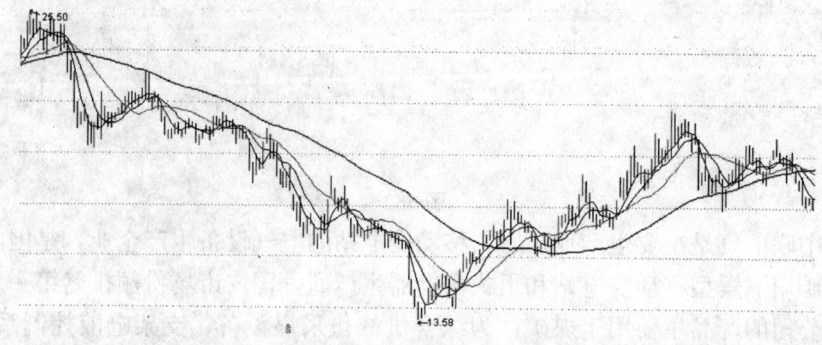

图 584

特变电工是中国变压器行业首家上市公司，中国重大装备制造业的核心骨干企业，也是中国重要的变压器、电线电缆、高压电子铝箔新材料、太阳能系统工程实施及太阳能核心控制部件的研发、制造和出口企业。公司是国内少有的具有自主知识产权的变压器制造企业，特别是超高压和直流变压器的核心技术已经达到了国际水平；在新能源产业方面，公司拥有多项自主知识产权技术，成功开发出大功率太阳能光伏电站系统、太阳能电池组件、太阳能级硅片等核心技术产品。

特高压是国家电网"十二五"规划的重点，作为国内变压器的龙头企业，最大限度受益特高压建设所带来的历史机遇。

7. 长城电工（股票代码：600192）

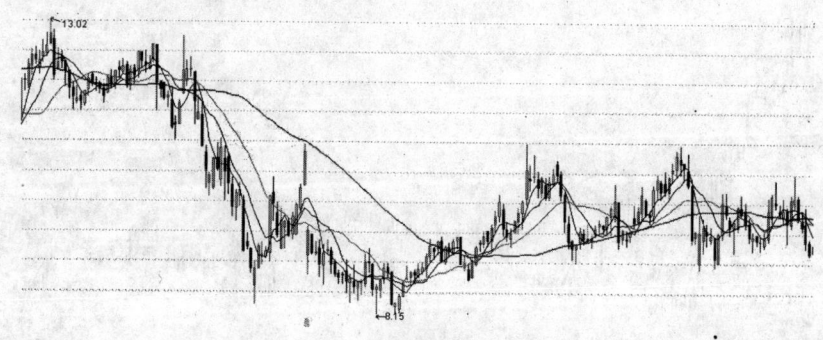

图 585

四十、发电设备

长城电工主营发电、配电、用电及控制成套装置和电器元件系列产品的开发、生产和销售，并介入燃料电池和风电新能源领域。在政策支持和低碳经济的大背景下，新能源业务将有望成为公司利润新增长点。

8. 天威保变（股票代码：600550）

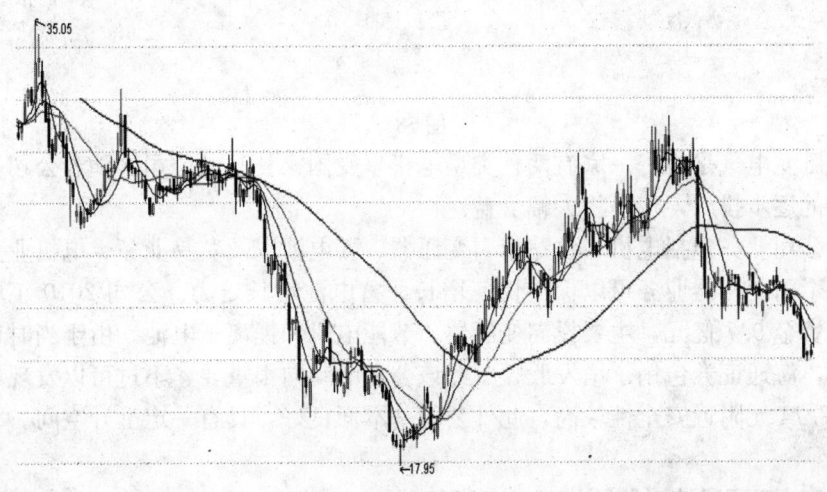

图 586

天威保变是 750kV、500kV 及以下等各类变压器、互感器、电抗器的国内龙头生产企业之一，拥有为国内核电站提供产品和服务的供应商资格，是国家 1000MW 及以下火电机组、水电机组的主要设备重点生产厂家。随着公司控股 51％的天威英利新能源公司太阳能电池项目的投产，公司已转变为一家电气业务和太阳能电池业务并重的企业。

中国经济发展离不开强大的电力供应，特高压电网建设势在必行，根据资料分析，到 2020 年我国对特高压电网的投入至少为 4060 亿元，测算配套动态投资将达 8000 亿元，其中设备投资规模达 2400 亿元以上。公司作为输变电龙头，将充分受益特高压建设，保持输变电业务的稳定发展，但国内变压器需求高峰已过去，未来输变电业务的增长主要看海外市场开拓。

9. 卧龙电气（股票代码：600580）

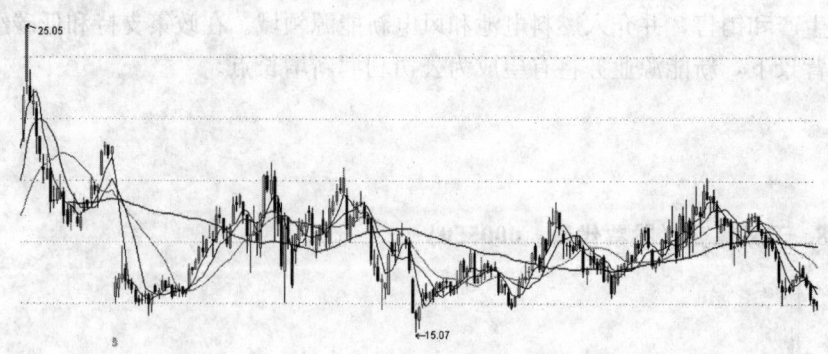

图 587

卧龙电气是唯一一家有两种类型电机享受国家补贴的公司。随着公司募投项目的逐步投产，业绩将大幅受益。

公司业务包括电机、铁路牵引变压器、蓄电池以及贸易业务。电机业务和铁路牵引变压器业务可以保持快速增长，蓄电池增长乏力。公司 2010 年增发筹集资金 9.7 亿元，主要投向变压器、节能电机和锂离子电池。由于当时市场原因，海通证券包销了增发股，因此该公司的动向很重要，不过可以发现增发价 17.74 元附近安全性较高，此外公司基本面良好，具有一定上升空间。

10. 泰豪科技（股票代码：600590）

图 588

泰豪科技属于智能建筑龙头，具有正宗的节能题材，在经过业务线整合后，未来业绩提升的想象空间仍存在，且公司正积极寻求多元化商业模式，未来盈利模式也有望多点开花。

公司为低碳新能源新贵，国家宣布 20 亿元支持合同能源管理，公司是该领域龙头企业，国内合同能源管理先行企业，低碳经济积极受益者，业绩优良，未来高成长值得期待。

11. 东方电气（股票代码：600875）

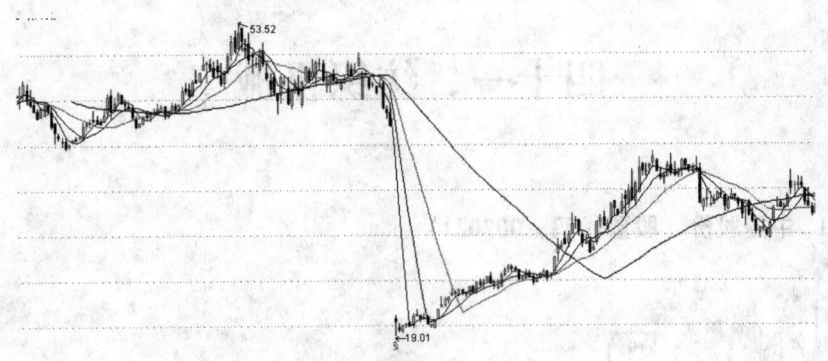

图 589

东方电气是国内研究开发及制造水力、火力发电设备的重要基地和最大的水力发电设备制造厂商，目前已形成了火电、水电、核电、气电、风电五电并举的战略发展格局。公司是国内唯一具备制造百万级核岛和常规岛设备能力的企业，核电的市场占有率在70%左右。

面对中国核电市场的良好发展前景，公司与法国热蒙公司组建了从事核电主泵生产、销售的东方阿海珐核泵公司。热蒙公司是法国最大的核电设备成套供应商——法玛通公司的全资子公司，曾经承担了我国大亚湾和岭澳核电机组两个项目的核电主泵制造。

"西电东送"工程的全面实施，将给公司的快速发展提供大好时机。目前公司产品结构中水电和火电的收入比例大致为40%：60%，未来数年大型水电机组的市场需求可能超过100台，业务极具发展潜力。

新能源产业是国家未来发展的重点，公司作为新能源旗舰上市公司，长期发展前景看好。

四十一、纺织机械

1. 中捷股份（股票代码：002021）

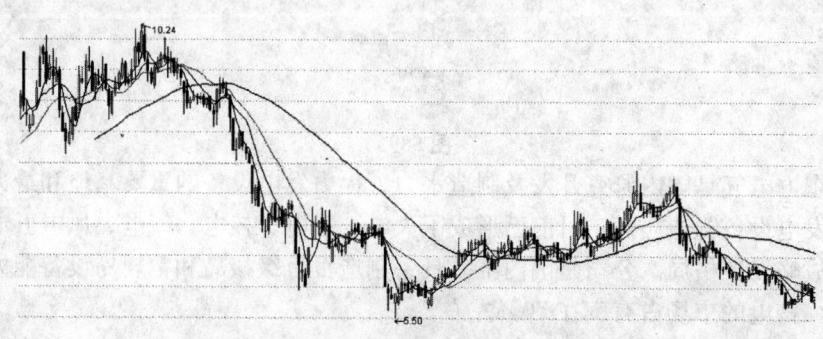

图 590

中捷股份是国内缝制设备行业的龙头企业之一，并控股中辉期货 55％的股权，具有股指期货概念。

纺织和机械行业振兴规划作为第二批公布的十大行业振兴规划已经开始率先实施，近期统计数据表明，这两大行业目前已经进入业绩向上拐点。公司作为纺织机械的龙头，先后推出了 14 大系列 260 多个品种的高新、环保、节能型工业缝纫机产品，拥有 20 多项自主知识产权，同时受益于两大行业的振兴。

2. 中兵光电（股票代码：600435）

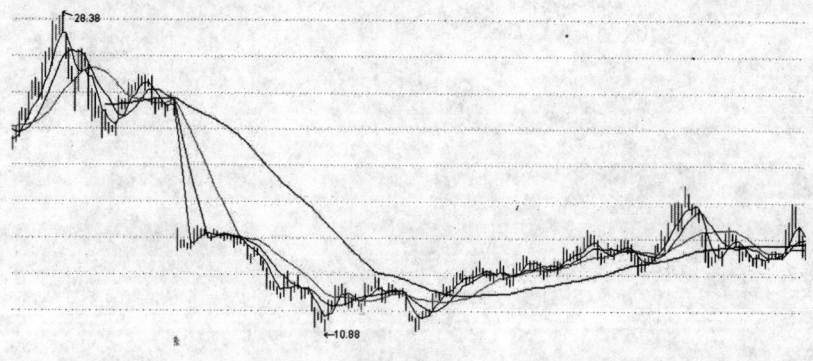

图 591

四十一、纺织机械

中兵光电是我国规模最大、技术实力最强的电脑刺绣机制造企业。"十一五"期间纺织机械行业已被列入了重点发展的 16 个行业之一。而作为纺织服装工业的上游产业，电脑刺绣机行业自然会有广阔的发展前景。

作为中国兵器工业集团公司的全资控股公司，经过一系列的定向增发等重组后，公司在产业升级规划上加强了传统优势产品的能力建设和升级，拓展了非战争军事行动装备的产品谱系和应用领域。产业升级将给公司带来新的利润增长点。

四十二、印刷包装

1. 劲嘉股份（股票代码：002191）

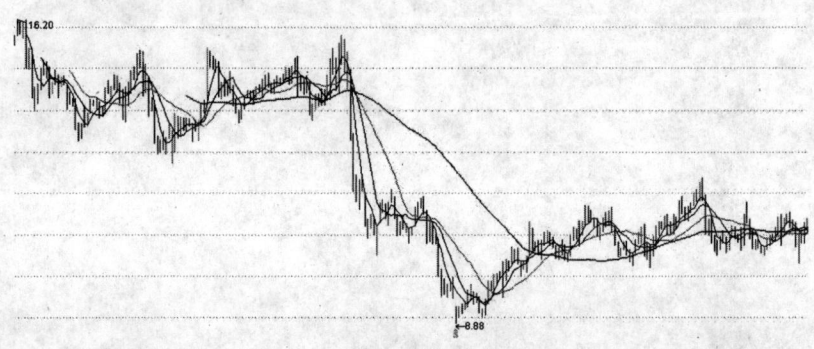

图 592

劲嘉股份是国内烟标印刷的龙头企业，主营业务为烟标印制及相关包装材料的生产经营，同时有望向酒类、药品包装等新领域扩张，这些业务的拓展有望成为公司未来新的业务增长点。

2. 紫江企业（股票代码：600210）

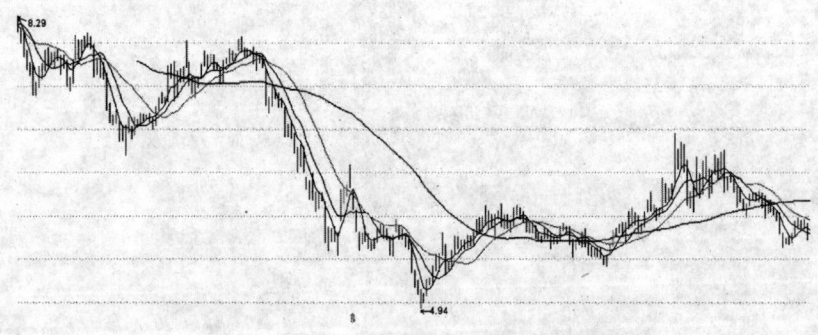

图 593

紫江企业是包装行业龙头，与珠海中富占据了整个包装行业大部分的市场份额。目前公司包装业务已进入稳定发展期，每年保持 20％左右的增速均速增长。

四十二、印刷包装

公司全资子公司佘山房地产开发公司销售业绩良好，项目盈利能力超强，销售净利率30％以上，且由于公司所有地产项目为高端别墅项目，受国家房地产调控的影响较小。

公司擅长于股权投资，前期已获得了丰厚的投资收益。现公司还持有山东矿机、芜湖亚夏汽车、浙江康德莱医疗器械、上海数码等公司股份，这些公司都将在近年上市。除此之外，公司还不断寻找合适的股权投资机会，预计股权投资将成为公司一个持续的收入来源。

在二级市场上，该股股价目前处于包装股中的估值洼地，具有一定投资价值。

3. 界龙实业（股票代码：600836）

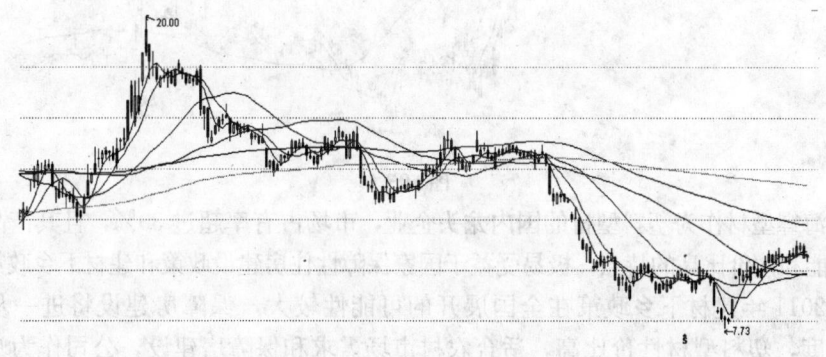

图 594

界龙实业是国内包装印刷业龙头之一，投资设立中日合资的专业制版公司上海龙樱是目前国内最大的专业制版公司之一，在业界享有盛誉。迪斯尼乐园计划落户上海浦东川沙地区，该地区发展将加快速度，土地价格持续上涨，公司拥有该地区数百亩土地资源，具有资产升值概念。

四十三、塑料制品

1. 海螺型材（股票代码：000619）

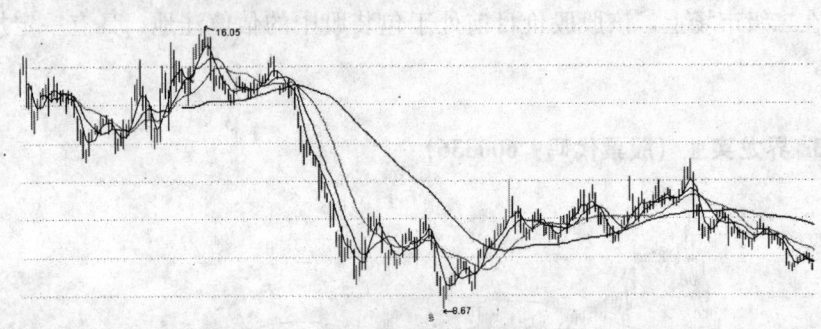

图 595

海螺型材作为塑料型材的国内龙头企业，市场占有率超过 30％，且其产品具有节能和性价比高的特点，极易受益于国家保障性住房建设政策和建材下乡政策。

2011 年建材下乡政策在全国展开的可能性较大，保障房建设将进一步加大力度，塑料型材性价比高，适合农村市场需求和保障房建设，公司作为塑料型材全国龙头企业受益大。

同时海螺集团收购海螺建材后成为公司的第一大股东，未来海螺集团的管理将对公司经营产生重要影响，从而有改善公司业绩的可能。

2. 沧州明珠（股票代码：002108）

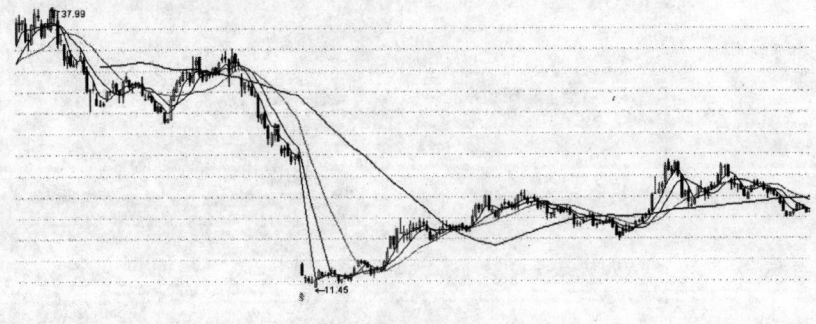

图 596

四十三、塑料制品

沧州明珠是国内最大的塑料管道及BOPA薄膜生产基地之一,目前具有年产PE给水管材管件5.1万吨、排水排污双壁波纹管1.3万吨、硅胶管材0.9万吨、BOPA薄膜1.8万吨的产能,是国内唯一一家同时具备同步拉伸BOPA薄膜技术和成本优势的生产厂家。

公司准备未来利用在同步拉伸薄膜领域的优势开发锂电池隔膜、光学隔膜等新型功能性隔膜,已在实验室取得阶段性进展,未来有望进军动力汽车领域。

3. 三力士(股票代码:002224)

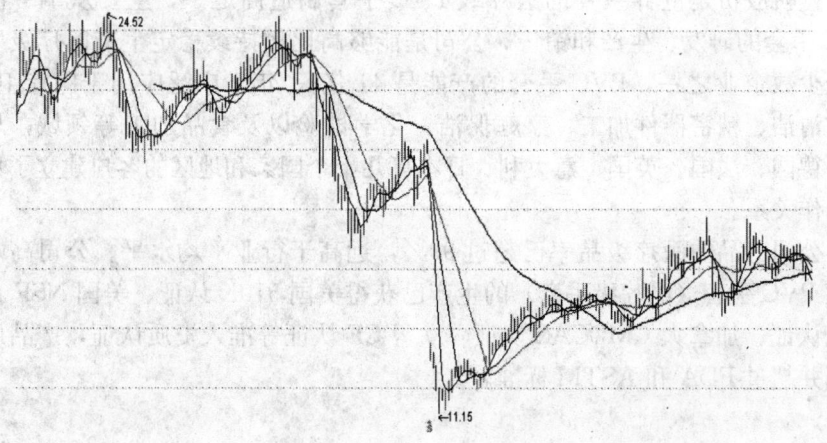

图 597

三力士三角胶带生产技术在国内同行业处于领先水平,并超过韩国、中国台湾,部分产品接近国际先进水平。公司完成了国产第一套聚酯线绳橡胶V带生产设备研制,且研制开发农业机械用变速(半宽)传动带和耐热耐油抗静电V带等产品,被评为国家重点新产品和列入国家火炬计划项目。

在保持国内市场领先地位的同时,公司近年来积极开拓国际市场,产品远销欧、美、亚、非60多个国家和地区。近三年公司三角胶带产品出口销量一直保持全国第一位,三力士牌橡胶V带被授予"中国名牌产品"称号,"三力士及图"商标被授予"中国驰名商标"。

4. 蓝帆股份（股票代码：002382）

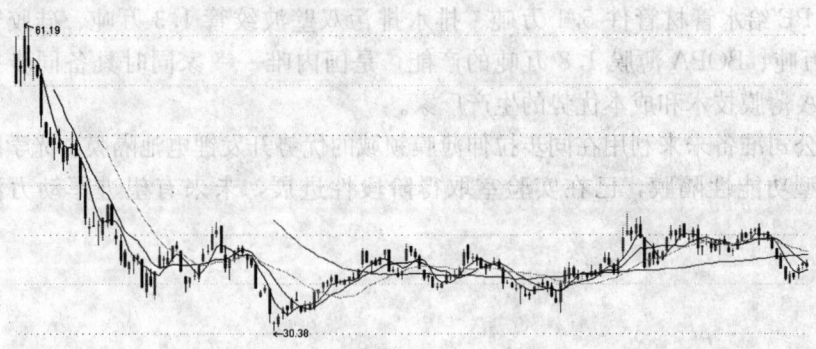

图 598

蓝帆股份是世界主要的医疗级 PVC 手套制造商之一，主要从事一次性 PVC 手套的研发、生产和销售。公司是能够高比例持续稳定生产医疗级手套的极少数企业之一，PVC 手套的产能是 41 亿只/年，广泛应用于医疗卫生、日常清洁、精密器件加工、家庭保洁、化学试验以及食品加工等领域，与美国、德国、法国、英国、意大利、日本等几十个国家和地区的客户建立了良好的合作关系。

公司产品的医疗级品率已超过 90%，远高于行业平均水平。公司高端一次性 PVC 手套（医疗级手套）的生产已获得美国 510K 认证、美国 NSF 食品体系认证、加拿大 CMDCAS 认证、欧盟 CE 认证等准入资质认证，产品质量达到并超过 FDA 和 ASTM 标准。

5. 金利科技（股票代码：002464）

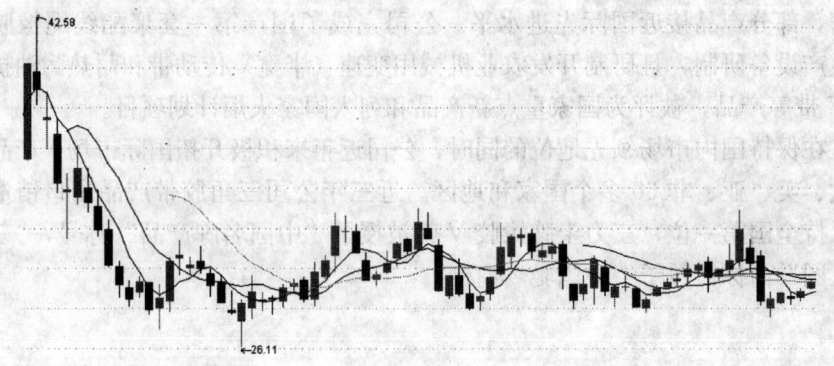

图 599

四十三、塑料制品

金利科技是表面材料应用技术领域内工艺体系最完整、应用材料最多样的专业厂家，也是全球IMD技术全方位解决方案的实践与领导者。公司提供应用领域宽广的外观件产品，应用于3C、家电、汽车、运动和医疗等行业，且产品的下游客户主要为全球500强的国际知名品牌厂商。

公司是亚洲首家通过整机组装厂向诺基亚供应铭板的生产企业，也是诺基亚仅有的两家专业铭板直接供应商之一；公司是模内贴标（IML）技术在外观件产品应用的领先者，曾协助摩托罗拉推出了其首款运用IML工艺的手机；公司协助Gateway推出了其首款使用IML外壳的笔记本电脑，是业内极少数拥有完整IML工艺体系的厂家之一。

6. 凯乐科技（股票代码：600260）

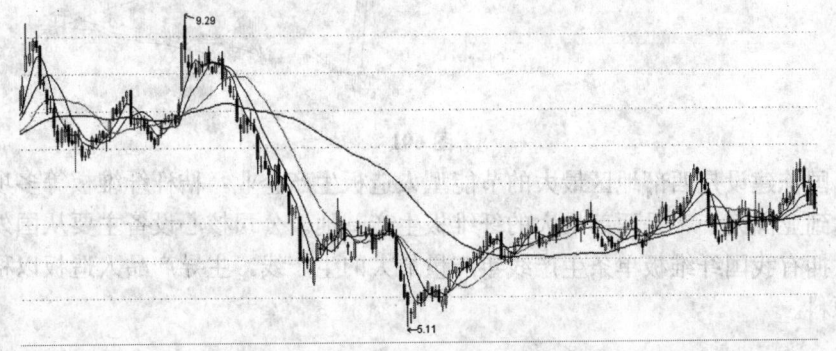

图600

凯乐科技是国内最大的硅芯管生产企业，与光缆行业排名较前的长飞公司和邮科院有长期的业务关系，且产品具有互补性。公司光缆、数据电缆、RF线缆都是通信网络建设重要材料，将受益于3G网络大规模建设。

公司在通讯管材领域竞争优势突出，在光缆行业排名第四。公司硅管生产能力达到30万公里，是亚洲最大通信硅管基地，产品市场占有率国内排名第一。随着3G建设的启动，光纤光缆行业复苏，公司主营业务有望保持30%以上的高增长。

四十四、玻璃行业

1. 国栋建设（股票代码：600321）

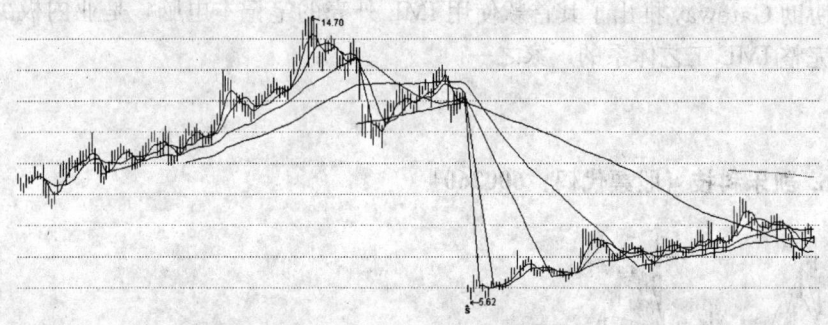

图 601

国栋建设是西部地区最大的节能型人造板生产企业，秸秆纤维板等多项产能达到亚洲第一，是西部最大的纤维板生产基地。公司核心设备主要从国外引进，拥有我国纤维板单条生产线年产量最大的生产线，主导产品人造板以秸秆为原料。

2. 福耀玻璃（股票代码：600660）

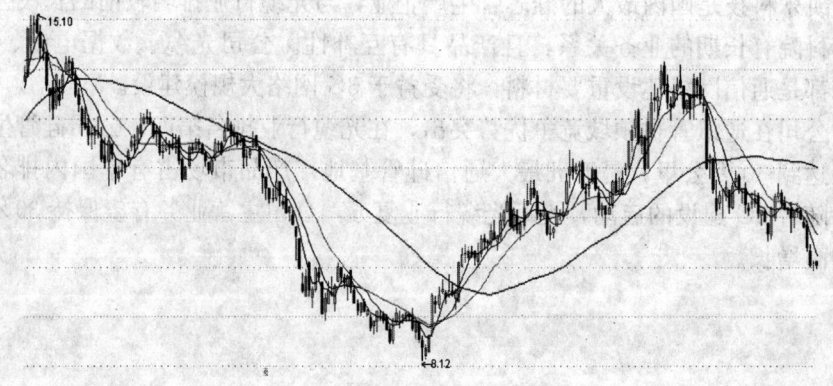

图 602

福耀玻璃是全国最大的汽车玻璃制造商，"FY"商标是中国汽车玻璃行业

四十四、玻璃行业

唯一的驰名商标，也是中国唯一一家出口美国无需缴纳反倾销税的汽车玻璃企业。

随着国内汽车产销量和保有量的快速增加，汽车玻璃需求增长迅猛。虽然海外汽车产销量和汽车保有量增长缓慢，但整体市场容量巨大。公司在技术与工艺、规模与布局、产业链、管理与成本控制等方面具有竞争优势；与国外巨头相比，公司产品具有价格的优势。金融危机以后，海外订单向中国转移的趋势更加明显，公司将受益于这一趋势。

受益于中高端乘用车市场持续增长，公司有望享受超越行业平均水平的增速。

四十五、飞机制造

洪都航空（股票代码：600316）

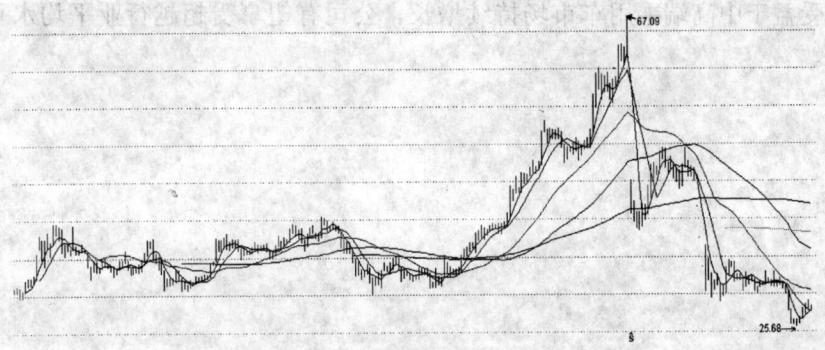

图 603

洪都航空隶属于中国航空工业第二集团公司，以研制生产强击机、教练机、通用飞机、航空产品零部件以及接受集团委托加工其他军品为主要业务。公司生产的教练机是国内独有的，占有国内全部市场。公司的 K8E、L15（猎鹰）高级教练机，在国内国际具有一定的知名度，业绩增速良好。

公司目前订单充足，业绩增长较有保障。尤其是初教 7 型教练机，作为公司与俄罗斯的合作项目，目前该飞机处于研发阶段，将是公司未来的又一重要增长点。

公司参与研制的 L15 高级教练机融合了各项最新航空技术，可用于飞行学员的基础改装训练，或作为"伴随"教练和进行战斗训练，有多项外挂能力。

四十六、仪器仪表

1. 天兴仪表（股票代码：000710）

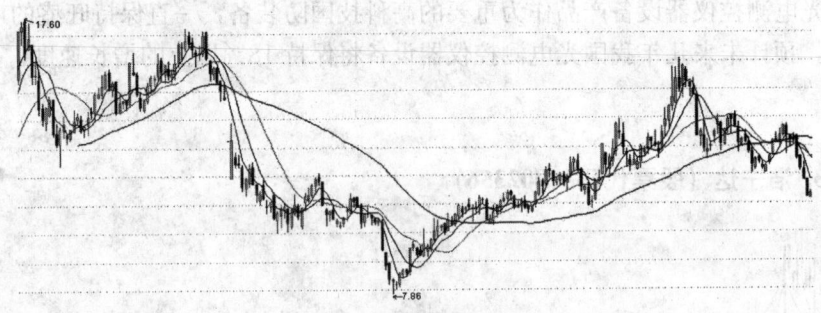

图 604

天兴仪表主导产品"天兴牌"汽摩仪表是中国车用仪表行业著名品牌，具有年产 200 万套的综合生产能力，在全国的市场占有率持续多年保持较大份额。

未来公司发展战略为继续做大做强现有制造业，积极培育新的利润增长点。为此，公司将进行产品结构调整，实现产品高端化、快速化、多元化、规模化发展，力争把公司发展成为国内一流、行业领先的车用部品专业制造企业。同时，公司将投资进入矿产行业，积极稳妥开发矿产资源，形成公司新的利润增长点。

2. 奥普光电（股票代码：002338）

图 605

奥普光电是国内国防用光电测控仪器设备的主要生产厂家,生产的光电测控仪器设备主要用于新型装备配套、现有装备升级换代或国防科学试验。主要客户为从事相关产品生产的军工企业和国防科研机构。

公司具有国内一流的光学精密机械与光学材料研发和生产能力,在军用电视测角仪、光电经纬仪光机分系统等国防用光电测控仪器设备产品研发和生产上处于国内优势地位,拥有绝对领先的市场占有率,多种产品成功应用于载人航天工程等多项重大国家工程项目中。

光电测控仪器设备产品作为重要的高科技国防装备,一直保持旺盛的市场需求,预计未来几年我国光电测控仪器设备将保持18%以上的增长速度。

3. 浩宁达(股票代码:002356)

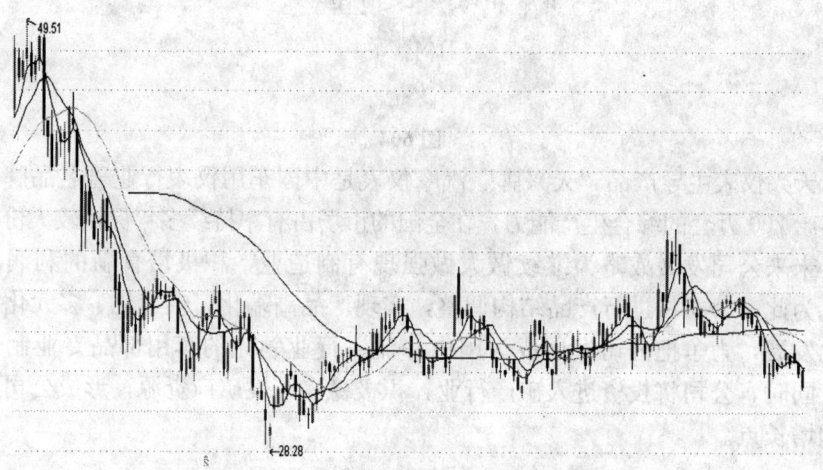

图606

浩宁达是国内最早从事电子式电能计量仪表研发、制造的专业制造商之一。公司是电工仪器仪表、微电子及元器件领域集科研、开发、生产、销售和服务于一体的中外合资高科技企业。

公司多年来均居国内电工仪器仪表行业之首,创中国企业新记录;首批荣获"深圳高新技术十佳创业企业"称号,并荣登"中国七十二行业纳税十强"排行榜;2004年"HND浩宁达"品牌被评为"深圳知名品牌";2005年荣获"深圳市外商投资先进技术企业"称号。

四十六、仪器仪表

4. 合众思壮（股票代码：002383）

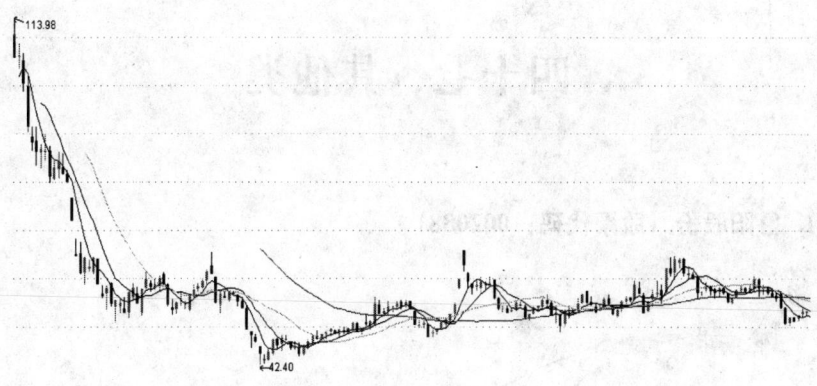

图 607

合众思壮是中国卫星导航定位领军企业，技术涵盖 GPS、GLONASS、北斗及多系统组合导航定位，以 GIS 采集、高精度测量、系统工程、汽车导航、汽车信息技术、航海电子、航空电子、北斗及军工项目八大事业集群，服务于 40 多个国民经济基础领域，业务涵盖专业应用和大众消费两大领域。专业应用产品包括 GIS 数据采集产品、高精度测量产品、系统产品和车载导航产品中的车辆监控调度产品，大众消费产品主要为车载导航产品中的 PND 产品。销售额连续 12 年居行业之首，领跑中国卫星导航定位行业，致力于成为"卫星导航定位领域中世界级领先企业"。

未来十年我国卫星导航产业将步入高增长期，预计年增长率高达 50％以上，未来两年内将形成年产值超过 1000 亿元规模。公司作为中国卫星导航定位领军企业，有望最大受益。

四十七、其他类

1. 鲁阳股份（股票代码：002088）

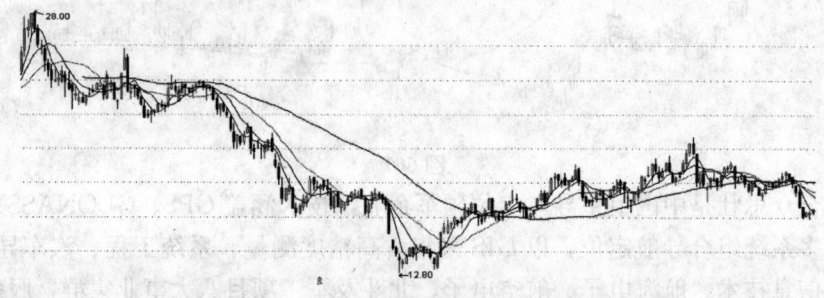

图 608

鲁阳股份是国内陶瓷纤维行业龙头企业，产品遍销国内，还远销海外40多个国家和地区，在亚洲乃至世界同行业中有着较大的影响力。经过多年的创新发展，公司可生产5大系列100多个品种产品，产品品种覆盖低、中、高三大使用温度区间；拥有连熔连吹、连熔连甩、胶体法三种不同的生产工艺，是世界上少有的几家同时拥有三种工艺的厂家；装备水平达到世界一流，单线产能为同业一般水平的5倍；拥有国内唯一一家省级陶瓷纤维技术中心，产品自主研发实力雄厚；建立了覆盖国内运作高效的营销网络，并设立了两个海外市场开发事业部，产品销售、市场创新能力较强。

2. 博云新材（股票代码：002297）

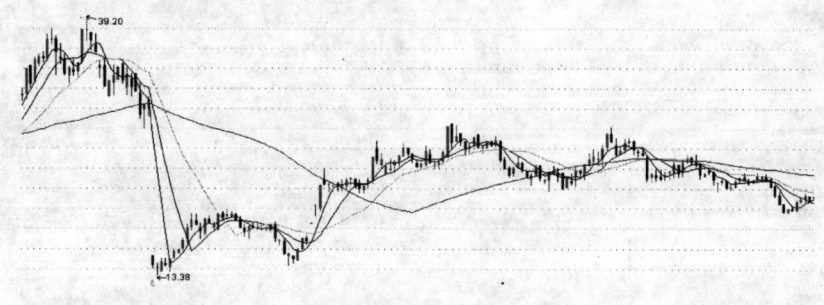

图 609

博云新材是我国先进复合材料领域的龙头企业,其自主研发的炭/炭复合材料具备国际竞争力,打破了国外在该领域内的技术垄断。以炭/炭复合材料为代表的先进复合材料,是我国高端装备制造业及其他新兴领域的基础,在战略性新兴产业领域具有重要地位。公司依托核心技术,在航空航天、汽车刹车片、高性能模具材料等领域积极开拓业务。

3. 齐心文具(股票代码:002301)

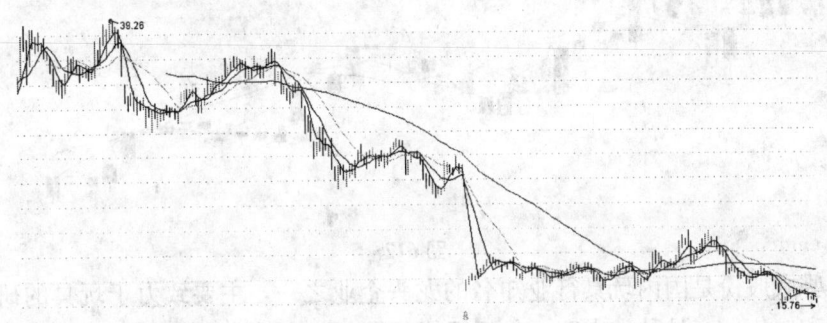

图 610

齐心文具是我国最大的办公文具制造商,在业内具有较高的品牌知名度,主营产品包括文件管理用品、OA办公设备、桌面文具和办公耗材等千余种,属典型的"小产品、大市场"行业。我国文具行业目前行业集中度仍很低,公司有望凭借品牌引领行业进行整合。

4. 潮宏基(股票代码:002345)

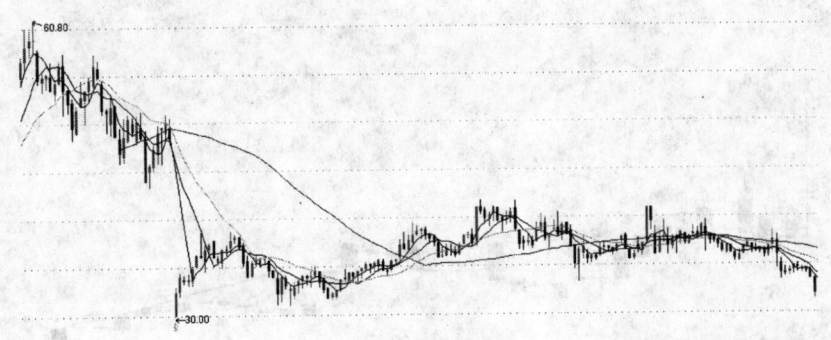

图 611

潮宏基作为K金行业的领跑者,具备了最核心的竞争力(品牌经营、产品设计和连锁销售)。总体来看,K金珠宝饰品仍属于朝阳行业,行业整体受益于社会消费升级，考虑到公司的行业龙头地位和积极的扩张战略，公司未来将获得高于行业平均水平的增长速度，长期看好公司的前景。

5. 骅威股份（股票代码：002502）

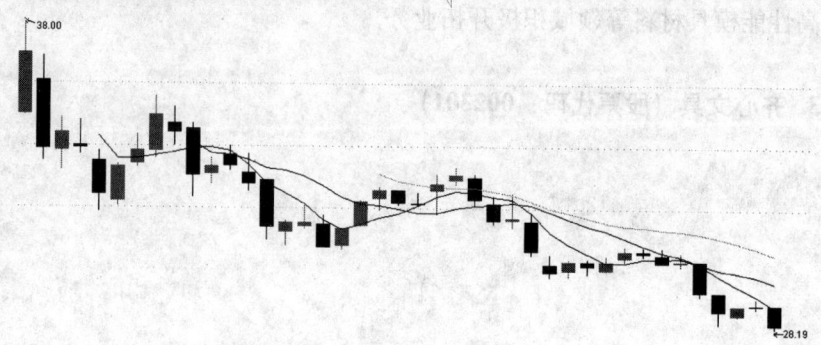

图 612

骅威股份是国内玩具行业知名的龙头企业之一，主要致力于玩具的研发、生产和销售，产品种类丰富，包括智能玩具、塑胶玩具、模型玩具、动漫玩具和其他玩具等。其中，智能玩具的研发技术优势明显，在行业内具有很高的知名度。公司产品质量优异，拥有业内一流的质量管理体系，品牌价值和知名度在国内同行业中处于领先地位。公司研发创新能力突出，拥有多项国家专利。公司是国内玩具行业仅有的两家同时拥有"中国驰名商标"和"中国名牌产品"证书的企业之一。

6. 天广消防（股票代码：002509）

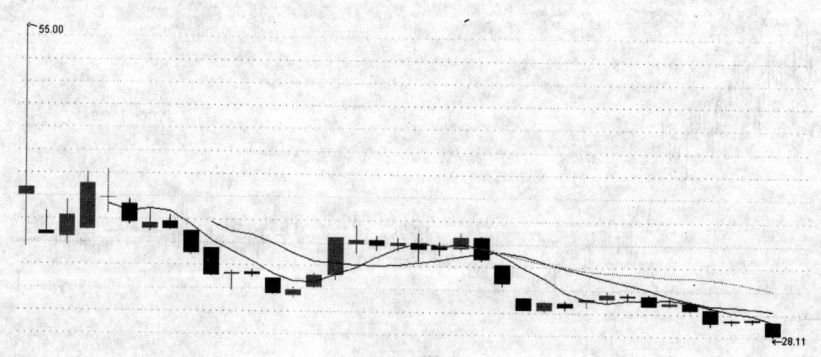

图 613

天广消防是福建省内规模最大、品种最全、技术实力最强的消防产品供应

商,也是国内自动灭火与消防供水领域最具实力的综合供应商之一,在细分市场上处于国内领先、区域龙头地位。公司已通过ISO9001、ISO14001、OHSAS18001认证,是行业率先通过三体系认证的企业之一,全部产品都经公安部消防产品型式认可与中国认监委消防产品强制性认证,并经国家检测中心检验合格。"天广"牌系列产品被广泛应用于许多国家级重点工程、大型公众场所和专业市场。